2020—2021年中国工业和信息化发展系列蓝皮书

2020—2021年

中国制造业创新中心建设蓝皮书

中国电子信息产业发展研究院 **编 著**

乔 标 **主 编**

何 颖 宋 亮 **副主编**

電子工業出版社

Publishing House of Electronics Industry

北京·BEIJING

内 容 简 介

本书系统地介绍了我国制造业创新中心的建设背景、建设要求和21家国家制造业创新中心、2家国家地方共建制造业创新中心的建设进展及运行成果，以及200家地区、省、市级的制造业创新中心的建设情况。希望通过本书，读者可以了解我国制造业创新中心建设工程的基本情况、取得的成效及未来发展趋势。

图书在版编目（CIP）数据

2020—2021年中国制造业创新中心建设蓝皮书 / 中国电子信息产业发展研究院编著；乔标主编. —北京：电子工业出版社，2021.12
（2020—2021年中国工业和信息化发展系列蓝皮书）
ISBN 978-7-121-42411-3

Ⅰ. ①2… Ⅱ. ①中… ②乔… Ⅲ. ①制造工业－科技中心－建设－研究报告－中国－2020-2021 Ⅳ.①F426.4

中国版本图书馆CIP数据核字（2021）第239214号

责任编辑：管晓伟
特约编辑：李　兴
印　　刷：中煤（北京）印务有限公司
装　　订：中煤（北京）印务有限公司
出版发行：电子工业出版社
　　　　　北京市海淀区万寿路173信箱　　邮编：100036
开　　本：720×1 000　1/16　印张：29.25　字数：749千字　彩插：1
版　　次：2021年12月第1版
印　　次：2021年12月第1次印刷
定　　价：248.00元

凡所购买电子工业出版社图书有缺损问题，请向购买书店调换。若书店售缺，请与本社发行部联系，联系及邮购电话：（010）88254888，88258888。

质量投诉请发邮件至zlts@phei.com.cn，盗版侵权举报请发邮件至dbqq@phei.com.cn。

本书咨询联系方式：（010）88254460，guanxw@phei.com.cn。

前言

制造业是技术创新最活跃的领域，是创新的主战场。当前，新一轮科技革命与产业变革加快推进，全球进入了空前的技术创新密集期，世界各国正加速重构制造业创新体系，各类新型创新载体纷纷落地建设，试图提升制造业核心竞争力，抢占未来竞争制高点。工业互联网、5G、大数据、人工智能、高端装备制造、新能源、新材料等重点前沿技术是技术创新最密集的领域，技术创新与制造业发展的交织互促日趋显著，单个企业难以单点突破，群体性创新逐渐成为新态势，围绕制造业创新的全球角逐正愈演愈烈。

经过改革开放四十多年的追赶，我国与先进国家在制造业创新上的差距已经大大缩小，在部分领域逐渐实现了从过去的追随跟跑向并跑、领跑的历史性转变，甚至某些领域的技术已经进入“无人区”。同时，西方国家也意识到追赶者的威胁，逐步减少、控制甚至掐断向中国的技术转移。制造业创新已经处于学无可学、跟无可跟的阶段，支撑实现经济高质量发展的技术来源和供给面临巨大挑战，只有提升内生创新能力才能突破这一困局。

制造业创新中心作为新型创新载体，自 2016 年启动建设以来，已布局建设了 21 家国家制造业创新中心，2 家国家地方共建制造业创新中心，各地认定的省级制造业创新中心已达到 200 家。建设制造业创新中心旨在聚集产业创新资源，打通技术、组织、商业、资本之间的分割与壁垒，推动机制创新、模式创新和管理创新，解决制造业创新链和供应链的薄弱环节及共性难题，促进技术成果转移扩散和首次商业化。

本书系统地介绍了我国制造业创新中心的建设背景、建设要求和建设进展。希望通过本书，读者可以了解我国制造业创新中心建设工程的基本情况、取得的成效，以及美好前景，如有不当之处，敬请批评指正。

目录

综　述　篇

进　展　篇

共　建　篇

区　域　篇

综　述　篇

第一章

中国制造业创新中心总体进展

第一节　国家制造业创新中心总体进展

一、建设背景

当前，全球新一轮科技产业革命正深入地发展，区别于以往几次科技产业革命，本轮革命不再由单项技术的创新和应用驱动，而集中体现为学科交叉的融合加速，多领域技术的群体突破和跨界融合。作为技术交叉融合和集成创新的重要基础，关键共性技术能够破解制造业整个或多个领域的瓶颈制约，可以在多个领域实现广泛应用，是工业革命长波发展周期的核心驱动力，正日益成为全球产业竞争的新焦点。为了突破关键共性技术，弥补技术创新与产业发展之间的断层，许多发达国家启动建设新型创新载体平台，促进更多实验室技术向实际产品转移转化。例如，美国的国家制造业创新网络计划（2012 年启动，后更名为“制造业—美国”计划）、德国弗朗霍夫协会、英国“弹射”中心等，都在帮助企业获得技术知识、基础设施、技能和设备，都在提高科技成果产业化能力等方面发挥着重要作用。

随着新一轮科技和产业革命与我国加快转变经济发展方式形成历史性的交汇，我国制造业创新体系建设任务愈发急迫艰巨，短板突出。一是创新载体在基础科研与产业应用上衔接不畅，技术成果向产业转移转化不力，科技对产业发展的贡献率不高；二是承担行业共性技术研发的科研院所转企改制后，逐步丧失了为行业发展提供共性技术支撑的功能。在这种背景下，为补齐短板，提升制造业创新效能，2016 年我国启动建设制造业创新中心，集中行业创新资源和创新力量，重点开展共性技术和竞争前技术研发，消除制造业创新链现有的梗阻与断裂，将科技创新能力转化为产业创新能力。

二、政策解读

2016年以来，工业和信息化部先后出台《制造业创新中心建设工程实施指南（2016—2020年）》（工信部联规〔2016〕137号，以下简称《实施指南》）、《关于完善制造业创新体系，推进制造业创新中心建设的指导意见》（工信部科〔2016〕273号，以下简称《指导意见》）、《省级制造业创新中心升级为国家制造业创新中心条件》（工信厅科〔2017〕64号，以下简称《升级条件》）、《国家制造业创新中心考核评估管理办法（暂行）》（工信厅科〔2018〕37号，以下简称《考评办法》）、《国家制造业创新中心建设领域总体布局（2018年新增）》（工信厅科〔2018〕67号，以下简称《总体布局》）等5份指导性文件，逐步形成了制造业创新中心顶层设计的政策体系，对创新中心建设的规范性进行了要求。

从总体部署看，要形成以两级创新中心为核心节点的制造业创新网络。制造业创新中心包括国家制造业创新中心和省级制造业创新中心。《实施指南》《指导意见》先后对制造业创新中心的建设提出了具体目标，到2020年，建成15家左右国家制造业创新中心；到2025年，建成40家左右。对于省级制造业创新中心，《指导意见》进一步提出在有条件、综合实力较强的地方，建成一批省级制造业创新中心，作为国家制造业创新中心的支撑和补充。

从领域布局看，要在36个重点领域内充分汇聚行业创新资源。国家制造业创新中心建设要求每个领域内只建设1家国家制造业创新中心，最大程度上汇聚创新资源、瞄准改变行业竞争规则的新技术、新产业、新模式和新业态，重点突破行业关键共性技术。《升级条件》提出了22个未来创新中心重点建设升级的领域；《总体布局》又新增14个重点建设升级领域，主要涵盖战略必争领域、竞争优势领域、两化深度融合领域和民生保障领域四大类。未来3年至5年，我国将在这36个重点领域内总体布局、逐步推进国家制造业创新中心建设。

从功能定位看，要完成关键共性技术研发供给、转移扩散和首次商业化。《实施指南》提出了制造业创新中心建设的功能定位。制造业创新中心要按照技术路线开展本领域关键共性技术研发、转移扩散和首次商业化应用，并为行业提供检测验证、标准制定等公共服务，有序推进共性技术成果向行业扩散、向产业转移，将创新成果快速引入生产系统和市场，加快大规模商用进程，解决长期以来行业内关键共性技术供给薄弱和市场失灵的问题，破解基础研究和商业化应用之间所谓的“死亡峡谷”，提升行业创新能力和竞争力。

从组织运行看，要形成“产学研用”协同和高度市场化的新型创新机制。制造业创新中心以“公司+联盟”的形式组建，其中，公司由多家股东共同出资建立，要建立现代企业制度，有责权明晰的董事会和经营管理团队，真正实现企业化运行。公司的股东包括产、学、研、用等各类主体发挥作用，要通过内部管理制度建设，明确各类主体的责权利，形成“产学研用”协同的创新机制。同时要做好内部运行机制设计，包括市场化运营、成果转移扩散、知识产权协同运用等机制，通过机制建设，实现自负盈亏、自我发展。

从考核评估看，要对建设运营效果开展全方位、审计式评价。《考评办法》明确了对制造业创新中心进行考评的具体内容，从设定目标的完成程度，创新资源集聚情况，核心定位情况，协同化、市场化和产业化水平，以及可持续发展状况等7个方面，全面衡量创新中心的建设和运营状态。对于已建成运行满1年的国家创新中心要进行考评，考评结果不佳的创新中心要进行整改完善，确保国家创新中心的建设和运行符合国家战略预期。

三、布局特征

截至目前，我国已论证通过和启动建设21家国家制造业创新中心及2家国家地方共建制造业创新中心，制造业创新中心建设工程2020年建设15家的阶段目标已经超额完成，同时也丰富了制造业创新中心建设手段。表1-1为21家国家制造业创新中心及2家国家地方共建制造业创新中心建设概况。

表1-1　我国制造业创新中心建设概况

国家级制造业创新中心			
序号	启动建设	名　称	运营单位
1	2016年	国家动力电池创新中心	国联汽车动力电池研究院有限公司
2	2017年	国家增材制造创新中心	西安增材制造国家研究院有限公司
3	2018年	国家印刷及柔性显示创新中心	广东聚华印刷显示技术有限公司

续表

序号	启动建设	名 称	运 营 单 位
4	2018 年	国家信息光电子创新中心	武汉光谷信息光电子创新中心有限公司
5	2018 年	国家机器人创新中心	沈阳智能机器人国家研究院有限公司
6	2018 年	国家智能传感器创新中心	上海芯物科技有限公司
7	2018 年	国家集成电路创新中心	上海集成电路制造创新中心有限公司
8	2018 年	国家数字化设计与制造创新中心	武汉数字化设计与制造创新中心有限公司
9	2018 年	国家轻量化材料成形技术及装备创新中心	北京机科国创轻量化科学研究院有限公司
10	2019 年	国家先进轨道交通装备创新中心	株洲国创轨道科技有限公司
11	2019 年	国家农机装备创新中心	洛阳智能农业装备研究院有限公司
12	2019 年	国家智能网联汽车创新中心	国汽（北京）智能网联汽车研究院有限公司
13	2019 年	国家先进功能纤维创新中心	江苏新视界先进功能纤维创新中心有限公司
14	2020 年	国家稀土功能材料创新中心	国瑞科创稀土功能材料有限公司
15	2020 年	国家集成电路特色工艺及封装测试创新中心	华进半导体封装先导技术研发中心有限公司
16	2020 年	国家高性能医疗器械创新中心	深圳高性能医疗器械国家研究院有限公司
17	2020 年	国家先进印染技术创新中心	山东中康国创先进印染技术研究院有限公司
18	2021 年	国家智能语音创新中心	合肥智能语音创新发展有限公司
19	2021 年	国家玻璃新材料创新中心	玻璃新材料创新中心（安徽）有限公司
20	2021 年	国家 5G 中高频器件创新中心	深圳市汇芯通信技术有限公司
21	2021 年	国家高端智能家电创新中心	青岛国创智能家电研究院有限公司
国家地方共建制造业创新中心			
序号	启动建设	名 称	运 营 单 位
1	2021 年	国家地方共建现代中药创新中心	天津现代创新中药科技有限公司
2	2021 年	国家地方共建硅基混合集成创新中心	联合微电子中心有限责任公司

数据来源：赛迪智库整理 2021.10

从地域分布看，国家制造业创新中心建设已经形成“东部多极、中西一带”的总体空间布局，“东部多极”是指包括位于东北地区的黑龙江、辽宁，以及北京、江苏、上海、广东等6个省、直辖市，从北向南呈点状分布；“中西一带”是指北起内蒙古、南至湖南的带状分布区，由位于西部地区的内蒙古、陕西和位于中部地区的河南、湖北、江西、湖南6个省、自治区组成。目前，21家国家制造业创新中心中，北京、广东分布有3家，上海、湖北、江苏、山东、安徽各分布有2家，辽宁与黑龙江共建1家，江西与内蒙古共建1家，河南、湖南和陕西等地均各布局了1家。国家地方共建制造业创新中心目前有天津、重庆各建设2家。总体来看，创新中心建设布局与地方优势领域的产业基础和创新资源相吻合。表1-2为截至2021年10月，我国21家国家制造业创新中心及国家地方共建制造业创新中心区域布局情况。

表1-2　国家制造业创新中心全国分布图

地　　名	国家制造业创新中心名称
广东	国家印刷及柔性显示创新中心 国家高性能医疗器械创新中心 国家5G中高频器件创新中心
江西、内蒙古	国家稀土功能材料创新中心
湖南	国家先进轨道交通装备创新中心
湖北	国家信息光电子创所中心 国家数字化设计与制造创新中心
陕西	国家增材制造创新中心
河南	国家农机装备创新中心
上海	国家智能传感器创新中心 国家集成电路创新中心
江苏	国家先进功能纤维创新中心 国家集成电路特色工艺及封装测试创新中心
山东	国家先进印染技术创新中心 国家高端智能家电创新中心
安徽	国家玻璃新材料创新中心 国家智能语音创新中心
北京	国家动力电池创新中心 国家轻量化材料成形技术及装备创新中心 国家智能网联汽车创新中心
辽宁、黑龙江	国家机器人创新中心
天津	国家地方共建现代中药创新中心
重庆	国家地方共建硅基混合集成创新中心

数据来源：赛迪智库整理　2021.10

四、协同合作

目前，已建设的 21 家国家制造业创新中心已在协同合作方面取得了一定进展。各创新中心根据国家在特定领域的布局要求，结合自身发展特点，通过技术研发合作、入股参与共建、签订战略合同等多种方式，与相关领域创新中心开展协同合作。以国家先进轨道交通装备创新中心、国家数字化设计与制造创新中心、国家农机装备创新中心，以及国家轻量化材料成形技术及装备创新中心 4 家创新中心为主要节点的国家制造业创新中心协同合作网络体系已初具规模。21 家国家制造业创新中心中已开展协同合作的创新中心共 13 家，占比 76.47%，未建立协同合作的创新中心共 4 家，占比 23.53%，从而表明创新中心之间的协同合作开展已成为未来发展的重要趋势。图 1-1 为国家制造业创新中心协同合作系统网络。

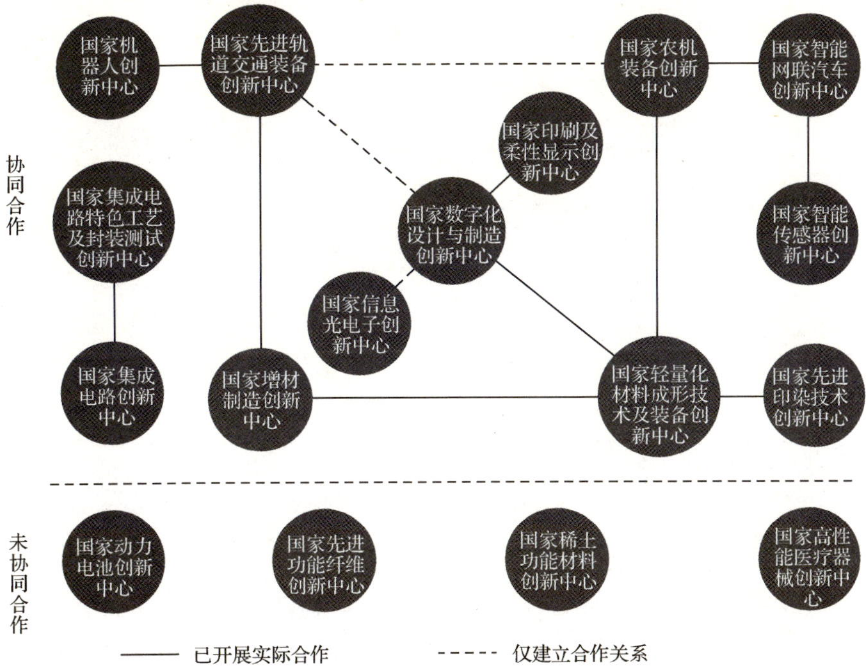

图 1-1　国家制造业创新中心协同合作系统网络

数据来源：赛迪智库整理　2021.5

第二节　省级制造业创新中心总体进展

制造业创新中心作为新型创新载体，全国已有 25 个省区市开展了省级制造业创新中心的认定和培育工作，覆盖了全国70%以上，截至2021年10月底，20个省区市共认定200余家省级制造业创新中心，其中在2020年度内认定 44 家省级制造业创新中心。省级制造业创新中心的认定方式主要包括省市培育试点升级和直接通过认定2种，其中通过省市培育试点升级的创新中心19家，直接通过认定的25家。

一、区域布局

2020 年我国省级制造业创新中心区域布局发展呈现为“中西部崛起、东部放缓”。中西部地区的省级制造业创新中心建设进展最快，2020年建设增量排名前5名中，安徽、河南、重庆、云南4个省市位于中西部地区，新增认定的省级制造业创新中心分别有5家、5家、5家和4家。2020年东部地区省级制造业创新中心认定数量增速总体上慢于中西部地区，部分西部省市也开始了省级制造业创新中心的认定工作，比如宁夏回族自治区认定了第1家省级制造业创新中心。表1-3为2020年度新增认定省级制造业创新中心分布情况。

表 1-3　2020 年度新增认定省级制造业创新中心分布情况

2020年度新增认定省级制造业创新中心数量	省　份
≥5家	河南省、安徽省、重庆市、广东省
4家	山东省、云南省
3家	天津市
2家	江苏省、湖南省
1家	宁夏、北京市、湖北省

数据来源：赛迪智库整理

二、领域布局

2020年我国各地区新增的省级制造业创新中心，基本按照兼顾国家战略导向和自身产业优势的原则，进行布局建设。新增的省级制造业创新中心分布在34个领域，这些领域总体分为三类：第一类是“建成领域”，指已建有国家制造业创新中心的领域，目前为 8 个；第二类是“储备领域”，指属于国家布局的重点领域，未建设国家制造业创新中心，但建有省级制造业创新中心的领域，目前为13个；第三类是“潜力领域”，指不属于国家布局的重点领域，但建有省级制造业创新中心的领域，目前为 19 个。此外，值得注意的是，国家布局的重点领域中仅有存储器领域未建设国家和省级制造业创新中心。2020 年度三类领域新增省级制造业创新中心建设情况见表 1-4。

表 1-4　2020 年度三类领域新增省级制造业创新中心建设情况

类型	覆盖领域个数	新增省级制造业创新中心数量
第一类："建成领域"	8	9
第二类："储备领域"	13	16
第三类："潜力领域"	19	19

数据来源：赛迪智库整理

从建成领域看，关键领域基本实现全覆盖。省级制造业创新中心建设速度加快，部分领域已形成国家和省级制造业创新中心共存共生，共同攻克关键共性技术的格局。各省区市根据自身创新基础和特色优势，2020 年在 8 个不同"建成领域"中新建 9 家省级制造业创新中心，其中新材料领域分别在山东和广东分布新增 1 家省级制造业创新中心。部分省级制造业创新中心与对应的国家制造业创新中心建立了良好合作关系，成为有力补充。图 1-2 为 2020 年度"建成领域"中新增省级制造业创新中心数量分布情况，图形面积代表数量。

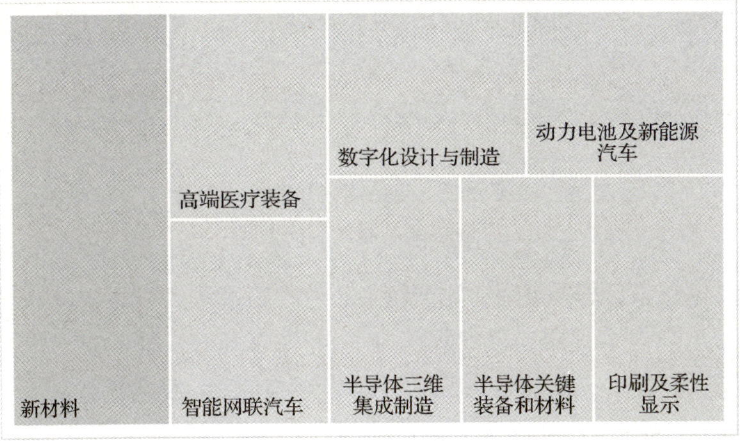

图 1-2　2020 年度"建成领域"中新增省级制造业创新中心数量分布情况

数据来源：赛迪智库整理

从储备梯队看，已形成一批国家制造业创新中心建设的重要资源力量。目前，在《关于完善制造业创新体系，推进制造业创新中心建设的指导意见》

（工信部科〔2016〕273号）、《国家制造业创新中心建设领域总体布局（2018年新增）》（工信厅科〔2018〕67号）布局的36个领域中，已有35个领域建立创新中心，基本实现领域全覆盖。2020年在13个“储备领域”中新增16家省级制造业创新中心，在先进陶瓷材料、先进操作系统领域第一次出现省级制造业创新中心。此外，资源循环利用、高性能膜材料这2个领域中分别新增3家和2家省级制造业创新中心。省级制造业创新中心是国家制造业创新中心的重要补充，有望在两级创新中心核心节点的梯度培养中发挥积极作用，储备领域的省级制造业创新中心为该领域国家级制造业创新中心的建立打下了坚实基础。图1-3为2020年度“储备领域”中新增省级制造业创新中心数量分布情况，图形面积代表数量。

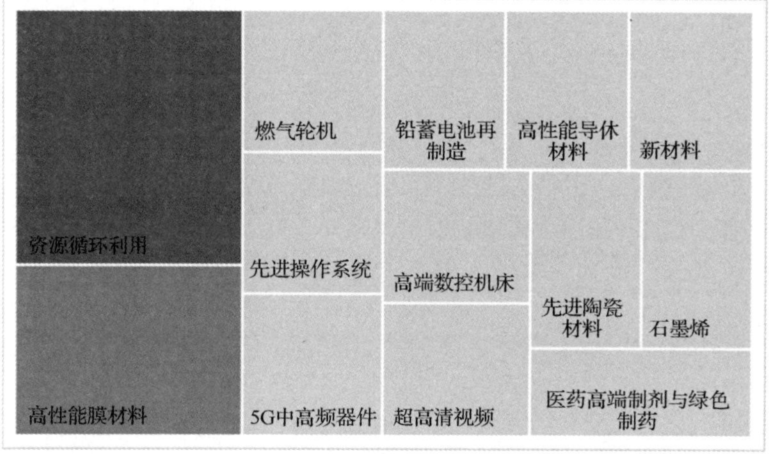

图1-3　2020年度“储备领域”中新增省级制造业创新中心数量分布情况

数据来源：赛迪智库整理

从发展潜力看，省级制造业创新中心也在国家重点布局领域外进行积极探索。2020年各省区市积极探索在36个领域布局建设制造业创新中心的同时，聚焦智能制造、集成电路、生物工程、高端装备等“潜力领域”建设省级制造业创新中心。2020年全国各省区市在18个“潜力领域”新建了19家省级制造业创新中心，其中智能制造领域认定了2家省级制造业创新中心，分布位于广东省和河南省。这些“潜力领域”中的部分省级制造业创新中心在创新能力建设方面，已经取得了一些实质性成效，为以后国家重点布局领域新增奠定了扎实基础，提供了有益选择。图1-4为2020年度“潜力领域”中新增省级制造业创新中心数量分布情况，图形面积代表数量。

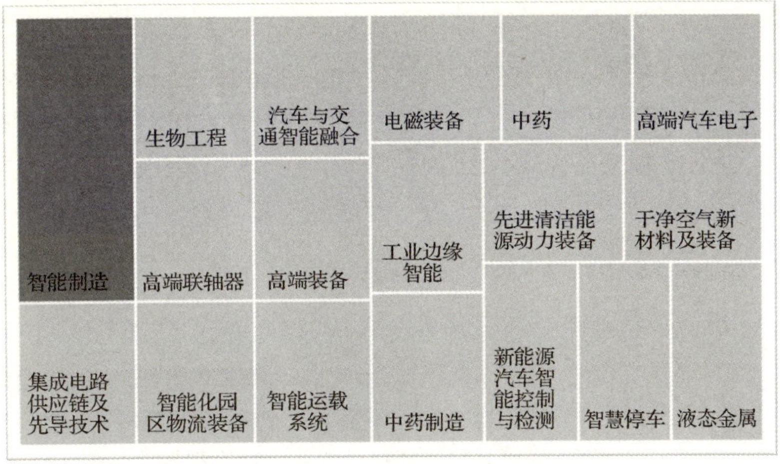

图 1-4　2020 年度“潜力领域”中新增省级制造业创新中心数量分布情况

数据来源：赛迪智库整理

第三节　省级制造业创新中心支持政策

一、总体情况

从数量看，全国 21 个省区市制定了 46 项涉及制造业创新中心的政策文件。北京市制定相关政策 6 项，数量最多；天津市和安徽省次之，各制定 5 项；湖北省排名第三，制定 4 项。其中，安徽省政策更迭最频繁，从 2018 年至 2020 年，连续 3 年更新支持制造强省建设若干政策的实施细则。各省、自治区、市创新中心政策发布数量见表 1-5。

表 1-5　各省、自治区、市创新中心政策发布数量图

各省市创新中心政策发布数量	省　份
1	新疆维吾尔自治区、内蒙古自治区、宁夏、陕西、四川、重庆、云南、广东、福建、上海
2	河北、河南、江苏、浙江、江西
3	山东、湖南
4	湖北
5	天津、安徽
6	北京

数据来源：赛迪智库整理

从类型看，各省区市制造业创新中心政策主要分为综合类和专项类。综合类政策主要是把制造业创新中心政策纳入推动本地经济和社会创新发展的总体战略文件中，目前全国共有北京市、安徽省等 15 个省区市发布综合性政策 33 项。专项类政策是推动制造业创新中心建设的专门政策，目前共有天津市、山东省等 11 个省区市发布专项类政策 13 项。各省、自治区、市综合类和专项类政策发布数量图如图 1-5 所示。

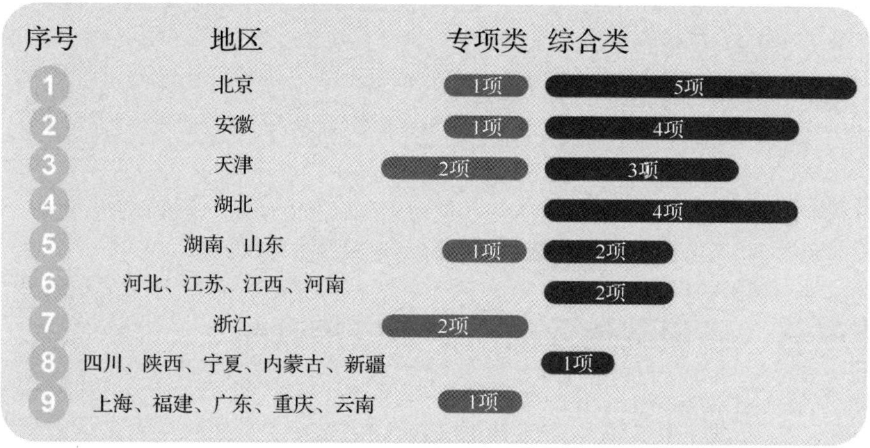

图 1-5　各省、自治区、市综合类和专项类政策发布数量图

数据来源：赛迪智库整理

二、具体举措

（一）资金支持

一是财政奖补是地方政府支持制造业创新中心的最主要手段。省级财政对省级制造业创新中心的财政奖补额度通常为 100 万～2000 万元不等，北京财政奖补总金额最多，最高可补助 2000 万元，天津、重庆次之，补助总金额为 1500 万元。在财政奖补下发频次上，全国有 18 个省区市都为一次性补助，只有北京市、天津市和重庆市 3 个直辖市的资金下发方式是分阶段支持。省级制造业创新中心建设的省级财政投入情况如图 1-6 所示。

二是部分地方利用首台（套）“一揽子”政策对制造业创新中心予以支持。一些地方充分利用“首台套”政策，推动制造业创新中心成果转移转化和首次商业化密切挂钩，目前，北京市、上海市、安徽省、重庆市、福建省和云南省 6 个省市的政策文件中涉及明确的“首台套”举措。各省、市制造业创新中心首台（套）等相关政策见表 1-6。

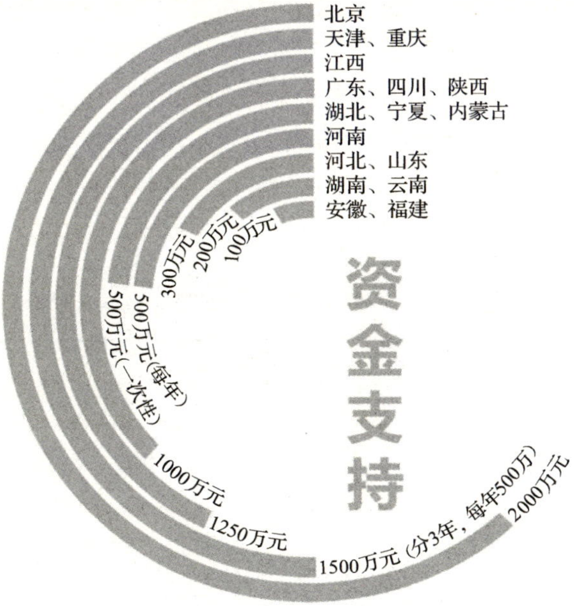

图 1-6　省级制造业创新中心建设的省级财政投入情况

数据来源：赛迪智库整理

表 1-6　省级制造业创新中心首台（套）等相关政策

各省市制造业创新中心首台（套）等相关政策	省/市
《北京市产业创新中心实施方案》（京经信委发〔2016〕48 号）	北京
《安徽省制造业创新中心建设实施暂行办法》（皖经信科技〔2016〕227 号）	安徽
《上海市制造业创新中心建设工程实施方案》	上海
《关于印发重庆市制造业创新中心建设工程实施细则（2019—2022 年）的通知》（渝经信发〔2019〕44 号）	重庆
《福建省制造业创新中心建设工程实施方案（2016—2020）》	福建
《云南省制造业创新中心培育创建工作方案》（云工信技创〔2019〕181 号）	云南

数据来源：赛迪智库整理

（二）建设保障

从金融税收等普惠性政策看，为拓宽制造业创新中心建设支持渠道，一些地方明确提出涉及金融税收的普惠性配套政策。目前，全国有北京市、天津市、上海市、河南省、湖北省和重庆市6个省市把此类措施列入各自的政策文件中。各省、市制造业创新中心金融税收相关政策见表1-7。

从人才政策看，为协助制造业创新中心建立完善的人才体系，一些地方政府支持制造业创新中心与本地人才引培政策对接，一例一策予以支持。目前，全国有北京市、天津市、上海市、重庆市和云南省5个省市把人才保障措施列入制造业创新中心政策体系中。各省、市制造业创新中心人才扶持相关政策见表1-8。

表1-7　省级制造业创新中心金融税收相关政策

各省市制造业创新中心金融税收相关政策	省/市
《北京市产业创新中心实施方案》（京经信委发〔2016〕48号）	北京
《天津市制造业创新中心建设实施方案》（津工信科〔2019〕15号-附件3）	天津
《河南省先进制造业专项资金管理办法》（豫财企〔2018〕16号）	河南
《上海市制造业创新中心建设工程实施方案》	上海
《关于印发重庆市制造业创新中心建设工程实施细则（2019—2022年）的通知》（渝经信发〔2019〕44号）	重庆
《湖南省制造业创新中心认定管理办法》的通知（湘经信科技〔2017〕706号）	湖南

表1-8　省级制造业创新中心人才扶持相关政策

各省市制造业创新中心人才扶持相关政策	省/市
《北京市产业创新中心实施方案》（京经信委发〔2016〕48号）	北京
《天津市制造业创新中心建设实施方案》（津工信科〔2019〕15号-附件3）	天津
《上海市制造业创新中心建设工程实施方案》	上海
《关于印发重庆市制造业创新中心建设工程实施细则（2019—2022年）的通知》（渝经信发〔2019〕44号）	重庆
《云南省制造业创新中心培育创建工作方案》（云工信技创〔2019〕181号）	云南

数据来源：赛迪智库整理

三、经验特点

（一）紧密对接地方战略

各地方从本地经济和社会发展诉求出发，紧密对接制造业创新中心的建设与发展战略。一是与本地产业发展战略相结合。在21个省区市中，有14个省市在政策文件中明确提出，制造业创新中心建设是贯彻落实本地产业发展战略的重要措施。例如，《北京市高精尖产业发展资金管理暂行办法》中提出，要使用高精尖资金支持北京市产业创新中心建设，推动北京市构建“高精尖”经济结构，提升北京市产业创新能力；《河南省人民政府办公厅关于转发河南省支持转型发展攻坚战若干财政政策的通知》明确支持制造业创新中心建设，旨在支持河南省破解转型发展瓶颈，构建产业发展新体系；《安徽省制造业创新中心建设实施暂行办法》提出，要形成比较完善的制造业创新体系，用以支撑安徽省制造业强省建设。二是与提升企业创新主体地位诉求相结合。创新中心本质是企业，依托公司运行现代企业制度，一些省市把创新中心建设与提高企业地位相结合。例如，北京市在《北京市促进总部企业高质量发展的相关规定》的文件中，鼓励总部企业创建市级产业创新中心；山东省在《山东省人民政府关于支持民营经济高质量发展的若干意见》中，支持民营企业申报国家制造业创新中心。

（二）拓展支持资金渠道

各地方重视制造业创新中心建设，最大化地利用各种资金渠道，为各级创新中心建设提供资助。一是组合利用各部门或各专项支持资金。为争取更多的资金支持，上海市、安徽省等省市积极拓展财政资金来源。上海市在《上海市制造业创新中心建设工程实施方案》中提出，通过工业强基、产业技术创新等几类市级专项向制造业创新中心倾斜，综合支持制造业创新中心建设；《安徽省制造业创新中心建设实施暂行办法》提出，优先支持省级制造业创新中心申报省工业转型升级专项资金项目；重庆市在《关于印发重庆市制造业创新中心建设工程实施细则（2019—2022 年）的通知》中提出，对制造业创新中心牵头建立的产业技术创新联盟，优先认定为市级示范产业技术创新联盟并给予奖励。二是充分利用市级财政资金。一方面，利用市级财政对省级制造业创新中心建设进行支持。青岛市对省级制造业创新中心提供最高 500 万元的扶持资金，超过了省一级 300 万元的扶持额度；深圳市提供与省一级投资 1∶1 比例的配套扶持资金，对制造业创新中心建设提供强力支持。另一方面，利用市级财政把制造业创新中心建设延伸到市一级，郑州和洛阳两市的市级财政对进入市级及以上制造业创新中心培育名单的企业，每年给予 50 万元的资金资助；大连市通过专项资金政策，在高端轴承、集成电路封装装备等重点行业建设了 9 家市级制造业创新中心，累计下达财政资金 5000 万元。三是综合利用财税金融配套政策。北京市、上海市等 10 个省市给予制造业创新中心多元化的资金支持。例如，北京市在《北京市产业创新中心实施方案》中规定，对制造业创新中心符合条件的首台（套）产品纳入政府采购的予以补贴；制造业创新中心享受研发费用加计扣除、技术转让所得减免征企业所得税、固定资产加速折旧等税收优惠政策。上海市在《上海市制造业创新中心建设工程实施方案》文件中规定，把制造业创新中心首次投放市场的产品，纳入《上海市创新产品推荐目录》，按照市财政局“上海市创新产品政府首购和订购实施办法”的规定实施政府首购；同时鼓励银行在风险可控条件下加大对制造业创新中心的信贷支持力度。重庆市在《关于印发重庆市制造业创新中心建设工程实施细则（2019—2022年）的通知》中规定，鼓励银行在风险可控的条件下加大对制造业创新中心的信贷支持力度，优先支持制造业创新中心获得商业价值信用贷款和知识价值信用贷款。

（三）探索非资金支持手段

一些省市除对制造业创新中心提供资金支持外，还探索一些非资金类的支持手段。一是积极提供人才保障举措。在人才引入和待遇方面，北京市在《北京市产业创新中心实施方案》中提出，鼓励制造业创新中心积极对接现有政策，明确规定国有企业派驻创新中心任职的，参照国有人才管理相关办法实施特殊人才政策，支持民营企业委派技术骨干和管理团队到产业创新中心任职并保留原待遇和股权。在人才激励方面，湖南省、重庆市支持制造业创新中心采取股权、期权激励和奖励等收益分配政策。二是落实部分其他保障要素。个别省市在土地、信息、服务等其他要素保障方面出台了明确政策。在用地保障上，河南省的郑州市和新乡市，在《郑州市人民政府关于印发郑州市制造业创新中心建设实施方案的通知》和《新乡市人民政府办公室关于印发新乡市制造业创新中心建设实施方案的通知》中提出，对制造业创新中心的科研建设发展项目，按科教用途落实用地，优先列入省市重点项目库，依法优先安排建设用地。山东省在《印发关于深化科技改革攻坚的若干措施的通知》中规定，总投资超过5000万元，其中企业投资超过3000万元制造业的创新中心，直接纳入省级科技创新平台管理，为制造业创新中心提供资金、信息和服务便利。

（四）尝试资助研发以评促建

一些省市利用政策对制造业创新中心的运行予以后续支持，并利用评估考核结果，择优支持制造业创新中心发展。一是对运行期研发项目留口支持。按照《北京市高精尖产业发展资金管理暂行办法》规定，北京市制造业创新中心运行平稳后，开展重大项目建设的，北京市高精尖产业项目按照不超过项目总投资的 30%，一般不超过 1000 万元的标准予以支持。重庆市在《关于印发重庆市制造业创新中心建设工程实施细则（2019—2022 年）的通知》中规定，制造业创新中心运行 3 年后，将根据运行评估情况，择优予以重点研发项目资金支持。二是提升对制造业创新中心建设考核管理。北京市在《加快全国科技创新中心建设促进重大创新成果转化落地项目管理暂行办法》中规定，市经济信息化委对已获批的产业创新中心进行年度评价，评价合格的予以奖励，奖励总额最高 1000 万元。

第二章

十大热点事件

热点 1：国家增材制造创新中心主办 2020 中国（西安）国际 3D 打印博览会暨高端论坛

2020 年 9 月 23—25 日，由西安交通大学、陕西省科学技术协会、西安市博览事务中心、国家增材制造创新中心联合主办的 2020 中国（西安）国际 3D 打印博览会暨高端论坛（IAME）在西安高新国际会议中心落下帷幕，活动取得圆满成功。2020 中国（西安）国际 3D 打印博览会暨高端论坛以“学术论坛+行业展览+国际大赛”的形式，面向海内外人员提供了一个以创新融合为主题的专业性行业交流平台。

大会开幕式由中国工程院管理学部主任胡文瑞主持，陕西省人民政府副省长、党组成员赵刚，中国工程院原副院长刘德培，西安交通大学校长王树国致辞，澳大利亚工程院 Xinhua Wu 院士、乌克兰工程院院长瓦西里耶夫·阿纳多利·约西法维奇院士、欧洲科学院 Paolo Colombo 院士视频致辞。

会议邀请了 20 余位院士专家出席交流，包括中国工程院院士曹建国、曹耀峰、傅志寰、黄维和、胡文瑞、蒋庄德、刘德培、刘合、卢秉恒、唐立新、王坚、王基铭、王金南、王桥、王运敏、向锦武、向巧、杨华勇、杨善林、郑静晨、周建平、金智新、王振国等，陕西省、西安市有关部门领导及企业代表出席了本次会议开幕式。

大会同时设立了增材制造技术及应用平行论坛，围绕航空航天、生物医疗、高端装备、工艺技术等增材制造相关应用领域共性关键技术，举办了 6 场专题论坛，邀请到 70 余位行业精英带来了精彩的学术报告。六大专题论坛包括：新一代信息技术与制造业创新发展论坛，增材制造与生物医疗论坛，高端装备制造业高质量发展与生态文明建设论坛，车辆、船舶及高端装备工程管理论坛，增材制造与工艺装备及转型升级论坛，增材制造与航空航天应用论坛。专题论坛旨在探索增材制造技术最前沿的应用发展新方向，多位增材领域知名企业代表，结合新应用案例、新技术，在工艺与装备方面的新产品、新技术、新突破及关键技术问题，开展主题报告，介绍3D打印领域的前沿动态。

同期举办了2020中国（西安）国际3D打印博览会，涵盖了从基础材料、关键零部件，到高端装备、整体解决方案的智能绿色制造全产业链；从技术创新、产品创新、模式创新到应用新场景的增材制造全创新链，还系统展示了重点应用领域、重点产业的最新产品、服务与前沿创新成果，助力制造业+3D打印的创新发展与融合。在此次增材制造产业嘉年华盛会活动上，业内知名企业德国SLM Solutions、德国EOS、法国3DCeram、美国Altair、瑞士GF加工方案、美国3D SYSTEMS、美国GE、日本NIKON、德国Siemens、比利时Materialise、法国达索系统、法国圣戈班集团、西安铂力特、湖南华曙、齐重数控、广州雷佳、宁夏共享、先临三维、北京三帝科技、苏州中瑞智创、盘星新型合金、渭南3D打印产业园等，共计150余家行业优秀企业参与展览精彩亮相，带来最新的研究成果和技术应用。

热点2：国家印刷及柔性显示创新中心开展印刷OLED和QLED技术工程化研发

目前，创新中心基于前期在印刷OLED和QLED技术，以及柔性可卷绕显示技术所取得的技术成果，瞄准印刷及柔性显示技术产业应用，开展大尺寸印刷及柔性显示的工程化技术开发，并计划将开发成果转移到股东单位TCL华星光电，支撑后者在广州的印刷及柔性显示量产线建设。该产线是全球第一条高世代柔性可卷绕量产线，其建成将实现国内印刷及柔性显示技术在全球范围内率先实现量产应用。

这是国家制造业创新中心一次具有重要意义的研发项目产业化，切实发挥了国家制造业创新中心“促进技术转移扩散和首次商业化应用”的功能。该项目根据印刷及柔性显示技术产业大尺寸、高分辨率的应用需求，把“突破大尺寸柔性显示工程化技术，实现65英寸4K以上大尺寸卷绕印刷OLED

电视样机制备；突破印刷OLED量产工程化技术，实现65英寸以上8K印刷OLED电视样机制备”作为项目具体目标。

热点3：国家机器人创新中心相关技术产品应用于工业机器人及数控转台推动国产替代

国家机器人创新中心开展了精密摆线针轮减速器、机器人驱控一体化关节、机器人专用伺服电机及驱动器等关键零部件核心技术研发，相关产品应用于3kg到500kg负载能力的系列化工业机器人及数控转台，推动国产核心零部件市场占有率总体超过50%。

面对疫情，国家机器人创新中心与中科院沈阳自动化所联合研制了咽拭子采样机器人，与钟南山院士团队合作开展临床验证工作，采样一次成功率大于95%，发现率非劣效于人工采集。目前开展产品样机研制，实现“全自动咽拭子采检一体化系统”产品化。

热点4：国家信息光电子创新中心硅光提案成功入选中国科协2020年度工程难题

一是硅光提案成功入选中国科协2020年度工程难题。2020年8月15日，中国科协在第二十二届中国科协年会闭幕式上发布了10个对科学发展具有导向作用的科学问题和10个对技术和产业具有关键作用的工程难题，由国家信息光电子创新中心联合中国信科集团、光纤通信技术和网络国家重点实验室、光迅科技等单位提出的“硅光技术能否促成光电子和微电子融合？”成功入选中国科协2020年度工程难题。

自2018年以来，中国科协组织全国学会及学会联合体开展重大科学问题和工程技术难题征集活动并向公众发布，3年共评选、发布了100个难题。其中，2020年的征集发布活动共征集到103家全国学会、学会联合体、企业科协提交的490个问题难题，1.88万余名院士、专家、一线科技工作者参与。这是中国科协发挥自身组织和人才优势，研判未来科技发展趋势，明确科技创新突破口，前瞻谋划和布局前沿科技领域与方向，服务世界科技强国建设的重要举措。

此次国家信息光电子创新中心提出的“硅光技术能否促成光电子和微电

子融合？”成功入选中国科协 2020 年度工程难题，充分体现了硅光技术在当前科技领域的创新性和战略性地位。创新中心将以此为契机，全力开展硅光产业技术研究和开发，并充分利用国内现有微电子产业资源和 CMOS 制造平台，建立健全硅光产业链，有效提升我国信息光电子的制造能力，缓解高端光电子芯片“卡脖子”困境，为我国信息化新基建提供有力支撑。

二是硅光技术成果入选 2020“科创中国”先导技术榜单。2021 年 1 月 18 日，中国科协在北京召开 2020“科创中国”年度工作会议，隆重发布 2020“科创中国”系列榜单。国家信息光电子创新中心的“硅基光电子集成技术”，作为“电子信息领域”十项先导技术之一成功入选。“科创中国”系列榜单是中国科协为激发创新引领的跨界合作活力，打造科技创新驱动高质量发展的风向标，深化“科创中国”建设等设立，榜单聚焦电子信息、生物医药、先进材料、装备制造、资源环境五个领域，优选并每年发布能够代表前沿水平，实现技术重大突破，商业模式可见、商业潜力巨大且通过早期验证，具备技术转化条件的重大技术成果。

此次创新中心提出的硅基光电子集成技术攻克了硅光芯片 CMOS 兼容加工工艺、高频高密度封装、自动化调控和系统集成等工程化难题，在国内率先研制出 100G/200G 硅基光传输芯片、400G 硅光数通芯片、混合集成型 25G 可调谐光发送组件，相关产品打破国外垄断，并可广泛应用于 5G、光传输、数据中心等“新基建”重点领域，为有效缓解我国高端光电子芯片工艺水平“卡脖子”困境，实现信息光电子芯片自主可控探索出一条可行路径，经济效益潜力较高。

三是世界首例可用于相干光通信的高性能铌酸锂薄膜电光调制器芯片技术成果入选“中国光学十大进展”应用研究类榜单。2021 年 4 月 25 日，首届光学前沿高峰论坛暨 2020 年度中国光学十大进展颁奖典礼在杭州市富阳区举行，国家信息光电子创新中心此次入选“中国光学十大进展”应用研究类榜单的世界首例可用于相干光通信的高性能铌酸锂薄膜电光调制器芯片由肖希博士团队与中山大学蔡鑫伦教授团队合作。该成果实现了 110GBaud QPSK 及 80GBaud 16-QAM 的相干光调制，为世界最快速的光子芯片之一，研究成果被 Nature 子刊 Nature Communications 发表。该成果与此前联合研制的超高速 LiNbO3 薄膜调制器成果（收录为 ECOC 2019 PDP，是 ECOC 会议 45 年来中国大陆光芯片领域的第一篇一作 PDP 论文）均为光通信领域的最新技术进展和纪录性成果，代表着我国在下一代光芯片前沿研究方面已经步入国际前列。

据悉，“中国光学十大进展”评选活动由中国激光杂志社发起，至今已成功举办 15 届，旨在促进中国优秀光学研究成果的广泛传播，推动中国光学事业的发展。凭借高学术水平的候选成果，以及严格公正的评审机制，这一奖项备受业界认可，具有高度的公信力和影响力。

四是 100G/200G 硅光相干收发芯片及模块技术成果入选“十大国有企业数字技术成果”榜单。2021 年 4 月 25 日，第四届数字中国建设峰会在福州开幕，在以“数字赋能国企 创新引领未来”为主题的“国有企业数字化转型论坛”上，国有企业数字技术成果正式发布。由国家信息光电子创新中心和光纤通信国家重点实验室协同研制的 100G/200G 硅光相干收发芯片及模块入选十大国有企业数字化技术成果“核心电子元器件类”榜单。该技术成果适用于各类长距光传输系统，填补了国内空白。芯片采用先进的硅光子集成技术和 CMOS 制造工艺，模块内光芯片、DSP 和驱放芯片全面自主。该产品在具备高速率、高产能和高集成度优势的同时，将芯片和器件尺寸分别降低 15%和 66%，制造成本降低 50%。据悉，该产品性能稳定可靠，是国内首款可商用的 100G 硅光芯片。目前，该成果已在国内电信网成功商用，并在电力通信网、5G、数据中心、卫星互联网等通信系统中具有广阔应用前景。

热点 5：国家数字化设计与制造创新中心首台（套）新型显示喷印技术装备突破国内“卡脖子”技术

新型显示正在成为未来新的经济增长点，中国已经逐渐发展为显示第一大国，但 OLED 产业链中上游发光材料和上游设备制造装备大多仍旧被国外垄断，成为制约我国新型显示产业可持续发展的“卡脖子”技术。

创新中心柔性电子制造研究所历时 15 年，从原理创新出发，经过技术创新、装备创新，研发了国际首创电流体喷印技术，研制了首台（套）新型显示喷印技术装备。2020 年，该技术装备正式进入应用创新阶段，在国家印刷及柔性显示创新中心进行中试测试。12 月 18 日，创新中心与 TCL 等共同设立国内首家新型显示喷印装备公司：武汉国创科光电装备有限公司，创新中心已启动“喷印薄膜基板的转移装置、电子印刷系统及电子印刷方法”等 6 件专利及相应的 4 项专有技术共 10 项技术资产的成果转化工作。

热点 6：国家轻量化材料成形技术及装备创新中心入选“科改示范行动”候选名单

2020 年 4 月 8 日，国务院国有企业改革领导小组办公室召开“科改示范行动”动员部署视频会议。北京机科国创轻量化科学研究院有限公司（简称轻量化院）等 208 户科技型企业入选“科改示范行动”候选名单。轻量化院入选“科改示范行动”企业，将加速企业改革与发展，完善工作方案和工作台账，用好用足各项政策，激发人员活力，实现轻量化院高质量发展，努力成为国有科技型企业改革样板和自主创新尖兵。

“科改示范行动”是继国企改革“双百行动”“区域性综改试验”后的又一国企改革专项工程，共选取了 200 余户改革创新紧迫性较强的国有科技型企业，在切实加强党对国有企业的全面领导、坚决防止国有资产流失的前提下，按照高质量发展要求，进一步推动深化市场化改革，重点在完善公司治理、市场化选人用人、强化激励约束等方面探索创新、取得突破，打造一批国有科技型企业改革样板和自主创新尖兵，在此基础上复制推广成功经验。

热点 7：国家农机装备创新中心研发的国内首台 5G+氢燃料电动拖拉机（ET504-H）产品发布

2020 年 06 月 16 日，国家农机装备创新中心在河南洛阳伊滨区举办国内首台 5G+氢燃料电动拖拉机（ET504-H）产品发布会。中共洛阳市委副书记赵会生，洛阳市人民政府副市长侯占国，中国农业机械化科学研究院副院长方宪法，清华大学天津高端装备研究院洛阳先进制造产业研发基地执行主任、洛阳智能农业装备研究院有限公司董事马明星，河南省农业农村厅农机中心总工程师蒋兴宁，洛阳市工业和信息化局党组书记、局长赵站伟，河南省财政厅企业处副调研员张春跃，洛阳市财政局科长马晓旭，洛阳市农业农村局副局长刘军学等领导出席发布仪式。会议由洛阳市伊滨区党工委副书记、管委会副主任张向阳主持，公司董事长黎晓煜进行产品介绍。省市各机关单位及多家主流媒体记者约 100 余人共同出席，见证新产品的发布。

氢能源被视为化石燃料良好的替代品，具有许多优势，目前在国外发达国家都将大型的燃料电池作为重点研发项目，但我国氢燃料电池的研究大多处于理论研究阶段，在具体的操作实践上仍有待进一步努力。国家农机装备创新中心作为农机行业的“探路者”，从未忘记肩上担负的责任，将环保理念注入农机行业，氢燃料与农机的结合是我国农机行业在氢能源应用探索上迈出的重要一步。

此次发布的“国内首款5G+氢燃料电动拖拉机（ET504-H）”是由国家农机装备创新中心和清洛基地联合打造的新一代新能源农机装备。氢燃料电动拖拉机（ET504-H）是依据当前的农机产业环境及当前科技发展的趋势，采用永磁同步中置主电机驱动，提升与转向由独立电机驱动。动力系统是以氢燃料电池供电为主、锂电池供电为辅的能量供给模式，打造的一款应用于平原及丘陵地区的无人驾驶燃电拖拉机。该款拖拉机具有综合续航时间长，零碳排放、加氢时间短、噪音低等特点，除了满足传统燃油拖拉机的作业功能外，还具有无人驾驶、遥控操作两种运行模式，并且装载智能整车控制系统，优化了供电匹配，轻载燃料电池独立供电，重载燃料电池、锂电池混合供电，实现增程续航。

除此之外，“ET504-H”使用了5G移动通信技术，实时感知整车运行状态及周边作业环境，通过5G具备的高速率、低时延、大连接等特性，将5G应用场景与新型农机无人集群场景有机结合，使之有效提升农机作业的可靠性，为用户提供更高质量的服务。

此次“ET504-H”的顺利发布是国家农机装备创新中心在传统农机产业的一次大胆创新，也是农机装备发展历程上的一次重要突破！国家农机装备创新中心将继续深入5G移动通信技术和氢能源技术在我国农机领域应用的探索开发及新能源无人驾驶拖拉机研制，提前部署前沿技术，不断实现无人驾驶、电控策略等关键技术突破，在农机领域形成新能源无人驾驶农机装备的整套解决方案，突破农机行业关键的“卡脖子”技术，赶超世界先进，引领带动我国农机装备产业高质量发展。

热点8：国家先进功能纤维创新中心抗击疫情组织安全防护用纤维科研攻关项目

2019年末以来，新冠肺炎疫情在全球蔓延，高质量应急防护新材料研发破题刻不容缓。应急防护用纤维技术及制品作为急迫性、重要性、普适性并重的研究项目，受到了创新中心、全国乃至世界纤维及制品行业的广泛关注。

国家先进功能纤维创新中心携手盛虹控股集团有限公司联合设立“盛虹·应急保障与公共安全用纤维材料及制品科研攻关项目”专项基金，组织开展“产学研用”全产业链攻关，旨在推动相关学科基础、关键技术和科技成果产业化攻关。

创新中心组织全国化纤材料及相关领域的专家、科研人员开展科研项目攻关，针对个人防护、医学防护、生化防护等各个层面的迫切需求，解决生化防护材料耐污阻隔性能低、医疗卫生用纺织品和纺织新材料质量标准体系不完善等各类问题，实现科研实力的全面提升、工艺技术的创新升级、产品及理念绿色化和智能化。目前，31 个立项项目取得阶段性成果，其中包括创新石墨烯纳米纤维膜复合增强、远红外热杀菌技术，实现纳米纤维滤膜口罩的可重复使用；自主研制熔体微分静电纺聚乳酸微纳米纤维膜成型技术试验装置，并实现产业化；通过多层结构设计，开发重复性使用舒适型防静电病毒隔离面料；开发纤维基有机电化学晶体管传感器一体化制备技术，并应用于智能可穿戴领域等。

此外，创新中心已发布 2021 年度“盛虹·应急保障与公共安全用纤维材料及其制品科研攻关项目”专项基金指南并征集。

热点 9：国家稀土功能材料创新中心联合开发的智能稀土永磁磁浮轨道交通试验线成功发车

永磁磁浮轨道交通系统是一种绿色、安全、智能的新型交通方式，具有转弯半径小、爬坡能力强、不占用城市的道路资源、对地面交通影响小等特点，是解决城市交通拥堵和公共交通“最后一公里”问题的理想解决方案，是我国现有磁浮轨道交通体系的完美拼图。国家稀土功能材料创新中心联合股东单位江西理工大学合作开发出新型智能稀土永磁磁浮轨道交通专用磁体，攻克混合悬浮与导向控制技术，开发了磁—电混合“零功率悬浮”原型系统，实现了轨道运输系统应用从 0 到 1 的突破，建设的 63 米长稀土永磁磁浮轨道交通实验线已成功运行，现已注册成立江西永磁磁浮科技有限责任公司，并由其全资子公司江西磁浮工程技术有限公司负责建设 1 公里长工程试验线（1 期），并推广该技术成果。

热点 10：国家集成电路特色工艺及封装测试创新中心技术成果获得国家科技进步奖一等奖

2020 年国家集成电路特色工艺及封装测试创新中心与华中科技大学联合申报的“高密度高可靠电子封装关键技术及成套工艺”获得“2020 年国家科技进步奖一等奖”，创新中心在该项目中承担核心技术研发角色，针对光子器件、电子器件封装的协同设计方法和集成技术开展了深入的研究。通过对光、电、热、应力等多物理场参量建模及测试技术的研究，掌握和具备了设计仿真、工艺制备、测试验证等关键技术，并搭建了从研发到量产的中试平台，特别是对非气密光电异质集成封装、射频微波组件、多芯片混合三维集成等高性能产品应用方面有贡献。

此外，“多芯片集成扇出型晶圆级先进封装技术”成功获选“第十四届（2019 年度）中国半导体创新产品和技术”，晶圆级扇出型封装技术（Fan-Out Wafer Level Package）将完成减薄划片的芯片按照设计间距重新分布于晶圆表面，并形成重构晶圆。重构晶圆表面或背面重新布线，与芯片焊盘实现电性互联，最后通过电测、植球、划片等工序完成芯片封装。封装过程包括重构晶圆制作、重构晶圆表面再布线等工艺，省略了传统封装结构中引线框架、封装基板等载体，是新兴的短小轻薄高密度封装技术。多芯片集成扇出型晶圆级先进封装技术将不少于 3 颗芯片集成在 1 个封装体中，解决了多芯片封装中芯片偏移、翘曲问题、多层 RDL 和精细线路（2 层 RDL 均有 10um/10um 的测试线路）等难题。对比国外同类型产品，封装密度增加 46%，I/O 数量增加 67%，Ball Pitch 由 0.5mm 降低到 0.45mm，综合技术指标均优于国外产品。

最后，2020 年 11 月集成电路特色工艺及封装测试创新中心还获批了国家级博士后科研工作站。国家级博士后科研工作站的设立，能够助力企业集聚全球高端人才，在开展基础性、前瞻性、至高性研究中拥有更好的载体，真正把高校知识创新资源与企业技术应用平台结合起来，充分发挥科研机构与企业作为创新价值链上两个重要环节的作用，促进科技成果转化，发挥科技成果转化的中介组织作用，为科技成果产业化提供了一条捷径，从而提高企业的科技创新水平和竞争力，实现科技促进企业经济的跨越式发展。此次成功获批国家级博士后科研工作站，创新中心以此为契机，将有力促进科研单位培养和造就一批更加具有国际视野和前沿学术水平的创新型人才，为突破集成电路产业等领域关键技术提供科研生力军。

进 展 篇

第三章

国家动力电池创新中心

第一节　建设进展

一、组建情况

（一）公司

1. 股东构成

国家动力电池创新中心（以下简称创新中心）按照“公司+联盟”的模式，以国联汽车动力电池研究院有限责任公司（以下简称国联研究院）为核心、以联盟为外延，建成了“小核心、大协作、广开放”创新体系。国联研究院股东单位 14 家，注册资本 9.3 亿元，包括有研科技集团有限公司 1 家研发机构，华鼎新动力股权投资基金 1 家社会资本，中国一汽、东风汽车、长安汽车、上汽集团、北汽新能源、广汽集团、华晨汽车、宇通客车 8 家整车企业，深圳贝特瑞 1 家电池材料企业，宁德时代、天津力神 2 家电池企业，东软睿驰 1 家电池系统企业。股东单位涵盖了研发机构、社会资本和电池材料、单体电池、电池系统等各类创新资源和产业上下游企业，包括了国有资本、社会资本和其他所有制企业。

2. 组织架构

创新中心设立了股东会、董事会、监事会和总经理办公会，有研科技集团有限公司党委副书记、总经理熊柏青担任董事长，中国汽车工业协会原常务副会长董扬任副董事长，中国汽车工业协会副秘书长许艳华任监事会主席。按照聚焦研发方向和加强市场化运行的要求，公司下设创新事业部、制造事业部、检测事业部、市场推广部和职能部门等机构。

（二）联盟

中国汽车动力电池产业创新联盟（以下简称创新联盟）是在工业和信息化部指导下，由中国境内从事新能源电动汽车、动力电池及其相关的材料、技术和装备等领域研究设计、生产制造、测试验证、电池梯次利用与回收处理优势企业、科研院所、大专院校和行业组织自愿结成的全国性、行业性、非营利性社团组织。2016 年 6 月 30 日，中国汽车动力电池产业创新联盟与国家动力电池创新中心同时在北京挂牌成立。目前创新联盟成员单位 180 余家，成员领域覆盖新能源整车、电池及系统、电池材料、回收再利用、燃料电池等全产业链，构成“产学研用”相互交流、合作、研究、促进协同创新的大平台。为进一步汇聚各领域优势资源开展联合攻关，不断完善创新联盟协同创新体系，创新联盟自 2018 年开始积极推进分会建设工作，目前已完成动力电池分会、燃料电池分会、工程装备分会等 6 大分会建设，并以分会平台为载体聚焦各领域关键环节，开展政策法规研究、标准制定等行业相关工作。在信息政策方面，创新联盟已形成周报、月报、半年报、年报系统研究网络，搭建行业信息共享服务平台，打造第三方权威智库；在标准研究与制定方面，依托中国汽车工业协会平台，创新联盟以秘书处和各分会平台为组织实施主体，针对行业重点问题开展标准研究，及时满足产业发展所需，搭建行业标准研究与编制权威平台；在数据统计与发布方面，创新联盟秘书处按照国家统计局授权制表，以月度为单位启动动力电池产销存月度数据统计工作，形成长效工作机制，目前统计企业市场覆盖率可达 95%以上，数据统计结果以信息发布会方式定期向行业发布共享；在交流与合作方面，在创新联盟及分会平台上，创新联盟聚焦各细分领域的现状及关键共性问题进行深入研讨交流，促进国内外产业链上下游产业技术协作；在行业自律方面，创新联盟有序组织开展行业自律工作，规范行业行为，维护行业间的公平竞争和正当利益，与政府监管互为补充，促进行业健康有序发展。

二、机制建设

创新中心按照“公司+联盟”的模式组建，工业和信息化部原部长苗圩在创新中心成立大会上指出，创新中心“就是由企业、科研院所、高校、产业基金和社会资本等各类创新资源，动力电池的需求方、技术研制方、产品制造方等多方面自愿组合形成的以资本为纽带的核心层和以上下游技术为联盟的紧密层”。创新中心建立了以企业为主体的技术创新机制，以企业为主体的研发投入机制、以满足行业重大需求为导向的项目形成机制、以“产学研”相结合的项目实施机制、以技术产业化为目标的技术转移机制。

三、平台建设

创新中心全面建成了研发设计、测试验证、中试孵化转化和行业服务的创新平台。

（一）建成了动力电池研发设计平台

建成了模拟电池组装测试系统，具备扣式电池电极片制备、电池组装及电性能测试能力，可开展电池关键材料电性能的正向分析及逆向解析工作；建成了小型软包电池试验线，具备 1～10Ah 软包电池制备、测试能力，可开展电池材料体系设计、初始工艺过程、关键性能指标的实验、验证工作；建成了动力电池全套研发试验能力，形成动力电池协同攻关平台。

（二）建成了动力电池测试验证平台

建成了电池材料分析检测、动力电池和电池系统的基础性能及可靠性与安全性测试评价、计算仿真等实验室，建成国家级动力电池检测试验中心，总投资 3 亿元，新增设备 500 余台（套），获得了 CNAS 实验室认可和 CMA 资质，覆盖了我国动力电池和系统产品国家标准所涉及的所有检测项目，通过了工信部关于承担道路机动车辆产品准入检验工作的检验检测机构备案，获得了 TUV 北德关于 ECE-R100、UN38.3 的授权认证。2020 年创新中心正式成立国家车用动力电池产品质量监督检验中心，覆盖标准 77 项，项目 292 项，服务客户超过 80 家，检测样品数量上万个，客户覆盖国内外知名整车、电池企业、检测企业、高校及科研院所，包括一汽、东风等整车企业，力神、蜂巢、远景等电池企业，十八所、中汽研、中电四所等电池检测企业，清华大学、国网电力科学研究院等高校和科研院所。

（三）建成了中试孵化转化平台

建成了年产 7000 万安时动力电池中试线，环境控制严格、制造流程完善，以及柔性化设计，可开展产品设计验证、中试研究、批量试制工作；建成了产能 72 万套模组、3 万台（套）电池系统制备能力，工艺技术体系完善，通过了 IATF16949 体系认证，可开展电池模组、电池系统批量试制。

（四）建成了创新联盟行业服务平台

创新中心依托创新联盟开展产业政策研究、标准研究与制定、产业交流与合作、行业自律等行业服务。创新联盟制定了联盟章程，设立了以辛国斌副部长为主任的指导委员会，设立了理事会、技术委员会和秘书处，下设 6 个分委会和技术标准专委会，目前联盟成员单位 180 余家。

第二节 运行成果

一、技术创新

创新中心在建设运行过程中，组织实施锂电升级工程，开展科技成果孵化转化，推动产业协同发展，取得了较好进展。

创新中心完成了以高镍三元材料为正极、石墨为负极，锂离子动力电池产品设计开发验证、制造过程设计开发验证，25 Ah 软包装动力电池比能量达到 180 Wh/kg，形成了“高比能动力电池及其正极材料的产业化”技术成果，并通过成果鉴定，获得 2017 年中国有色金属工业协会科技进步一等奖；采用高镍三元材料正极、硅碳复合材料负极设计的比能量为 260Wh/kg、280Wh/kg 锂离子动力电池通过了单体和模块的国家强制检测；围绕单体比能量 300Wh/kg 动力电池，开展了电池体系设计、安全设计和制造设计，电池性能达到国标要求。至 2020 年底，创新中心成功研制出 80Ah 单体动力电池，比能量达到 356Wh/kg，比功率大于 2500W/kg，循环 500 周容量保持率大于 90%，同时电池设计采用耐热高安全性隔膜、耐燃电解液、材料安全助剂等多项安全技术，目前已顺利通过安全性检测。高镍/硅碳体系实现 350Wh/kg 高比能量动力电池产品开发这一技术路线的可行性，给行业提供了前期指引和参考借鉴。

创新中心积极推进前沿技术的研究，设立加拿大固态电池研发分支机构和西安大略大学联合实验室，发展空气中稳定的硫化物固态电解质、金属锂电极、氧化物固态电解质膜和固态锂离子电池、锂硫电池、锂空气电池等新体系，目前取得了一定成效。

创新中心“高比能量高镍体系电池及其产业化应用”成果和“《汽车动力蓄电池编码规则》国家标准及其应用”成果获得 2020 年中国有色金属工

业科学技术奖二等奖，“高比能锂二次电池用高安全电解质和高容量电极材料”成果获得2020年中国发明协会发明创业奖二等奖。

二、中试和工程化

创新中心建设完成单体电池、电池模组和系统中试孵化能力，创新中心积极开展产品设计和小批量试制，2020年与其他动力电池企业就单体动力电池开展中试技术服务项目，同时也与其他企业在固态电池模组试制方面开展合作。

三、成果孵化与转化情况

创新中心积极推动科技成果孵化与转化，实现了技术成果的技术授权，向华鼎国联电池材料公司授权使用高镍三元正极材料成套技术，向华鼎国联动力电池公司授权使用180～260Wh/kg锂离子动力电池成套技术，支持在四川成都建设年产4000吨正极材料生产示范线和年产30亿瓦时动力电池示范生产线，目前正极材料示范生产线和动力电池生产线投入运行。2020年创新中心与一家公司就富锂锰基固溶体正极材料的关键技术达成技术使用协议，创新中心获得技术孵化转化收入。此外，创新中心梳理存量技术，积极争取实现科技成果孵化与转化。

四、行业服务

创新中心依托创新联盟持续开展产业政策研究、标准研究与制定、产业交流与合作、行业自律等工作，定期开展数据统计。2020年创新联盟组织编制《2019—2020年中国汽车动力电池及氢燃料电池产业发展年度报告》，调研形成“新冠疫情对我国动力电池产业的影响及对策研究”“动力电池检测一致性认定”等政策建议，按月开展数据统计并以发布会的方式与行业共享；持续推进动力电池标准研究与编制，2020年创新联盟共计申请立项8项团体标准，积极推进中汽协标准法规工作委员会动力电池专业委员会筹建，开展“车用锂离子动力电池”团体标准技术体系建设研究；积极促进产业交流与合作，2020年创新联盟聚焦产业热点组织召开技术交流会议，搭建“车电分离模式生态圈”，打造企业协同交流合作平台；不断推动产业自律，2020年创新联盟组织开展《电动汽车安全指南2019版》宣贯与培训、《电动汽车安全指南2020版》修订工作，促进产业健康、安全、有序发展。

第四章

国家增材制造创新中心

第一节　建设进展

一、组建情况

（一）公司

西安增材制造国家研究院有限公司作为国家增材制造创新中心（以下简称创新中心）的依托单位和承载主体，由西安交通大学、北京航空航天大学、西北工业大学、清华大学和华中科技大学 5 所大学及增材制造装备、材料、软件生产及研发的 13 家重点企业共同组建，注册资金 1.35 亿。公司汇聚了国内外高端人才及国家重点实验室、工程中心和工程实验室等科研资源，致力打造开放的行业资源平台，为国内制造业的转型和创新发展提供重要支撑，实现行业引领。

公司股东成员股权组成合理，包含大连美吉姆、武汉华科三维公司、陕西瑞特快速制造公司、北京恒创增材公司、北京煜鼎增材制造公司 5 家行业优势企业；西北有色金属研究院、机械科学研究总院江苏分院、安泰科技股份公司 3 家行业优势科研院所；河北鼎盛新城、陕西煤业化工新能源 2 家行业典型用户，以及渭南高新区火炬科技公司、西安新材料产业发展公司、陕西金融控股集团公司 3 家金融机构与特色产业园区。

公司建设了科学合理的运营机制，实现现代化企业管理。公司设立股东会、监事会、董事会、技术专家委员会，以及审计与法务部、财务部、人力资源部等 6 个职能部门和金属材料、非金属材料、软件与大数据等 5 个专业研究所，同时面向航空航天、生物医疗、汽车工业等领域增材制造关键共性技术需求，布局若干项目组，实现“项目组+研究所”矩阵式管理。

（二）联盟

全国增材制造（3D 打印）产业技术创新战略联盟（以下简称创新联盟），由中国工程院院士、西安交通大学教授卢秉恒院士任理事长，中国工程院院士、上海交通大学教授戴尅戎院士任名誉理事长，中国工程院院士、北京航空航天大学教授王华明院士，西北工业大学黄卫东教授担任副理事长。

创新联盟面向整合行业的优势资源与发展需求，与公司共同担负创新中心关于服务增材制造行业、组织业务交流、共性关键技术开发、成果转化等促进行业发展的任务，通过举办年度中国（西安）国际 3D 打印博览会（IAME）、国际工程发展战略高端论坛、中国/国际 3D 打印创新大赛、组织增材制造技术路线图和标准研讨、开展增材制造技术的国内外专利预警分析等，为行业搭建一个交流平台，推动行业发展。

创新联盟紧密结合航空航天、生物医疗、工业工程、文创教育等 3D 打印重点应用行业，已发展 254 家联盟单位，包括增材制造产业上下游企业 182 家（72%）、高校院所 60 家（23%）、金融投资机构其他 5 家（2%），海外企业 7 家（3%），依创新联盟章程，对联盟单位实行金卡、银卡和普通会员三级别管理。同时，创新联盟吸纳黑龙江省 3D 打印产业技术创新战略联盟、四川省增材制造技术协会、上海市增材制造协会、大连市增材制造学会等地方组织，建立 3D 打印行业区域联盟，逐步形成以西安为中心，辐射全国的会员单位体系，紧密结合航空航天、生物医疗、工业工程、文创教育等 3D 打印重点应用行业。

二、队伍建设

（一）管理团队

公司组建了高效精英运营班子，由卢秉恒院士担任董事长，赵纪元博士担任总经理，形成合理、完善的管理团队构成。

董事长卢秉恒院士在国内倡导开拓了增材制造、微纳制造、生物制造、高速切削机床等先进制造技术的研究。作为公司董事长，卢秉恒院士结合增材制造产业发展需求及公司运营规划，确定了适用于创新中心发展的战略目标和方向，带领创新中心在共性技术研发方面取得突破性进展。总经理赵纪元博士组建公司经营班子，负责日常管理与运行，建立了完善的运营机制和管理体系，逐步实现可持续发展。赵纪元博士现已入选国家“百千万人才工程”，同时被授予“有突出贡献中青年专家”荣誉称号，第九批陕西省“百人计划”长期创新人才。

（二）科研团队

创新中心成立了开放式的技术专家委员会，邀请行业专家研讨行业发展重大需求，并为创新中心筛选、确定研究方向，对创新中心的发展和在研项目进行战略研讨。技术专家委员会由干勇院士任名誉主席，王华明院士任主任，卢秉恒院士任副主任，50余位海内外学术界、企业界、金融投资领域专家任技术委员。

创新中心组建了多学科交叉、实力雄厚的科研团队，以中国工程院卢秉恒院士、王华明院士为技术带头人，以5名特聘教授及一大批行业技术专家、高级工程师和具有博士学历的工程师为技术骨干，以硕士、专业技术人员为实施主体的核心研发队伍。现有员工240余人，其中研发人员占比80%，硕士以上学历人员占比80%，并获得了陕西省“三秦学者”创新团队荣誉称号。

三、机制建设

（一）项目管理机制

创新中心坚持面向世界科技前沿、面向经济主战场、面向国家重大需求、面向人民生命健康，聚焦增材制造行业重大装备、关键工艺、新材料、核心元器件、工业基础软件等领域，针对国际新形势和我国“十四五”产业发展新趋势，梳理行业产业发展重大需求、重点方向，凝练关键共性技术，根据创新中心的定位筛选重点研究方向，布局前瞻性研究项目。同时，创新中心与行业用户积极开展技术交流研讨，挖掘市场需求，推动增材制造技术在航空航天、轨道交通、核电能源等领域的推广应用。

创新中心各类项目由科研管理部归口管理，包括项目申报、进度管理、项目监督执行及组织过程资产管理。项目组负责项目实施，研究所作为创新中心技术研发能力中心为项目组提供指导、攻关共性技术，实现项目组、研究所矩阵式项目管理机制。创新中心建立了完善的科研项目管理制度、评审制度、资金管理机制及研究院调度会议、研究所例会、项目例会、月报等制度，保障项目的实施与交付。

（二）资源共享机制

创新中心充分利用现有仪器、设备等资源，与成员单位之间实现资源开放共享。创新中心开发了网联筑梦平台，初步整合全国增材制造行业设备仪器资源。目前，利用网联筑梦平台已集成创新中心核心成员单位8家企业单位的448台（套）仪器设备：西安交通大学64台，西北工业大学11台，清华大学14台，华中科技大学69台，北京航空航天大学20台，机械科学研究总院40台，西北有色金属研究院10台，增材制造研究院220台等各类设备仪器，并已开始对外提供服务。

（三）人才管理机制

创新中心建立了吸引人才和激励人才的各项机制。针对创新中心项目研发过程中的具体需求，创新中心面向高校、科研院所年轻科研骨干人员发布创新中心的项目招标信息，面向西安交通大学、清华大学、北京航空航天大学、西北工业大学和华中科技大学五所大学，汇集基础研究成果，吸引优秀人才团队加盟。考虑创新中心所处西北的地域因素，针对西安交通大学、西北工业大学、西安光机所、西北有色金属研究院等高校和科研院所的人才团队，创新中心提供中试条件、资金和智力支持，吸引项目和团队加入，帮助企业进行成果孵化。同时，创新中心制定了项目立项奖励、技术成果激励等多种奖励措施对内部技术人员进行激励，取得了系列成果。

（四）知识产权机制

创新中心提出“创新技术、转移技术、孵化技术”的发展理念，从健全管理、强化保护、转移转化和支撑服务四个层面构建了创新中心的知识产权管理机制。以知识产权贯标体系为指导标准，创新中心建立和完善了知识产权制度，把专利布局设计、专利挖掘和高价值专利培育融入创新中心的知识产权日常机制中；综合运用专利、商标、著作权和商业秘密等各类知识产权，进行国内、国际布局，构建核心技术知识产权保护体系，有效管理和防控知识产权风险，保障创新主体合法权益；明确了转移转化原则，建立了知识产权转移转化的具体办法、收益分配和激励制度。

创新中心由市场推广部负责技术转化和市场推广，积极开展行业需求调研与分析，推动科技成果产业转化和市场应用；由知识产权办公室负责行业知识产权预警，发布重点领域专利分析报告，围绕专利开展知识产权交易业务；依托产业联盟、行业组织，联合专业机构，监测产业知识产权风险，发布产业知识产权竞争动态和发展态势报告，开展产业知识产权风险预警和风险联合应对。

四、平台建设

（一）研发中试平台

创新中心建成研发中试线，拥有对增材制造工艺、装备、材料、软件等行业应用的产业化技术研发并进行中试验证的能力。研发中试平台包括 1 条通用研发中试线和 6 条专用研发中试线。

通用研发中试线：面向制造业用户的技术验证和加工需求，已建立包括材料制备、创新设计、前处理、打印制造、后处理等研发中试线。

专用研发中试线：航空航天大型结构件打印研发中试线可实现大型铝合金、高强钢、钛合金构件的高效增减材制造和无损检测；微滴喷射 3D 打印头研发中试线实现了打印头微尺度结构系统设计、产业化制造、封装测试；航空航天精密复杂零件快速制造研发中试线可实现机匣、叶片、整体叶盘等航空发动机零件的增减材复合制造及修复；微型航空发动机研发中试线可实现微型涡喷、涡轴发动机零件的创新设计与快速制造，微型航空发动机的地面测试、性能检测；高性能复合材料增材制造中试线可实现工业级、大尺寸、高性能复合材料终端功能件的增材制造、后处理及检测；精准医疗与生物 3D 打印研发中试线可实现导航模板、齿科修复矫形、手术模型、康复工程等方面的 3D 打印技术应用。

（二）公共测试平台

公共测试平台面向行业用户开展针对材料、增材制件性能的检测服务，建立了金相分析、物理性能、化学性能、力学性能、无损检测等多个实验室，建成增材制造领域的专业检测中心，现拥有中国、德国、美国、瑞士等多个国家生产的中高端检测仪器 70 余台（套），并均已对行业内外开展检测技术服务，多项检测能力通过 CNAS 认可，并将逐年扩项。

检测中心在不断完善增材制造产业测试服务的基础上，针对增材制造领域的专用材料、制造装备和核心器件等测量需求，加强具有产业特点的测试技术和测试方法研究，为增材制造提供“全溯源链、全寿命周期、全产业链”及具有前瞻性的计量测试技术服务。

在标准化方面，平台根据创新中心各研究方向，完善缺失标准，健全指标体系和评价体系，协助国家标准化委员会构建较为完善的增材制造标准体系，形成一批严谨规范、可操作性强、在行业中有影响力和公信力的标准，充分发挥创新中心的积极作用，加快标准的普及应用与深度融合，推动增材制造产业的发展。

（三）共性技术服务平台

共性技术服务平台已完成网联筑梦 3D 打印云平台系统、增材生产管理系统、3D 打印设备集群控制、移动监测系统的开发，实现数字化增材生产全过程管理，实现设备远程连接、在线监测，已入网 96 家服务企业，拥有 206 家用户。网络化共享平台目前集成服务企业约 780 台（套）仪器设备。

第二节　运行成果

一、技术创新

（一）面向国家重大需求，服务国之重器，攻克了关键工艺装备

创新中心突破大型结构件熔丝成型关键工艺技术，开发了 5 米增减材一体机（MWAM5000）、等离子（PAW）熔丝增材制造设备（MWAM 1500），完成国内最大尺寸铝合金火箭贮箱制造，1m 尺寸导弹进气道舱整体成形；突破了镍基高温合金、钛合金等难加工材料激光送粉式增减材复合工艺，研制了五轴增减材一体机（LMDH600、LMDH1000），开发了复合制造数控编程软件包；突破各种多孔系零件的高精度孔加工，显著提升了加工效率，开发了以铣代镗、镗铣复合加工的精密数控镗铣机床；建立了耐高温透波材料体系，完成了陶瓷导弹天线罩的快速成型技术；开发了激光超声在线非接触式缺陷检测系统和大型金属结构件在线工业 CT 检测系统；开发了工业级 3D 微滴喷射打印机（ZC-G16H、ZC-M128H、ZC-MC128H），实现多色彩从刚性到柔性特性的材料复合一次打印成型；开发了增材制造后处理工具（MT06A、MT02），解决了叠层复合材料孔加工缺陷突出的问题；开发了电

解质等离子体抛光机（EPP200），实现碳钢、不锈钢、高温合金、铜合金、铝合金、钛合金等材质零件内外表面精整加工，持续开展了对外技术和加工服务。创新中心采用增减材一体化制造技术成功制造出世界上首例10m级高强铝合金重型运载火箭连接环样件。

其中，五轴激光送粉式增减材装备、工业级大尺寸颗粒料挤出装备及电弧熔丝增材制造装备的首台(套)产品完成了商业化销售。自主研发的LMDH系列五轴增减材复合制造设备可实现增材成形和减材加工的自由切换，满足增减材复合制造及修复再制造的需求。

（二）面向增材制造领域核心元器件及基础软件进行攻关

创新中心研发了“微喷头”“电子枪”“同轴激光送粉器”“短纤维复合材料挤出头”等核心元器件。

例如，解决了打印头微尺度结构系统设计、产业化制造、封装测试等共性技术，开发了系列工业级3D打印头产品；攻克了大功率高精度数字式电子枪技术，解决了电子束选区熔化设备的核心元件电子枪国产化问题，其中4台（套）电子枪完成了首次商业化销售。

2020—2021年度，在原有增材制造模型处理与工艺规划软件平台（AMSP）基础上拓展了以下功能：支持平台对多种三维模型文件格式（包括3MF、AMF、STEP等）的导入、切片、路径规划等全流程操作；支持支撑、切片、路径等二维编辑功能；实现曲面切片及路径规划功能；实现三维路径规划几何仿真功能；软件平台模型显示整体更新，操作优化及添加纹理等；软件平台适配Linux操作系统，可在国产操作系统运行；完成软件云端化接口开发。同时，基于软件平台，面向多种工艺装备开发定制化配套软件，包括：增减材一体机组（LMD）工艺规划软件（已交付），增加三种旋转轴路径规划功能，并导出相应的机器代码；电子束选区熔融（EBSM）工艺规划软件（已交付），完成扇形分区、路径规划、可打印区域计算等相关功能；大构件组（WAAM）工艺规划软件（已交付），完成多方向切片、回转体斜方向切片、路径规划、路径及属性编辑等功能；汽车组（EDP）工艺规划软件（已交付），完成彩色打印、多彩螺旋打印、单道路径优化等多种路径规划算法；太空组（DMD）工艺软件（已交付）完成激光复合热源工艺调试功能开发。

（三）面向国民经济主战场，在精准医疗和万辆汽车项目方面取得突破

医疗项目组深入开展三维电子病历云服务平台建设，完成齿科重点细分领域生物相容性树脂材料研发，实现定制化踝足矫形器治疗效果，开展低成本钽金属增材制造技术研发及动物实验，实现生物陶瓷宏微观多孔支架打印。万辆车身项目开发了工业级大型复材零件打印装备，实现汽车车身一体化制造、组件大尺寸轻量化。

（四）面向世界科技前沿，探索关键技术，开拓应用前景

创新中心探索空间环境条件下3D打印工艺、装备与材料体系的可行性，围绕科幻建筑、概念建筑、雕塑建筑，等应用领域，开展3D打印材料、车载和可移动式打印装备和工艺技术攻关攻占前沿科学技术。

（五）制定增材制造技术相关标准，并推动立项实施

创新中心主持或参与标准研制工作总计26项，其中主持研制国家标准1项，参与研制国家标准10项；主持研制行业标准1项，参与研制行业标准2项；主持研制团体标准7项，参与编制团体标准5项。

二、成果转化和企业孵化

创新中心研究开发了系列设备和产品，正在进行产业孵化。面向回转体零件加工的SLM打印机、底面弱黏附面曝光3D打印机、高性能复合材料增材制造装备、5款微型涡喷航空发动机等装备和产品，已逐步实现成果转化，进入产业孵化阶段。

同时，创新中心已成功孵化5家企业。其中，西户众创投资公司为孵化企业提供服务，西安恒天元公司从事国防领域技术研发，江西小满公司从事医疗领域技术研发与应用，西安轴星时代三维打印特色小镇发展有限公司从事航空航天构件、装备及新能源汽车复合材料车身等高端产品，恒新增材制造研究中心（佛山）有限公司从事工程、技术研究和试验发展。另外，创新中心已筛选了10余项产业化技术和项目进行投资洽谈。

三、行业服务

创新中心研发中试、公共测试、共性技术服务三大平台，不断优化升级，通过创新设计、新产品中试验证、检测与测试、设备能力测试、工艺支持、

零部件打印、人员培训、服务推广等活动，拓展服务能力，增强创收能力。

研发中试平台：航空航天大型结构件打印研发中试线完成平台优化；航空航天精密复杂零件快速制造研发中试线已开展服务，已为西安国宏天易、上海悦瑞三维提供打印服务，与航天六院、中国航发西航、福莱帕特（厦门）航空建立合作；耐高温陶瓷材料天线罩快速成型工艺及其 3D 打印陶瓷材料体系，已实现军用陶瓷、工业陶瓷、医用陶瓷膏料的材料制备、SLA 成型；后处理产业链技术服务能力，已为江北机械、东方电气等单位提供服务。

公共测试平台：围绕设备检测能力提升，根据 CNAS-CL01 和 RB/T214-2017 建立实验室管理体系，完成 2 个项目的能力验证和 6 个项目的测量审核，获得证书 8 份，已为西安航天发动机公司、吉林大学、西安交通大学、中国兵器科学研究院宁波分院、陕西纽兰德等多个单位提供检测服务。

共性技术服务平台：云平台 2.0 版本已上线运行；自主研发“增材制造软件平台”，已开展多个软件面向用户试用和推广；完成现有设备效率优化、进口设备与国产粉末的工艺匹配 5 项；同时，通过为行业提供制件打印服务实现创收。

四、交流合作

（一）国际交流合作

创新中心围绕增材制造领域产业链上下游国际知名高校、企业开展合作交流，被认定为“陕西省国际科技合作基地”、首批“西安市国际科技合作基地”。

联合 6 家国际知名企业成立增材制造研发、检测机构：分别与 GE、西门子、英国 TWI、3D System、Altair、Stratasys 联合成立实验室，共同开展技术研发、项目合作、人才交流等合作。

与 2 家企业、8 所高校签署框架合作协议，拓展国际项目合作：与法国达索系统公司、欧特克公司、法国 UTBM 大学、英国克兰菲尔德大学、美国佐治亚理工、美国西北大学、英国谢菲尔德大学、美国路易斯安那州立大学、丹麦科技大学签署国际合作协议。

加入 2 个国际知名行业组织：加入美国材料与试验协会（American Society for Testing and Materials，ASTM）成为其成员，加入英国焊接技术研究所（The Welding Institute，TWI）成为其工业组成员，在国际领域代表中国增材制造声音，发表中国观点意见。

接待国外学者、专家、企业来访超过30余批次，90余人次，聘请10余位来自欧美等国家和地区增材制造领域知名企业、科研机构、高校的专家担任技术专家委员会委员，邀请美国路易斯安那州立大学、佛罗里达大学、密歇根大学、法国AddUp、法国达索等学校和企业专家到创新中心开办技术讲座并交流，全面拓展国际视野、洞察国际技术前沿。

邀请7家国外公司加入创新联盟：美国DSM Somos公司、瑞典Arcam公司、法国AddUp公司、比利时Materialise公司、美国3D Systems公司、美国Stratasys公司、瑞典Renishaw公司。

成立欧洲办事处，吸引海外高层次增材制造人才，拓展与欧洲地区技术研发、技术服务市场。

（二）与国家高速列车青岛技术创新中心联合成立增材制造—轨道交通创新中心

（三）与中国工程院和中国机械工程学会合作，发布增材制造行业发展路线图

创新中心组织业内专家学者共同探讨增材制造技术的整体发展趋势，研讨增材制造的技术发展、应用发展、材料、产业发展、推广应用等领域的科学与产业问题，与中国工程院和中国机械工程学会合作，发布了《增材制造行业发展路线图》《2035增材制造路线图》。

（四）创新中心与其他单位的交流合作

创新中心组织召开了“工业强基增材制造产业一条龙发展论坛”，牵头组织实施了工信部高性能铝合金、难熔难加工合金大型复杂构件增材制造（3D打印）“一条龙”项目。2020年9月，在2020年第四届中国（西安）国际3D打印博览会暨高峰论坛召开之际，创新中心联合中国企业联合会以“坚持自主创新、共促增材应用”为主题，召开了“工业强基增材制造产业一条龙发展论坛”。会上，中国航天科技集团公司第六研究院国防科技工业航天特种构件增材制造创新中心、国家高速列车技术创新中心、中国核动力研究设计院、中国商用飞机有限责任公司北京民用飞机技术研究中心、上海飞机制造有限公司、北京卫星制造厂有限公司等企业代表作了项目进展报告，发布了《工业强基增材制造一条龙》，开展了《增材制造行业产业链安全和竞

争力安全研究调查问卷》活动，为增材制造产业链上下游企业创造了交流机会与平台，促进了产业链上下游之间的深入探讨和精准对接；并且为中国东方电气集团有限公司开展咨询服务，提供电气装备制造业发展形势等 2 份战略研究报告。

2020 年 8 月，创新中心协同国家高速列车技术创新中心组织了中国中车集团及各级子公司 50 余位专家赴创新中心开展"面向轨道交通装备的增材制造技术需求研讨会"。会上，来自中车工业研究院、中车长春轨道客车、中车青岛四方机车车辆、中车株洲电力机车等企业的专家作了专业报告，并开展了座谈交流、问卷调查，梳理了技术需求，为轨道交通行业的增材制造技术应用开发积累了数据与信息，为项目对接与落地开辟了渠道。

第五章

国家印刷及柔性显示创新中心

第一节　建设进展

一、建设情况

（一）公司

1. 股东构成

（1）股东总体情况。国家印刷及柔性显示创新中心（以下简称创新中心）自建设以来，积极推动股权结构优化，目前创新中心的依托单位广东聚华印刷显示技术有限公司（以下简称聚华）注册资本 12159.3 万元，股东单位共有 8 个：TCL 华星光电技术有限公司、天马微电子股份有限公司、南京华东电子信息科技股份有限公司、广州市中小企业发展基金有限公司、华南理工大学、华中科技大学、福州大学、中国科学院福建物质结构研究所。

（2）新增股东情况。2020 年，创新中心加快推进广州市中小企业发展基金有限公司入股聚华的相关工作，顺利于 2020 年底完成新股东入股相关工商登记程序。该股东单位的加入，促进了聚华的股权结构进一步优化，各股东持股比例渐趋平衡，其中最大股东的持股比降至 50%以下，不存在绝对控股情况。

2. 组织架构

创新中心通过聚华实现运作，聚华实行董事会领导下的总经理负责制，其决策以平台建设及关键共性技术研发目标为导向。聚华设立了印刷及柔性显示战略委员会，由国内显示领域的院士和知名专家构成，在新型显示技术发展的战略层面，协助公司董事会进行决策。聚华的技术工作研发接受印刷及柔性显示技术委员会指导，技术委员会对董事会负责，由公司股东单位技术专家与外聘专家组成，负责公司的技术发展规划、研发重点等事宜。

3. 核心队伍

创新中心凭借优异的研发平台和研究环境，吸引了一批国际一流人才，形成包括国内外院士领头的创新团队、国家重大人才工程入选者、海归博士、各地市技术领军人才在内的人才队伍300多人。在外围，创新中心还不断吸引和聚集其股东单位的研发人员，包含OLED材料领域、墨水领域、喷墨印刷领域、器件领域、背板领域的专家、教授等，通过人才共享机制的融合，形成产业技术创新的源泉。

经营管理方面，聚华总经理付东作为创新中心的负责人，全面负责创新中心的技术研发、平台建设、经营运作等管理工作。他1994年毕业于电子科技大学，获工学硕士研究生学位，具备高级工程师职称。他长期致力于探索新型显示未来发展方向，积极参与国家及各部委新型显示发展战略的规划与编制，努力倡导印刷显示技术在大尺寸OLED和量子点显示技术方向的探索与产业化应用。

技术研发方面，创新中心已引入国家重大人才工程入选者数名，其中包括李正吉博士。李正吉博士是显示领域世界级著名专家，在OLED器件研发、氧化物TFT研发和整体显示产品集成等方面经验丰富。27年来，李正吉博士在相关行业进行了深入研究，个人拥有70件以上显示领域相关专利，并在美国、韩国、日本等地多家世界级的公司带头承担了很多关键研发项目。

（二）联盟

创新中心依托广东省印刷显示技术创新联盟（以下简称创新联盟），它是国内印刷显示领域的第一个技术创新联盟，推动形成了广东省新型印刷显示领域协同创新机制。创新联盟由TCL科技、信利半导体、天马微电子、华南理工大学、中山大学、华南师范大学、工信五所、广州新视界、广州华睿、TCL华星、创维公司及信利惠州等12家核心单位共同发起组建，并于2014年11月正式成立。创新联盟持续吸纳领域内优势企业加入，规模不断扩大，其中2020年新增联盟成员单位10家，截至2020年底，联盟成员单位共计51家，其中高校18家，科研院所8家，企业25家（包括国内上市企业8家）。

（三）专家团队

1. 战略委员会

创新中心依托单位为适应产业战略发展需要，增强核心竞争力，加强决策与战略制定的科学性，强化依托单位战略规划的执行力，完善治理结构，特设立战略委员会。

2. 技术委员会

创新中心依托单位为进一步激发技术创新活力，增强自主创新能力，营造良好的技术创新氛围与机制，保证聚华技术决策的科学性、合理性、经济性和安全性，特成立技术委员会，技术委员会向董事会负责。

闫晓林，技术委员会主任，TCL 集团首席技术官、高级副总裁、TCL 集团工业研究院院长，国家“十二五”863 计划新型显示重点专项总体专家组负责人，国家“863”计划 3D 显示技术首席专家，国家“新材料研发与工程化重大专项”编制专家组成员，“南粤百杰”获得者。

二、机制创新

（一）项目管理机制

创新中心根据国家各级政府发布的印刷显示技术规划和指南，组织创新联盟内成员共同申请承担国家或省部级研究项目，共同开展印刷显示器件与材料关键技术的开发。

此类研发项目，以创新中心平台为核心，突出平台公司与科研院所、高校联合开展印刷显示器件与材料的基础研究，推动基础研究与应用研究紧密结合，形成分工明确、风险共担、利益共享的印刷显示创新链，提升我国印刷显示领域科技创新能力。

创新中心充分发挥独立法人平台公司的先天优势，以项目绩效考核为基础，提高项目运作和管理效力，采用静态和动态相结合的项目管理方式，对实施过程与效果进行灵活管理与动态调整。

创新中心建立各单位负责人—联络人机制：定期举行项目工作会议，进行项目技术研讨，及时通报项目进展成果，共同协商解决所遇到的技术难题。

（二）资源共享机制

创新中心建立科技资源信息互联互通、有偿计费收费和开放共享制度，分析各参与单位现有和即将建设的研发平台、工程示范线、表征分析检测平台等资源，鼓励参与单位充分利用其他单位已有研发条件，避免重复建设，大幅提升现有科技资源的利用效率，保证多快好省地推进印刷显示项目实施。创新中心与各成员单位签署了资源共享协议，包括：TCL 华星光电技术有限公司、天马微电子股份有限公司、华南理工大学、华中科技大学、福州大学、中国科学院福建物质结构研究院。

（三）人才管理机制

创新中心引入一批国际一流人才，将高新技术与经验带入创新中心，同时通过国内外的交流合作，吸引优秀人才为中心目标贡献才智。创新中心与高校、院所展开相关合作，以创新中心为基地，设立博士后工作站、院士工作站、高校特派员工作站、高校实训基地等，为行业输出有实际经验的高层次人才。

创新中心采取聘任合同制，按需设岗，合理流动、动态平衡，为行业输出一批高素质研究人才；针对重大技术难题设立开放研究基金，吸引海内外高水平科研人员到中心兼职或做访问学者，或开展合作研究。

创新中心也接受产业内的企业委托培养要求，联合创新中心的高校、企业对有需求的人才进行全方位的培训；利用创新中心既含高校、院所，又有企业的优势，为高校的本科生、研究生进入印刷及柔性显示领域的企业实习牵线搭桥，为行业培养“新鲜血液”提供支持。

（四）知识产权机制

1. 专利所有权

创新中心在技术项目研发过程中产生的知识产权，遵循“共同研发、共同所有，独立研发、独立所有”的基本原则确认所有权。创新中心将构建从材料、器件、加工工艺到相关产品的完整知识产权布局，同时基于创新的平台运作模式，进行相关知识产权成果的保护及分享。创新中心在遵照国家关于知识产权归属的有关法律法规的前提下，将与项目参与合作单位分别签署知识产权归属文件，确保知识产权权益明晰，降低技术风险，保障各方利益。

2. 专利池建设

创新中心通过对印刷及柔性显示关键性技术的突破，布局一批核心专利，占领专利地图核心位置，形成不可取代的技术优势，同时开发一批保护性专利，建立起对核心专利的保护网，最后形成创新中心依托单位及联合共建单位、战略合作方统一规划建设的技术专利池，从而巩固创新中心在印刷及柔性显示方向的技术及知识产权地位，并通过专利相互许可机制，互惠互利发展与壮大印刷相关的上下游产业链，以突破国际技术专利壁垒，为中国显示行业的高科技创新企业走向国际化提供知识产权后盾。

三、平台建设

（一）G4.5 印刷显示中试平台建设

已完成 G4.5 喷墨印刷平台所有设备的组装、整合，该平台性能持续提升，平稳运行，可完成基板清洗、表面处理、喷墨打印、真空干燥、低温成膜、传统封装，以及无机薄膜封装等各技术研发单元，并且该中试线通过在线的方式设计，可减少人为误差、减低环境对中试的影响，达到与量产完全相似的条件。

该中试平台包含印刷显示技术开发的各个关键技术环节，对突破共性关键技术、重大技术瓶颈起到至关重要的作用与意义。平台对应玻璃基板最大尺寸为 730mm×460mm，可以对应 31 英寸印刷及柔性 OLED/QLED 显示。

（二）印刷显示中小尺寸基础开发平台

印刷显示中小尺寸基础开发平台主要包括印刷 OLED 200×200 开发平台、印刷量子点 200×200 开发平台及旋涂平台。其工艺能力主要包括背板前处理工艺、有机 EL 或量子点发光层打印工艺、ETL 电子传输层蒸镀工艺、物理气相沉积透明电极工艺、封装工艺等。

为了区分印刷 OLED 和印刷 QLED，保证相互间材料不受相互干扰，提升器件性能，印刷 OLED 和 QLED 平台相互独立。2020 年新建 200×200 印刷量子点整合平台，该平台主要建设内容如下：1. 整合现有的旋涂量子点器件开发平台；2. 新增 200×200 松下喷墨列印机，具备 12 个打印头，可实现全量子点打印工艺；3. 新增 200×200 物理气相沉积机，用于制作氧化锌及透明电极工艺；4. 全平台实现机械手臂链接，无缝传输，提高工艺连续性和稳定。

（三）OLED 材料平台建设

目前平台已经建成完善的 OLED 材料合成/纯化/检测能力。OLED 材料平台配置齐全的各种原材料、测试仪器，包括材料开发实验室、中试车间、千级净化实验室，具备大批量化学合成的反应釜，可实现低温、常温、加热多种合成提纯条件应用；拥有高效液相、质谱、荧光、紫外等性能测试设备及质量分析设备，同时拥有完整的 OLED 原器件制备、器件 IVL 光电性能及寿命测试系统，完善的技术、完整的研发工艺流程，以及先进的实验室、检测装备，从而可以保障公斤级高纯度印刷 OLED 材料的开发与制备能力。

（四）QLED 材料平台建设

印刷 QLED 材料平台研发场地近 2000 平方米，建成了全套的量子点电致发光显示技术的材料开发、器件制备、喷墨打印实验平台，其中包括量子点材料合成系统、材料提纯系统、材料表征测试平台、惰性无尘手套箱操作平台、溶液旋涂仪、真空蒸镀仪、器件快速表征测试系统、器件后处理系统、测试校准系统等，按照 QLED 工艺流程，提升了印刷 QLED 材料的合成制备、品质控制等工艺能力。

（五）器件性能检测评估平台

器件性能检测评估平台已建成并完善了成膜检测、元器件光电性能表征、面板光电性能检测、材料及墨水测试等多功能检测评估能力。关键设备包括：缺陷检测机台（AOI），用于膜面和膜下 Particle 检测及各种缺陷检测，管控产品品质；白光干涉仪，用于纳米级高精度表面相貌及粗糙度分析；椭偏仪，用于多膜层膜厚分析，以及薄膜光学常数（n，k 值）测量；台阶仪用于单膜层膜厚分析。墨水测试设备包括：接触角测量仪，黏度仪。

新增全自动光学检查机，具备对来料基板（Particle、TFT 缺陷、异物等）、制程基板（打印制程缺陷、薄膜封装缺陷、真空蒸镀膜层缺陷等）各种缺陷的检测能力。此外，还有面板性能（如发光效率、亮度、色域、均匀性、阈值电压、亮度分布、cross talk、寿命）测试设备，Mura 测试设备等。

第二节 运行成果

一、技术创新

（一）600ppi 超高分辨率印刷 OLED 样机开发

创新中心与天马微电子合作开发超高分辨率印刷 AMOLED 显示技术，通过联合攻关，制备出世界最高分辨率 600ppi 印刷 AMOLED 显示屏样机。样机制备过程中，利用印刷墨水的流动融合特性，设计出一个打印像素坑细分成多个相同颜色子像素的高分辨率像素结构；同时对打印设备能力进行充分挖掘，通过调节喷嘴驱动信号波形、严格筛选控制墨滴飞行角度等措施，提升打印精度极限，最终实现印刷显示技术在分辨率方面的突破。600ppi 印刷 AMOLED 样机的点亮，表明印刷显示技术可以对应的产品范围，从中大尺寸显示屏（分辨率 100～250ppi）进一步扩展到分辨率要求更高的小尺寸显示屏（分辨率 300～600ppi）。

（二）31 英寸柔性可卷绕印刷 AM-OLED 样机开发

创新中心已实现31英寸柔性可卷绕印刷 AM-OLED 样机开发，并在2020年度全球性消费电子展盛会——美国拉斯维加斯 CES 展会首次展出。该样机尺寸为 31 英寸，采用氧化物 TFT 背板驱动，顶发射器件结构，开口率达到50%以上，白场亮度达到 200nits，整机 DCI-P3 色域达到 90%（无彩色滤光膜），为全球首款基于印刷技术的可卷绕柔性 OLED 样机。通过其研发开发，创新中心正逐步攻克柔性背板技术、高精度喷墨打印 Mura-free 技术、柔性封装技术及可卷绕柔性机构等技术难点，为实现大尺寸印刷可卷绕柔性 OLED 显示技术的量产奠定基础，为未来大尺寸显示产品提供更多新的应用场景。

二、中试和工程化

创新中心基于在印刷及柔性显示共性关键技术成果，吸引了国内面板领域龙头企业——TCL 华星光电来广州实施印刷及可卷绕显示产业化项目，建设高世代印刷及柔性显示量产线，这是全世界第一条大尺寸印刷柔性 OLED 生产线，将直接推动印刷及柔性显示技术在国内率先实现产业化落地。创新中心启动了印刷及柔性显示技术工程化研发项目，项目产出的相关技术成果将同步转移到 TCL 华星光电，从而为 TCL 华星光电印刷可卷绕量产线建设提供技术支撑。

2020 年，创新中心继续推进与 TCL 华星光电的技术服务与研发合作，向其提供材料验证、器件结构开发等方面的技术成果转移和技术服务，从而促进大尺寸印刷及柔性显示技术工程化及时转移，实现成果转化落地。其中，创新中心重点进行高性能发光材料、电子/空穴注入传输材料及墨水；高效率、长寿命、低功耗器件结构；高光提取效率、低反射率的面板光学设计等技术开发。

三、成果转化和企业孵化

创新中心联合了一批印刷显示上下游的企业、高校及科研机构，通过利益共享、风险共担机制，进行协同创新和产业孵化，在此基础上推进科研成果转移和产业化，推进产业链建设。包括：与天马合作开发的高分辨率/超高分辨率印刷 OLED 技术，推出 5 英寸 600ppi 印刷显示样机；与 TCL 华星合作研发大尺寸印刷柔性显示技术，产出基于印刷技术的 31 英寸柔性可卷绕电视样机等。

2020 年，创新中心加快推进印刷及柔性显示产业链上下游孵化工作，与国内印刷显示材料和装备领域的优势高校、研究院所、材料公司进行了广泛的探讨与对接，与 6 家新增单位签订了孵化合作协议。截至 2020 年底，创新中心已累计与 9 家企业及科研机构达成产业孵化合作，包括：与北京鼎材、北京夏禾合作开发的印刷 OLED 材料技术；与广东普加福、星烁纳米、欧谱科、东莞伏安等合作开发的印刷 QLED 材料技术；与季华实验室、思谷智能等共同研发国产显示装备技术；与广州新视界及华南理工大学研发氧化物 TFT 工程化技术。

四、行业服务

（一）技术服务

创新中心根据新型印刷显示技术特点，主要针对以下领域开展平台技术服务与委托开发。

1. 关键基础开发服务

（1）印刷 OLED 材料验证与墨水开发服务

（2）印刷 QELD 材料验证与墨水开发服务

2. 核心共性技术开发服务

（1）印刷显示共性技术开发平台服务

（2）喷墨印刷器件结构开发服务

（3）喷墨印刷与成膜技术服务

3. 集成一体化技术开发服务

（1）喷墨印刷设备验证服务

（2）高性能的 TFT 背板集成服务

（3）印刷显示薄膜封装开发与器件集成服务

目前已经接受创新中心服务的企业数量达到 30 家以上；提供的技术服务包括材料与墨水开发服务、喷墨印刷技术开发服务、印刷显示装备开发服务等。

（二）人才培养

创新中心依托先进的科研平台基础，为领域内的高校、科研院所和合作企业提供人才培养实践基地，联合进行人才培养，包括：与华南师范大学共建博士后创新实践基地，联合培养博士后；与华南理工大学签订人才培养协议，联合培养工程类博士研究生；与华南理工大学、华中科技大学、福州大学、中科院福建物质结构研究所等多家高校和科研院所共建联合培养基地，联合培养硕士研究生；与股东单位以项目合作为载体，互相派驻、培训研发人员，共同进行印刷及柔性显示领域专业人才培养，以此形成人才培养、人才实践、人才共享的有效机制。

五、合作网络

（一）国际交流合作

创新中心积极开展对外交流合作，与德国默克、美国杜邦、日本住友化学、日产化学、Cynora 等材料厂商，与日本爱发科、韩国周星工程、以色列奥宝科技、美国柯狄等设备厂商，与庆熙大学等国际高校，展开了战略合作，研发先进材料和设备技术，共建联合实验室。创新中心积极参与国际技术交流活动，多次参与美国 CES 展会，并展出最新技术成果。2020 年 1 月，创新中心再次参加 2020 年美国拉斯维加斯 CES 展会，并在展会上展出了创新中心与成员单位（TCL 华星）合作开发的柔性可卷绕印刷 OLED 显示样机，引发国际关注。

（二）国内技术交流

创新中心积极发挥行业公共平台的作用，多次牵头行业技术交流活动，2020 年，先后组织召开了“新型显示材料与器件研讨会”“2020·中国电子材料产业技术发展大会——第六分论坛：新型显示光电材料与技术”等技术研讨活动，促进了行业内技术交流与合作，同时提升了自身的行业影响力和号召力。此外，创新中心也积极参与行业内各项研讨活动，2020 年 9 月，创新中心派代表参加了“2020 中国显示学术会议”，发表了题为“量子点电致发光显示的产业化之路”的主题演讲，探讨印刷 QLED 未来产业化路线。

第六章

国家信息光电子创新中心

第一节　建设进展

一、组建情况

（一）公司

1. 股东构成

国家信息光电子创新中心（以下简称创新中心）以武汉光谷信息光电子创新中心有限公司为基础，以光电子发展联盟为依托，采取“公司+联盟”的模式运行。

武汉光谷信息光电子创新中心有限公司注册成立于 2017 年 1 月 6 日，注册资本为 1.6 亿元，股东单位包括光迅科技、烽火通信、亨通光电在内的 11 家单位，覆盖“产学研用融”。公司作为信息光电子创新中心运营的主体，是由信息光电子领域骨干企业及产业链上下游单位以资本为纽带组成的独立企业法人，主要开展信息光电子关键和共性技术的研发及成果转化，并提供委托研发、企业孵化和测试验证等服务。

2. 组织架构

创新中心采取现代化的企业法人形式，按照责权明确、科学管理的模式运行，自主决策，实现自负盈亏、自我发展。

公司目前设置有股东会、董事会、监事会、专家委员会、决策委员会等，公司下设综合运营、战略管理、技术研发和财务管理等部门。

股东会由全体股东组成，是公司最高权力机构，依照法律法规和公司章程行使职权，包括公司的经营方针和投资计划等重大事项的决定。

董事会由 11 名董事组成，其中包含 1 名职工董事。监事会由 3 名监事组成，其中 1 名为职工监事。决策委员会常务委员会由 5 名成员组成，公司总经理任常务委员会主任，其余 4 名常务委员会委员由董事会批准任命。

除此之外，公司还组建了以中国工程院院士余少华为主任的专家委员会，专家委员会委员由 10 位院士，17 位行业专家组成。

3. 核心队伍

（1）管理团队

创新中心建立了一支专业化的管理团队，均由管理经验丰富的原上市公司管理人员担任。此外，创新中心还邀请了股东和联盟单位的经验丰富的高级管理人员及行业管理专家，围绕创新中心管理创新的需求，以战略管理、组织设计、政府政策支持等方面为重点，为创新中心提供咨询。创新中心高级管理人员的个人介绍如下。

董事长：胡广文，男，1963 年 5 月出生，硕士研究生，正高职高级工程师，武汉光迅科技股份有限公司董事、总经理、党委副书记，曾任武汉邮电科学研究院系统部副主任兼党总支副书记、烽火通信科技股份有限公司副总裁、武汉电信器件有限公司总经理兼党支部书记等职务。

副董事长：毛浩，男，1968 年 9 月出生，硕士，工程师，武汉光迅科技股份有限公司副总经理、董事会秘书，曾任武汉邮电科学研究院发展策划部副主任、财务管理部副主任等职务。

总经理：肖希，男，1983 年 9 月出生，湖北武汉人，中共党员，2010 年毕业于中国科学院半导体研究所，全日制博士，2010 年 7 月参加工作，现任武汉光谷信息光电子创新中心有限公司总经理及财务负责人，历任中科院半导体所助理研究员、副研究员，武汉邮电科学研究院光纤通信技术和网络国家重点实验室硅光研究室主任，光纤通信技术和网络国家重点实验室副主任。

副总经理：郑彦升，男，1972 年 12 月出生，中共党员，1998 年 6 月参加工作，西安交通大学电子材料与元器件专业毕业，硕士研究生学历，高级工程师，曾任武汉光迅科技股份有限公司科技发展部总经理、职工监事。

综合运营总监：陈颖，女，1963 年 1 月出生，硕士研究生，曾任武汉光迅科技股份有限公司人力资源部总经理、武汉电信器件有限公司行政人事部经理、烽火通信科技股份有限公司人力资源部经理、武汉邮电科学研究院科技处副主任等职务。

技术研发总监：傅焰峰，男，1964 年 3 月出生，博士，正高职高级工程师，曾任武汉光迅科技股份有限公司研发工程师，国家“863”计划光电子主题（307）总体技术组成员；美国雪城大学交流学者，曾任美国 BroadNet 公司集成光子芯片资深研究工程师，多年从事集成光子器件、窄线宽可调激光器、光收发器件、光纤放大器等光电产品技术研究及产品开发工作，获得 20 余件发明专利，产品获得较大经济效益。

董事会秘书：江毅，男，1975 年 10 月出生，硕士研究生，高级工程师，2000 年参加工作，武汉光迅科技股份有限公司战略规划部副总经理，历任研发工程师、项目经理、制造部、开发部与技术部经理。

（2）科研团队

创新中心紧密依托各股东单位和联盟单位，不断完善公司人才引进机制，初步形成以联盟成员单位科研人才、企业共享人才及社会招聘人才等三方面的人才引进渠道。创新中心通过与股东单位“双聘”的形式构建人才队伍的基本班底，并随着技术研发项目的立项不断吸收各类人才进入项目团队，壮大人才队伍。

在全球范围内引进领军人才，建成以领军人才为基石的技术研发团队，通过领军人才的带动作用，搭建起研发力量核心。目前创新中心已经引进某知名通信公司的量子通信技术负责人，正在接洽中的专家有 2～3 人。

通过“双聘”及“特聘”的方式，聘用合作单位的院士专家、高端人才作为创新中心的高级顾问，为创新中心在关键技术研发、重大技术攻关等项目上提供咨询与指导。

对于有项目合作或创业需求的团队，通过平台孵化和短期聘用，在项目存续期间或创业期间入驻创新中心开展工作。

通过全职引进和“双聘”的方式，建立起通用人才队伍，目前共有各类人才 162 名，其中博士 29 人，硕士 34 人；全职科研团队由科技部国家重点研发计划项目首席、湖北省双创战略团队、湖北省创新工作室、湖北省关键技术攻关项目负责人等骨干人才领衔，工程化团队具备 20 余年的光电子器件产业化经验。

（二）联盟

创新中心依托的光电子发展联盟（以下简称联盟）由理事会、顾问团和秘书处构成，秘书处负责具体实施。理事会是代表会员意愿的执行机构，其组成包括理事长 1 名，副理事长 5 名，常务理事 20 名，其中武汉邮电科学研究院为联盟的副理事长单位；秘书处是联盟日常事务管理机构，其组成包括秘书长 1 名，副秘书长 3 名，其中武汉光谷信息光电子创新中心公司为联盟的第一副秘书长单位。

联盟作为创新中心建设的重要依托，是由创新中心和中科院半导体所联合国内从事信息光电子器件生产、研发和应用的相关知名企业、科研院所、高等院校等单位自愿发起成立的非营利性社会团体法人，目前成员包括清华大学、华为技术等在内的共 25 家单位，覆盖了行业内 60%的国家级创新主体。该联盟主要参与制定信息光电子集成技术和市场发展的路线图，为创新中心的发展战略和重大任务提供支撑；优化资源配置，实现“产学研用”互联互通；推动公司标准和规范的制定。

（三）专家团队

创新中心专家委员会由 10 名院士专家和 17 名行业专家组成，为中心的技术发展路线把关，并提供战略性指导意见。

技术顾问由美国光学学会会士、中科院“百人计划”入选者、享受国务院政府特殊津贴专家等 7 名国内外知名学者专家组成，主要为创新中心的重点研发方向和重要研发项目提供技术指导。

二、机制创新

（一）项目管理机制

创新中心着眼于解决国家信息光电子产业发展中的关键技术和共性技术问题，以构建从信息光电子核心芯片到高端器件、模块产品的设计、产品开发、成果转化及首次商用化的开发价值链为目标，制定创新中心中长期项目规划。创新中心将项目划分为自主立项、国家专项课题、公司股东委托研发等几种类型，根据不同项目类型，分别定制了从项目规划、立项到实施等一系列现代化的科学管理制度。

（二）资源共享机制

随着我国信息光电子领域由低端制造向高端制造转型，靠单一的某个企业或机构独立进行关键技术研发，从成本和时间上难以为继。因此，创新中心通过在产业链上下游构建灵活有效的协同创新体系，充分利用行业资源，针对关键共性技术进行协同研发，减小了企业负担，推动了国内产业技术进步，实现了产业持续健康发展，逐步缩小了同国外先进水平的差距。主要工作有以下几个方面。

1. 串联全产业链，开展协同研发

创新中心依托光电子发展联盟串联起信息光电子产业链上下游，与包括了芯片材料（法国 Almae、英国 UCL、中科院半导体所等）、芯片设计（武汉飞思灵、上海橙科微电子、深圳傲科等）、芯片工艺（新加坡 CompoundTek、武汉光迅、格罗方德等）、测试测量（是德科技、EOULU、网锐检测等）和集成封装（天孚、DenseLight、中科院微电子所）、系统应用（中国信科集团、国网信通、腾讯、阿里等）等产业链各环节的 20 余家重要企业建立了业务往来和协作关系。创新中心还与产业链上的关键合作伙伴合作，面向 5G、光电集成、高端元件、平台自动化光电子材料、芯片工艺、测试测量方案、系统应用开发等方向成立了 8 个联合实验室和技术平台，开展协同研发，并对全行业提供技术服务。

2. 整合地方资源，辐射全国重要区域

创新中心还以产业聚集和成果转化为目标，已和上海市、深圳市、广州市、北京市和重庆市等多个地方政府接洽，并与成都市、苏州市、厦门市三个地方政府签署合作协议，在上述三个城市分别成立了技术转化中心，聚焦光纤激光器、5G 用光电子器件等具体应用领域，推动和孵化创新成果在当地落地产业化，目前项目均在顺利实施中。

3. 搭建产业交流平台，推动企业协同创新

创新中心紧密联系股东单位和依托的产业联盟，主办了中国硅光产业论坛等一系列全国性的产业和技术交流平台，2020 年 9—11 月，创新中心结合深圳光博会、武汉光博会等重要产业活动，先后主办/承办了第 3 届中国硅光产业论坛、第 19 届讯石光纤通讯市场暨技术专题研讨会等一系列技术交流活动，构建了产业合作交流平台，牵引上下游企业和研发机构形成创新合力。

（三）人才管理机制

为了能够顺利引进并留住高端人才，创新中心制定了灵活的内部人才激励政策，还积极与地方政府沟通协商，争取到地方在人才政策方面的政策倾斜，如武汉市和东湖新技术开发区给予“3551 光谷人才”和“黄鹤英才”等

人才计划申报名额。此外，还制定了积极的人才激励机制，在已有薪酬管理制度和“知识产权工作奖励与惩罚办法”“项目申报奖励办法”等基础上，又新出台“成果转化和新产品销售特别奖励管理办法”“及时奖励及团队建设费用管理办法”等办法并实施。通过这些有力的措施，创新中心引进高水平团队和高端人才的计划正顺利实施。2020 年至今，创新中心引进了一批国内外本领域内的高端人才，包括整体引进的硅光技术团队入选湖北省“双创团队”（C 类和 B 类），聘任两位科学院院士为创新中心特聘教授，引进半导体光电子先驱余金中研究员、量子通信技术专家、高速模拟电路专家等多人担任高级专家，引进英国 UCL 量子点激光器研发团队在创新中心开展研发工作。目前，创新中心仍在与多位海外领军人才和国内优秀科研人才接洽，创新中心研发队伍的质量将进一步获得提升。

（四）知识产权机制

通过聘请外部专业顾问，以及与工信部电子知识产权中心、湖北省专利局等相关单位合作，创新中心建立了较为完备的知识产权协同创新制度，围绕知识产权的维护、许可、转让、产业化实施等工作，制定完善了相应的管理制度，明确了知识产权的所有权、使用权、许可使用权、二次开发权利及相关的利益分配。在此基础上，创新中心制定了技术专利转移（使用许可）和成果转化的相关制度并逐步落实到实践工作中。通过流程和制度的建设，创新中心初步建立了创新、高效、高质量、可持续发展、公司化的运行机制，对股东、对社会、对联盟单位负责的运行机制，以及鼓励领军人才和全员创新、目标驱动、注重结果考核的运行机制，为创新中心下一步的创新和可持续发展奠定了基础。

三、平台建设

针对国内信息光电子产业所呈现的“科研和应用实力强，工艺和验证能力弱”的特点，创新中心能力建设主要以建立国内一流的光电子芯片工艺开发和中试验证平台为目标，通过工艺和制造能力提升，疏通“产学研”转化通道，带动产业能力升级。在工信部和省市区各级政府及股东单位的支持下，创新中心重点建设四大技术研发平台，即Ⅲ-Ⅴ族芯片工艺平台、硅基光电子芯片开发平台、芯片封装测试验证平台和应用技术开发平台。

Ⅲ-Ⅴ族芯片工艺平台拥有国内最领先最完整的高速Ⅲ-Ⅴ族光芯片工艺

中试条件，能够支持完成从外延生长、材料对接生长、光栅掩埋、光刻、薄膜生长与刻蚀、划片解理、光学镀膜、金属电极镀膜、芯片测试筛选等完整的芯片工艺；掌握了国内最为先进的最大6英寸晶圆的亚微米光刻工艺，可实现0.1微米的套刻精度；已具备10G/25G VCSEL、DFB、EML、PD、APD的中试工艺条件和50G激光器芯片的工艺研发能力。

硅基光电子芯片开发平台已建成覆盖硅光芯片设计仿真、PDK开发、测试筛检和特性评价的完整商用研发条件。硅光设计仿真系统具备芯片的光学、电学、热学、力学等多物理场仿真能力，设计精度达nm级。创新中心与中国科学院微电子研究所联合开发“硅基光电子集成芯片先导工艺”，建立8英寸硅光芯片工艺的研发和中试平台，形成自主PDK和元器件库，开放并提供流片代工服务。开发平台搭建起国内首套8/12英寸硅光晶圆测试筛选系统，单台效率可达3000片/年。以上平台已获得产品级验证，服务于国内首款100G硅光芯片的量产。

芯片封装测试验证平台建立了成熟可靠的光电子封装和性能测试系统，拥有包括硅光芯片、激光器芯片、探测器芯片、光纤激光器等多种光电子产品的特性评估、样品研制和中试验证能力，具备金丝焊、倒桩焊、激光焊、紫外固化、COB、COC、COS、Golden BOX等全系列的器件封装工艺基础和可靠性验证条件。在测试分析方面，可开展芯片和器件的各种静态、模拟和数字性能的测定分析，可支持带宽达70GHz、速率达8×200Gb/s的光芯片性能测试。此外，平台还搭建起面向光电融合封装和光纤激光器的验证分析系统，具备对外服务的能力。

应用技术开发平台，依托国内领先的“超高速、超大容量、超长跨距”光传输技术验证平台，建立了量子光技术、空间光通信、光传感、光计算、微波光子技术等重点应用的系统功能验证分析能力，支撑光芯片和光器件的Pb/s级、万km光纤传输系统特性评估，已具备各类信息光电子应用的模块和设备开发、功能验证和系统性能评价的条件和经验。

第二节　运行成果

一、技术创新

2020年创新中心在前沿技术和关键共性技术研发方面取得的主要进展如下。

公司提出的“硅基光电子集成技术”，作为“电子信息领域”十项先导技术之一成功入选2020“科创中国”先导技术榜单，并于2021年1月18日召开的2020“科创中国”年度工作会议上对外发布。该项技术攻克了硅光芯片CMOS兼容加工工艺、高频高密度封装、自动化调控和系统集成等工程化难题，在国内率先研制出100G/200G硅基光传输芯片、400G硅光数通芯片、混合集成型25G可调谐光发送组件，相关产品打破了国外垄断。

在超高速硅光芯片技术方向，首次利用硅光微环调制器产生了200 Gb/s PAM4光信号（此前最高水平为Intel的128Gb/s），并成功实现2km单模光纤传输。该成果为下一代800G光模块和共封装（co-packaged）光子引擎提供了超低功耗、超高集成度的芯片技术方案。该项成果在ECOC 2020会议上作为PDP（Post-Deadline Paper）论文发表，这也是继2019年之后，创新中心连续第二年发表ECOC PDP报告，是本届ECOC会议上唯一一篇光芯片类的PDP文章，也是唯一一个完全依托中国单位和研究人员完成的工作。

自研硅基相干光调制器速率达国际一流水平，下一代相干光收发器研制取得重要进展。创新中心自研400G硅光相干接收机主要指标已达商用标准，自研硅基相干光发射机实现了340Gb/s QPSK、680Gb/s 16QAM（85GBaud PMD-QPSK和85GBaud PDM-16QAM）的调制，与日本NEL在OFC 2020报道的96GBaud PDM-16QAM最高波特率成果接近。该成果表明，创新中心在高端核心光传输器件的研制能力上跻身国际一流水平，相关成果预计将在1年至2年内实现工程化应用。

超高速LiNbO3薄膜相干调制器和强度调制器芯片均达到国际领先水平。创新中心与中山大学团队联合研制的超高波特率LiNbO3薄膜相干光调制芯片，可支持高110G波特率的超高速相干光调制，该工作发表于顶级综合性期刊Nature Communications。该成果与此前联合研制的超高速LiNbO3薄膜调制器成果（收录为ECOC 2019 PDP，是ECOC会议四十五年来中国大陆光芯片领域的第一篇一作PDP论文）均为光通信领域的最新技术进展和纪录性成果，代表着我国在下一代光芯片前沿研究方面已经步入国际前列。

56G电吸收调制激光器芯片（EML）最新一轮流片成功通过400G DR4模块级测试，成为国内首家性能满足56G PAM4技术指标的EML芯片。后续将进一步优化动态特性及光功率，提升成品率，从样品阶段进入批量生产阶段，支持400G业务发展。

“硅光技术能否促成光电子和微电子融合？”提案成功入选中国科协

2020年度十大工程难题。硅基光电子芯片技术既可应用于芯片级光互连，又适用于长距离光纤通信，可实现全功能光电子集成，具有极高的通用性和兼容性，是微电子和光电子两大产业公认的融合发展方向。由创新中心联合中国信科集团、光纤通信技术和网络国家重点实验室、光迅科技等单位提出的“硅光技术能否促成光电子和微电子融合？”成功入选中国科协2020年度十大工程难题，并于2020年8月15日在第二十二届中国科协年会闭幕式上发布，这充分体现了硅光技术在当前科技领域的创新性和战略性地位。

二、中试和工程化

为解决光子集成电路（PIC）批量生产的可扩展性，保证产品良率和工艺监控难题，创新中心联合是德科技、CompoundTek着手共建PIC自动化测试的版图设计标准，以推广自动化测试、通用组装和封装服务，支持更大规模的批量生产。该合作将进一步方便PIC设计人员在设计阶段定义测试协议，以及促进测试设备更好地进行自动化测试，轻松定义测量过程和测试参数。三方通过强强联合，围绕边缘耦合电路共同建立标准化的PIC版图惯例和设计规则，对于实现自动测试、组装和封装至关重要。

为加快推动硅光子技术产业化进程，建立健全硅光产业链，创新中心与苏州伊欧陆公司（Eoulu）强强联合，共同研制出国内首套商用级8～12英寸硅光晶圆测试筛选系统，并基于该平台开发了具有自主知识产权的硅光测试测量方案，并持续向客户推出各类灵活、可靠、可升级的产品和服务。目前基于该系统，单台测试筛选效率可达3000晶圆/年，测试速度与国际同类产品相比高3～5倍，信息化与智能化程度达到国际先进水平。

三、成果转化和企业孵化

基于全国产芯片的50G PAM4光收发模块，创新中心联合光迅科技、橙科微电子等国内厂商共同完成了首款基于全国产芯片的50Gb/s PAM4高速光模块研制和认证，共同打造完整可控的国产光模块产业链。研究人员面向5G网络、数据中心等应用领域，首次采用国产光芯片和电芯片开发出高速50Gb/s光模块样机，并通过了国内领先光器件厂商的产品级测试认证。

400G硅基相干光收发芯片产品完成验证。硅基相干光收发芯片是光传输设备中的核心芯片，目前主要被Nokia（Elenion）、Cisco（Acacia）等美国企业垄断。创新中心完成了400G硅基相干光收发芯片封测，发送端出光功率和接收端相位误差、响应度等性能相比前版本大幅提升，主要指标满足产品需求。该产品预期将成为国内首款支持 400G 速率的相干光收发芯片，填补了我国在高速光传输硅基光收发芯片和模块方向的空白。

400G 硅基数通芯片实现客户送样。硅基数通收发芯片是数据中心提速升级的关键，创新中心研制的 400G DR4 数通芯片和光模块性能满足需求，出光功率得到提升，已向客户送样验证。该产品是我国首款自主研发的 400GPAM4 硅光收发芯片，填补了国内空白，打破了 Intel、Elenion、Acacia 等美国公司的垄断。

量子通信（QKD）核心光电器件已通过产品验证，并实现了销售和应用。针对量子 QKD 光通信市场需求，创新中心研制出高动态稳定性高边模抑制比窄谱宽 DFB 激光器、国内首款商用 5Gbps 硅光量子随机数发生器和硅光 QKD 偏振编码集成器件。利用硅光集成技术，将现有的基于分立光电元件的光学前端编码系统实现了单片集成，体积缩小 20 倍，工作温度从“0～50℃”扩展到“−5～75℃”。以上产品已通过国盾量子公司和中国科技大学量子卫星项目产品验证，并实现了销售和应用。

四、行业服务

创新中心充分利用国家制造业创新平台的优势，有效整合整个行业资源，联合产业重点单位光迅科技、重庆联合微电子中心（CUMEC）、亨通洛克利科技有限公司、工信部电子五所等，打造面向 5G 的光电子芯片与器件技术中试熟化及应用推广公共服务平台，开展高速激光器芯片、硅基光电子集成芯片及封装技术等关键共性技术研发，并提供 5G 光电子芯片与器件的测试与验证、应用推广等公共服务。该平台建设获得了 2020 年工信部制造业高质量发展专项项目的支持，将对我国面向 5G 的光电子产业的发展起到积极的推动作用，并提供有力的平台保障。

随着工艺技术平台和协同创新网络的不断完善，创新中心面向全行业的技术服务能力也在不断提高，已经探索出包括委托研发服务、封测验证服务、技术转移扩散、技术咨询服务等多种灵活方式。2020 年，创新中心已累计为超过 50 家单位提供了 250 余次有偿技术服务。

标准方面，创新中心建设至今，始终高度重视产品和技术的标准化工作。在国内一流的光电子芯片工艺开发和中试验证平台的基础上，创新中心已经取得一系列显著成果，并联合中国电信、中国联通、中国信息通信研究院、华为、中兴、烽火、诺基亚、科大国盾等国内 30 余家行业领先企业和科研院所，全力推动成果的标准化工作。截至目前，创新中心在半导体激光器芯片，100G、400G 及 800G 等高速光收发器件和模块，量子通信用量子密钥分发关键器件等技术方向，已经牵头起草国际标准 3 项，行业标准课题 1 项，参与起草行业标准 10 项，充分发挥了创新中心的行业引领示范作用，也大大提高了创新中心的行业影响力。

五、合作网络

为了充分利用国内的优势研发资源，建立协同创新体系，创新中心与产业链上的关键合作伙伴合作，面向 5G、光电集成、高端元件、自动化装备、光电子材料、芯片工艺、测试测量方案、系统应用开发等方向，在已经成立的 8 个联合实验室和技术平台的基础上，继续深入打造协同创新网络，主导构建自主可控硅光生态圈。2020 年，创新中心联合中科院微电子所、重庆 CUMEC 共建硅光芯片先导工艺线；在硅光特种装备开发方面，联合伊欧陆、光迅科技、魔技纳米等企业，开发硅光专用耦合封装和测试设备；在硅光设计规范和标准化方面，联合是德科技、新加坡 CompoundTek、Mentor Graphics 等公司，共同制定硅光子集成芯片布局标准。

2020 年，由于全球新冠肺炎疫情暴发，全球线下国际学术交流互访受到了严重影响，创新中心积极采取在线方式与全球范围的同行保持密切联系，先后参加了欧洲光纤通讯展览会（ECOC）、美国光纤通讯展览会及研讨会（OFC）、第二届中欧国际硅光技术研讨会等国内外主流会议，并发表了本届 ECOC 会议上唯一一篇光芯片类的 PDP 文章，也是唯一一个完全依托中国单位和研究人员完成的工作。2020 年 9—11 月，创新中心结合深圳光博会、武汉光博会等重要产业活动，先后主办/承办了第 3 届中国硅光产业论坛、第 19 届讯石光纤通讯市场暨技术专题研讨会等一系列技术交流活动，构建了产业合作交流平台，牵引上下游企业和研发机构形成创新合力。

第七章

国家机器人创新中心

第一节　建设进展

一、建设情况

国家机器人创新中心（以下简称创新中心）按照“公司+基地+联盟”的模式运行，依托股东单位哈尔滨工业大学和中国科学院沈阳自动化研究所建立了哈尔滨研发基地和沈阳研发基地，明确了创新中心总部和研发基地之间的任务分工。创新中心总部负责整体规划、品牌运营及云平台建设，研发基地负责技术开发、中试孵化及成果转化等方面的工作。

（一）公司

1. 股东构成

创新中心依托单位沈阳智能机器人国家研究院有限公司成立于 2017 年 5 月，股东单位涵盖国内机器人行业的知名科研机构 4 家，分别为哈尔滨工业大学、中国科学院沈阳自动化研究所、中国科学院自动化研究所、北京理工大学；行业内龙头企业 6 家，分别为沈阳新松机器人自动化股份有限公司、哈尔滨博实自动化股份有限公司、哈工大机器人集团股份有限公司、埃夫特智能装备股份有限公司、南京埃斯顿自动化股份有限公司、国机智能科技有限公司；政府投资平台 4 家，分别为上海临港新城投资建设有限公司、广州新松中以智慧产业投资有限公司、芜湖滨江智能装备产业发展有限公司、中山中盈产业投资有限公司。

2. 核心队伍

沈阳智能机器人国家研究院有限公司通过全职聘用和兼职聘用相结合的方式引进人才，主要负责战略规划、研发布局、品牌维护和云平台运营等工作。主要管理团队人员如下。

韩杰才，董事长，中国科学院院士，哈尔滨工业大学教授、常务副校长，复合材料和光学材料专家，“万人计划”科技创新领军人才，入选“百千万人才工程”，“国防973”计划项目首席科学家，“自然科学基金委创新研究群体”负责人，“国家杰出青年科学基金”获得者。

史泽林，副董事长，研究员，中国科学院沈阳自动化研究所副所长，中国科学院光电信息处理重点实验室主任。国家高技术领域专家组成员，“国防973”计划项目首席科学家。

孙海涛，总经理，研究员，曾任中国科学院沈阳自动化所科技处处长，有丰富的科技管理和产业转化经验，主要负责创新中心日常管理及研发基地筹建。

3. 专家团队

创新中心聘请了哈尔滨工业大学蔡鹤皋院士、中国科学院沈阳自动化研究所王天然院士、封锡盛院士、湖南大学王耀南院士等 14 名行业内专家成立了创新中心科技委员会。科技委员会主要工作职责为根据机器人行业发展情况对创新中心的研发定位提出建议，研判国内外机器人及相关产业发展趋势，对创新中心的研发方向和产业布局提出建议，遴选行业关键共性技术，为创新中心其他重要技术问题提供技术咨询。

（二）基地

沈阳智能机器人国家研究院有限公司通过控股方式设立子公司作为研发基地的依托单位，目前已设立哈尔滨和沈阳两个研发基地。

1. 哈尔滨研发基地

（1）股东构成

哈尔滨研发基地依托哈尔滨工业大学，注册资本金 10000 万元。由创新中心全资子公司哈尔滨国创机器人技术有限公司联合哈尔滨工业大学资产经营有限公司、黑龙江省科力高科技产业投资有限公司、云谷科技有限公司及管理团队联合发起成立。创新中心通过与部分股东签订一致行动协议，实现对哈尔滨研发基地的控制。

（2）核心队伍

根据建设任务的需要，哈尔滨基地已招聘全职管理人员 6 人，全职研发人员 19 人，来自哈尔滨工业大学的 23 个研发团队共 50 人兼职工作于哈尔滨研发基地。行业领军人才刘宏出任哈尔滨研发基地董事长，团队中博士后 2 人，博士 20 人，教授 19 人，副教授 3 人，主要从事医疗机器人、特种机器人、通用机器人、医疗机器人、核心零部件等方面的研究。团队人员普遍为工作 10～20 年及以上资深研发人员，包括国家“万人计划”科技创新领军人才 4 人，长江学者 3 人，国家杰出青年科学基金获得者 2 人，核心人员如下。

刘宏，哈尔滨研发基地董事长，教授，博士生导师，哈尔滨工业大学副校长，机器人技术与系统国家重点实验室主任，长江学者；发表论文 200 余篇，获得中国发明专利 48 件，国际专利 6 件。

刘伊威，哈尔滨研发基地总经理，教授，博士生导师，主要从事机械臂、灵巧手等方向研究；获得国家技术发明二等奖 2 项，发表论文 30 余篇，获得国家发明专利 20 余件。

岳洪浩，教授，博士生导师，哈尔滨工业大学航空宇航制造工程系主任，宇航空间机构及控制技术国防重点学科实验室副主任，主要从事宇航空间机构和关键基础件的设计与应用等方向的研究；获国家技术发明二等奖 1 项，黑龙江省技术发明一等奖 4 项，军队科技进步二等奖 1 项；出版教材及著作 3 部，发表 SCI/EI 论文 100 余篇，授权发明专利 17 件。

2. 沈阳研发基地

（1）股东构成

沈阳研发基地依托中国科学院沈阳自动化研究所建立，注册资本金 1400 万，为沈阳智能机器人国家研究院有限公司的全资子公司。

（2）核心队伍

沈阳研发基地已组建 125 人的研发团队，其中全职研发人员 92 名，与沈阳基地签订劳动合同并在沈阳基地发放工资，兼职人员 33 名。团队中具有研究生以上学历人员 103 人，占比 83.06%；具有高级职称人员 47 人，占比 37.9%，核心人员如下。

桑子刚，沈阳研发基地董事长，研究员，中国科学院沈阳自动化研究所党委书记兼副所长，享受国务院政府特殊津贴专家。

张诚，沈阳研发基地总经理，研究员，主要从事医疗机器人技术及系统研发工作，获得中国科学院院长奖、辽宁省自然科学学术奖等奖项，发表论文10余篇。

赵吉宾，沈阳研发基地总工程师，研究员，博士生导师，主要从事增材制造与激光加工技术、机器人化装备等方向的研究；获辽宁省科技进步二等奖和国防科技进步二等奖各1项，辽宁省科技进步和技术发明三等奖各1项，发表论文130余篇，获得专利30余件，软件著作权10件。

王洪光，沈阳研发基地副总工程师，研究员，博士生导师，主要从事电力机器人、协作机器人等特种机器人的研究，获省、部级技术发明与科技进步奖5项，发表论文150余篇，获得专利40余件。

（三）联盟

根据创新中心协同发展的要求，创新中心一方面加强与现有联盟单位之间的合作，利用联盟的资源协同编写发展规划，推动产业健康良性发展；另一方面增强自身在地方产业集群中的影响力，加强与相关服务机构及企业的合作。

创新中心已与科技部机器人产业技术创新战略联盟建立了战略合作伙伴关系，为实现资源信息互补、共享奠定了基础。创新中心与机器人产业技术创新战略联盟及中国科学院沈阳自动化研究所合作编写了《机器人产业发展规划（2021—2035年）》。

为了整合沈阳市机器人产业优势资源，面向机器人产业共性技术需求、开展协同创新，2020年3月，沈阳研发基地与沈阳新松机器人、中国科学院沈阳自动化研究所等7家单位发起成立沈阳市机器人与智能制造协会，整合沈阳市机器人与智能制造产业资源，推动沈阳市机器人与智能制造产业集群的建设和发展。

二、机制创新

创新中心以“公司+基地+联盟”的模式运行，为了确定创新中心的宗旨、主要职责和组织架构，创新中心出台了《国家机器人创新中心章程》；为了规范基地的设立条件及管理原则，创新中心出台了《研发基地设立与管理办法》；为了明确创新中心科技委员会的议事规则，创新中心制定了《国家机器人创新中心科技委员会管理办法》。

哈尔滨研发基地颁布了《创新中心入驻团队管理制度》，创新中心为团队提供科研设备的同时提供科研岗位，团队带头人享受哈尔滨工业大学正式职工待遇。

沈阳研发基地通过全职和兼职相结合的方式引入技术团队，通过灵活的政策吸引沈阳自动化所技术人员进入基地工作，出台了《知识产权管理制度》，将知识产权的收益分配提前固化，根据贡献大小进行比例分配，最终收益价格由市场决定；出台了《课题管理费与结余分配管理办法》，激发技术团队在基地工作的主观能动性。

三、平台建设

在能力建设项目的支持下，创新中心已购置设备及软件 378 台（套），建设测试验证能力平台 3 个，关键共性技术研发平台 23 个，中试孵化能力平台 7 个。所有设备可以在各总部基地和各研发基地共享使用。股东单位哈尔滨工业大学和中国科学院沈阳自动化研究所已经将一部分自有设备向创新中心研发团队开放共享使用。

第二节　运行成果

一、技术创新

利用已经建立的研发及中试平台，依托哈尔滨及沈阳研发基地，2020 年创新中心承担国家及省部级科技项目 5 项，通过自主立项开展了 20 项技术研发工作，形成知识产权 15 项，软件著作权 2 件。联合股东单位完成多项产品研发及示范应用。

利用已建立的测试验证平台，创新中心与国家机器人检测与评定中心合作开展检测认证服务。创新中心拥有中国科学院沈阳自动化研究所所属的国家机器人检测与评定中心（沈阳）设备使用权并享有检测业务绿色通道。

二、中试和工程化

创新中心在能力建设项目的支持下，与股东单位哈工大机器人集团合作，开展精密摆线针轮减速器相关技术研发，该减速器具有结构紧凑、几何精度高、背隙小、扭矩高等特点，已在哈工大机器人集团自主研发的数控转台上成功使用，有助于国内四轴、五轴及高端数控机床产品技术更新和成本降低。

创新中心与股东单位南京埃斯顿合作，开展机器人专用伺服驱动器、高功率密度伺服电机及控制器等核心零部件的研发工作，突破了基于负载特性辨识的高性能伺服控制、基于自适应陷波滤波器的振动抑制、机器人刚体动力学模型辨识等关键技术，系列驱控产品已全面用于埃斯顿公司生产的工业机器人，包括：MINI 桌面型六关节机器人，6～30kg 小负载六关节机器人，50～70kg 中负载六关节机器人，100～220kg 大负载六关节机器人。

三、成果转化和企业孵化

创新中心在建设过程中积极争取竞争性经费近 3000 万元。哈尔滨研发基地签署 2020 年工业互联网创新发展工程项目—面向工业机器人开发及应用安全测试验证平台项目等 18 个项目，沈阳研发基地签署新冠肺炎疫情防控应急科研攻关项目等 18 个项目。

四、行业服务

为了提高创新中心检测服务验证能力水平，创新中心已与国家机器人检测与评定中心（沈阳、广州）签订了正式委托服务协议，共享创新中心的检测设备；与国检中心（沈阳）共同完成 CNAS、CMA 等能力扩项，推动行业标准的制定；面向机器人行业开展机器人性能及安全、电磁兼容、环境试验、电气案例及核心零部件等方面的检测认证服务，实现收益分成。2020 年创新中心完成检测业务委托 120 余次，服务企业数量 54 家，组织完成 2020 年各标准查新工作。

五、合作网络

（一）与埃夫特合作开发协作型工业机器人平台。目前已经开发出一套六自由度的协作机器人，负载 5kg，负载自重比优于 1∶5，工作半径不小于 800mm，重复定位精度优于±0.1mm，协作机器人各关节最大速度 150°/s，关节运动范围大于 340°。

（二）与哈尔滨博实合作开发能源工业智能制造试验验证系统。能源工业智能制造试验验证系统平台突破了电石冶炼机器人在极端恶劣工况下的防护与性能加固技术、强冲击载荷下振动抑制技术，解决了出炉机器人、捣炉机器人拓扑结构、机构运动学设计的理论与方法的研究设计、通用性能参数检测、机器人标定、冲击振动响应测试及冲击力测试的问题，实现了模拟真实工作与现场环境的应用。

（三）与新松合作开发工业机器人集成应用系统等平台。工业机器人集成应用系统平台面向工业机器人集成应用领域，基于数字孪生的整个架构，实现有关数字孪生实践应用，可根据不同用户需求进行定制开发。

（四）与机器人集团合作开发机器人核心元器件设计服务平台。开展精密减速器的设计研发工作，目前已成功研制精密摆线针轮减速器，该减速器具有结构紧凑、几何精度高、背隙小、扭矩高等特点，已在哈工大机器人集团自主研发的数控转台上成功使用，有助于国内四轴、五轴及高端数控机床产品技术更新和成本降低。

（五）与国机智能合作开发机器人运动控制系统设计服务平台。面向机器人运动控制领域，已经搭建了机器人运动控制系统算法实现和验证平台、机器人运动控制系统性能验证与功能检测试验平台、各种构型机器人的高精度检测与测量平台系统，以及三维数据平台硬件与PDM管理系统，并开展了多种构型机器人建模和仿真分析、高级运动学控制算法开发和验证、动力学控制算法开发和验证、机器人运动控制精度评估等方面的研究，相关研究成果在自主开发的机器人控制系统上实现应用，为机器人运动控制技术研究提供了支撑。

（六）与中科院自动化所合作开发机器学习设计能力平台。围绕机器人的数据分析、分类识别、置信计算及决策分析等内容，面向智能机器人作业系统的自主任务操作及决策分析，深入开展云框架下的机器人智能技术的开发。目前已经搭建了1套双臂协调作业机器人验证平台及1套基于HTC Vive虚拟现实设备和双臂UR3机器人的遥操作系统。

（七）与北京理工大学合作开发仿生高性能特种机器人设计服务平台。面向国防安全、突发事故、灾害救援等复杂危险情况，全面深入开展下一代仿生特种机器人系统设计、制造及集成等工作，包括仿生构型设计与分析、动力学模型分析和生物骨骼—肌肉模型分析、生物动态特性模型分析、机器人运动控制等工作。目前该项目面向仿生运动模拟，建立了运动捕捉与分析系统，解决了人和动物动作分析和多刚体运动分析的问题，面向旨在增强陆军单兵负载与携行能力的机器人外骨骼领域，研制了机器人外骨骼量化评估系统。

此外，创新中心进一步深化了与德国、英国等国家的合作，开展工业机器人应用技术、测试技术等方向的合作研究。沈阳研发基地引入下一代机器人团队后，积极引导团队开展国际交流合作。该团队通过引进UK-RAS成员、英国伦敦大学国王学院、伦敦大学学院、爱丁堡机器人中心在机器人研究方面的基础理论研究成果，提升了我国机器人设计开发水平。

第八章

国家智能传感器创新中心

第一节　建设进展

一、组建情况

（一）公司

国家智能传感器创新中心（以下简称创新中心）在工信部的指导下于2018年7月正式启动，以上海芯物科技有限公司为运营实体，注册资金1.06亿人民币，股东单位共12家，涵盖了传感器产业链从研发、设计、制造、封测与应用等各个主要环节。创新中心以关键共性技术的研发和中试为目标，专注传感器设计集成技术、先进制造及封测工艺，布局传感器新材料、新工艺、新器件和物联网应用方案等领域，打造世界级智能传感器创新中心。

创新中心以“公司+联盟”的模式自主运营，以上海芯物科技有限公司为运营主体，以中国传感器与物联网产业联盟为外延。

创新中心总部设立在上海智能传感器产业园，创新中心运营板块由产业技术服务平台、传感器联合实验室及传感器与物联网产业联盟组成，产业技术服务平台负责建设创新中心产业技术服务能力，包括先进传感器共性技术的研发及产业化、工程技术服务咨询、传感器测试与认证、大数据训练云平台；传感器联合实验室负责研发成果跨领域跨技术的转移转化及产业资源整合；产业联盟负责传感器产业集聚及整合，通过构建产业生态圈、组织行业顶尖展会及培训、产业对接及制定行业标准，实现传感器产业聚集。

（二）联盟

中国传感器与物联网产业联盟（以下简称联盟）是创新中心的外延组织，由工信部指导和支持，联盟秘书处设在创新中心。联盟以传感器和物联网产业为基础，带动中国高端制造与机器人、消费电子、汽车电子、生物医疗、智慧城市、智慧农业等产业的转型升级，推动“制造强国战略”、互联网＋、大数据等国家战略实施。联盟已有 1000 家以上来自产业链各领域的代表企业，其中理事单位 301 家，普通会员 711 家，各地协会成员共计 10 家。联盟旨在发挥“产学研”资源优势，加速我国物联网核心技术的发展，推动智能传感、大数据、云计算、人工智能的生态体系建设。创新中心的成员单位来自联盟内的龙头会员单位。联盟机构和秘书处的建设稳步推进，设立工业传感器分联盟和浙江分联盟，设立秘书处北京办公室，以及设立 5 个专委会（智联交通、工业传感器、工业互联网、智慧环境与水务、成果转化）。受新冠肺炎疫情影响，联盟 2020 年开始与欧洲先进研究院（Glossa）持续保持线上交流，探讨欧洲先进传感器项目引进模式；联盟与全国各物联网产业核心区开展合作，与北京、上海、无锡、福建、山东、河南、重庆、陕西、中山等地物联网协会建立起战略合作，协调区域合作与创新，并启动了长三角地区的一体化融合。联盟主办的 SENSOR CHINA 传感器领域国际专业展会，成为继美国和德国之后的全球第三大传感器与物联网产业活动。

联盟持续努力提升会员服务工作，包括展览会议服务、人才培训、制定团体/行业标准、测试与认证、技术鉴定/认定、知识产权服务及产业对接，并与全国各地区产业联动与战略合作，帮助创新中心进行产业集聚，实现先进传感器技术的转移转化。

二、队伍建设

创新中心本着“吸引人才、留住人才、用好人才，最好的环境是良好体制机制”的理念，通过增加人才引进渠道、建立规范透明的绩效薪酬体系、设立创新培训工作机制、设置合理的人员激励机制等措施，吸引优秀人才加入，搭建一支完善的技术研发及管理队伍，支持创新中心业务发展。

创新中心还设立了辅助的员工积分管理制度，将员工的日常行为也一并纳入考评范畴。积分制相比年度考评反馈更快、更及时，员工也更有积极性。

创新中心面向全球范围引进行业顶级的人才及团队，已形成来自美国、欧洲地区、中国台湾地区、日本等“超越摩尔”产业领先的国家和地区的研发、工程技术、管理运营等多种类型组合的优势团队，集聚行业专业人才 80 多人，其中研发人员占总人数的 80%以上。

三、平台建设

创新中心在自身的研发能力和产业技术创新上初步形成了“自我造血”能力和良性发展机制，通过自主开展的技术创新活动，实现了本领域的技术突破，已完成热式薄膜传感器制造共性技术开发和能力建设，建立了红外热堆及其阵列的 CMOS 兼容 MEMS 集成制造能力；建立了传感器测试服务平台，具备恒温恒湿、防静电、压缩空气、真空、氮气等基础设施。工程服务平台已构建，测试服务能力主要包括 MEMS 加速度、MEMS 陀螺仪、压力和红外等传感器的测试标定、可靠性测试、ESD 测试、产品失效分析、器件工艺分析等多方面能力。

第二节　运行成果

2020 年是创新中心成立的第二年，也是抗击新冠肺炎疫情的特殊一年，创新中心第一时间响应国家抗疫情号召，从 2020 年 1 月 28 日起生产疫情防控中急需用品红外测温计（额温枪/耳温枪）的核心器件——MEMS 红外温度传感器，即时向测温计厂商供应 20 万只传感器，直达抗疫第一线。创新中心联合股东单位上海微技术工业研究院在 2020 年 2 月累计下线单点红外温度传感器芯片近 300 万颗，成品供货约 200 万颗，有效缓解了国内对战疫物资的紧张需求。2020 年 3 月起，创新中心在工信部指导下，积极整合红外传感器上下游企业进行“联合会战”工作，迅速增加了市场供给，助力红外温度传感器国产化率超 50%，为解决国家疫情物资需求做出了贡献，收到了国务院应对新冠病毒联防联控机制（医疗物资保障组）的感谢信，这是对创新中心的抗疫工作的充分认可。

一、技术创新和技术工程化

创新中心以关键共性技术的研发和中试为目标，专注传感器设计集成技术、先进制造及封测工艺，布局传感器新材料、新工艺、新器件和物联网应用方案等领域，包括建设 CMOS 兼容 MEMS 平台、建设基于新材料的 MEMS

平台、建设高端 MEMS 和先进传感器开发与制造平台等。

（一）建设服务于全行业的智能传感器关键共性制造技术支撑平台

1. 创新中心实现首个转移转化的共性技术——红外热堆温度传感器，满足国家重大战略需求，产生千万量级的直接增值效益

开发高性能单点红外热堆技术，建立多样化热堆结构仿真模型，优化小型化封装技术水平，完成 8 寸晶圆的工程验证，形成热式薄膜共性特色技术，通过为相关企业提供关键技术服务和转化，实现单点红外热堆温度传感器的首次商业化，实现千万以上产业直接收入。

面对突发的新冠肺炎疫情，创新中心全力投入抗疫战略物资之一的额温计（测温计）的核心传感器——红外热堆温度传感器的开发、定型与生产中。基于创新中心建设期间开发的红外热堆传感器的设计、工艺、封装及应用全技术链能力，在最短的时间内实现了传感器芯片技术上的升级，创新中心的红外热堆温度传感器是目前国产传感器中芯片尺寸最小、灵敏度最高的，制造工艺良率及一致性达到 99%的高水平，体现出创新中心在红外热堆传感器技术平台上的先进性、成熟度及快速响应能力。自 2020 年 3 月上旬起创新中心开始为市场批量供货，广泛应用于包括工信部额温计重点企业名录（部分）在内的 50 家企业，近千万颗高性能传感器一定程度上缓解了国内对这类战疫物资的需求紧张态势，对市场价格剧烈波动是一种平衡力量。

创新中心的红外热堆温度传感器以最快速度投入对武汉抗疫主战场最前线（武汉协和医院）的支持，对多地政府疫情防控、复工复产过程中抗疫战略物资供给起到了重要保障作用（江西百宏光电），得到了各方好评。在中国本土疫情传播基本阻断，海外疫情蔓延爆发日趋严重的情况下，创新中心的红外热堆温度传感器作为政府和民间国际抗疫援助物资中的重要组成部分发挥着积极作用。

2. CMOS 兼容 MEMS 集成制造关键共性工艺平台

CMOS 兼容 MEMS 集成制造技术是主流技术方向，创新中心通过建设 CMOS 兼容 MEMS 集成制造平台，形成了特色工艺，突破了关键共性制造工艺，强化提升了工艺兼容度、制造可靠度、制造可信度。

CMOS 兼容 MEMS 单片集成制造技术，需要兼顾 MEMS 传感器对于材料、热过程、机一电互联、离子交叉污染等对 CMOS 电路（MOS 管开关、

选通移位控制、逻辑编码等）工艺的影响，并进行全工艺流程的整合、优化，形成了特色工艺模块和平台技术，满足了诸如微弱信号检测、大电流/高电压驱动、大阵列逻辑控制等智能传感器的应用要求，并具有相对分立传感器在成本、体积、集成度上的优势。

3. 高性能红外热堆传感器设计能力

建立红外热堆传感器不同尺寸和不同结构的 COMSOL 仿真模型，通过薄膜热传导仿真、辐射—电能转化等过程，精确匹配实际传感器制造结果，优化设计指标，提升设计效率，节省大量重复验证工艺与测试时间，对提高传感器性能提供了理论依据。

在此次新冠肺炎抗疫正面战场，创新中心的红外热堆温度传感器在性能指标、芯片尺寸、工艺良率方面都是国内一流，可以与进口产品直接竞争，充分体现了创新中心在传感器设计、工艺设计的先进性及技术转化的快速响应能力。

4. 阵列传感器的 CMOS 兼容 MEMS 特色工艺和创新能力

面向智能家居、智能白电、安防监测等应用需求，以红外热堆阵列传感器为典型阵列传感器开发相关关键共性技术，包括 MEMS 热堆阵列结构设计、热堆阵列高速选通 CMOS 电路设计、CMOS 电路与 MEMS 结构的集成制造工艺设计等，在 MEMS 热堆阵列红外吸收薄膜结构设计上有所创新，具有更小的 pixel 尺寸、更高的红外灵敏度；在红外热堆阵列传感器的 CMOS 兼容 3D 微结构全单面 MEMS 制造关键工艺上实现突破，形成国内首创的具有自主 IP 的高良率、低成本、高产高效制造工艺，可以满足从小规模阵列到中高规模阵列的工艺需求，具有很强的市场竞争力。

关键共性工艺的突破和定制化能力的形成，推动了该技术向温度传感器、流量传感器、气体传感器的拓展应用，是创新中心的 CMOS 兼容 MEMS 集成制造平台能力的核心模块之一。

5. MEMS 红外热堆阵列 CMOS 读出电路设计能力

完成超低噪声、零漂移、高速切换选通开关 CMOS 仿真及设计；完成高低电平红外阵列选通扫描时序控制方案设计；实现红外阵列行列移位赋值流程设计；完成 MEMS 红外热堆阵列专用 CMOS 读出电路版图设计，已开展红外阵列 CMOS 读出电路 MPW 流片工作。

6. 红外信号标校与检测系统

建立基于红外黑体、恒温槽、NI 数据采集系统、Labview 控制模块等软硬件一体的红外信号检测平台，形成红外温度标校与传感器器件性能检测能力。

既有股东单位上润精密在额温枪应用的需求牵引，也有股东单位上海微技术工研院在传感器晶圆制造上的有力支持，该平台实现了技术上的升级；在产业链上，得到了联盟成员单位无锡众晶、杭州麦乐克、爱晟、深圳聚飞光电等在晶圆切割、传感器物料（TO46、滤光片、NTC）、封装等技术环节的大力协作。

（二）建立基于新材料的 MEMS 集成制造平台

创新中心全面开展 PZT 薄膜压电 MEMS 相关的结构仿真与器件设计、材料、工艺和平台、测试等关键共性技术的开发与能力建设，已经形成特色工艺模块，在部分关键共性制造工艺方面有所突破，强化提升了工艺成熟度、材料可靠度和柔性制造水平，具备了关键共性技术转移转化的基础。

1. MEMS 压电器件多参数数值模拟仿真能力

结合典型 MEMS 压电器件重要参数，如谐振频率、振动模态、振动位移、器件尺寸、输出幅值等参数，利用 COMSOL、ANSYS 仿真软件，实现 MEMS 压电器件多参数输入，数值模拟仿真数据库。通过直接输入各设计参数，针对不同器件设计需要，可以直接对应形成压电响应结果，在 Labview 软件界面显示各设计参数和输出数值，简化 MEMS 压电器件设计过程，初步形成 MEMS 压电设计、仿真软件工具包，具备了对外提供相关服务的基本能力。同时，针对压电 MEMS 声学/超声传感器的输出特性，如声压级（SPL）、指向性等，已经具备比较可靠、高效的仿真能力。

2. PZT 薄膜压电材料制备关键共性工艺能力建设

在 PZT 材料方面，利用三种先进的 MEMS 压电薄膜沉积技术（sputtering 溅射、PLD 脉冲激光、sol-gel 溶胶凝胶）制备高品质、准单晶 PZT 压电薄膜（参见 XRD 结果），实现超薄（<0.5μm）单层和双层 PZT 薄膜工艺并具有高机电耦合系数（d31>130pm/V）、宽幅可控介电常数（500～1500）及低温 CMOS 兼容 PZT 压电薄膜沉积技术，形成对 MEMS 压电 PZT 薄膜应用场景全覆盖的特色工艺能力。

其中，CMOS 兼容 PZT 压电薄膜沉积技术是领域内的主流技术方向，具有更广泛的适用性和发展潜力，已为国际上 MEMS 龙头企业，包括 IDM 企业如 Bosch、意法半导体，以及代工平台如 Silex、TSMC 等应用。这也是创新中心的重点建设内容，目前已完成核心设备8英寸晶圆PZT薄膜溅射机台的选型，正进行采购招标流程。

同时，在压电薄膜材料方面，创新中心与国际上先进的、有特色的材料开发平台及企业逐步建立起合作开发关系，如日本ULVAC、Fujifilm、Kyocera、Krystal及荷兰Solmates等，重点开展更高单晶特性的PZT薄膜、高掺杂高机电耦合系数的PZT薄膜、无铅（lead-free）压电陶瓷薄膜等材料制备工艺及其在MEMS中的应用。

3. 基于PZT薄膜的压电MEMS及智能传感器关键共性制造工艺

基于PZT薄膜的压电MEMS及智能传感器的制造，主要包括PZT材料生长、PZT图形化（刻蚀/腐蚀）、电极制作及电极间隔离、微结构释放等。

微米尺度下微机械结构的加工精度很大程度上决定了传感器的性能、可靠性和制造良率，开发的三种先进的PZT薄膜小线宽刻蚀技术（IBE离子束刻蚀、RIE反应离子刻蚀、定向湿法腐蚀），重点解决了PZT刻蚀反溅射等难题，形成多角度（60°～90°）和高选择性（PZT：Pt>5：1）的压电器件精细化结构工艺能力。

4. 关于热敏源—锰钴镍氧化物MCNO薄膜材料生长研发

目前常用的热敏型红外探测材料有VOx、多晶Si-Ge、非晶硅、尖晶石氧化物和半导体YBa2Cu3O7等。VOx材料具有较高的负电阻温度系数、低功耗且重量轻，相比于半导体YBa2Cu3O7具有更低的1/f噪声，但钒的氧化物一般具有较高的相变温度，相变温度之上才具有半导体性质；多晶Si-Ge具有较高的负电阻温度系数和较低的电阻率，材料生长和热处理温度较低，热导率比多晶硅和非晶硅都要低且器件具有较高的探测率；非晶硅在可见光波段灵敏性较好，光电性质连续可控且能源消耗低，但其光电转换效率低，寿命短；YBa2Cu3O7的负电阻温度系数高于VOx，具有良好的宽带特性（0.3～100μm）和较低1/f噪声，是一种很有潜力的中远红外光探测器材料。锰钴镍氧为代表的尖晶石氧化物材料具有很高的灵敏度和稳定性，且响应波段宽（1～100μm）。非制冷红外探测器的核心部件就是热敏材料，材料性能的改善对探测器的发展起着至关重要的作用。项目中，采用新型高性能敏感材料锰钴镍氧化物MCNO。

锰钴镍氧（Mn-Co-Ni-O）材料是具有立方尖晶石结构的过渡族金属氧化物，具有优异的负电阻温度特性，可用于温度传感器、整流器、非制冷型热敏红外探测器等方面，有着广阔的应用前景。而Mn-Co-Ni-O薄膜材料相比于体材料具有更优的物理性能，可用于制备性能优异的薄膜型热敏红外探测器。

项目基于射频磁控溅射法制备的 Mn-Co-Ni-O 薄膜材料，能够实现：较大面积（6～8 英寸）、高均匀性（≤±5%）的 MCNO 薄膜材料制备；较低电阻率（≤250Ωcm）的同时较高负温度电阻系数（≥3.8%）；MCNO 薄膜的低温生长工艺（≤450℃）。

5. 建立 4D 数字全息成像动/静态 MEMS 测试能力

创新中心研发团队完成了双光源反射式 MEMS 4D 数字全息成像显微镜测试系统搭建，建立起 MEMS/传感器动/静态特性测试能力，具备从静态到 25MHz 动态的亚纳米级离面（out-of-plane）分辨率、亚微米级面内（in-plane）分辨率，可以为高端声学传感器、惯性传感器、光学器件等性能检测、行为表征提供在线实时 4D 测量能力，成为 PZT 压电振动结构、高端智能传感器的设计、开发、评估的有力支撑条件，并在此基础上完成多个 MEMS 压电器件样品及加工工艺验证的测试和分析。

6. PZT 薄膜在线工艺监控

与半导体工艺设备类似，半导体测试设备的市场龙头绝大部分还是国外的企业，中国本土的制造商处于空白、落后或追赶的地位。在 PZT 压电薄膜性质的无损测试及在线工艺监控上，整体上缺少可以满足量产和产品开发要求的表征测试手段。为此，创新中心研发团队基于阻抗谱（impedance spectroscopy）的快速表征技术，建立了等效电路模型进行薄膜参数拟合，以满足压电薄膜智能传感器在量产过程中的高通量检测和工艺监控要求。

7. 重点开发 PZT 电声器件、加强产业链合作互动

面向智能语音热点，创新中心研发团队在研发出多种新型压电 MEMS 原型器件基础上，重点开发了基于 PZT 薄膜材料的压电麦克风，在灵敏度（-35dBV）、频响（特别是低频）、谐波失真（THD<0.5%）等关键指标上达到甚至优于国外竞争对手产品（Vesper），处于国内领先地位。创新中心取得的技术成果已吸引国内电声行业优势企业（如常州波速）的关注，计划分阶段、各环节开展深度合作，包括材料、设计、工艺、ASIC 开发、封测和应用集成等，积极向智能语音、智能手机、AI 应用渗透。

创新中心与中科院声学所东海站、浙江中科电声研发中心建立合作关系，在 PZT 压电 MEMS 阵列超声器件的设计、仿真、制作方面协同创新，建立系统性 MEMS 压电器件仿真模型和电声集总参数模型，完成多次压电

器件工艺流片，实现薄膜压电技术功能化，并为相关企业提供国内首个MEMS压电薄膜产品化技术服务。

目前，创新中心与国内外研发机构、产品公司在材料、设计、工艺与代工服务、ASIC开发、封测和应用集成等方面开展合作，在PZT压电MEMS声学传感器、超声器件的设计、仿真、制作方面协同创新，建立系统性MEMS压电器件仿真模型和电声集总参数模型，并积极向智能语音、智能手机、AI应用渗透。

（三）高端智能传感器制造平台建设

创新中心2020年通过建设高端智能传感器制造平台，形成特色工艺、突破关键共性制造工艺，强化提升制造精度、制造可靠度、制造可信度；基于晶圆级键合技术开展3D Stacking特色工艺、SOI基高端MEMS传感器特色工艺开发，形成高端智能传感器相关的设计、制造关键共性技术和创新能力。

1. 基于3D Stacking技术的多通道宽色域背照式图像传感器开发与能力建设

相比图像传感器的传统滤波片，PBG型（光子带隙，Photonic Band-Gap）滤波片在响应色域宽、色纯度高、环境友好等方面有更多优势。创新中心进行了PBG纳米结构的时域有限差分法（FTDT）分析、非晶硅纳米结构制造、CMOS晶圆兼容集成3D Stacking制造等相关关键共性技术开发和能力建设，在12英寸晶圆的130nm工艺节点及更先进的45nm节点上整合开发新型多通道宽色域背照式图像传感器，目前进展整体顺利。

创新中心已完成12英寸晶圆键合机台的采购流程，即将形成先进的3D Stacking集成制造的核心能力。

2. 基于SOI晶圆的高端MEMS器件开发与制造能力建设

面向流程工业、智能白电、HVAC等工业类应用，创新中心提出微量程（最低可达1kPa）高灵敏度压阻式差压传感器设计和工艺设计，充分利用高品质SOI晶圆的材料特性，保障了传感器的制造一致性和稳定性，应力集中结构设计提高传感器的灵敏度，片上集成SiPOS防漏电和防静电结构提高传感器的可靠性和稳定性，形成的独有关键共性制造工艺稳定可靠、良率高，适于规模生产，可向多种压阻型传感器推广应用。

面向光通信、激光扫描、数字显示等应用，创新中心提出无梳齿、渐变平板驱动的静电驱动扭转微镜结构设计和工艺设计，充分利用 SOI 晶圆、特种晶向晶圆的 MEMS 特性和独创的工艺路线，无梳齿结构具有高可靠性（抗冲击、抗颗粒、抗粘连），渐变平板可有效降低驱动电压，形成的独有关键共性制造工艺流程简单、稳定可靠、良率高，适于规模生产，适于向微镜阵列、大转角微镜等推广应用。

二、行业服务

（一）设备共享集聚产业资源

创新中心成立之初建立了设备共享机制，先后与 12 家科研院所、高校、国家重点实验室等机构达成设备共享合作，包括：传感技术联合国家重点实验室（中国科学院上海微系统与信息技术研究所）、传感器国家工程研究中心（沈工所）、国家传感器质量检测中心（中国电子科技集团公司第四十九研究所）、专用集成电路与系统国家重点实验室（复旦大学）、红外物理国家重点实验室（中国科学院上海技术物理研究所）、中国科学院声学研究所东海站、苏州纳米技术与纳米仿生研究所纳米加工平台、华东师范大学、厦门大学、电子薄膜与集成器件国家重点实验室（电子科技大学）、上海新微技术研发中心有限公司、中科院微电子所。

创新中心通过设备共享机制，现已具备包括 MEMS 加速度，MEMS 陀螺仪、压力和红外等传感器的测试标定能力，打造传感器及其应用的全方位服务平台。创新中心与华证科技结合双方优势资源，共建传感器与 IC 验证联合实验室，联合实验室致力提供全方位的验证与工程解决方案，可提供包含可靠度试验（RA）、静电防护能力检测（ESD/LU）、失效分析（FA）与线路修补（FIB）等检测服务；创新中心与万物工场共建智能终端测试联合实验室，具备智能手机、可穿戴设备、机器人等各类电子产品成品及 PCBA 相关的 RF 测试、基带测试和可靠性测试能力，包括静电、浪涌、绝缘阻抗、交流耐压等安规测试，高低温测试、温度冲击测试、盐雾、防水、插拔力等可靠性测试及耐磨、耐腐蚀、滚筒、跌落、UV 老化等各种测试环境；创新中心联合上海微技术工业研究院，共同打造工程技术服务平台，具有 X-ray、开封机、研磨机、晶相显微镜、反应离子刻蚀机、电子扫描显微镜和 EDX 等失效分析设备；创新中心与国家智能网联汽车创新中心正在筹备建设 ADAS 联合实验室，具备汽车智能传感器从模组、部件、系统到整车的研发测试能力，涵盖毫米波雷达、激光雷达、超声波雷达和图像传感器等主要ADAS传感器的相关能力。

（二）联合实验室创新模式集聚跨领域企业协同创新

创新中心于2018年成立联合实验室创新模式，通过将传感器基础技术进行模块化分解，形成智能化共性方案，并根据不同应用场景和功能进行分析、企业集聚及资源整合，为传感器器件和模组企业提供测试验证的开放环境，为系统应用企业提供多传感器融合算法和系统测试验证的平台。联合实验室依托创新中心对于传感技术的认知及理解，优选先进具有可持续发展的传感技术，联合传感器器件产品研发企业及终端系统应用企业，打通产业互联，形成良好的资源共享、互惠共赢的产业环境。

联合实验室建立了：1. 传感器数据库，为传感器设计企业和系统应用企业搭建一个资源汇总的平台，收录了各种类型的传感器的详细参数信息资料和规格书，提供实际检测验证报告和参考设计等，为后续解决方案、标准的制定提供技术支撑；2. 与国家智能网联汽车创新中心建立ADAS联合实验室，具备智能驾驶相关的传感芯片、模组、部件、系统及整车的研发测试能力；3. 与华证科技建立传感器与IC验证联合实验室，具备可靠性试验、失效分析与线路修补等检测服务；4. 与万物工场建立智能终端测试联合实验室，具备智能手机、可穿戴设备等终端产品的RF测试、基带测试和可靠性测试能力；5. 与中科院声学研究所东海研究站、浙江中科电声研发中心建立声学传感器联合实验室，具备声学传感器从设计、集成、先进制造及封装工艺的研发及应用能力。

（三）打造服务于全产业链的工程技术服务平台

2020年创新中心进一步完善工程技术服务平台的服务内容，建设完成用于专业测试的1000平方米无尘室，已构建MEMS传感器测试标定、汽车雷达芯片测试、可靠性测试、表面形貌分析、产品失效分析、器件工艺分析、掺杂性能分析、电路原理分析等多方面的功能。测试服务以面向消费级和汽车级芯片为主，已引进相关设备，包括：毫米波雷达芯片测试系统、激光雷达测试标定系统、胎压传感器测试标定系统、惯性传感器测试标定系统、气压传感器测试标定系统、磁传感器测试标定系统、湿度传感器测试标定系统、声学传感器测试标定系统、惯性传感器MEMS结构测试系统、图像传感器测试系统。创新中心协同联合实验室其他企业单位建设了芯片分析及可靠性测试能力，芯片分析能力包括：X-ray 无损缺陷检测、IR 红外观测、CT 断层扫描、产品去封装、样品制备、SEM 观测、EMMI 热点观测等；可靠性试验包括：ESD 试验、温湿度环境试验、盐雾试验、跌落试验、冲击振动试验、按键寿命试验、手机扭转试验、充电器插拔试验、电池充放电试验等。

2020 年创新中心建成智能传感器测试服务平台，服务客户超过 20 家，累计完成超过 4200 万颗传感器的检测，较 2019 年检测量增长 40%。同时，新增多项测试服务，包括气压传感器测试，具备每月 300 万颗传感器芯片的测试标定能力；新增磁传感器批量测试，可同时支持磁传感器的晶圆级测试及 WLCSP 磁传感器芯片切割后测试，具备每月 500 万颗磁传感器（或者等同晶圆）的测试及标定能力；并将惯性传感器的测试标定能力增加至每月 800 万颗，实现 LGA2×2 封装、LGA1.6×1.6 封装及 WLCSP 封装的惯性传感器量产能力；新增芯片视觉检测能力，芯片隐裂微缺陷检测可实现 μm 级别芯片缺陷的检测，具备每月 2000 万颗芯片检测能力。2020 年 11 月创新中心取得了 ISO9001 及 ISO14001 的资质认证，为传感器产业公共服务提供测试保障。

2021 年度累计至 4 月份，创新中心智能传感器测试服务平台已完成年度传感器测试标定 2500 万颗，是 2020 年度同期的 3 倍。创新中心将惯性传感器的测试标定能力增加至每月 1200 万颗，开发了测试设备自检外观缺陷能力，自动测试位清洁功能、在线产品性能检验能力，增强了产品测试的性能和质量。创新中心完成了 2 温气压传感器校准开发，实现校准后压力传感器压力精度<±10pa、温度精度<±1℃的指标，可对标行业内国际领先的产品性能，并实现了批量生产，已完成出货超过 100 万颗；完成了 3 温气压传感器的校准开发，实现校准后压力精度<±10pa，并优化测试效率接近 2 温气压传感器同等水平，可实现量产能力；完成了 WLCSP0.8×0.8 磁传感器的校准测试开发，完成了磁场环境的修正，测试区域校准环境磁场<40uT，磁场均匀性误差<1%；完成了工程 wafer 的校验，已具备量产测试的能力。胎压传感器、声学传感器、毫米波雷达芯片等产品均已进入产品测试开发阶段，预计 2021 年 6 月份可进入工程验证阶段，2021 年底可实现月度超 2000 万颗传感器芯片的测试校准能力。

（四）交流合作

为贯彻落实国家长三角一体化发展战略，面向物联网应用对于“感存算一体化”技术和产品的需求，发挥长三角在微电子产业领域的基础优势，创新中心联合中电海康集团、江苏无锡“中微高科的先进封装技术研发平台”、浙江杭州“新型存储研发开发平台”等国家级创新平台基础，在四地政府的支持下，发挥骨干企业在研发设备和专业技术方面的优势，按照“中试设备互补共享、技术产品互补集成、产业布局错位衔接、市场应用统一完整”的原则紧密协作，形成创新联合体，持续完善，打造长三角完整先进的超级中试平台。

2020 年 11 月 18 号，创新中心与中电海康、上海微技术工业研究院（上海新微技术研发中心有限公司）、无锡中微高科电子有限公司、江苏集萃智能集成电路设计技术研究所有限公司、浙江驰拓科技有限公司、中电博微电子科技有限公司、安徽芯纪元科技有限公司、合肥本源量子计算科技有限责任公司共 9 家企业成立长三角感存算一体化创新联合体（以下简称创新联合体）理事会，并在创新中心召开创新联合体第一届理事会。会上选举中电海康为理事长单位，选举创新中心为第一届轮值理事长单位。

创新联合体集成四地现有中试设备，目前整合中试设备合计 255 台(套)，价值约 49.8 亿，覆盖“感存算”主要技术平台，包括 8 寸、12 寸研发中试线工艺平台；CMOS 兼容后道工艺、MEMS 微加工及先进传感器工艺、新型存储器件工艺等，以及 FanIn、FanOut、TSV 等先进封装工艺。创新联合体将持续推进区域内中试设备加入、升级和添置，同时吸纳长三角其他城市和非长三角地区（全国甚至全球）设备加入。

第九章

国家集成电路创新中心

第一节　建设进展

一、组建情况

国家集成电路创新中心（以下简称创新中心）以股东单位为主体，以行业骨干企业、国内高校科研机构为合作参与单位，吸纳政府资金、产业基金、企业、高校、科研院所和社会资本增资扩股，完善股权结构和法人治理结构，保障创新中心的独立性、实体性和中立性；集中产业界优势力量，完善集成电路产业链上下游协同机制，提高创新中心的可持续发展能力。

（一）公司

参照工业和信息化部提出的符合国家制造业创新中心建设领域总体布局要求、面向制造业创新发展重大需求等 12 项条件，针对国家制造业创新中心建设领域总体布局“集成电路先进工艺”领域，由复旦大学牵头，与中芯国际集成电路制造有限公司（以下简称中芯国际）和上海华虹（集团）有限公司（以下简称华虹集团）共同组建上海集成电路制造创新中心有限公司（以下简称集成电路公司）。集成电路公司于 2018 年 1 月 16 日在中国（上海）自由贸易试验区注册成立，是按《中华人民共和国公司法》组建的市场化运行的实体公司，并报批成为上海市制造业创新中心。

2018 年 2 月 8 日，上海市经济和信息化委员会正式发文，把集成电路公司命名为上海市制造业创新中心。2018 年 6 月 4 日，国家工业和信息化部对集成电路公司组建国家集成电路创新中心做出同意意见的批复。2018 年 7 月

3 日，国家集成电路创新中心在上海正式揭牌。

（二）创新联盟

创新中心依托集成电路产业技术创新战略联盟（以下简称创新联盟）和中国高端芯片联盟。2017 年 3 月 22 日，创新联盟由 62 家龙头企业和机构发起成立。集成电路公司的发起单位中芯国际和华虹集团是创新联盟副理事长单位，浙江大学电气学院和信息学院院长严晓浪教授担任创新联盟副理事长。创新联盟成员单位涵盖集成电路制造、集成电路设计、信息系统集成、电子产品整机制造等全产业链。

创新联盟已在创新中心设立办公室，创新联盟专家咨询委员会主任马俊如先生同时担任创新中心专家技术委员会主任，创新联盟理事长曹健林博士担任创新中心专家技术委员会副主任。

二、创新资源

创新中心在成立之初由复旦大学、中芯国际和华虹集团 3 家单位共同发起，组建新的合资公司作为创新中心的实体，后续将根据产业状况和技术研发进展，适时扩展新成员，增资扩股。复旦大学拥有微电子学院和专用集成电路与系统国家重点实验室，先后承担国家科技重大专项课题 20 余项，在微纳器件和工艺制造方面进行了重点建设，打造了我国高校中顶尖的微纳电子科学和集成电路科技创新平台。中芯国际是国内技术先进的集成电路晶圆代工企业，也是世界领先的集成电路晶圆代工企业之一。华虹集团是国家“909”工程的成果与载体，是以集成电路制造业务为核心的多业务平台共同发展的集成电路产业集团。

通过创新联盟，创新中心开展与集成电路产业界的广泛合作，聚集高端国际人才团队，形成大量原创技术。创新中心发挥创新联盟单位各自优势，整合相关资源，探索机制和模式创新；同时借鉴国内外类似研发机构管理模式，充分发挥具有我国特色的“政产学研用金”协同决策的科学性，控制风险。

创新中心目前涵盖了 3 个国家级创新平台，包括国家发展和改革委员会认定的上海集成电路研发中心；集成电路领域唯一的国家重点实验室专用集成电路与系统国家重点实验室；由上海市、浙江省和江苏省共同发起成立，复旦大学牵头的长三角集成电路设计与制造协同创新中心。

创新中心是一个以技术研发为核心业务的企业，技术人员是企业的生命力。专用集成电路与系统国家重点实验室 28 人的团队已整体被聘到创新中心。上海集成电路研发中心有 70 名资深技术人员加入创新中心的研发工作。未来 3 年，创新中心拟组建一支拥有 180 人的队伍，技术研发人员占比不低于 80%，管理类人员占比不高于 20%。

第二节　运行成果

一、二维半导体准非易失性存储器研制成功

创新中心实现了具有颠覆性的二维半导体准非易失性存储器，开创了第三类存储技术，写入速度比目前U盘快 1 万倍，数据存储时间也可自行决定，解决了国际半导体电荷存储技术中“写入速度”与“非易失性”难以兼得的难题。相关成果已发表于《自然·纳米技术》杂志。目前，半导体电荷存储技术主要有两类，第一类是易失性存储，例如，计算机中的内存，掉电后数据会立即消失；第二类是非易失性存储，例如，人们常用的 U 盘，在写入数据后无须额外能量可保存 10 年。易失性存储可在几纳秒左右写入数据，非易失性存储需要几微秒到几十微秒才能把数据保存下来。

二维半导体准非易失性存储器既满足了 10 纳秒写入数据速度，又实现了按需定制（10 秒～10 年）的可调控数据准非易失特性。这种全新特性不仅在高速内存中可以极大地降低存储功耗，同时能实现数据在有效期截止后自然消失，在特殊应用场景解决了保密性和传输的矛盾。二维半导体准非易失性存储器创造性地选用多重二维材料堆叠构成了半浮栅结构晶体管：二硫化钼、二硒化钨、二硫化铪分别用于开关电荷输运和储存，氮化硼作为隧穿层，制成阶梯能谷结构的范德瓦尔斯异质结。二维半导体准非易失性存储器可在大尺度合成技术基础上实现高密度集成，将在极低功耗高速存储、数据有效期自由度利用等多领域发挥重要作用。

二、二维原子晶体场效应晶体管取得重大突破

创新中心实现了具有晶圆级均匀性的二维原子晶体场效应晶体管制造技术。随着半导体领域飞速发展，微纳电子器件的特征尺寸逐渐逼近传统半导体材料的物理极限。作为一种新型的二维材料，过渡金属硫系化合物的出现受到了业界的广泛关注。过渡金属硫系化合物具有类石墨烯的二维层状结

构，具备能带间隙可调等独特的半导体特性，在电子学、化学、力学等领域都展现出优异的物理特性，有望打破器件尺寸的极限，在下一代微纳电子领域取得重大突破。而晶圆级二维原子晶体薄膜的制备技术和稳定的掺杂工艺是大规模集成电路实现的必要前提，业界均未提出有效解决路径。

创新中心已突破制备二维原子晶体工艺，获得了大面积连续二维过渡金属硫系化合物原子晶体材料。同时，由于二维过渡金属硫系化合物材料本征的半导体特性，业界都只实现 n 型二维原子晶体场效应晶体管的制备，但难以突破 p 型二维原子晶体场效应晶体管的制备。而稳定 p 型二维原子晶体场效应晶体管的缺少必将极大地限制其在 CMOS 集成电路领域的应用。创新中心创造性地提出利用原子层淀积与硫化技术相结合的制备工艺，数字化控制二维原子晶体薄膜的生长厚度，原位引入氮原子进行替位掺杂，实现了高质量、层数可控、大面积均匀且稳定 p 型掺杂的二维原子晶体 WS2 薄膜制备，实现了 WS2 薄膜材料的晶圆级制备和对材料稳定的 p 型掺杂，为其他二维原子晶体材料的大面积合成及稳定掺杂技术提供了创新性思路，将二维原子晶体场效应晶体管在未来大规模集成电路领域的应用起到了推进作用。

三、3～5 纳米线阵列晶体管静态随机存取存储器（SRAM）工艺研究取得突破

创新中心获得堆叠环栅纳米线金属一氧化物半导体场效应晶体管（MOSFET）工艺初步方案，开展了堆叠纳米线 Bosch 刻蚀工艺的可行性认证，实现了 4 层纳米线结构；完成了堆叠纳米线 Bosch 刻蚀工艺优化 LAYOUT 设计，包括基于实际器件尺寸的纳米线结构和扫描电子显微镜（SEM）测试用结构版图；完成了 TCAD 服务器搭建及环栅器件初步仿真设置。创新中心实现了具有 3～5 纳米线阵列晶体管 SRAM 工艺流程的建立。

随着晶体管技术的发展，器件结构从平面型晶体管，发展到鳍形栅场效应晶体管（FinFET）。但当工艺从 7nm 逐渐进入 5nm 节点时，鳍形栅场效应晶体管的结构也不能给沟道提供足够的栅控，而环栅晶体管正好能够弥补鳍形栅结构的不足，有望打破器件尺寸的极限，对下一代晶体管发展作出重大突破。环栅晶体管可以根据几何结构分为横向环栅晶体管（LGAA-FET）和垂直环栅晶体管（VGAA-FET）。而目前对于 3～5 纳米线阵列晶体管制备的必要前提是在于如何有效地在当前成熟的 FinFET 工艺上大规模生长有序的纳米线器件。

创新中心成功解决了如何高效利用 FinFET 工艺制备出生长有序的纳米线陈列，同时在 FinFET 工艺的基础上，增加硅和锗硅外延叠层，以及在金属栅工艺中加入硅与锗硅选择性刻蚀，实现 LGAA-FET 工艺，主要工艺步骤为衬底外延、浅槽隔离、多晶硅栅淀积、源漏外延和金属栅淀积。通过工艺过程仿真可以了解在工艺过程中存在的风险，并为优化工艺流程提供了宝贵的参考，再通过与实际工艺的不断迭代，将工艺参数以最有效率的方式优化，最终为下一代晶体管的发展铺平道路。

四、完成半浮栅高速缓存专用工艺与基础逻辑工艺整合

创新中心联合行业优势单位如复旦大学、上海华力微电子有限公司、上海华岭集成电路技术股份有限公司、北京华大九天软件有限公司等联合攻关。根据上海市经济和信息化委员会布局的面向 5G 应用的高速缓存设计、仿真、验证“一条龙”项目的实施方案，创新中心完成了半浮栅高速缓存专用工艺与基础逻辑工艺的整合，完成了高速缓存器件结构的设计。核心缓存器件将采用 U 型的沟道设计，有利于光刻和避免短沟道效应，适用于 20～40nm 工艺节点下半浮栅晶体管（SFGT）的制造。半浮栅高速缓存专用工艺与基础逻辑工艺项目未来将通过两个方向推进实施，其一是器件开发，从器件设计、工艺集成到流片测试，最终完成器件测试与建模；其二是存储器芯片设计开发，与器件开发同时进行，先开发一个小容量的存储器电路，并进行测试，验证存储器外围读写电路的正确性。

目前，传统的高速缓冲存储器面临巨大的问题，其占用的芯片面积几乎占据了芯片所有面积的一半，代价十分高昂。半浮栅高速缓存提供了一种非常好的解决方案，为高速缓冲存储器的国产化带来了机会。基于半浮栅晶体管的高速缓存单元具有读取速度快、存储窗口大等优点，多项性能指标超越了国外水平。半浮栅高速缓存专用工艺与基础逻辑工艺项目起到的技术带动和引用作用主要体现在具有完整自主知识产权的高速缓存技术的突破。

五、高性能非晶氧化物半导体 InGaZnO 薄膜晶体管和超级电容研究取得突破

创新中心联合复旦大学，采用特殊的氧化铝介质制备工艺，在 30℃条件下制备出高性能非晶氧化物半导体 InGaZnO 薄膜晶体管（以下简称薄膜晶体管）。薄膜晶体管在−10V 的偏压应力下保持 40 分钟，阈值电压波动仅为

0.11V，亚阈值斜率变化仅为22mV/dec。此外，薄膜晶体管还具有对不同波长的可见光的探测功能。总之，薄膜晶体管因具有极低的热预算，所以在柔性电子领域具有非常好的应用前景。

超级电容因具有高功率密度、长循环寿命、可与集成电路相兼容等优点，而备受关注。创新中心联合复旦大学，开展了片上超级电容研究，在低电阻率的硅片上，利用Pt辅助的化学刻蚀工艺，制备了高深宽比的亚微孔结构；采用原子层沉积工艺，在硅基亚微孔结构表面覆盖一层纳米超薄In_2O_3薄膜，作为超级电容的电极材料；获得了 $1.36mF/cm^2$ 的电容密度（扫描速率为10mV/s），2000次循环测试后电容增加了47.8%，随着功率密度从$0.03mW/cm^2$增加到$0.12mW/cm^2$，超级电容能量密度从$0.59\mu Wh/cm^2$降低到$0.21\mu Wh/cm^2$。

第十章

国家数字化设计与制造创新中心

第一节　建设进展

一、建设情况

（一）公司

1. 股东构成

国家数字化设计与制造创新中心（以下简称创新中心）以武汉数字化设计与制造创新中心有限公司（以下简称公司）为运行主体，公司由 15 家行业内具有代表性的龙头骨干企业共同出资成立，注册资本 1.4 亿元，全部以货币形式出资且资金已全部到位。

2. 组织架构

创新中心通过总结运行经验，及时优化组织架构，调整各部门职能，确定了更贴近市场化运营的组织架构。

3. 核心队伍

（1）管理团队

公司已建立完善企业法人治理结构，丁汉院士担任董事长，丁荣军院士担任副董事长，彭芳瑜担任总经理，李小力、刘彬、王建庄、朱钦淼担任副总经理，王伟担任财务总监。

（2）科研团队

创新中心围绕“产学研协同创新”指导思路，充分整合高校、科研院所和企业的人才资源，形成了一支由院士专家领衔、中青年骨干教师和行业专家为核心的高水平科研团队。由李培根院士、柳百成院士、丁汉院士、谭建荣院士、李德群院士等担任首席科学家，创新中心拥有正高级职称人员 22 名，副高级职称 6 名。创新中心已设立核心研究所 8 个，并有研发团队 12 个；专兼职人员达 189 人，博士学历（含博士在读）45 人，硕士学历（含硕士在读）72 人，研究生学历人员占比 61.9%；全体人员中，从事与技术研发相关的人员达 169 人，占比 89.4%。

在核心研发团队建设上，创新中心结合各研发团队综合情况，根据先成熟先设所的原则，设立了 8 个核心技术研究所：机器人技术研究所、激光制造研究所、柔性电子制造研究所、智能加工技术研究所、精密制造研究所、工业大数据研究所、先进复合材料研究所、工业软件研究所。

（二）联盟

2020 年，联盟继续肩负着制造领域发展趋势预测，提出解决制约制造业发展和竞争力提升的有关数字化设计与制造领域关键共性技术问题，填补基础研究与产业之间的鸿沟三大任务，积极发挥其号召及协助作用，号召联盟单位积极参与创新中心举办的各项会议、论坛等活动；同时，面向联盟单位，协助创新中心开展研发立项需求征集工作，以及对创新中心的阶段性工作进展宣传工作，在加强与会员单位的沟通与交流方面发挥重要作用。截至 2021 年 5 月 31 日，会员单位已发展至 80 家。

（三）专家团队

联盟设有专家委员会，柳百成院士任主任委员。

二、机制创新

（一）协同创新，打造全过程创新链

创新中心利用平台优势，汇聚资源，打造从基础研究、技术研发到成果转化及产业化的全过程创新链和协同创新网络。

一方面，以重点企业数字化设计与制造的需求为牵引，结合高校、科研院所已有的技术成果，汇聚高校、产业和投资机构专家进行信息整合、凝练，最后由创新中心组织专家进行评审，切实做到因需立项。

另一方面，创新中心项目的产业化研发，由高校、科研院所、企业及公司产业化专职队伍等多方人员组成的团队实施，研发的阶段性成果在高校/

科研院所的实验室进行测试，在企业的中试场景进行中试，并与企业合作开展产业化工作。

2021 年，创新中心在完善全过程创新链、打造协同创新网络方面已经探索出一条示范路径——柔性电子制造研究所研发的新型显示喷印技术及装备。团队历时 15 年，在华中科技大学完成了由原理创新到装备创新的基础技术研发，在创新中心开展了工程化样机研制，提升了技术成熟度，并完成成果转化及产业化探索。创新中心通过协同创新与国家印刷及柔性显示创新中心达成战略合作，双方团队紧密合作，基于新型显示制造的具体工艺环境进行装备的研制，装备样机在国家印刷及柔性显示创新中心进行中试测试，测试效果良好。2021 年，创新中心联合 TCL 等企业投资设立武汉国创科光电装备有限公司，对新型显示喷印技术及装备开展产业化工作。

目前，创新中心正联合高校、股东、战略合作单位、联盟核心单位以各种方式开展协同创新。这是创新中心的机制体制优势和工作特色，但在工作开展过程中不可避免地产生了一些关联交易。创新中心在每一笔交易过程中都严格履行审批程序，确保创新中心利益，不存在相关组织或个人利用关联交易牟取利益而损害创新中心利益的情形。

（二）创新激励，营造良好科研氛围

创新中心为激发团队创业孵化的热情，制定并发布了《科技成果转化与激励办法》，明确规定：对于技术成果转化后归属于创新中心的收益，90%奖励给技术团队。

2020 年，创新中心针对柔性电子制造研究所“喷印薄膜基板的转移装置、电子印刷系统及电子印刷方法”等 6 件专利及相应的 4 项专有技术，共 10 项技术资产开展了成果转化工作，拟作价 1000 万元进行转让，该项工作正在推进中。创新中心将依照制度规定，在完成转化后，将收益的 90%奖励给技术团队。

此外，对于年度有重大贡献的研究所，如承接国家重大任务、开展成果转化、荣获国家级人才称号等，创新中心制定了专项奖励制度，多方面进行激励，营造积极向上的工作氛围。

三、平台建设

（一）创新中心总部基地

创新中心总部基地（一期）建设项目位于武汉市东湖新技术开发区未来科技城未来一路与里沟南路交汇处，占地面积 74 亩，建筑面积 38685.92 平方米，分为多层研发楼及单层厂房。

总部基地现已投入使用。

（二）测试与中试中心

创新中心建设有 2000 平方米的测试与中试中心（单层超高厂房），并有 600 平方米的万级净化间和 250 平方米精密加工实验室正在建设中。

（三）平台建设进展

创新中心根据建设任务，将数字化加工、数字化成形、数字化设计三大能力平台细分为 10 个子平台推进建设，已建成一批国际、国内一流的数字化设计与制造创新能力平台。

1. 数字化加工平台

子平台一：大型复杂构件机器人化加工平台

平台已采购六轴工业机器人、大型风洞构件机器人铣削和打磨系统等设备，已形成国际一流的机器人化加工工艺与装备测试验证能力。

该平台，一方面支撑了国家重大项目，如：国家基金重大研究计划集成项目——大型复杂构件多机自律加工机器人的基础研究，国家基金重点项目——大型复杂构件多机器人移动加工的自律跟踪与协同控制，国家重点研发计划——大型复杂构件多机器人装备智能协同加工理论与方法、大型风电叶片机器人智能磨抛技术与系统，国家工业互联网创新发展工程——基于信息物理系统（CPS）的 CAM 系统、工业互联网平台工程实训基地；另一方面，为企业提供机器人检测、机器人加工、机器人化制造等服务，正服务于 29 基地大型跨声速风洞等重大工程的建设，31 所预冷空天动力发动机、331 中型航空发动机等重点型号的研制与量产，长江电力大型水轮机叶片、中船集团等螺旋桨关重件高品质加工。

子平台二：复杂曲面关键零件多轴数控加工平台

平台已采购五轴联动加工中心、五轴龙门加工中心、振动光饰机等设备，形成了国内一流的两机整体叶盘和叶片多轴数控加工验证及检测能力，对标德国 Fraunhofer、英国 AMRC。

企业服务方面，该平台正服务于中航工业国产长江系列民用航空发动机、东方汽轮机、国内最长全转速汽轮机等重点型号的量产工艺验证。同时，借助该平台，实现了两机关键零件加工中涡轮盘榫槽以铣代拉技术、叶片前尾缘自适应加工技术、大尺寸环形薄壁件加工技术，生产了用于 608 所的 3 种型号燃气涡轮盘，用于商发某型发动机的 65 件风扇叶片，用于 606 所某型签后挡板、弹性环等 4 种型号的环形薄壁件。

子平台三：工艺验证和复杂零件测试分析平台

平台已采购超精密矿物加工机床、真空镀膜机、轮廓测量仪、多光路中心偏差测量仪、船舶变形监测系统、高精度三坐标测量机等设备，具备国际一流的巨型总段位置测量及对接工艺测试验证能力，国际一流的尺寸质量检测、智能制造应用开发和测试验证能力，高端红外光学元件/系统制造能力、航天光学元件超精密制造装备研制与测试验证能力。

该平台，一方面支撑了国家重大项目，如：国家高质量发展重大专项——航天光学元件微激光辅助加工系统，国家重点研发计划——复杂产品加工全要素的数字孪生建模与仿真软件，国防基础科研项目——某大部段智能对接系统研究，国家重大工程大船的建造——大船分段、总段、岛等的工程对接；另一方面，对上海航天、航天五院、高德红外、湖北久之洋红、华中数控、长江光电等企业提供锗镜片、单晶硅镜片、硫系玻璃等的精密加工服务，对航天八院航天制造设备总厂的导弹箱体加工、装配的精度监测，中国商用飞机有限责任公司、中国航发商发制造等航空航天制造企业精密复杂零部件的高效加工工艺开发及数字化智能化应用开发提供服务。

2. 数字化成形平台

子平台一：激光加工工艺验证与装备中试平台

平台已采购齿轮检查仪、飞秒脉冲激光器、532mm 纳米绿光激光器、激光焊接熔池检测系统、QCW 激光精密加工平台等设备，具备水下激光焊接、复合材料切割、脆硬玻璃连接等先进激光加工能力与成套装备中试测试能力。

该平台，一方面支撑了国家重大项目，如：国家高质量发展专项——航空航天复合材料飞秒激光切割装备；另一方面，相关技术对神龙汽车、东风本田等企业提供服务，达到缺陷检测精度为≤0.1mm、检测速度为≤200mm/s，应用效果良好。

子平台二：先进成形建模仿真与工艺验证平台

平台已采购双束显微镜、建模仿真设备等设备，具备成形制造模拟仿真软件验证与参数测量能力，结构、流体、电磁和热四大物理场单场分析、多物理场耦合仿真分析、全参数化建模等能力。

该平台一方面支撑了国家重大任务，如：工业互联网开发工具及环境建设项目——基于工业互联网平台的建模仿真引擎，国家自然科学基金委项目——采用 3D 打印多层中空壳型水冷实现定向凝固的新工艺研究，工信部高质量发展专项——基于工业互联网平台的通用非线性动力分析系统建设及推广应用等；另一方面，可为相关企业提供金属及其他材料的微观组织观察和三维组织重构、微纳结构制备、高质量定点 TEM 样品制备、化学和晶体结构三维形态分析、对离子束加工试样进行实时观测等服务。

子平台三：高精高效喷印装备中试平台

平台已采购高分辨率显示喷墨印刷装备，形成了国际首创电流体喷印能力，突破了制约我国新型显示产业可持续发展的“卡脖子”技术。

该平台，一方面支撑了国家重大项目，如：工信部揭榜项目——基于 AI 的新型显示器件缺陷检测系统研发应用，物联网关键技术与平台创新项目——新型显示器件 MURA 缺陷视觉检测技术；另一方面，该平台的新型显示喷印装备样机正在国家印刷及柔性显示创新中心进行中试测试，RGB/TFF 产线正在武汉华星光电进行 OLED 器件的试生产。

3. 数字化设计平台

子平台一：重大装备数字正向设计平台

平台已采购 3D 打印机、增强显示系统、云平台、云桌面、大数据平台、HPC 平台等设备，具备复杂装备的快速、精准设计能力，面向制造业的在线协同研发能力、面向科研的高性能计算/仿真/实训能力。

该平台，一方面支撑了国家重大任务，如：湖北省重点研发计划——面向全流程多工序动态协同运行优化技术研究与应用，教育部产学合作协同育人项目。另一方面，创新中心服务力源达开展 EDP 快速开发平台开发工作，提升制造业企业在产业链生态的协同效应；服务华中科技大学高性能计算/仿真/实训平台，满足高校科研工作对高性能科学计算与系统仿真的迫切需求；服务铁建重工实现地下工程装备几何、物理、行为与工况耦合的数字孪生性能仿真分析。

子平台二：多学科系统智能设计与协同研发平台

平台已采购三维工艺管理系统、数字化车间工艺全流程仿真与智能管控系统等软硬件设备，在三维工艺设计、全流程仿真和数字化管控方面形成能力。上述能力在支撑工信部 2020 高质量发展专项“基于信息物理系统（CPS）的计算机辅助制造系统（CAM）开发与应用推广”实施的同时，支撑国创中心主导的三江航天红阳公司、江北公司、中船大连推进器等单位数字化智能化转型升级规划项目的实施。

第二节　运行成果

一、技术创新

2020 年，创新中心牵头、组织和参与国家级重大项目 7 项，其中牵头承担 4 项。

（一）航天光学元件微激光辅助加工系统（牵头）

面向空间红外成像、红外探测及红外制导等航天光学系统对大口径/复杂面形单晶硅、碳化硅等硬脆光学元件的迫切需求，开展微激光辅助超精密切削加工系统的优化、性能提升与应用推广，形成性能稳定的成套装备系统与加工工艺解决方案。

（二）基于工业互联网平台的通用非线性动力分析系统（牵头）

基于工业互联网平台和非线性动力分析现有基础，打造功能完备、自主可控的通用非线性动力分析求解系统，开发完善图形交互式仿真 App 开发环境，开发完善平台标准化程序接口，升级云仿真 PaaS 平台。

（三）三维 CAD 软件技术规范与评测（牵头）

研究三维 CAD 评测技术体系、测试标准和评测规范，通过对标国外软件的测试建立参照基准，实现对国产三维 CAD 全面、准确、客观的评测，规范和促进国产三维 CAD 的发展，促进国产软件的推广应用。

（四）复杂产品加工全要素的数字孪生建模与仿真软件（牵头）

针对航空发动机高温合金机匣、大弯扭静子叶片、大型核电叶片等复杂薄壁零件材料难加工、结构刚性差与曲率急变导致的加工精度难以控制问题，攻克复杂加工系统多层次建模、数字孪生模型进化与精度保持、加工产线状态感知与数据融合、动态数据—物理模型时空映射与加工质量预测四项关键技术，形成复杂产品加工全要素的数字孪生系统与工艺优化仿真软件。

（五）航空航天纤维增强树脂基复合材料飞秒激光切割装备（参与）

开发航空航天纤维增强树脂基复合材料飞秒激光切割装备。

（六）基于信息物理系统（CPS）的 CAM 系统（参与）

开发基于信息物理系统（CPS）的多轴数控加工、机器人加工、激光加工 CAM 系统，实现加工指令生成、加工仿真、指令通信、工况采集及加工指令修正的闭环控制。

（七）工业互联网平台工程实训基地（参与）

围绕工业互联网平台工程实训基地建设，建成支持线下实践演练、线上分享交流的工业互联网平台工程应用实验环境，构建面向特定应用场景的工业互联网平台仿真体验环境。

2020 年 9 月 12 日下午，虚拟仿真体验中心迎来北京中关村第一小学 14 名学生及其家长，开展数字化设计与制造科普讲堂，获得家长和学生的一致好评；2020 年 9 月 17 日至 20 日，虚拟仿真体验中心参加第二十三届中国北京国际科技产业博览会，与参会的领导、专家、企业家、数字化爱好者互动交流。

二、中试和工程化

（一）系列柔性电子制造装备

创新中心柔性电子制造研究所研制的新型显示喷印制造装备，运动误差、定位精度等关键指标超过行业领先企业美国 Kateeva 公司设备，该装备正式进入应用创新阶段，在国家印刷及柔性显示创新中心进行中试测试，并已启动科技成果转化工作，拟转让价 1000 万元；研制的光刻胶薄膜电流体喷雾装备，已应用于华为、航空济南研究所、泰晶、迈为等企业，效果优于现有美国、德国超声喷雾技术，打破了光刻胶制膜装备等严重依赖进口的局面；研制的 AOI 光学检测设备，通过独有算法和硬件，应用于 TCL、华星光电、京东方、昆山龙腾等企业，解决了低对比度、无规则、边界模糊的 MURA 缺陷成像与检测等行业难题。

（二）系列机器人智能加工系统及装备

创新中心机器人技术研究所研发的机器人测量—加工—装配一体化系统及装备，针对 ARJ21、C919 机翼与机体装配需求，实现了机翼和机身装配用异形非均匀厚度铝合金垫片机器人打磨，在上海飞机制造有限公司应用效果良好；研发的大型复杂构件机器人集群制造系统及装备，集测量（点云获取、拼接、建模）、规划（模型识别、分片、轨迹生成）、加工（控制、执行）功能于一体，融合轨道式、轮式、爬壁吸附式等多种移动方式，在中车集团高铁白车身车体光整、新能源客车车体磨抛、大型风电叶片磨抛及上海飞机制造厂飞机装配等典型大型复杂构件制造过程中成功应用；研制的航发叶片机器人自适应打磨系统及装备，可实现力控精度和分辨率达±0.1N，打磨后航发 3 级叶片轮廓精度± 0.03mm，应用于中国航发黎阳动力有限公司，并取得初步成效。

创新中心智能技术加工研究所研制的国内首台（套）舱段机器人测量—建模—加工全流程装备，内腔型面加工精度、壁厚一致性偏差等核心技术指标方面处于国际先进水平，应用于航天 800 所复杂舱段加工、航天 31 所复杂机匣加工，提升企业加工效率 40%以上、产品一次合格率 15%以上；研制的国内首台（套）大型水轮机机器人在位修复加工系统，11m 直径大型水轮机机器人在位测量精度 0.1～0.3mm、加工精度约 0.5mm，将应用于长江电力葛洲坝水轮机修复工作。

（三）系列激光制造系统与装备

创新中心激光制造研究所研发的焊接过程状态智能分析原型系统，部分关键技术指标达到国际先进水平，与加拿大 Serovrobot 相当，在神龙汽车、东风本田等企业应用效果良好；研制的自主知识产权的激光清洗装备，已在航天 800 所、31 所、成飞、南京中车、上汽通用等数十家单位应用，建立氧化膜激光清洗多相流模型，实现了表面形貌及组分调控；研制的纤维增强树脂基复合材料激光切割装备，将在航空625所、航天529厂等单位应用，可实现多层环槽切割工艺；与企业合作研制的玻璃切割超快激光切割装备，形成了飞秒超快激光装备整机自动化智能化开发能力，在南玻、福莱特、彩虹等企业应用，实现3～5片/分钟、幅面达1000毫米×2200毫米，合格率≥99.3%。

（四）系列光学元件超精密加工系统与装备

创新中心精密制造研究所研发的微激光辅助超精密加工系统，突破单晶硅最大加工口径并提升至80mm以上，面形精度优于0.2μm，表面粗糙度降低到2nm以下，处于国内领先水平，将在上海航天、高德红外、湖北久之洋等单位进行应用，大幅提高单晶硅加工效率；研制的磁流变抛光原理样机，正在上海航天等单位进行应用验证，主要用于石英玻璃光学元件超精密抛光，可提升系统探测的灵敏度。

（五）复杂零件高效高精多轴数控加工技术与软件

创新中心两机团队基于过往工艺积累，研发了专用数控加工编程软件TurboWorks（V1），具备CAD、单叶片加工、实体材料仿真及后置处理等模块，突破了多项两机关键零件加工工艺，部分指标优于美国NREC。

该软件已应用于国内主流航空发动机与燃气轮机等关键零部件叶片、整体叶轮、叶盘的高性能制造，如粉末高温合金大尺寸环形薄壁件的加工（加工对象直径600mm，最薄处厚度3mm），通过客户验收。

（六）叶缘形状缺陷检测软件

创新中心两机团队攻克叶缘形状缺陷定量化判断方法，研发了叶缘形状缺陷检测软件Dayumetric，填补了行业标准HB 5647-1998中叶片前后缘的工艺形状缺陷（削边、尖边、缩颈和平头等）定量化的评价方法缺失的空白。

该软件已应用于沈阳黎明叶盘检测，解决了叶缘检测时无定量化标注、人工检测结果差异性的问题，实现了叶缘形状缺陷检测由人工经验主观判断到软件定量化评价。

（七）锂电池电解液浸润可视化技术系统及装备

提出锂电池超声检测方法，研发了电池无损智能诊断系统及装备（UBSC-LD系列），已应用于特斯拉内部研发，并有合作研究成果在国际权威期刊 Nature Energy 和 Joule 上成功发表；根据华为需求，定制了在线快速超声扫描系统及装备（UBSC-S 系列）。

该技术达到国际领先，产品属于国内首创，可测电池厚度 700mm，扫描速度 20s/帧，温度模拟-20～80℃，可识别 2mm×2mm 范围内、电解液相对含量 10%以内的区别，微量气体体积测试精度达到 10μL/cm^2，空间分辨精度达到 0.2mm，提升了锂电池设计制造领域的高精尖电池检测技术能力。

三、成果转化和企业孵化

（一）成果转化

2021 年，创新中心柔性电子制造研究所研发的新型显示喷印技术及装备实现成果转化突破性进展。研发团队历时 15 年，在华中科技大学完成了由原理创新到装备创新的基础技术研发，在创新中心开展了工程化样机研制，提升了技术成熟度，并完成成果转化及产业化探索。创新中心与国家印刷及柔性显示创新中心达成战略合作，双方团队紧密合作，基于新型显示制造的具体工艺环境进行装备的研制，装备样机在国家印刷及柔性显示创新中心进行中试测试，测试效果良好。2021 年，创新中心联合 TCL 等企业投资设立武汉国创科光电装备有限公司，对新型显示喷印技术及装备开展产业化工作。

（二）企业孵化

2020 年，创新中心共投资设立公司 3 家，2 月 28 日投资设立北京数字工软科技有限公司，该公司负责运行北京中心；11 月 27 日，投资设立浙江西图盟数字科技有限公司，该公司负责运行华东中心；12 月 25 日，投资设立武汉国创科光电装备有限公司，该公司负责新型显示喷印技术装备成果转化后的装备销售。

四、行业服务

（一）验证测试

2020 年，创新中心通过创新中心能力平台等为中航发南方、31 所、铁建重工、长江电力、南高精、高德等企业提供服务 19 次，涉及特殊叶型机及叶片测量、水轮机打磨、发动机缸体打磨、叶轮磨抛、机器人磨抛、光学镜头、过程监测等方面的验证测试及加工服务。

（二）标准制定

创新中心充分发挥人才智力优势，牵头制定了《武汉市制造业创新体系突破十四五规划》，参与制定《湖北省新一轮技术改造行动方案》，并正在牵头制定《湖北省装备制造十四五规划》。

（三）人才培养

创新中心围绕“产学研协同创新”指导思路，积极建设高水平人才团队，通过整合高校、科研院所和企业的人才资源，以高端人才为牵引，以研发项目为依托，开展社会招聘，逐步形成了实力强劲、层次多样、搭配合理的专兼职人才队伍。2020 年，创新中心引进博士后出站人才 3 名，其中 2 名已通过地方“3551 光谷人才计划”答辩，成功入选第十三批“3551 光谷人才计划”。截至目前，创新中心专兼职人员达 190 人，博士学历（含博士在读）45 人，硕士学历（含硕士在读）72 人，研究生学历人员占比 61.9%。

在人才培养上，创新中心积极营造良好的人才培养环境。2020 年，创新中心获批设立博士后科研工作站、武汉市大学生实习实训基地，并先后迎来武汉科技大学机械学院 500 余名学生、华中科技大学 100 余名学生的参观实习。创新中心将充分发挥平台优势，做好产业与教育之间的优势互补，为数字制造、智能制造产业提供高素质人才支撑。

五、合作网络

（一）加强国家级制造业创新中心的互动、联合

创新中心积极开展国家制造业创新中心之间的互动与联合，与国家印刷及柔性显示创新中心就新型显示印刷技术与装备建立了紧密的合作关系；与国家先进轨道交通装备创新中心有着深厚的传统友谊，正在积极推进拓展合作空间、更多合作项目落地；与同为地处武汉的国家信息光电子创新中心始终保持着紧密沟通和友好关系，不仅寻找技术合作的落脚点，同时在企业的经营管理、体制机制创新等方面进行深入的沟通和探讨。

（二）加强各类产业联盟的互动、联合

2020 年，创新中心先后加入湖北省高端装备制造产业创新联盟，当选联

盟副主席单位；加入武汉市工业互联网产业联盟，当选联盟理事会成员单位，并有专职高级工程师入选联盟专家委员会成员；加入湖北省人工智能产业创新联盟、武汉人工智能产业联盟，当选联盟理事单位；加入核电运维技术暨备件自主化创新产业联盟，当选联盟成员单位。创新中心通过以上多种方式的交叉互动，构筑综合性的网络平台，进一步汇聚、整合资源，充分发挥作为国家制造业创新平台的资源优势。

第十一章

国家轻量化材料成形技术及装备创新中心

第一节　建设进展

一、建设情况

（一）公司

1. 股东构成

国家轻量化材料成形技术及装备创新中心（以下简称创新中心）依托建设单位为北京机科国创轻量化科学研究院有限公司（以下简称轻量化院），2018 年 5 月完成增资扩股，由轻量化材料成形产业链（包括材料、工艺、装备、零部件、用户等）上各个环节的龙头企业通过资本入股组建，具有行业代表性。轻量化院以企业法人形态运行，注册资本金 25643.51 万元。轻量化院根据创新中心定位和技术发展方向，以公司章程为组织与行为的基本准则，首期吸纳了 12 家行业龙头企业、国家级科研院所作为股东，股东单位覆盖了轻合金材料、非金属材料、先进成形工艺与装备等领域，包含了技术研发单位和成果转化应用单位。

2020 年 7 月，工信部在国创中心年度评估时提出进一步优化公司股权结构的建议。根据评估建议，公司计划将万华化学集团股份有限公司、山东南山铝业股份有限公司、北汽福田汽车股份有限公司等知名企业列入第二轮增资扩股目标企业。

2. 组织架构

创新中心逐步健全公司法人治理结构，在股东会、董事会、监事会领导与指引下，初步构建了现代企业治理决策机构，始终坚持党委把方向、管大局、保落实，借鉴股东单位的管理经验，制定完成《党委会议事规则》《股东会议事规则》《董事会议事规则》《监事会议事规则》及《总经理办公会议事规则》等管理办法，各治理主体的权责边界基本明确，各司其职、协调运转的现代公司治理体系初步形成。

创新中心下设德州分公司、烟台分公司、材料工程技术研究所、装备制造技术研究所、数字化制造技术研究所、轻合金成形事业部 6 个研发实体。

3. 核心队伍

（1）管理团队情况

创新中心主任单忠德，中国工程院院士，博士生导师，先进成形技术与装备国家重点实验室主任，国家杰出青年科学基金获得者，主要从事数字化机械装备与先进成形制造技术研究。

创新中心副主任、轻量化院董事长杜兵，研究员，博士生导师，机械总院集团总工程师，主要从事材料连接行为、新型焊接材料、异材连接技术、材料冶金加工、数字化焊接装备研究。

创新中心副主任、轻量化院党委书记、总经理乔培新，研究员，先后获得郑州市十大杰出职工、郑州市五一劳动奖章、武汉市“十百千人才工程”、河南省优秀共产党员、享受国务院政府特殊津贴专家等荣誉。

轻量化院副总经理刘丰，研究员，博士生导师，清华大学材料科学与工程专业工学博士，主持和参加了智能制造专项、04 科技重大专项、国家自然科学基金、北京科技新星计划等多项国家、地方科研项目，获国家技术发明二等奖、中国专利金奖等奖励。

轻量化院副总经理王淼辉，研究员，博士生导师，北京市科技新星，主要从事高性能金属材料及其制备技术、高性能金属粉末及其制备成型技术研究与产业化应用研究，承担多项国家项目，获国家科技进步二等奖、中国机械工业科学技术奖一等奖、中国专利优秀奖等奖励。

（2）科研团队情况

创新中心建立了由双院士引领、多位学科带头人带队的 147 人的创新团队。其中，中国工程院院士 2 名，国家杰出青年基金获得者 1 名，入选国家科技部“万人计划”2 名，国家有突出贡献的中青年科技专家 1 名，入选“新世纪百千万人才工程国家级人选”2 名，北京市科技新星 4 名，享受国务院政府特殊津贴专家 8 人。创新中心现有员工中研究员 29 名，高级工程师 32

名，博士39名，硕士91名，硕/博士生导师22名，在站博士后7名，在读全日制硕/博士研究生42名，特聘专家21名。

创新中心建立了市场化选人、市场化用人、市场化育人机制，面向全球引进高素质人才。2020年创新中心共引进博士3名，硕士14名（含海外归国硕士2名），2021年1—4月共引进博士6名（含海外归国博士2名），硕士2名（含海外归国硕士1名）。

创新中心建立了强人才梯队。刘丰、任永新获机械总院集团“杰出科技专家”称号，孙福臻、张倩入选机械总院集团“百人创新创业”青年人才。创新中心聘任2名部门正职、4名副职，5人晋升研究员，6人晋升高级工程师，新聘博士研究生导师4名、硕士研究生导师5名。创新中心充分发挥技术序列人才作用，2020年提拔主管工程师1名，明确岗位职责和绩效目标，完成现有2名主任工程师、11名主管工程师的考核与续聘。

创新中心团队建设取得新进展，出台了《科技创新团队考核管理办法》，遴选方向明确、人员清晰、结构合理、具备条件的创新团队并将给予支持。在入选2支机械总院创新团队的基础上，2020年金属3D打印材料制备及应用技术创新团队入选机械总院集团“创新团队”，为创新中心可持续高质量发展提供了有力支撑。

（二）联盟

创新中心依托中国轻量化材料成形工艺与装备产业技术创新联盟（以下简称联盟）建设。联盟成立于2016年，由机械科学研究总院集团联合中国航天科工、中国船舶重工、中国铝业、中国兵器工业、上海交通大学等行业龙头企业、知名高校成立。现有联盟成员97家，包含了材料、工艺、装备等领域的15所高等院校、14家科研院所和68家重点企业等各类创新主体。干勇院士、郭东明院士、林忠钦院士分别担任联盟咨询委员会、技术委员会、创新中心专家委员会主任委员。

联盟吸纳行业龙头企业，推动行业转型升级。2020年联盟收到爱驰汽车、株洲时代新材料、广西玉柴、河北工大等企业、高校提交的入盟申请。联盟将聚焦轻量化材料成形工艺与装备领域，搭建高端合作平台，为突破关键核心技术和成果推广应用提供重要支撑，更好地服务于国家重大工程建设和制造业绿色、高质量发展。

（三）专家团队

联盟专家咨询委员会由干勇院士任主任委员，多位院士和行业内知名专家组成咨询团队；联盟专家委员会由郭东明院士任主任委员，多位院士及行业内有影响力的专家组成专家委员会。

二、机制创新

（一）科技创新制度建设

创新中心完善科技创新制度，制定《科研项目执行与监督检查管理办法》《横向激励机制办法》《科技成果转化管理办法》《产业发展基金管理办法》，进一步激发和调动科研人员的创造性；落实《科技成果奖励管理办法》，奖励科技创新人员，激发科研人员的创新活力。

（二）资源共享机制

创新中心建立内部资源共享机制，实现企业管理与信息技术融合，加快推动资源优化配置，培植竞争优势，提高整体效能，促进核心资源应用与创新。创新中心加强沟通协调，梳理内部现有软件，推进工业软件最大化利用；建立科研仪器信息台账，对现有重大科研检测仪器设备开放共享，发挥仪器设备作用。创新中心利用创新中心平台资源，设立科研基金项目，聚焦行业共性关键技术，开展协同创新攻关。

（三）人才管理机制

创新中心围绕科技创新的主责定位，逐步建立职业发展、绩效考核、薪酬奖励紧密结合、三位一体的核心人才激励机制。创新中心修订了《全员考评管理办法》，不断优化人才绩效考核体系；制定了《横向激励机制办法》《科技成果转化管理办法》等制度，实施重大专项精准激励。

（四）知识产权机制

创新中心积极推进科技成果申报及产业化，重视科技成果的知识产权保护；不断完善科技成果和知识产权管理机制，促进科技成果转化；组织召开知识产权专题培训，强化科研人员知识产权保护意识，参加技术经纪人培训，为科技成果转移转化提供支撑。

三、平台建设

（一）实验室建设

2020年度，创新中心基本完成无模复合成形、复合材料成形、轻量化材料制备实验室建设；加速推进高性能金属材料成形、数字化设计与模拟仿真、性能与可靠性评价实验室建设。

轻量化材料制备实验室形成金属粉末制备、耐磨耐蚀涂层超高速激光熔覆制备、合金粉末的检测和评价能力。数字化设计与模拟仿真实验室开展虚拟设计、数字化模拟与仿真等，可实现多品种轻量化材料热力耦合分析、热锻全过程数值模拟、铸造过程数值模拟、板料成形数值模拟、复合材料缠绕、铺层工艺模拟仿真及装备的优化设计等。

高性能材料实验室可完成铝合金型材性能测试、金属材料性能检测等相关工作，形成了轻合金型材挤压工艺开发、材料合金成分/微观组织/材料动态热机械加工性能分析等技术服务能力。无模复合成形实验室通过无模复合成形成套设备试制，形成航空航天、动力机械等领域复杂部件快速试制及个性化定制服务能力。

复合材料成形实验室试制出复合材料随形打印原理样机、复合材料三维织造成形设备等，并进行预制体编织。性能与可靠性评价实验室具备材料力学性能测试、疲劳测试、超声检测等试验能力，在多源数据分析测试方面，开展生产过程的数据分析、远程诊断等。

（二）中试线建设

1. 数字化无模复合精密成形中试验证线

完成原材料砂坯的连续制备、砂型挤压切削打印复合柔性成形、砂型产品全性能检测系统等建设，进行了数字化砂型3D打印精密成形机、整体除尘系统、树脂打印机等设备的研发购置及安装调试，具备单件、小批量生产试制能力。

2. 复合材料2D成形中试验证线

针对纤维增强热固性树脂基复合材料模压成形，通过采购多组分自动计量混胶机、机器人、水/油循环温度控制机、1300T复合材料高速液压机等设备，建立了纤维增强热固性树脂基复合材料模压成形试验验证线。

3. 高强轻合金成形中试验证线

针对航空航天、汽车、船舶用超高强钢、铝合金热冲压成形零部件的生产制造，完成了超高强钢热成形中试验证线和铝合金冷/热成形试验平台建设；建成了年产 100 万冲次辊底式超高强钢热成形示范线，完成了生产线的联调联试；完成了年产 50 万冲次的铝合金冷/热成形试验平台的建设和联调联试。

针对汽车、轨道交通、航空航天、3C 电子等领域用高性能铝镁合金型材的生产制造，初步完成了 1800T、1450T 铝镁合金精密挤压及连续挤压成形中试验证线建设，形成年产 3000 吨铝合金型材产品的生产能力，为汽车、轨道交通及航空航天等提供铝镁合金型材精密挤压技术及多品种深加工零部件产品等服务。

第二节　运行成果

一、技术创新

（一）疫情防控应急项目开发

2020 年，创新中心充分发挥科技优势，积极推进疫情防控物资与产品研制开发。通过在熔喷超细纤维中加入无机/有机杂化复合抗病毒杀菌剂，在提高过滤效率的基础上实现对口罩外层无纺布表面进行抗病毒改性处理，避免二次接触口罩而发生感染的风险。创新中心共完成抗病毒处理剂与无纺布二次改性 5 个配方工艺试验研究，经第三方检测，新型无纺布制作的口罩对 0.3μm 的标准颗粒物过滤效率在 95%以上，对病毒、多种菌类等杀灭率大于 99%，应用时效从现在的 4 小时提高到 8 小时以上。

（二）轻量化材料成形模拟仿真技术研究

创新中心面向超高速激光熔覆的 HOTM 无网格方法，开发完成了 ESCAAS-AMMD 超高速激光熔覆仿真平台。设计粉末建模的模板，可快速定义粉末的束数、层数、颗粒数、粒度分布、疏密程度；针对几何模型及其粉末离散，实现大规模粉末（目前实现了 5000 颗左右）的高效建模计算，开发了多道打印粉末建模技术，基于模板自动生成多道粉末几何及其离散化模型，提出多道打印送粉模拟方案，解决多道熔覆层的动态送粉及搭接仿真难题。

（三）无模复合成形工艺和关键设备研发

基于数字化砂型柔性挤压成形技术，创新中心开展了砂型挤压梯度紧实工艺及其对砂型性能影响规律、挤压强度对砂型铸造性能影响规律、挤压压力对砂型表面耐磨性影响规律等研究；建立了复合铸型成形精度主动补偿模型；研究了树脂加入量、固化剂含量、型砂粒径、层厚和砂型尺寸对砂型打印精度的影响规律。基于 3D 灰度打印技术，创新中心进行了变树脂量砂型打印工艺研究。创新中心进行冷冻砂型 3D 打印技术原理方案论证，选用热发泡式打印喷头，开发低黏度高水分含量的水基黏结剂；研究干冰对型砂的冷却能力，型砂温度可在-50～0℃范围内调整。

（四）复合材料成形技术及装备开发

针对喉衬等预制体制造要求，创新中心开展了喉衬预制体编织设备机构优化及样件编织相关研究，对引纱机构进行设计优化，采用开发的连续纤维复合材料增材制造成形机，进行了太阳翼基板等复合材料构件的增材制造成形工艺试验。

（五）机器视觉技术研究及应用

创新中心开展了离线检测与在线检测相结合的机器人视觉定位方法研究，开发出相应的机器人视觉定位系统，解决了纺织染整行业大尺寸纱笼密集纱杆定位问题。创新中心所开发的视觉系统已应用于锁扣拆装机器人，借助人机协同，离线检测速度快，检测结果准确可靠；在线检测占用节拍少（0.63%），检测成功率高（99.974%），显著提高了锁扣拆装作业的可靠性和智能化水平。

2020 年，创新中心共获得省部级奖励 5 项，其中北京市科技进步二等奖、安徽省科技进步奖二等奖、国防技术发明奖三等奖（已公示）各 1 项，中国机械工业科学技术奖二等奖 2 项；授权发明专利 31 件，其中国际发明专利 4 件，登记软件著作权 32 件，发表学术论文 51 篇（SCI/EI 检索 29 篇）；参与起草国家标准 1 项，制定团体标准 5 项、企业标准 18 项。

二、中试和工程化

超高强钢热冲压成形中试验证示范线已进行批量超高强钢热成形产品

生产，对示范线硬件、软件、工艺、检测等进行测试，为批量可靠生产进行验证。辊底式超高强钢热成形生产线达到每日 3000 冲次左右，已累计完成 30 余万冲次近 100 万件超高强钢零部件的生产任务；铝合金冷/热成形试验平台已完成设备的联调联试，对 7075、7050 等 7XXX 系高强铝合金板材进行工艺研究及小批量试制。示范线和验证平台累计为北汽福田、一汽、长城、凌云、青岛华翔及烟台福胜等近 10 家企业提供了零部件研发试制及配套生产服务。

铝镁合金型材精密挤压成形中试验证线，形成了铝镁合金型材产品生产配套服务能力，主要应用于新能源电动汽车车身构件、商用车铝合金车斗车厢（轻卡、中卡、货车、工具车等，载重量 4 吨、6 吨、8 吨）、自行车及电动车车架、光伏太阳能、高精密 3C 电子产品、精密机床等承力结构件，已成为今创集团、澳洲 MW 公司、浙江华鹰精密机床、上海尊盈、广东意铭、临沂派曲克等公司的合格供应商。

数字化无模复合精密成形中试验证线已具备单件、小批量生产试制能力，可实现铝合金、镁合金、钛合金等 10 种以上的不同材质铸件的复合成形，年生产树脂砂、覆膜砂等复合砂型可达 1000 件，实现生产砂型可达 480 吨。

纤维增强热固性树脂基复合材料模压成形验证线，满足单件产品制造周期≤5min 生产节拍的需要，突破了树脂在线混合技术，解决了液态树脂操作与固化时间、粘温变化、流动浸渍等工艺参数的协调匹配，设计开发了树脂在线混配装置，可实现输送速率 1.5-5m/min，计量误差≤±0.5%，目前在北汽碳纤维复合材料地板等零部件的生产上实现了应用。

三、成果转化和企业孵化

针对市场和企业的重大需求，创新中心积极开展调研，为企业解决生产中的各种难题，为企业量身打造技术升级方案，共承担企业委托技术开发及技术服务项目 60 项。创新中心强化与企业合作，加快科技成果转化，在无模成形技术及装备、金属粉末制备、复合材料成形、机器人、铝镁合金、模具钢等方面取得明显成效。2020 年，数字化无模铸造精密成形技术与装备累计服务企业 200 余家，为潍柴动力、潍柴雷沃、盛瑞传动等地方企业提供长期稳定的技术支持。超高速激光熔覆设备已为北煤机、川庆油田井下钻探公司等企业提供技术服务，完成了液压支架及油管短节等典型件表面耐磨耐蚀强化，实现了绿色高效率防护加工。

采用复合材料成形技术已完成奇瑞汽车顶盖、前保险杠横梁、电池支架等典型热固复合材料产品的试制，以及广汽 XR5、备胎仓、奇瑞电池包上壳体、蓄电池托盘、小腿保护梁等热塑性产品的试制生产；开发热固性树脂 2 款、热塑性树脂 5 款；同时为北汽新能源、爱驰汽车、株洲时代等多家合作企业提供产品 CAE 分析及检测服务。

四、行业服务

2020 年创新中心参与制定国家标准《汽车用碳纤维复合材料覆盖部件通用技术要求》（GB/T 39491-2020）；围绕复合材料、3D 打印牵头制定团体标准 4 项，分别是《复合材料多针织造成形工艺规范》《碳纤维柔性导向多维织造成形机安装调试规范》《石膏挤出式 3D 打印成形工艺规范》《连续纤维增强树脂基复合丝材成形工艺规范》。

五、合作网络

（一）设立创新中心开放基金，加强与股东、联盟成员技术合作。2020 年创新中心共收到复合材料成形、轻合金成形、高端零部件成形及装备等方面 19 个项目申报，其中重点项目 4 项。经评审，立项支持重点项目 1 个，专项项目 3 个。

（二）建立联合研发平台，促进“产学研用”深度融合。创新中心与南京航空航天大学、航天科工联合共建“航天纺织复合材料设计与制造联合实验室”，紧密围绕对航天动力复合材料的重大需求，以航天纺织复合材料设计与制造的工程基础领域协同创新为目标，共同引领前沿技术发展和成果转化。

（三）对接行业创新资源，签订战略合作协议，推动创新联合体建设。创新中心与中汽研（天津）汽车工程研究院有限公司签署战略合作协议，围绕新材料开发及应用、汽车轻量化成形技术等开展技术合作，进行重大专项攻关。

第十二章

国家先进轨道交通装备创新中心

第一节　建设进展

一、建设情况

国家先进轨道交通装备创新中心（以下简称创新中心）于 2019 年 1 月 15 日获批组建，成为全国第 10 家国家制造业创新中心。创新中心按照“优势互补、协同创新、开放共享”的原则，聚焦先进轨道交通装备领域关键共性技术的研发，围绕研制安全可靠、先进成熟、节能环保、互联互通的绿色智能谱系化产品，重点突破绿色节能技术、智能化关键技术、运维服务关键技术、体系化安全保障技术、高效能牵引传动技术、互联互通技术和系统匹配技术七大关键共性技术，为我国先进轨道交通装备制造产业高质量发展提供支撑。

（一）公司

1. 股东构成

创新中心的运营主体是株洲国创轨道科技有限公司（以下简称国创科技），国创科技的股东单位属于轨道交通领域的龙头骨干企业，技术基础强，行业影响力大，在先进轨道交通装备领域形成了一批典型优秀成果，为支撑国家战略和支柱行业发挥了重要作用。中车系股东：中车株洲电力机车有限公司、中车株洲电力机车研究所有限公司、中车株洲电机有限公司、中车株洲投资控股有限公司是中国中车下属核心企业，分别是中国中车整车、牵引控制系统、牵引电机、新能源动力等核心技术和产品的研发制造单位，是创新中心的创新基础；政府股东：株洲高科集团有限公司和株洲市国有资产投资控股集团有限公司是政府国有资产平台公司，是创新中心的投融资、众创空间搭建、孵化平台建设等业务支撑单位；高校股东：清华大学天津高端装备研究院洛阳先进制造产业研发基地是依托清华大学机械工程系，由洛阳市与清华大学天津高端装备研究院共同举办的新型研发机构，是清华大学在全国设立的十余家外派研究机构之一，是创新中心打通“产学研”资源、嫁接高校科研能力的平台；核心配套部件企业：株洲联城集团控股股份有限公司、株洲九方装备股份有限公司都属于国内轨道交通装备行业的重要配套企业，创新中心未来也将借助其在零部件加工、生产等方面的资源开展一些基础的小试、中试等，实现产业链上下游资源的整合；上市公司股东：金蝶软件（中国）有限公司、深圳麦格米特电气股份有限公司、南京高精传动设备制造集团有限公司。

2. 组织架构

创新中心依照公司章程，实行董事会决策制、总经理负责制、专家委员会咨询制，全面对标及承接创新中心建设指南要求，设立了现代公司化的运营组织架构。创新中心由 12 家股东组成的股东会，下设 7 名董事组成的董事会和 7 名监事组成的监事会，负责创新中心重大事项的决策和监督。创新中心建立形成专家委员会和分专业的技术专家委员会作为创新中心的咨询机构，由刘友梅院士领衔，以及来自学术界、企业界和政府委派的专家组成，主要负责在公司整体发展规划指引下，系统分析研究产业布局、技术创新、基础管理等方面的重点、难点问题，提出解决方案和决策建议，充分发挥“公司智囊”“团队传带”“攻关引领”“高阶构架”等方面的作用。

（二）联盟

中国先进轨道交通装备创新联盟（以下简称联盟）在湖南省工信厅的指导下于 2016 年成立，按照轨道交通装备行业不同的需求，整合建立了面向行业的城市轨道交通产业技术创新战略联盟、面向未来的中国智能无人系统“产学研”联盟、面向服务的轨道交通装备产业工业互联网联盟等三个分联盟，形成以轨道交通装备行业为基础，覆盖产业链上下游的综合性创新联盟。联盟按照“开放、协同、跨界、融合”的发展理念，整合高等院校、企业、行业等各类资源。自创新中心批复以来，联盟规模逐渐壮大，形成了“产学研用政金商”网络体系，联盟成员总数达 300 余家。

根据联盟运行需要，设立联盟成员大会、理事会和联盟秘书处，持续完善联盟组织架构。联盟成员大会主要由国创科技的 12 家股东和外部协同单位组成，是联盟的最高权力机构，主要职责为选举产生理事会、表决联盟章程的修改、听取理事会的年度工作报及决定其他重要事宜。联盟理事会是由成员大会选举产生，是联盟的最高决策机构，主要负责审定联盟章程、审议联盟发展方向和重大决策事项、编制年度工作报告和工作计划、参与编制行业发展技术路线图等。联盟秘书处挂靠国创科技，由国创科技负责运营，是联盟常设日常事务管理机构，负责联盟日常运行事务、行使协调责任及全局统筹联盟相关活动开展。秘书处实行秘书长负责制，负责秘书处相关工作的落实。

联盟以推进轨道交通装备产业发展为中心，协同高等院校、企业、行业等各类资源，主要职能是：做好服务员，服务联盟成员；做好联络员，为政府、行业、成员之间搭建交流平台；做好领航员，前瞻性地开展工作，引领产业发展。联盟面向行业发展需求，通过打通政策链、创新链、产业链、资金链，提升成员单位的合作交流能力。一是以产业发展政策引领，服务集群成员。联盟定位于服务载体，贯彻落实国家、省支持产业发展和各类政策和资金，根据产业发展需求，在空间布局、产业准入、创新支持、成果转化、金融扶持、人才集聚、创业环境等方面及时研究政策，发挥政策扶持作用；加强与市、区协同配合力度，聚焦重点，共同支持产业高端化发展和技术改造项目；落实和完善使用首台（套）重大技术装备等鼓励政策，健全研制、使用单位在产品创新、增值服务和示范应用等环节的激励约束机制。二是以创新链为支撑，搭建集群成员合作渠道。联盟通过打通“产学研”合作渠道，组织集群内相关企业、科研院所等成员，围绕增强集群产业核心竞争力开展的重大技术创新项目和公共服务项目等，使研发机构的研发成果与企业的实际生产相结合，同时推动各研究所互相沟通科研进展，以解决共性问题，实现研究成果的共享，从而有效解决科研机构、大学和企业之间研发和产业化信息不对称的问题。三是以产业链为桥梁，打造“命运共同体”。通过各个产业联盟、创新联盟、技术联盟的横向沟通，紧密团结产业链相关企业，组织成员单位加强交流、对外宣传、联合参展、国际合作、人才引进培训、咨询服务等活动，搭建所需的人才培训、协同创新、工程化产业化、检测认证（TSI 认证等）、投融资、信息集成共享、宣传展示等公共服务平台，通过定期与企业沟通，提供关于产品、技术、市场等信息，加强产业链上下游企业间的互助合作，同时加强有竞争关系的企业的相互合作，共同应对来自外部的竞争。

（三）队伍建设

1. 管理团队

（1）管理团队建设

创新中心股东企业、创新联盟成员企业是创新中心人才队伍建设的重要来源。根据项目研发需要，各企业推荐合适的人才到创新中心的项目团队中兼职工作，既保障了人员的流动性，也有助于创新中心择优选取人才。通过与股东单位、联盟成员企业积极探索双方关键共性技术需求，制定和论证关键共性技术研发项目，股东和合作单位的高端人才以项目制的方式进入项目团队。创新中心现有股东单位委派人员 13 人，涵盖战略、技术、人事、党群、财务等方面，大部分是国创科技核心经营团队，在创新中心的建设过程中发挥了关键作用。

（2）管理人员简历

创新中心主任李林，高级工程师，株洲国创轨道科技有限公司总经理、党支部书记，参与科技部先进轨道交通重点专项“中低速磁悬浮系统研制”、国家首批智能制造重大专项“转向架智能制造新模式”等项目，先后获得中国铁道企业管理协会、交通行业优秀企业管理成果评审委员会等单位颁发的 10 余项管理创新成功奖项。

2. 科研团队

（1）首席科学家

刘友梅，轨道电力牵引动力专家，曾任中车株洲电力机车有限公司总工程师、高速研究所所长，现任中车株洲电力机车有限公司专家委员会主任，长期从事机车电力牵引技术装备研制工作，曾获国家科学进步一等奖 1 项，国家科技进步二等奖 2 项，铁道部科技进步奖特等奖 1 项。

（2）科研团队建设

一是依托联盟和股东单位，组建了刘友梅院士领衔的专家委员会，创建了湖南省双创示范基地，设立市级院士工作站，成功引进陈晓红、周祖德院士入驻，实现行业专家资源的整合；二是聘用中车首席科学家杨颖作为公司总工程师，组建高端领军人才队伍，实现“股东人才为我所用”；三是通过与中南大学、湖南大学、中国地质大学、华东交通大学等高等院校组建联合实验室，先后引进段辉高、龙永红等教授，实现高校人才利用；四是通过“专职+兼职”等方式共计引进博士 10 名（含 2 名博士后和 1 名美国海归博士）

作为技术骨干，目前科研人员占比 65%，刘翊博士后获评 2019 年度“湖湘青年英才”，形成院士领衔、行业专家支撑、核心人才保障的高水平科研人才队伍。

二、机制创新

（一）项目市场化运行机制

一是组建创新中心项目管理与技术创新决策的参谋顾问机构，设立以刘友梅、丁荣军、田红旗、陈晓红、周祖德等 9 名院士领衔的专家委员会，专家委员会下设新能源、工业智能等技术方向的专业委员会，主要在创新中心发展规划的指引下，系统分析研究产业布局、技术创新、工艺工装等方面的重点、难点问题，提出有效解决方案和决策建议。二是组建项目管理委员会作为创新中心项目管理的决策机构，由总经理、副总经理、各中心负责人、行业专家等组成，主要对项目立项、监督、评估、合同评审等，并通过总经理办公会进行决策，下设项目管理小组作为项目日常管理的常设机构，对项目管理委员会负责。三是修订《项目管理办法》《科研项目管理办法》等相关制度，以“项目调度会+日常跟踪管控”方式进行进度管控，并纳入绩效考核机制当中，有效保证各项目按计划推进实施。四是以“市场化运作+现代化管理”为抓手，实现创新中心“自我造血”。创新中心以股东出资及政府财政扶持资金作为启动资金，首期到位 1 亿元；持续提升市场开拓能力，在自主化接触器项目、城轨车辆智能运维、设备智能检测、激光清洗装备研制等方面实现订单近 2000 万元；租赁厂房近 7000 平方米并完成两个中试基地的装修建设，建设完成新型开关器件等中试生产线、增材制造等实验室、空调联调试验等试验基地等。五是培育创新中心经营能力，积极承接国家和地方重大科研及产业项目。创新中心按照“龙头企业引领，投资孵化结合，线上线下互动”的发展思路，成功获批“株洲市创业孵化示范基地”、“湖南省双创示范基地”、2019 年国家重点研发计划、工信部 2019 年工业互联网试点示范项目等 10 余项重点项目。

（二）协同与共享机制建设

在工信部、省市政府等支持下，创新中心联合成员单位，科学制定形成发展战略和技术研发规划，共同组织技术研发协同创新网络平台建设，按照

“统一规划、统一组织、统一管理”三统一的要求，协同开展技术研发、成果转化、行业服务、人才培养和国际合作，实现“产、学、研、用、政、金、商”协同创新机制，实现资源的协同配置和利益共赢。一是与中南大学、湖南大学、中国地质大学、华东交通大学等高等院校组建联合实验室，实现高校人才利用，实现资源的协同配置和利益共享。二是通过与大功率交流传动电力机车系统集成国家重点实验室签订仪器设备共享协议，实现主要科研仪器设备、试验基地等创新资源相互开放共享。三是联合SRCC试验检测公司搭建第三方行业检验检测和标准认证平台——湖南国基检测认证公司，并通过国家认监委CMA检测资质，共同搭建以车辆为核心，覆盖零部件、系统到整车等领域的第三方行业检验检测和标准认证平台，助推轨道交通装备“走出去”。四是创新中心构建专兼职相结合的多元化研发队伍，通过“专职+兼职”等方式组建高端领军人才队伍，有效整合和调动成员单位轨道交通装备领域相关的优势科研力量，同时吸收高校、研究所等资源。

（三）人才培养和激励机制

一是积极对接《长株潭高层次人才聚集工程实施方案（试行）》等湖南省创新政策与人才政策，为创新人才提供科研经费、补贴及奖励，住房补贴、购房补贴等支持。二是探索核心技术人才、经营层持股激励，并在湖南国基检测认证公司推行，结合多种形式及措施，充分激发科技人员的工作积极性。三是制定了与经营业绩、岗位贡献挂钩的《薪酬管理办法》，针对高端人才实行协议工资制；建立内部科研奖励激励机制，建立《超额利润提成管理办法》《外部资金争取激励管理办法》《销售提成管理办法》等考核激励制度；设立优秀科技人才基金，对优秀科技人员给予持续性科技项目支持。四是制定专项《员工职业生涯管理办法》《后备人才管理办法》等，选拔青年新秀和青年骨干，建立“技术+管理”双通道，梳理及开展定岗定编，打通人才晋升通道。

（四）知识产权运用机制

一是联合株洲国家高新区田心高科技工业园管理委员会，共同申报建设湖南省知识产权综合服务分中心，为轨道交通装备产业集群企业提供高效快捷的专利代办、专利信息咨询、知识产权维权、知识产权运用等知识产权“一站式”综合服务，推进产业链、技术链、人才链、价值链相结合，推动中国轨道交通装备产业的高质量发展，并探索轨道交通装备产业集群单位联合保护、风险分担、开放共享的知识产权协同运用机制。二是面向所有成员单位开放知识产权基本信息，专业开展共性关键技术和工艺知识产权信息分析，定期发布知识产权态势，形成知识产权信息共享机制。三是制定《专利奖励管理办法》《知识产权管理办法》《专利工作管理办法》《技术标准制修订及复审工作程序》等制度，规范公司知识产权的管理，防止知识产权无形资产的流失，保障知识产权权益，鼓励员工发明创造的极积性，充分发挥知识产权在促进创新和保护市场中的积极作用。

三、平台建设

关键共性技术研发平台重点围绕绿色节能、智能控制和运维服务等行业关键共性技术开展技术研究，分步实施建设新能源系统技术实验室、智能感知器件与系统实验室、智能运维技术实验室、激光应用技术实验室等 4 大实验室。

一是智能感知器件与系统实验室。创新中心已完成智能感知器件封装测试线装修建设工作，本年新增购置矢量网络信号分析系统、颗粒碰撞噪声检测仪、磁控溅射系统等 15 台（套）设备。依托智能感知器件与系统实验室，创新中心自主研发了一项基于 3D 打印的微机电系统封装技术，属国内首创，在国内处于先进地位；完成了关键零部件非线性耦合动力学建模分析、寿命预测模型分析及关键部件节点温度无线无源感知器件与系统的研究，弥补了轨道交通装备关键零部件智能感知、分析、预测的行业空白。

二是智能运维技术实验室。创新中心联合华东交通大学和湖南科技大学建立智能运维联合创新实验室，目前已采购服务器、组网、显示系统等 30 台（套）设备，联合株机公司搭建轨旁检测试验线已完成初步方案设计。依托智能运维技术实验室，创新中心开发了轨道交通车辆智能运维系统，攻克了海量实时数据传输与存储、多源异构数据解析与分析、关键零部件故障机理模型研究等一系列技术瓶颈。

三是激光技术应用实验室。创新中心新增五轴数控加工设备、1000W/200W 激光器、激光复合焊接、氦质谱检漏仪等 9 台（套）设备采购，完成了一期基础建设。依托激光技术应用实验室，创新中心在激光焊接方向完成了激光—MIG 复合焊接系统的搭建、试样工艺测试及产品焊接；在激光清洗方向建成首套油漆激光清洗装备应用示范，已成功开发针对轨道交通铝合金氧化膜和车轴脱漆的无损激光清洗技术，开发了行业内第一台针对电机外壳的高功率自动化激光清洗装备，技术水平处于业内领先地位；在激光增材制造方向完成受电弓关键零部件结构设计优化和工艺研发，并形成完整可靠的零件增材制造成形工艺数据库，增材制造成形的导向杆零件通过广州车辆端装车考核测试，即将进入批量化生产阶段。创新中心成功申报湖南省标准化研究项目《激光先进制造标准化研究》和湖南省地方标准制修订项目《城市轨道车辆激光清洗机》。

四是新能源系统技术实验室。创新中心启动了实验室前期工作，已完成氢燃料电池系统综合测试与评估检测平台的方案设计和声学实验室的规划布局。创新中心参与研制的最大功率“神 24 电力机车”于 2020 年 7 月 29 日成功下线；开展氢燃料电池系统、轨道交通先进降噪材料与结构产品等基础研究，完成碳纤维复合材料受电弓的设计及样机试制工作；开展燃料电池车辆移动加氢系统研究，确认了移动加氢系统的技术方案，解决了燃料电池轨道交通车辆在试制、生产、调试过程中氢气加注难题；开展集成控制系统、监测系统的研发，已完成集成控制器的样机试制、低压电器在线监测系统和蓄电池管理系统的方案设计；与中车株机公司、宁波中车新能源联合组建国家铁路局认定的铁路行业科技创新基地——新型能源系统铁路行业工程研究中心，致力于攻克储能技术、管理技术、系统安全技术及安全性能测试评估技术。

第二节　运行成果

一、技术创新

创新中心重点围绕行业关键共性技术，依托新能源系统技术实验室、智能感知器件与系统实验室、智能运维技术实验室、激光应用技术实验室等 4 大实验室，实施《面向轨道交通全自动驾驶的自复位液磁断路器产品研发及产业化》《轨道交通装备运行质量检验监测科技服务技术研发与应用项目》等 3 个国家级科研项目，《轨道交通无线无源声表面波温度感知芯片及系统》等 8 个省级重点科研项目和液磁断路器、氢燃料电池系统等 19 个公司自立项目，率先突破部分绿色节能、智能控制、运维服务 3 大关键共性技术，攻克了智能感知无线无源声表面波 MEMS 传感器封装测试、机车自动驾驶控制核心器件自复位液磁断路器、牵引传动系统自主可控核心开关器件等 5 项“卡脖子”技术，实现进口替代；解决了车轴与牵引电机激光清洗、车体激光复合焊接、激光增材制造、宽禁带先进降噪材料等 10 余项关键共性技术。创新中心自主开发的地铁、动车组智能诊断运维系统在机车车辆全寿命周期管理和智能运维领域处于国际领先地位；自主研发的国内首台（套）激光清洗设备实现了对牵引电机无损伤、清洁环保、高效率和智能化清洗。

二、成果转化和企业孵化

一是围绕绿色节能技术，重点围绕新能源动力系统、新型储能监测系统、碳纤维复合材料部件等进行技术研究，目前建立了一套燃料电池、储能系统（蓄电池）、馈网系统、电子负载的检测系统，研究轨道交通车辆用燃料电池混合动力系统的各项参数的检测，取得了针对轨道交通车辆燃料电池系统的正常运行、启动特性试验、工况试验、动态响应试验等性能测试方法，为建立健全轨道交通领域用氢燃料电池及新能源系统的标准及规范奠定了良好的基础；针对标准化地铁列车被动安全防护装置设计开发，开展碳纤维等复合材料机理试验，将推动复合材料等新材料在轨道交通车辆承载件上的首次应用。

二是围绕智能控制技术能力，重点孵化新型宽带共振吸声结构材料部件、自主可控高端开关器件、智能新型空调控制系统、轨道交通无线无源智能传感器、自动驾驶系统自复位液磁断路器等项目。新型宽带共振吸声结构材料部件已完成 2 款降噪结构样品开发试制和实验验证；智能新型空调控制系统完成开发、辅助电器柜样机试制和各系统功能实验验证；自主可控接触器已完成 2 款机车车辆牵引系统用接触器产品研发，应用到株洲中车时代电气股份有限公司，实现收入超过 500 万；无线无源智能感知器件与系统完成轨道交通无线无源分布式声表面波智能感知器件与系统的工程样机和系统开发；与德布森电气上海有限公司签订技术合作协议，联合开展无人驾驶系统中的液磁断路器及远程断路器重置器研发，已完成样品试制并通过实验验证，推动了城轨车辆自动驾驶关键核心部件国产化进程。

三是围绕运维服务技术能力，重点孵化先进激光应用技术项目和智能运维项目。目前针对车辆 C5 修、C6 修，完成轨道交通手持式无损伤激光清洗设备研制，并与株洲联诚集团签订《轨道车辆牵引电机外壳激光清洗技术开发》合同；针对铝合金车体侧墙焊前清洗与中车株机公司签订《先进激光自动化清洗技术与装备研发》合同；在城轨车辆智能运维方面实现“智慧列车+智慧检修+智慧监测”一体化的智慧运维，成功中标广州 18&22 号线分析系统、轨旁在线检测信息平台、储能电源远程监控信息管理平台等项目，为轨道交通行业提供了智能运维解决方案，实现了技术转移扩散；在智能远程检测方面中标 CJ6 动车组远程数据监控中心（一期）项目、城轨列车轨旁 360 度图像检测关键技术应用及研究项目，进一步提高了轨道车辆运营和维保保障力度。创新中心各孵化项目实现销售收入超过 2000 万元。

三、行业服务

（一）依托“工业互联网”平台，助力企业智能化转型

创新中心与金蝶软件等合作，建设了面向行业的工业互联网平台“智轨云平台”，三大主力服务设备：全生命周期管理平台、智慧能源管理系统、国创教育云平台，已经全部上线运行。目前，创新中心与腾讯、广州地铁三方合作，共建轨道交通大数据与人工智能平台系统，建立针对行业的专业数据托管平台，汇集轨道交通智能诊断模型和运营数据，支持广州 18&22 等大湾区市域轨道交通线路的预测性维修与无故障运行；与树根互联合作，在湖南省委网信办的支持下，建设省级全联网标识解析平台，并推进区块链等新一代工业互联网技术在先进制造业的跨领域应用。

（二）依托“检测认证”平台，提供检测公共服务

创新中心与上海轨道交通检测技术有限公司合资组建了湖南国基检测认证有限公司，目前已经获得国家认监委 CMA 检测资质，拥有轨道车辆整车、辅助供电系统、制动系统、空调系统、照明系统等 21 项检验检测能力，承担了压缩型减震扣件及 DT-Ⅲ型等扣件检测、弹跳Ⅰ型分开式扣件等组装性能和零部件性能检测、隔离式减振垫疲劳性能检测等检测试验项目。创新中心依托湖南国基检测认证有限公司，为株机公司出口欧洲的 TSI 双层动车组和株洲所出口欧洲的 ETCS 信号系统互联互通平台提供检测认证支持。

（三）依托集群促进机构，打造学术交流阵地

创新中心积极发挥创新资源集聚效应，采取政府引导、自愿组织的方式，联合轨道交通骨干企业成立产业集群促进机构“株洲国联轨道交通产业服务中心”，成功在工信部先进制造业集群决赛中胜出，株洲轨道交通产业集群成为全国 15 个优胜集群（第一批）之一。创新中心依托株洲中车轨道交通

期刊社有限公司、株洲国联轨道交通产业服务中心和中国先进轨道交通装备创新联盟等服务平台，面向集群企业积极开展人才培训、期刊出版、峰会论坛等各类服务活动 60 余次，提高了企业竞争能力。

四、合作网络

（一）国际交流合作

创新中心充分发挥成员单位的前期国际合作基础，不断强化国际化建设，落实国家“走出去”战略，积极开展国际合作，引进国外先进轨道交通装备领域先进装备、先进技术，吸收消化再创新。

一是持续开拓海外市场，依靠卓越的产品性能，助力中国装备“走出去”。创新中心参与单位株洲中车天力公司制造的车轴首次启运出口欧洲，中车株机“天狼星号”动车组出口捷克，中车株机公司获墨西哥轻轨车辆订单、菲律宾动车组订单、匈牙利“火车头”订单，中车株洲电机配套业务获南非机车订单、澳大利亚订单、雅万高铁订单等，加速中国装备“走出去”。二是推动股东单位、联盟单位在国外建立分支机构，采用委托研发、联合研发、设立联合实验室等方式，推进前沿技术、共性关键技术的研发。其中，株机公司在奥地利成立联合研发中心，并与柏林工业大学、亚琛工业大学签订合作协议，中车株洲电机成立驻欧洲商务处，创新中心聘请美国工业互联网联盟联合主席林诗万为专家委员会委员。三是通过开展双边论坛、高峰会议、创新大会和大赛等，树立国际轨道交通装备产业创新标杆地位。创新中心组织参展第 88 届伊兹密尔国际博览会、2018 年轨道交通柏林展、2019 年汉诺威工业博览会，举办 2019 中国国际轨道交通和装备制造产业博览会、第三届中国与东南亚 NGO、企业及学者对话会等，提升了国际影响力。

（二）与中心以外单位交流合作

1. 通过战略合作，嫁接行业资源

按照建设方案中明确的创新中心建设思路，创新中心要完成创新发展、高质量发展的核心任务，必须发挥好、汇聚好创新资源，突出协同配合，加强开放合作。创新中心通过对创新链中的薄弱环节进行分析，以战略合作的形式广泛开展合作，将在其他领域率先实现应用的优秀技术成果嫁接到轨道交通行业，引领轨道交通行业向绿色、智能、安全、高效、便捷方向发展。

在前沿技术应用方面，创新中心与国家机器人创新中心达成战略合作，加强在智能制造、检验检测等领域的技术合作，探索新型创新机构的建设发展、能力平台打造和创新联盟建设；与中国激光产业社团联盟签订战略合作框架协议，加强技术合作，共同探索激光清洗应用、激光修复、检测技术、激光表面强化，推动激光技术在轨道交通装备领域的应用；与国家“海外高层次引进人才”齐欢创办的株洲辉锐增材制造技术有限公司签订合作备忘录，就轨道交通装备增材制造与激光制造等方面加强技术合作，以解决实际工程问题为目标，实现优势互补；与国防科技大学技术支持的湖南天羿领航科技有限公司在承接人工智能创新发展工程项目和实施方面达成合作，共同实施高精度惯性传感器研发及产业化；在轨道交通装备轻量化方面，基于周祖德院士工作站前期合作，与武汉理工大学、中复神鹰集团多次开展技术应用合作，探索碳纤维受电弓导杆等轻量化材料在轨道交通装备部件的应用落地。

在无人区探索方面，创新中心联合清华大学、江苏泓光等研发的新型开关接触器成功打破国外垄断、填补了我国突破该技术领域的空白。创新中心与清研锐为（洛阳）轨道交通科技有限公司签订战略合作协议，积极推动先进运营维护装备的国产化；与华南理工大学电子与信息学院达成战略合作，加强深度学习与机器视觉在轨道交通行业中的应用，探索轨道交通车辆司机行为识别领域的合作；与深圳市微构科技有限公司达成战略合作，结合行业首个工业互联网云平台的建设，在轨道大数据应用的数据采集、数据治理、数据实时监控、主题分析和挖掘、轨道数据应用等方面开展合作研发与应用示范；就镁合金材料在轨道交通装备的应用与中南大学达成合作，在列车高比吸能轻质镁合金基础研究的基础上研发大型构件制备技术，基于先进轨道交通车辆需求导向，探索镁合金材料在轨道交通装备的率先应用。

在行业公共服务方面，创新中心整合创新中心试验检测资源优势和上海轨道交通检测技术有限公司产品认证领域优势，以成立合资公司的形式组建了湖南国基检测认证有限公司，目前已经获得国家认监委 CMA 检测资质，拥有轨道车辆整车、辅助供电系统、制动系统、空调系统、照明系统等 21 项检验检测能力，注册首年实现营收 85.85 万元；与潇湘科技要素市场通过项目合作的形式承接了 2019 年长株潭标志性工程项目，为轨道交通产业专业化科技创新提供研发设计、检验检测、科技金融、技术（专利）转移转化、创业孵化、科技（信息）咨询、财税法务等创新要素资源服务；与株洲市科技创新公共服务有限公司签订服务战略合作协议，帮助企业解决创新发展过程中遇到的困难和问题，实现企业服务质量和专业服务能力持续提升，推进轨道交通装备产业共同发展；与株洲新动力知识产权服务有限公司签订战略合作协议，就共建国家轨道交通装备行业知识产权运营中心达成合作，建立创新中心成员单位联合保护、风险分担、开放共享的知识产权协同运用机制。

2. 通过项目合作，推动关键共性技术研发

从样品到产品再到商品的转化，有赖于创新链上下游“产学研用政经商”的一致协作。例如，在创新中心牵头创新链10家企事业单位承担的2019年国家重点研发计划项目中：从事科研和基础性研究的西南交通大学、东北大学等高等院校为整个项目提供理论方法研究基础；中机生产力促进中心、中机寰宇等为安全寿命相关的技术提供攻关指导；国家纳米科学中心等研究机构制备在线检验监测设备和试验设备，为运行质量提升提供算法原理支持和数据支撑；创新中心、中车株机等将关键零部件运行安全寿命评估体系理论算法通过程序编写融入具体的轨道交通装备和车辆所搭载的检验监测服务中；深圳地铁等为测试、验证和优化项目成果提供真实、完整的示范体系。按照协同攻关的思路，通过创新链的联动，完成了从“理论方法创新突破—重大技术攻关—硬件设备研发—标准规范制定—成果应用及示范”的完整流程，最终实现轨道交通装备运行质量的提升。除此之外，按照创新链协作的方式，创新中心还与湖南科技大学共同承担了2018年度湖南省重点研发计划，就轨道交通车辆关键部件的可视化预测性运维开展合作；与湖南大学共同承担了2019年度湖南重点研发计划，针对在高压、温度范围宽的复杂轨道交通车辆运行状态信息采集共同研制无线无源感知器件与系统；与华东交通大学成立联合创新实验室，针对轨道交通装备电机状态智能检测与产业化及相关领域展开研究并进行产品化和产业化。创新中心根据校企人才队伍的学科专业和技术特长的差异性，开展双向人才交流，互派专家和科技领军人才定期开展交流考察和学术讲座。创新中心通过充分发挥自身的资源集聚效应，协同创新链上下游携手突破行业发展瓶颈，实现创新引领。

第十三章

国家农机装备创新中心

第一节　建设进展

一、组建情况

国家农机装备创新中心（以下简称创新中心）由河南省智能农机创新中心升级组建，是河南省首家、农机装备领域唯一一家国家制造业创新中心。创新中心围绕农机领域的重大需求，通过构建新一代农机装备开放标准架构，开展具有信息获取、智能决策和精准作业能力的高端农机产品及其制造技术的研究与产业孵化，解决关键材料、核心制造工艺与薄弱环节的农机装备供给问题，建立应用基础研究和工程化、产业化连接的桥梁，形成人才聚集—资金投入—科研开发—成果孵化—产业反哺科研的良性创新创业生态，打造农机领域原创科技的策源中心、行业技术进步的促进中心，助力我国农机装备高质量发展。

（一）公司

1．股东构成

创新中心是由中国一拖集团有限公司、中联重机股份有限公司、中国农业机械化科学研究院、江苏悦达智能农业装备有限公司、农芯科技（北京）有限责任公司、清华大学天津高端装备研究院洛阳先进制造产业研发基地等10家单位联合出资组建的新型创新平台，后续将根据公司发展，持续优化股权结构，助力创新中心高速发展。

2. 组织架构

创新中心通过不断探索，以适应行业发展需要，持续优化内部机构职能，建立健全科研、技术转移孵化、市场等管理结构。创新中心按照市场化体制运行，下设两院三中心，两院包括中央研究院和战略研究院，三中心包括行政中心、营销中心和财务中心。

3. 核心队伍

黎晓煜，董事长，教授级高级工程师，现任中国一拖集团有限公司党委书记、董事长，国机资本控股有限公司副董事长，国机集团科学技术研究院有限公司监事，在资本运营、战略规划、机械制造、干部管理等方面拥有丰富经验。

王云飞，总经理，硕士，教授级高级工程师，中国机械工程学会失效分析专家，全国锻压技术标准委员会副主任，中国锻压协会“头脑风暴”专家库专家，主要从事材料工程领域的相关研究工作，在自动化制造系统、智能生产系统的研发和应用等方面工作业绩显著。

庞凤斌，首席科学家，享受国务院政府特殊津贴专家，在国外农机行业工作多年，在收获机械设计与制造、研发及管理方面积累了丰富的知识及经验，获得国内外发明和实用新型专利近 50 件，在中国农业机械学报等核心期刊、杂志发表论文 14 篇。

（二）联盟

国家智能农机装备产业技术创新战略联盟（以下简称联盟）是由农业、农机装备领域的科研院所、高等院校、农业装备龙头企业等共同组成，以“合作、共享”为理念，遵循“科技成果服务于国民经济主战场”的宗旨，是围绕智能农机装备产业链实现“政用产学研”协同创新、共同发展的行业性、非营利性社团组织。联盟在业务上接受科技部国家产业技术创新战略（培育）联盟的指导与监督管理，内部实行民主管理机制。联盟英文名称为“Industrial Technology Innovation Strategic Alliance of Intelligent Agricultural Machinery Equipment”，简称“IAMEA”。2020 年度联盟新增黑龙江省农业机械工程科学研究院、中国科学院电工研究所等 9 家单位，截至目前联盟成员单位已发展到 52 家。

（三）专家团队

创新中心在组建的同时，成立了由中国工程院院士赵春江、罗锡文、陈学庚等多位专家领衔的专家委员会及包括若干行业知名专家在内的战略技术支持团队，为农机装备领域战略决策和技术支持提供咨询和指导。

二、机制创新

（一）项目管理

为保障创新中心能力建设各项目顺利实施，创新中心建立了一套从研发、实施、项目验收到成果共享的项目质量管理体系。

（二）模式创新

多核驱动创新生态体系建设：创新中心以“公司+联盟”为核心驱动，同时充分发挥洛阳市农机装备集群优势，开展“技术攻关+工程化中心+企业生产”模式的研究；搭建“产学研用金”等多方机构深度融合的创新生态体系；持续探索“以企业为主体、产业联盟为依托，以市场化应用为导向、产业链深度协同”的高效运行模式。

资源共享机制：创新中心为集聚行业优势资源，与拖拉机动力系统国家重点实验室、土壤植物机器系统技术国家重点实验室等国家级研发平台，以及国家拖拉机质量监督检验中心等国家级质量监督检验中心实现设备、人才等资源共享，围绕农机装备共性技术，提升农机装备研发设计、质量检测和验证能力，构建“产学研用”深度融合的创新生态体系。

技术模式创新：创新中心建设农机装备数字化研发体系，实现正向设计，逐步建立起一种全新的短周期、高效益数字模型择优研制模式，提高了创新设计的速度，推动了创新设计的自动化、智能化进程。

（三）人才管理

截至目前，创新中心研发人员占比76%，主要开展智慧农业平台及大数据平台建设、农业信息监测与采集、农业机器人、新能源技术及农机装备开发等研究工作。其中，硕士、博士以上学历人员占比27%，具有较高专业技能和业务水平，技术骨干平均年龄为36岁左右，研发人员平均年龄33岁左右。

创新中心依托股东单位形成综合性研究支持团队，成员涵盖产品数字设计、智能测控、工艺及材料、制造与检验、数据挖掘等专业，团队结构合理、经验丰富，具备良好的科技创新与研发运营基础。此外，创新中心与中国农业大学、北京理工大学等国内知名高校及企事业单位等开展深度合作，为公司发展提供了强有力的人才和技术支撑。

三、平台建设

（一）农机装备数字化研发平台

农机装备数字化研发平台是利用信息技术和网络技术，实现农机装备平台管理、数字化设计、仿真、虚拟验证和数字化展示，极大地提升农机装备设计、制造协同效率，可有效缩短农机研发周期，减少人工投入成本，是保证产品快速研制的必要手段，并将有力地推动产品研制生产方式的变革。

（二）谷物收获机试验平台

谷物收获机试验平台通过谷物收获机械再收获测试系统将收获机械所有排出物重新收获，同时将里面所含粮食损失进行分类、称重，除此之外还将获取粘在尾板上的谷物，达到筛、震动相关损失全面获取的效果，从而全面系统地分析被验证的收获机械的收获作业工作质量。

（三）农机颠簸振动测试验证平台

基于当前我国农业机械可靠性偏低及可靠性评定办法拥有较多无法克服的缺陷问题，本平台通过在农机每个车轮下方安装一套能够垂直激振的动态液压激振器，通过对各个激振器的精准控制及所采集的道路载荷谱进行多次模拟迭代，从而进行整机颠簸振动模拟试验及疲劳耐久等项目的测试。

第二节　运行成果

一、技术创新

创新中心围绕超级拖拉机、智慧农业设备及平台、农机大数据平台等研发方向部署，均取得了阶段性成果，布局了多项关键共性技术，具体如下。

研发了中马力电动拖拉机 ET504（超级拖拉机Ⅰ号）、氢燃料电动拖拉机（ET504-H）、100 马力轮边电机拖拉机（ET1004-W）；总体围绕果园种植的“耕种管收”的全程无人化、智能化，已开展微耕机器人、巡检机器人、弥雾机器人等的研究开发。

二、中试和工程化

集成应用无人驾驶技术、独立电驱动 PTO 技术、分布式控制技术及网联技术等关键技术，创新中心研发了新能源系列无人驾驶电动拖拉机 ET504、ET504-H，轮边电机拖拉机 ET1004-W，以及多种农业机器人应用于果园及智慧农业生产过程，其中 ET504 已经完成小批量试制，销售至国内多家农业企业开展服务；ET1004-W 轮边电机拖拉机已经完成第一轮下地测试，当前正在进行测试之后的系统优化。

三、成果转化和企业孵化

创新中心持续加大科研投入力度，2020 年突破了新能源自主作业农机装备轮边电机驱动拖拉机传动技术，分布式控制技术，四轮转向技术，倍速转向，斜行转向和协调转向技术，电控提升技术，独立电驱动 PTO 技术，遥控驾驶技术，无人驾驶控制技术及网联技术等关键共性技术，开发了大马力新能源拖拉机、100 马力无人驾驶轮边电机拖拉机、“5G+氢燃料电动拖拉机”。

创新中心采用纵轴流脱粒技术、高效清选技术、HMT 变速、模块化等先进技术，在一机多用、快速更换割台及脱粒系统的基础上，开展多功能联合收获机的研发，通过割台快速更换、割台过载保护等技术，实现小麦、玉米、大豆等多种作物收获。

针对农机无人驾驶系统开发，在无人化农机与农艺相结合的技术、农机自主作业与运维智能管理技术系统、基于北斗的农机自主作业复杂工况定位与导航技术、厘米级导航与机电液多融合调控的精准农机技术，集成创新应用物联网、协同作业、集群调度等关键技术，创新中心在农机装备定位、历史轨迹、油耗、燃油率、故障报警等方面的大数据清洗、筛选、分析、挖掘工作取得阶段性成果，有效支撑了农机装备远程运维服务。

针对农机行业长期以来信息孤岛现象严重，设计、制造协同效率不高，信息化水平相对滞后的问题，创新中心建设农机装备数字化研发平台，首次打通国内农机装备全生命周期数字化管理链条，可大大缩短农机装备创新设计周期，加速农机装备的迭代优化。

针对智慧农业设备及平台开发，创新中心开展超低功耗环境数据采集技术，精准灌溉及水肥一体化技术，设施农业多参数环境监控及设备控制技术，卫星遥感与本地传感融合的气象、土壤、作物的监控技术，LORA 模块便携组网技术，NB 模块多区域互联互通技术，4G 模块远端数据传输等技术开发。

四、行业服务

（一）农机大数据服务

创新中心开发的智能农业装备管理平台，当前接入拖拉机、收获机等农机装备累计超过 8 万台，可实现农机装备包括位置信息、工况数据、作业状态等多项功能，同时为政府、生产商、合作社等提供数据分析报告，以及北斗定位、安全锁车、历史追踪、实时运行状态信息、车辆控制、部分关键设备故障预警等服务。

（二）智慧农业应用服务

基于自主研发的多款智慧农业装备，涵盖了气象、虫情、墒情、作物养分含量、土壤肥力、农药残留、水肥一体化、水电双计量、精准灌溉等，创新中心为农业生产提供检测和控制装备，同时在国内多地区开展智慧农业示范，致力于智慧农业系统开发及应用示范，稳步推进公司产品在大棚、大田乃至丘陵等多种地形的推广应用。

（三）技术创新服务

创新中心紧跟国内外农机装备发展趋势，布局前瞻性研究项目；根据国家战略规划和政策措施，针对关键共性技术进行研究布局；通过技术咨询、转移转化咨询等多种方式，对行业提供公共服务，形成对行业的引领作用。

（四）人才培养情况

2020 年创新中心多次举办/协办峰会论坛、研讨会，推进行业技术交流及推广；多次对主机企业、院校、农机管理部门咨询培训，累计参加培训行业人员 2000 余人；调研/对接企业、协会近百家。

五、合作网络

为了更好地服务行业，创新中心多次举办/协办峰会论坛、研讨会，多次调研国外农机企业；与国内多所著名高校、互联网领域知名企业等签订战略合作协议，并就轮毂电机、5G 战略应用推进、无人驾驶、农机大数据、新能源应用及推广展开合作。

第十四章

国家智能网联汽车创新中心

第一节　建设进展

一、组建情况

国家智能网联汽车创新中心（以下简称创新中心）于 2019 年 5 月 30 日获批，按照“公司+联盟”的模式组建。其中，国汽（北京）智能网联汽车研究院有限公司（以下简称国汽智联）是创新中心的运营主体，通过汇聚多元化创新资源和行业优势，形成以独立法人形式运行的新型创新载体；中国智能网联汽车产业创新联盟（以下简称联盟）覆盖行业有影响力的中外企业，在共性技术研发、标准法规、测试示范、学术交流与国际合作、人才培养等方面开展工作，已成为国内推动智能网联汽车技术和产业发展的重要平台。

（一）公司

1. 股东总体情况

2018 年 3 月 19 日，国汽智联由中国汽车工程学会、中国汽车工业协会及中国智能网联汽车产业创新联盟共同发起筹建。国汽智联成立于北京经济技术开发区，分三批引进股东单位 22 家，包括 18 家国内整车、零部件、信息通信领域的领军企业和科研机构，以及大众、通用、博世、海克斯康等新增的 4 家汽车领域顶级企业，现有注册资本 11 亿元，股东单位平均持股，各家占注册资本的 4.55%，同时国汽智联同丰田签署战略合作协议，丰田出资 10000 万元，以战略合作的方式加入国汽智联。

2. 组织架构

国汽智联作为独立法人单位，设立股东会、董事会、监事会和执行管理委员会等机构；设立技术委员会、投资咨询专家委员会、人事薪酬咨询委员会，聘请行业内具有重要影响力的专家组成。为了更有效地推动智能网联汽车前瞻共性交叉关键技术的突破和关键技术基础平台化的开发与应用，进一步提高组织管理的决策效率和资源配置效率，国汽智联在组织结构上区分技术研发和保障支撑两个维度实施，具体按照事业部、项目部和职能部门分别设计定义。其中，事业部和项目部作为研发任务的责任主体，负责汇聚行业产业链、技术链优势资源，承担前瞻基础与共性交叉技术研发的具体任务，输出技术成果；职能部门作为支撑保障工作的责任主体，负责内控管理、战略政策研究、公共关系、成果转化与项目孵化相关工作。国汽智联同时成立了基金管理公司，负责对创新中心衍生项目的投资，充分发挥资本对科技创新的推动作用，加快新技术的产出、转移和首次商业化。

（二）联盟

2017 年 6 月 12 日，在工业和信息化部指导下，中国汽车工程学会、中国汽车工业协会共同发起，联合成立中国智能网联汽车产业创新联盟，工信部苗圩部长和辛国斌副部长分别担任联盟指导委员会主任和副主任。联盟秘书处设在国汽智联。联盟成员单位涵盖了汽车、通信、交通、互联网等领域的企业、高校、研究机构，目前已发展到理事单位 64 家，普通成员单位 398 家。其中高校院所 45 家，包括清华大学、吉林大学、同济大学、北京航空航天大学等高等院校，以及中国信息通信研究院、交通运输部公路科学研究院、中国汽车工程研究院股份有限公司、重庆车辆检测研究院有限公司等，覆盖了 50%以上的智能网联汽车领域的国家级创新平台。根据智能网联汽车技术路线图研究的技术架构及智能网联汽车产业的发展需要，联盟设立了 V2X、信息安全、自动驾驶地图与定位、新型车载高速网络、基础数据平台、商用车、AVP、产业投融、测试示范工作组、操作系统工作组（部分筹备中）。

二、队伍建设

（一）管理团队

联盟理事长李骏，中国工程院院士，清华大学教授，中国汽车工程学会理事长，曾担任一汽集团副总工程师兼技术中心主任，国际汽车工程学会联合会（简称 FISITA）年度主席。

国汽智联董事长张进华，中国汽车工程学会常务副理事长兼秘书长，曾任中国汽车技术研究中心副主任，具有丰富的行业协同与组织管理经验。

国汽智联总经理严刚，正高级工程师，享受国务院政府特殊津贴专家，曾任江淮汽车集团股份有限公司董事、副总经理，江淮汽车技术中心常务副主任等职务，从事汽车产品研发、生产、营销、管理 30 余年，具有丰富的研发和管理经验。

（二）科研团队

1. *首席科学家*

专家委员会主任李克强，清华大学汽车工程系教授，教育部“长江学者”特聘教授，汽车安全与节能国家重点实验室主任，长期致力于智能汽车系统动态设计与电子控制的研究及产业化，具有丰富的科技成果转化经验，致力于探索适合我国国情的汽车高新技术成果转化的创新机制，孵化汽车科技型企业 20 余家，为我国汽车行业科技成果转化及创业作出了重要贡献。

2. *科研团队建设*

创新中心通过聚焦专家、公开招聘、团队引进等方式组建创新中心人才队伍，引入院士、长江学者、等十余名国内外行业专家。目前创新中心团队 251 人，其中自有员工 208 人，派驻及联合开发人员 43 人；研发人员占比 76.56%，其中博士以上学历人员占比 13.75%，硕士以上学历人员占比 68.75%。

三、机制建设

（一）项目管理机制

创新中心立足于服务国家战略，集聚创新资源，突破行业技术瓶颈，坚持软件开发与硬件开发相结合，坚持技术研发与市场运营统筹协同，为行业企业提供跨领域的共性交叉基础技术和通用平台。基于市场需求与价值实现，创新中心协同汽车产业链成员、高校、研发机构及金融资源，建立“产、学、研、融”深度融合的市场化运行机制，加快新技术的产出供给、转移扩散，加速首次商业化应用进程，充分发挥资本对科技创新的推动作用，形成

“技术、资本、产业”三位一体的产业创新体系，共同培育中国智能网联汽车产业的核心竞争力。

（二）资源共享机制

创新中心从制度管理体系建设入手，通过平台公司组建、基金公司助力、技术成果授权应用等多种方式，构建以满足市场需求为导向的技术成果转化扩散机制，实现技术成果的行业共享。针对创新中心五大基础平台已经孵化成熟的技术专项，按照“成熟一个，发展一个，示范一个”的基本原则，创新中心整合行业优势资源，组织该技术领域的行业头部企业共同发起成立平台公司，使技术成果充分接受市场化检验，并形成示范带动效应。

（三）人才管理机制

为加快推进智能网联汽车技术研发团队的建设，创新中心坚持以需求为基础，项目为核心，围绕我国智能网联汽车产业发展的迫切需求，筛选行业亟待解决的基础、共性、交叉技术，通过建立院士专家工作站、与国内外企业和院校合作进行项目研究等多种方式，推动汽车领域与信息通信、互联网等领域的人才交流与合作，建立国际复合型人才引进联动机制，加快培养一批具有国际领先水平的专家和学术带头人。

（四）知识产权机制

创新中心强化知识产权的创造、保护和运用，大力培育高价值发明专利，鼓励申请实用新型专利和软件著作权，以国汽智联为主导，协同股东、联盟及相关方，共同构建智能网联汽车的知识产权运营体系，实现技术成果的行业共享。创新中心完善体系制度，建立技术成果管理机制，通过编制实施《知识产权管理办法》《知识产权奖励管理办法》等内部管理办法，提升公司的知识产权产出质量，推动公司盘活自主研发成果的知识产权，鼓励发明人通过许可、转让等方式对外运用，使知识产权产生价值和收益。

四、平台建设

创新中心围绕四项关键共性技术，建设包含智能网联汽车智能化试验中心、智能网联汽车网联化试验中心、数据与信息安全中心、智能网联汽车暗室中心、智能网联汽车虚拟测试中心等 5 个试验中心（含 20 个实验室）；提前建成计算平台研发试验室、高精度动态地图与定位试验室、车载高速网络试验室、信息安全试验室 4 个智能网联汽车试验室；实验室建设购置固定资产 155 台（套），其中重大设备 72 台（套）。

创新中心有效地支撑国家智能网联汽车四项关键技术的研发与验证，主要应用于自动驾驶计算平台功能测试、ADAS 控制器功能测试服务；车辆新型攻击技术挖掘与漏洞利用验证、车辆无线通信及服务安全测试；基于车端和路端的高并发数据接入与分发技术研发，高精度定位服务的数据接入、解算、播发、存储加密等关键技术研发。

第二节　运行成果

一、技术创新

（一）中国 ICV 体系架构规划与设计

本项目致力于构建智能网联汽车“中国方案”，首先基于协同的理念，提出人—车—路—云一体化协同控制的智能网联汽车信息物理系统的概念；然后针对该复杂系统的体系架构开展研究，提出一种高普适性、可演进、支持人—车—路—云协同决策控制、面向业务的系统参考架构，以期为政府部门、生产企业和研究机构等做出科学决策提供参考，支撑我国智能网联汽车、智能交通和智慧城市发展。

（二）中国标准智能网联汽车场景库建设项目

本项目采集典型城市集群的场景数据，建立能够反映中国实际特征的场景库，利用数据、模型和工具等资源，服务于不同级别智能网联汽车的研发和测试等应用，支撑中国标准智能网联汽车场景标准体系及测试标准体系建设。创新中心组织同济大学、北京航空航天大学、吉林大学、清华大学、宇通客车、北汽福田、北科天绘和亮道智能等 14 家单位，完成了《中国标准智能网联汽车场景库理论架构体系》研究报告，并于 2019 年 5 月对外发布，为中国标准的智能网联汽车场景库建设提供了方法论指导。

（三）自动驾驶 OS 基础平台

面向中国智能网联汽车行业需求和产业安全需要，创新中心协同行业已有优质资源，联合相关方共同开发自主可控自动驾驶操作系统，夯实智能网联汽车产业安全的共性基础。自动驾驶 OS 将支持具有中国特色的云控、V2X、信息安全、高精地图等产业化落地，推动形成中国标准智能网联汽车。

（四）智能座舱 OS 基础平台

本项目面向行业对车载操作系统的需求和产业安全的需要，组织行业已有优质资源，共同建立智能座舱 OS 基础平台，实现自主可控、满足产业安全的智能座舱 OS 产品开发和应用生态环境的建设。创新中心围绕当前主流车载操作系统的发展现状搭建系统验证平台，支持 Android、Linux、Alios 等多种操作系统运行，结合外围设备，用于评估和验证操作系统的运行状态。平台可以运行音视频处理、图像处理、网联化等功能，用于验证操作系统的性能。

二、成果转化和企业孵化

创新中心积极推动智能网联汽车领域前瞻基础技术和共性交叉技术的突破，整合各方力量打通技术链、产业链，实现核心研发项目从开发、转移扩散到首次商业化应用各环节的贯通，抢占未来技术制高点，弥补短板，打造跨界协同的创新生态系统。

三、行业服务

（一）产业研究

《节能与新能源汽车技术路线图 2.0》是制造强国战略节能与新能源汽车技术路线图的延续、拓展和深化，旨在细化和明确实现制造强国战略汽车强国目标的路径和具体措施，识别未来 15 年汽车技术的重点发展方向、关键技术及其优先程度，提出协同推进汽车技术创新的行动指南，促进新技术的研发和应用，引导创新资源的优化配置，并为相关企业开展技术研发活动提供指引。创新中心编制《智能网联汽车蓝皮书（2019）》，为社会公众全面了解中国智能网联汽车产业技术发展提供指导，为政府部门出台政策法规、生产企业和研究机构等制定战略规划和开展研究提供借鉴与参考。智能网联测试示范区协调支撑工信部开展国家级示范区协同发展及中德测试工作交流，通过调研 10 个示范区，形成《中国智能网联汽车测试示范区发展调查研究》

（白皮书），推动智能网联汽车测试示范区协同开展重点工作，并提出建议。

（二）技术服务

创新中心聚焦智能网联汽车关键共性技术突破，目前已经在智能网联汽车信息物理系统架构、信息安全 V2X 可信体系等方面形成阶段性成果，为智能网联汽车信息物理系统架构与信息安全技术打下基础，高效引领和支撑该行业领域发展，带动其他领域专业发展。基于智能网联汽车信息物理系统架构，创新中心支撑北京冬奥组委开展了冬奥智能网联汽车应用示范场景的顶层设计工作。车联网可信体系在 2019 年度“四跨”示范展示活动中进行应用，并取得参加活动整车企业与各厂商的认可。通过建立智能网联汽车信息安全漏洞与预警平台，创新中心为北汽、长安等整车企业提供信息安全体系建设技术服务，为蔚来、艾拉比等整车和零部件企业提供深度测试服务。

（三）测试服务

创新中心立足于建设国家产品研发、质量提升和认证检测提供技术服务，为政府质量监管和保障消费者权益提供积极支撑。创新中心开展汽车产品自愿性认证、性能评价、信息发布、国际交流、标准制修订等工作，发展行业引领作用；同时在取得相关资质后作为第三方公正的汽车检测技术服务和研究机构，秉承以责任赢信誉的宗旨、以市场为导向的原则，实现可持续发展，打造现代服务业领先品牌；积极承担社会责任，发挥专业优势与行业地位，协助行业主管部门进行行业管理，承担多个国家部委课题，为政府提供政策咨询与解决方案；保持并提高业务的市场占有率，强化服务理念、提升管理水平，更好地为政府、行业、企业提供公正、科学的服务。

四、交流合作

（一）推动人才培训与合作交流

2019 年，联盟联合中国汽车工程学会共同主办“智能网联汽车信息安全专业体系交流培训会”。中国网络安全审查技术与认证中心、国汽（北京）智能网联汽车研究院有限公司、美国密歇根大学电气科学与计算机工程部等单位的资深行业专家进行了授课培训，参与人员包括多家车企、零部件厂商的信息安全相关负责人员。此外，联盟与国外行业组织和国际企业开展深度交流达十余次，包括欧洲汽车电信联盟（EATA）、日本新能源产业技术开发机构（NEDO）等国外行业组织，以及沃尔沃、通用、松下等国际企业，充分探讨各国技术发展动态与趋势。同时，联盟还参与了工信部组织召开的中德自动驾驶合作司局级会议，研究协同机制，交换两国测试示范发展现状，探索联合测试示范方案。

（二）与欧洲汽车电信联盟签署合作协议

2018 年 11 月 16 日，中国欧盟工业对话磋商机制第八次全体会议在北京召开，作为中国与欧盟汽车领域合作的重要内容，中国智能网联汽车产业创新联盟（CAICV）与欧洲汽车与电信联盟（EATA）签署了《合作框架协议》。工业和信息化部总经济师王新哲与欧盟委员会内部市场、工业、创新和中小企业总司（欧盟发展总司）总司长楼芮·埃文斯见证了合作协议的签署。合作协议签署得到了中国工信部与欧盟发展总司大力支持，标志着 CAICV 与 EATA 在推动中国与欧洲之间的智能网联汽车与车联网产业深化合作领域开启了全新的时代，也将为深化中欧汽车领域合作做出积极贡献。

（三）联合国际组织开展 V2X“四跨”活动

联盟于 2019 年 10 月联合行业各方举办“C-V2X‘四跨’互联互通测试示范活动”，邀请 5GAA 作为国际支持单位，60 余家国内外企业积极参与，接待了近 2000 人次国内外嘉宾。活动首次实现了国内“跨芯片模组、跨终端、跨整车、跨安全平台”C-V2X 应用展示，促进了 C-V2X 技术的产业化发展进程，为 C-V2X 产业搭建了重要的国际合作交流平台，为国际产业合作深化打下了坚实的基础。

第十五章

国家先进功能纤维创新中心

第一节　建设进展

一、组建情况

（一）公司

国家先进功能纤维创新中心（以下简称创新中心）是由盛虹集团与东华大学共同牵头，以“公司+联盟”的模式组建的第 13 家国家级制造业创新中心。创新中心依托江苏新视界先进功能纤维创新中心有限公司进行实体化运营，集聚 14 家国内化纤领军企业和知名高校、科研院所作为股东单位，覆盖百余家市场地位突出、行业背景深厚的龙头骨干企业、高等院校和科研院所作为联盟单位，协力打造高端纤维创新解决方案研发平台。创新中心最大程度上汇聚创新资源，开展共性关键技术和竞争前沿技术研发，瞄准新原理、新工艺、新技术，补短板、锻长链，积极实施技术转移、扩散和首次商品化，形成“产学研用融”协同创新机制。创新中心以实现先进功能纤维技术革命性突破、提升我国纤维材料、纺织及终端应用全球竞争优势为目标，力争成为我国化纤行业核心技术的“发源地”、科技创新资源的“集聚地”、世界化纤强国的“助推器”，为我国纤维材料行业实现由“产能优势”向“核心技术优势”转变而不懈奋斗。

（二）联盟

国家先进功能纤维创新中心联盟（以下简称联盟）将先进功能纤维全产业链上下游企业通过业务纽带自然联结，充分整合股东和联盟单位的国家、省级研发平台，目前已经覆盖了50%以上本领域的国家重点实验室、国家工程实验室、国家工程技术中心、国家工程研究中心等国家级创新平台。创新中心立足纤维材料关键技术发展需求和行业未来发展需求，对“十四五”期间行业发展重点领域（纤维新材料、绿色要素、先进纤维及制品、纤维材料大数据智能制造）的关键技术创新路线进行了梳理，制定了《国家先进功能纤维创新中心联盟“十四五”关键技术创新路线图》。目前，联盟已由最初的15家会员单位增加至131家，其中高校、研究院所35家，高端用纤维材料企业18家，生物基化学纤维企业14家，功能纤维新材料企业29家，下游企业24家，原材料、装备企业8家，社团、投资、服务企业3家。2020年联盟开展学术交流6次、技术交流27次、产品研发交流18次。为了更好地向联盟单位与政府传递创新中心最新动态、增进相互间了解，提升联盟活跃性，创新中心每月推出一则简报，包含当月创新中心与联盟重大创新事件与荣誉，国际最新行业资讯与技术动态更新等，形成时效新、内容全面、传播连续的读物。

二、队伍建设

（一）管理团队

创新中心实行企业化运作，依托江苏新视界先进功能创新中心有限公司运营，设立股东会监管下的董事会，董事会作为创新中心决策机构，负责公司重大决策。董事会下采用双负责人制，中心主任（COO）负责日常运营管理，总经理（CEO）负责研发创新管理，包括知识产权部、技术开发部和重点实验室建设管理，副总经理负责研发大楼、中试基地、检测评价中心和成果转化中心的工程建设。创新中心同时实施“技术和管理双轮驱动”组织模式，设立战略咨询委员会、运行决策委员会，负责研判行业发展重大问题并筛选确定研究方向，与联盟共同制定了《国家先进功能纤维创新中心及联盟“十四五”关键技术创新路线图》，以明确发展趋势、发展重点和发展方向，指导行业协同创新，助力我国国民经济实现创新驱动、转型升级。

（三）科研团队

创新中心已经建立了以首席科学家——中国工程院院士、东华大学俞建勇教授等7位行业领域顶尖院士领衔的战略咨询委员会，并根据研发方向和致力于攻克的关键共性技术，配备了 8 个运营、技术双负责人制的顶尖创新技术团队，吸纳了 213 名科技人员，其中全职 108 人，兼职 105 人，引进博士 9 人，硕士 27 人。2020 年 12 月 16 日创新中心国家级博士后工作站获批复，2021 年 1 月 6 日首批博士后进站工作，这将加速创新中心科技成果转化，促进“产学研”的联合。此外，创新中心引进美国加州大学戴维斯分校（UC Davis）纺织服装系孙刚教授及东京大学古月文志教授担任创新中心战略咨询委员会委员，聘任法国鲁贝国立高等纺织工程学院教授、法国国家级科研计划 ANR 材料和生产学科的评审委员曾宪奕担任创新中心兼职研发人员，专家库汇聚了东华大学、清华大学、北京服装学院、北京化工大学、苏州大学及各领域专家。

三、机制建设

一是建立“流程优化、制度完善”的项目分类管理机制。创新中心根据项目属性和应用需求，设置多元化的项目，满足不同项目的运行，通过灵活的项目实施机制，与高校院所、企业合作，开展单边、双边或多边技术攻关和产品开发。二是建立“全面开放、高效动态”的资源共享机制。创新中心与股东单位之间针对仪器设备和人才等进行资源共享。目前，创新中心与股东单位东华大学利用共享设备开展关键技术攻关。三是建立“以人为本、动态调整”的人才管理机制，包括人才的聘用、考评、激励和退出机制。例如，在考评机制中，通过任期目标管理、贡献导向和多元评价、团队考核与个人考核相结合、分类评价标准等，有效地激发创新中心研发人员的队伍活力，并提高人才的利用效率。四是建立“合理分配、权益清晰”的知识产权管理机制。创新中心完善知识产权管理体系，实行项目知识产权由创新中心统一运行管理，明确知识产权归属。创新中心积极利用基金、贷款风险补偿、种子项目融资等方式，吸引社会资本投入，形成知识产权转移转优多元化投入渠道，建立成员单位间利益分享、风险分担的知识产权转移转化机制。

第二节　运行成果

一、技术创新

（一）突破无锑、阻燃聚酯纤维制备技术

为促进纤维生产加工过程绿色化发展，满足国家环保战略政策要求，创

新中心整合股东单位技术资源，自主研发，形成专有技术。在纤维生产、织造、印染后处理过程中，开发和推广使用新型环保催化剂体系，以突破行业绿色可持续发展的技术瓶颈。通过对环保型催化剂的发展布局，创新中心攻克高耐水解性钛系催化剂复配关键技术，优化催化剂聚合添加工艺及熔体管道输送技术，实现聚酯酯化与缩聚的高效稳定催化效果，进行全行业环保型催化剂的应用推广及无锑、阻燃聚酯纤维的绿色化生产。

（二）攻克纤维界面处理技术

纤维界面处理剂在化纤生产中对纤维的质量起着举足轻重的作用。为了弥补化纤油剂短板，实现国产化纤油剂产业链自主可控，创新中心积极探寻行业协同创新模式，通过践行创新与资本融合模式，针对支撑纤维产业链发展的瓶颈，整合研发及产业资源，重点攻克纤维界面处理技术；凝练环保国产油剂的共性科学问题，布局相关应用基础研究和前瞻研究，通过自主创新的纤维界面处理技术，满足纤维在加工及应用过程中的品质及环保要求，实现产业链高水平自主可控；攻克功能性纤维、生物基纤维、高性能纤维界面处理共性关键技术，构建自主创新的油剂制备体系，推进纤维全产业、品种全覆盖的油剂供给安全可控，开辟行业发展新格局。

（三）推广高性能纤维产业化

在航天军工领域，创新中心聘请专业顾问协助股东单位江苏奥神新材料股份有限公司与中航703所达成聚酰亚胺初步开发协议，预计在航天领域取得规模化应用。在高端应用新市场中，高性能材料终端应用已取得初步成效：以芳砜纶帐篷军用隔热毡为切入点，逐步形成产业链上下游一体化经营模式，推动中心股东企业产品在更多新领域使用。

二、中试和工程化

创新中心推进中试基地建设，为跨越创新链条中的“死亡之谷”，加速技术成果转化，建立年产3万吨熔体直纺聚酯阻燃纤维中试生产线。

（一）建设内容

建立全产业链工程化协同开发体系，攻克长效环保阻燃聚酯纤维及制品的产业化成套技术，构建阻燃纤维高效成形中试与产业化平台。

攻克高耐水解性钛系催化剂复配关键技术，优化催化剂聚合添加工艺及熔体管道输送技术，实现聚酯酯化与缩聚的高效稳定催化效果。

实现产品的中试验证、规模化生产与应用示范，形成关键要素的自主创新和知识产权，提升国际竞争力。

（二）核心技术

创新中心重点攻克以下核心技术：1. 多室返流程高效酯化技术；2. 五釜低温连续聚合技术；3. 高效柔性化聚酯制备技术；4. 高品质阻燃聚酯纤维熔体直纺工程化技术；5. 新型无锑聚酯纤维熔体直纺工程化技术。

（三）平台建设

创新中心加快研发大楼项目建设。创新中心研发大楼项目建设用地面积17764.2平方米，建筑面积约25821平方米。1. 建设阻燃纤维、纳米纤维、聚酰胺纤维重点实验室，以及多功能高性能纤维材料实验室、生物基生物可降解纤维实验室。2. 制备聚酯、聚酰胺、芳纶、纤维素纤维等柔性聚合实验装置。3. 搭建静电纺、熔纺、溶液纺、织造、染全系列一条龙加工实验平台。4. 建设阻燃纤维、生物可降解纤维、纳米纤维等先进性能分析测试评价平台。5. 构建原料合成、成型加工、织造、印染、性能评价、成果示范一体化创新载体。6. 推进重点实验室建设。一是与北京服装学院共建阻燃纤维材料实验室，主要开展抗熔滴阻燃聚酯纤维材料的技术开发、高阻燃性聚酯材料的研发、功能性阻燃聚合物及其纤维的研究开发等与阻燃聚酯材料有关的基础研究、工程化技术开发及工艺优化等；二是推进创新中心大数据及纤维智能制造工程实验室建设，推进创新中心区块链项目建设和部署《工业互联网标识解析二级节点》项目；三是推进纳米纤维实验室建设，与北京化工大学合作研发的“熔体微分静电纺纳米纤维长丝技术及装备研究”正在进行中，与上海云同纳米材料科技有限公司、上海交通大学医学院附属第九人民医院就纳米材料及设备、生物医用与大健康领域开展技术交流与合作，项目的整体流程已打通，可快速落地吴江高新区大健康园区及姑苏实验室；三是与联盟单位开展关于芳纶、碳纤维、聚酰亚胺纤维的纳米化研究。

三、成果转化和企业孵化

创新中心开展了无锑聚酯纤维生产及应用、环保型国产聚酯长丝 FDY

油剂开发、阻燃聚酯纤维研制与产业化应用等中试验证项目3项；实施共性技术扩散3项；主持制定行业标准3项，参与国家标准制修订1项；完成先进功能纤维能力建设项目方案及实验室建设方案设计，明确实验室设备采购清单，完成设备采购论证；开展检测、技术服务、咨询等业务实现创收。

四、行业服务

（一）组织安全防护用纤维科研攻关

由于新冠肺炎疫情在全球蔓延，高质量应急防护新材料研发破题刻不容缓。创新中心携手盛虹控股集团有限公司联合设立“盛虹·应急保障与公共安全用纤维材料及制品科研攻关项目”专项基金，旨在推动相关学科基础研究、关键技术和科技成果产业化攻关。

创新中心组织全国化纤材料及相关领域的专家、科研人员开展科研项目攻关，针对个人防护、医学防护、生化防护等领域的迫切需求，创新开发石墨烯纳米纤维膜复合增强、远红外热杀菌技术，实现纳米纤维滤膜口罩的可重复使用；自主研制熔体微分静电纺聚乳酸微纳米纤维膜成型技术试验装置，并实现产业化；通过多层结构设计，开发可重复性使用的舒适型防静电病毒隔离面料；开发纤维基有机电化学晶体管传感器一体化制备技术，应用于智能可穿戴领域。创新中心实现科研实力的全面提升、工艺技术的创新升级、产品及理念绿色化和智能化；完善纺织新材料质量标准体系，实现防护材料、医疗卫生用纺织品的全面提升；展现作为国家制造业创新中心所具有的组织创新能力、蓬勃朝气与新生活力；促进工艺技术的创新升级、产品绿色化和智能化。目前，创新中心31个立项项目取得阶段性成果，其中包括创新石墨烯纳米纤维膜复合增强、远红外热杀菌技术，实现纳米纤维滤膜口罩的可重复使用；通过多层结构设计，开发重复性使用舒适型防静电病毒隔离面料；开发纤维基有机电化学晶体管传感器一体化制备技术，并应用于智能可穿戴领域等。

（二）发布聚酯长丝智能车间团体标准

2021年1月25日，创新中心、国望高科、东华大学、化学纤维工业协会、北自所、新凤鸣、恒逸石化等多家股东联盟单位编写的团体标准《聚酯长丝智能车间第1部分：体系架构》（T/CNTAC 73.1-2021）正式发布，并于

2021 年 2 月 15 日实施。本标准构建了聚酯长丝智能车间的体系，包括生产过程、系统层级和智能特征，为企业建立聚酯长丝智能车间提供标准依据，推动聚酯企业转型升级。

五、合作交流

为解决高校科技成果转移转化、企业发展转型技术需求难题，推动高校和企业间的“产学研”合作对接、真正实现需求落地，对标国家对创新中心的发展服务要求，创新中心以联盟为核心，积极组织开展高校与企业间的技术交流；认真听取企业在产品技术、生产转型、战略投资上的疑惑与难题；联络满足需求的企业与专家团队；举行对接会、沙龙活动，增进沟通的同时为解决问题提供思路。创新中心已与东华大学、北京服装学院、天津工业大学、苏州大学、青岛大学、武汉纺织大学等高校，以及国家后勤部军需装备研究所、江苏省纺织产品质量监督检验研究院、际华系统工程中心等研究院所和企业开展合作交流活动。

第十六章

国家稀土功能材料创新中心

第一节　建设进展

一、组建情况

（一）公司

1. 股东构成

国家稀土功能材料创新中心（以下简称创新中心）以“公司+联盟”的模式运行，以国瑞科创稀土功能材料有限公司（以下简称国瑞公司）为核心、以联盟为外延，构建“小核心+大联盟”的创新体系。国瑞公司由江西理工大学牵头，联合中国北方稀土、江西铜业集团、中国南方稀土等 16 家行业重点单位注册成立，注册资金 1 亿元。公司股东涵盖了国内高校、研究院所、大型稀土企业和投融资机构，具备了较强的“产学研用融”协同创新能力。国瑞公司将秉承开放融合的理念，进一步吸纳产业链上下游企业、知名院所加入，共同建设国家稀土功能材料创新中心。

2. 组织架构

国瑞公司依据《公司法》制定了公司章程，设立了股东会、董事会、监事会等基本机构。同时，在两家省级创新中心专家委员会的基础上，整合成立了由张洪杰院士、沈保根院士领衔的国家级创新中心专家委员会。国瑞公司依托现有中国稀土功能材料产业创新联盟，进一步吸纳产业链上下游单位加入联盟，为创新中心高质量运行及快速发展提供保障。

3. 核心队伍

国瑞公司共有专职管理人员 30 余人，其中董事长、总经理、副总经理、财务总监、总工程师等高层管理人员均由经验丰富的领域专家或企业家担任，具有丰富的工作经验，组织协调领导能力强，并且拥有较高的业务能力。

王伟生，男，1967 年 7 月生，博士，副教授，现任国瑞科创稀土功能材料有限公司董事长、江西理工大学校务委员会副主任、江西理工科技产业有限公司董事长。

刘威，男，1972 年 8 月，博士，工程师，现任国瑞科创稀土功能材料有限公司总经理、包头稀土研究院副院长。

创新中心牢固树立"人才是第一资源"的发展理念，以"内培外引"为手段，柔性引进高端领军人才，刚性培养内部优秀人才。创新中心组建了 17 支科研团队（包含乌克兰国家科学院比罗乌斯院士和日本永田浩团队），共计 220 余人，其中，具有博士学位人员 112 人，长江学者 1 人、"万人计划" 3 人、"国家高层次人才" 2 人、中科院"百人计划" 5 人。

4. 专家团队

创新中心组建了以张洪杰院士担任主任、沈保根院士担任副主任，11 名稀土行业顶尖专家组成的专家委员会，代表了我国稀土领域的最高水平。2020 年 11 月 28 日，专家委员会首次会议暨战略研讨会在北京召开，为创新中心在专业方向建设及布局提供了战略咨询与指导，指明了研究方向，有效保障了创新中心的先进性和权威性，为解决行业共性关键技术，进一步提升我国稀土产业的国际影响力打下了坚实基础。

（二）联盟

创新中心依托中国稀土功能材料产业创新联盟（以下简称联盟），包括六大稀土集团在内的 40 余家行业重点单位，覆盖了本领域 50%以上的国家级创新平台，具备了较强的关键共性技术研发和技术成果转移转化的能力。同时，联盟还覆盖了离子型稀土资源开发及应用省部共建重点实验室、江西省稀土磁性材料及器件重点实验室、内蒙古稀土功能材料重点实验室等 20 余家省部级重点创新平台，行业创新资源集聚效应显著。

联盟多次参与协办 2020 年中国稀土行业协会学术年会等会议及论坛，与行业单位就产业发展、人才交流、项目合作等进行研讨交流。

二、机制建设

创新中心在江西、内蒙古自治区两个省级创新中心运行基础上，借鉴行业单位优秀管理经验，出台了项目管理办法、专项经费管理办法等，保障了项目的规范高效推进，同时充分调动了科技工作者的积极主动性；与股东单位、部分联盟单位等签署了平台共建共享协议，推动行业资源共享，积极打造开放的创新平台；以项目为纽带，以学术研讨、技术合作、成果孵化为桥梁，建立与行业优势团队的密切联系及合作，集聚本领域高层次人才，发挥人才创新引领作用；遴选先进、成熟的技术成果进行中试孵化，同时引入第三方基金公司或生产企业，与研发团队、创新中心联合成立项目公司，促进知识产权落地生根，推动技术成果产业化。

三、平台建设

创新中心立足江西赣州、内蒙古包头两地稀土资源及产业特点，重点围绕稀土领域关键共性技术中试孵化环节，通过“自主建设+共建共享”相结合的模式，两地整合建设场地60000平方米，全力推动“4中心、11平台”的建设。4中心包括技术及应用推广中心、公共服务中心、人才培养/培训中心、国家合作交流中心。其中以技术及应用推广中心等为主，搭建8个技术创新平台和3个公共服务平台作为战略支撑，建设17条中试示范线，逐渐形成服务稀土功能材料产业发展的特色阵地。

（一）稀土磁性材料及应用技术创新平台

聚焦晶界扩容、高性能磁性材料制备等核心关键技术攻关，建设高性能稀土永磁材料研发及表面防护中试示范线，开发磁浮轨道交通专用磁体、稀土永磁无刷电机等产品；打造智能稀土永磁磁浮轨道交通工程试验线，实现“零功率悬浮”技术在轨道运输系统应用从0到1的突破；建设稀土粉体材料产业示范线，突破钕铁硼磁粉修饰改性、永磁体近净成型技术；建设热压钕铁硼辐射磁环中试示范线，开发高性能热压薄壁磁环产品。

（二）稀土储氢材料及应用技术创新平台

聚焦低自放电性能稀土储氢合金材料制备、启动电源/应急电源镍氢电池制备等核心关键技术攻关，研发具有自主知识产权的高容量稀土储氢材料，突破专利壁垒，研究储氢材料在固态储氢的应用；建设高性能稀土储氢材料产业示范线，开发储氢材料的催化功能，成功研制硼氢化钠燃料电池应急电源。

（三）稀土光功能材料及应用技术创新平台

聚焦氮氧化物绿色荧光粉高温高压合成、中远红外稀土掺杂激光晶体、大尺寸高光输出快衰减稀土闪烁陶瓷材料等核心关键技术攻关，建设稀土掺杂激光增益材料中试示范线，开发大尺寸高功率激光晶体、稀土掺杂特种光纤等产品，满足激光通讯和激光医疗等领域的应用。

（四）稀土催化材料及应用技术创新平台

聚焦低温稀土基脱硝催化剂制备、移动源脱硝催化剂制备等关键技术攻关，研发具有自主知识产权的催化材料，突破国外专利壁垒，建设稀土系环境催化剂产业示范线，推动稀土催化关键材料的大规模商业化应用。

（五）稀土合金材料及应用技术创新平台

聚焦一体化稀土铜箔制备、耐腐蚀耐热稀土镁（铝）合金产业化制备、高纯稀土金属及靶材杂质纯化等核心技术攻关，建设稀土铜材料中试示范线，突破高频高速通讯用稀土铜箔、低损耗高强高导稀土铜合金产业化关键制备技术；建设稀土铝镁合金、高洁净稀土铁合金产业示范线，突破稀土镁合金低压铸造成型技术、高洁净稀土铁合金制备及其在钢中应用技术。

（六）稀土其他应用材料技术创新平台

围绕信息技术产业、节能环保材料等方面，开发稀土特殊物性化合物，建设中试示范线，研发具有自主知识产权的镧铈反射隔热材料，形成系列产品。

（七）稀土资源开发和二次资源回收利用技术创新平台

聚焦离子吸附型稀土开采矿区复垦与生态重建、钕铁硼闪速焙烧技术、稀土二次资源回收利用技术、白云鄂博矿绿色环保冶炼分离技术等核心技术，建设稀土二次资源回收利用示范线、离子型稀土资源高效开发产业示范线、稀土资源绿色环保冶炼分离新技术中试示范线，实现稀土资源高质高效利用。

（八）稀土功能材料智能制造及信息化技术创新平台

聚焦生产实时监测与控制、过程数据在线检测与信息反馈、自动化装备及控制等关键技术攻关，建设中试示范线，实现离子吸附型矿山、冶炼分离、稀土金属、烧结钕铁硼制备的智能制造，推动全产业技术装备智能化更新与升级。

第二节　运行成果

一、技术创新

根据《建设方案》，经过干勇院士、张洪杰院士、沈保根院士、李卫院士等知名专家论证确定的关键共性技术及“卡脖子”技术，创新中心组织科研团队开展了稀土永磁变频快速沉积技术，超高性能钕铁硼永磁材料、新型La-Y-Ni 储氢合金、晶界扩容制备技术，高性能稀土铜箔制备技术，低成本高性能稀土镁合金材料研发，高性能钕铁硼磁体辐射磁环批量制备技术，稀土基脱硝催化剂制备技术开发，稀土资源闪速煅烧制备技术等 30 余项技术研发并取得阶段性成果。部分技术攻关情况如下。

1. 高温度稳定性烧结永磁体晶界扩容制备技术。创新中心与江西省稀土磁性材料与器件重点实验室合作，基于轨道交通、永磁电机用磁体在复杂工况下的使用需求，联合开发晶界扩容制备技术，通过晶界、扩散源、烧结工艺等一系列参数协同调控，大幅节约了重稀土用量（42EH 磁体重稀土用量由 8*wt.*%降低至 5.5*wt.*%），磁体矫顽力（提升 1～2kOe），有效提升了扩散效率（16 小时降低至 12 小时）；相关技术已在 50kg 中试线得到论证，磁体性能稳定性、产品一致性较好，兼具一定的耐腐蚀性，有效改善了其环境适应性。通过磁路设计与优化，结合阵列调控，该技术可以有效提升磁体的悬浮作用力，可稳定应用于永磁磁浮轨道交通系统中。

2. 稀土粉体材料修饰改性技术。创新中心与包头稀土研究院、中科院上海有机所、北京工业大学、包头韵升强磁材料有限公司等单位合作，开展相关工作，建成“粉体材料测试评价实验室”，研制了首台（套）低氧气氛保护综合测试工作站，进行稀土粉体综合特性测试；结合钕铁硼表面特性和有机添加剂性质，研制绿色环保改性剂，提高钕铁硼磁粉的润滑性和抗氧化性。

3. 稀土掺杂激光晶体生长制备及性能研究。技术团队开展了稀土掺杂可见波段激光晶体、1.5 微米波段蓝宝石包层平面波导激光晶体研究，探索了 $Ca^3NbGa^3Si^2O^{14}$（CNGS）制备工艺及稀土离子掺杂优化，Dy^{3+}：CNGS

晶体有望通过 450nm 波段半导体激光激发实现可见激光输出；研究了蓝宝石模板结构尺寸的设计及相关联的热场模拟计算等，形成了一套蓝宝石模板辅助生长平面波导结构激光晶体的有效生长方法，获得了一种新型一体化平面波导激光晶体材料 Sapphire/Er^{3+}：Yb^{3+}：CNGS/Sapphire，基于该平面波导结构实现 1.55 微米波段的连续激光输出功率达 1.2W，突破了现有 Er^{3+}-Yb^{3+}共掺晶体的最高水平。

4. 硼氢化钠燃料电池阳极催化剂制备技术。创新中心与包头稀土研究院、北京颐源新能源科技有限公司合作，使用 La-Fe-B 系储氢合金作为阳极催化剂，突破储氢合金电极氢气活化技术，实现硼氢化钠燃料电池高效放电，功率达到 65mW/cm^2。

5. 5G 高频高速用稀土铜箔关键制备技术。技术团队开发了一组由钨酸钠、聚乙二醇等复合添加剂组成的新型环保添加剂及其铜箔表面深镀粗化处理技术。针对 35μm 铜箔，粗化瘤点均匀，附着紧密，抗剥离强度由 1.8Kg/cm 提高至 2.1Kg/cm（FR-4 试验材料），标箔毛面粗糙度由传统的 Rz≥9.0μm 降低至 Rz≤8.0μm，有效节约了镀铜消耗成本，改善了掉粉现象。

开发稀土微粗化处理技术服务 5G 通信高频高速铜箔应用。技术团队利用稀土硫酸铽、硫酸钇等细化剂制备出 18、35μm 厚反转铜箔，铜箔表面粗化瘤点粗糙度 Rz≤2.5μm，有效减小“集肤效应”，压制树脂板的抗剥离强度≥0.7Kg/cm，进一步降低了表面粗糙值，以满足 5G 高频高速通信低轮廓的要求。同时，实现了两种形状式粗化细瘤点颗粒：米粒状、圆球状，拓展了微粗化技术能力。

6. 稀土多彩反射隔热涂料制备技术。创新中心与天津包钢稀土研究院、天津澜晶新材料科技有限公司合作，成功制备出具有自主知识产权的系列稀土彩色反射隔热涂料产品，经国家建筑材料测试中心检测，涂料的各项指标均符合国家标准要求，部分产品主要性能优于市场上的同类产品，具有竞争优势。该项技术的成功，不仅在于开发了建筑节能新产品，同时也有利于平衡利用稀土高丰度元素镧铈。

二、中试和工程化

以市场需求为导向，创新中心遴选了“稀土永磁磁浮轨道交通系统”“烧结钕铁硼多极辐射磁环”“稀土资源闪速煅烧制备技术”“低成本、高性能稀土镁合金材料研发”“稀土永磁无刷电机应用”等多项技术成果，已与企业合作进行中试孵化并建设中试线，部分成果已取得阶段性重要进展。

1. 稀土永磁磁浮轨道交通系统专用磁体研发及表面防护中试示范线。创新中心与江西省稀土磁性材料与器件重点实验室共建，研究开发轨道交通专用磁体和新型脉冲快速沉积技术，在原有设备的基础上，购置真空连续快淬系统、真空连续热压系统、全自动喷涂设备等，通过提升磁体性能和优化磁路设计，实现每公斤磁体悬浮作用超过 600kg，磁体的耐腐蚀性能得到有效改善。

2. 钕铁硼辐射磁环中试示范线。创新中心与包头稀土研究院共建，在稀土研究院前期工作的基础上，进行了场地规划、循环水路改造、配电线路扩容，并购置热变形压机、热压机、冷压机、真空晶化热处理炉设备，将解决辐射磁环辐射取向成型、烧结变形、加工困难等产业化关键技术难题。

3. 稀土粉体材料中试示范线。建设地点位于包头稀土高新区高新技术特色产业基地，占地面积 2000 平方米，主要设备氩气气流磨、高效剪切混料机等已具备运行条件，工作正在陆续展开。在该示范线上，将开展“HDDR”专用设备、并联式烧结炉、粉体无氧转运系统等试制并运行，这些设备均为国内首台（套）研制，将建成“专利+标准+工艺”的年产 500 吨高性能钕铁硼磁粉+磁体的先进示范线。目前稀土粉体项目已获批“科技兴蒙”、内蒙古科技计划技术攻关、包头市科技计划等资金支持。

4. 稀土掺杂激光增益材料中试示范线。创新中心与中科院福建物构所、江西理工大学、东北大学、虔东稀土集团等单位合作，开发稀土掺杂大尺寸高功率激光晶体、稀土掺杂特种光纤等产品，购置特种光纤拉斯塔、激光基座法单晶光纤生长炉等设备，提升大尺寸激光晶体中稀土离子分布的均匀性、特种光纤的稳定制备与激光输出效率。

5. 稀土铜材料中试示范线。创新中心与江西理工大学、国家铜冶炼及加工工程技术研究中心、江西铜业集团、安徽铜冠铜箔等单位合作，在现有研究基础上，购置真空烧结炉、低压烧结炉、旋转窑、循环伏安剥离仪等设备，开发 5G 高频高速通讯用稀土铜箔，低损耗高强高导稀土铜合金，稀土铜箔、Cu-Sn、Cu-Ag 合金等新产品的制备及工艺开发工作有序进行，部分试制产品性能优于日本进口产品。

6. 稀土多彩反射隔热涂料中试示范线。2021 年 5 月底将建成一条年产 100 吨的稀土多彩反射隔热涂料中试示范线，目前设备均已就位进行调试，实验室产品已在试用中，2021 年底将获得户外使用案例验证数据。

三、成果转化和企业孵化

1. 智能稀土永磁磁浮轨道交通系统：实现了“零功率悬浮”技术在轨道运输系统应用从 0 到 1 的突破，与现有磁悬浮轨道系统相比具有节能、绿色、低成本的显著优势，每公里稀土永磁材料应用量达到 95 吨，极大拓展了稀土永磁材料的应用领域；创新中心注册成立了江西永磁磁浮科技有限责任公司，负责在赣州市兴国县建设智能稀土永磁磁浮轨道交通工程试验线。

2. 稀土资源闪速煅烧制备技术：实现了对传统隧道窑的替代，能耗降低 60%以上，节省人力成本 90%以上，每吨氧化稀土比之前的工艺节省成本 1500 元以上；创新中心注册成立了江西闪凝科技有限公司，负责技术成果推广，其中首台（套）装备将在中国南方稀土集团启动建设。

3. 稀土企业智能管理平台：采用新一代人工智能技术及可信网络技术，开发了一套基于稀土企业的 RIFMS 系统，为用户提供生产、经营、设备等相关采集与分析，为行业企业提供智能制造的整体解决方案；创新中心注册成立了赣州国创稀金智能科技有限公司，负责技术成果推广，该技术已在赣州富尔特、吉安鑫泰等企业成功落地，并已与四川江铜稀土、赣州齐飞等企业签订项目合同。

四、行业服务

创新中心与江西理工大学、国家钨与稀土产品质量监督检验中心、包头稀土研究院等单位合作，共建共享科研平台及测试评价平台；开展了“离子型稀土绿色开采与冶炼高级研修培训”“先进检测技术线上培训”“标准立项培训技术培训班”“稀土磁性材料测试评价技术高级培训班”等 10 余次相关行业技能培训，累计培训人数 1000 余人次，持续为产业输出创新人才；为四川江铜稀土、赣州富尔特等企业提供技术、咨询等相关服务 20 余次。

五、合作网络

创新中心开展国际交流合作、各国家创新中心之间交流合作、创新中心成员单位之间交流合作、与创新中心以外单位交流合作等。

创新中心积极组织和参加国内外学术交流会议，参与承办了中国稀土学会 2020 学术年会暨江西（赣州）稀土资源绿色开发与高效利用大会、第十二届中国包头稀土产业国际论坛稀土新材料测试评价分论坛、中国稀土行业信息媒体产业融合发展分论坛、国际标准基础及发展交流研讨会等高规格会议。

创新中心同西班牙马德里高等材料研究院、韩国韩中科学技术合作中心、北京信息科技大学、广东省科学院、西北有色金属研究院等国内外高校、研究院所、大型企业开展了学术技术交流、走访调研等多种形式的交流活动，通过联合外部资源，拓展创新中心的合作领域，逐步提升创新中心的科研地位及学术影响力。

第十七章

国家集成电路特色工艺及封装测试创新中心

第一节　建设进展

一、组建情况

（一）公司

1. 股东构成

华进半导体封装先导技术研发中心有限公司（以下简称华进半导体）作为江苏省无锡市落实中央打造以企业为创新主体的新创新体系典型，在江苏省无锡市政府、国家 02 科技重大专项与国家封测产业链技术创新战略联盟的共同支持下，于 2012 年 9 月在无锡新区正式注册成立。公司英文全称为：National Center for Advanced Packaging Co., Ltd.（NCAP China）。发起设立的股东共 5 个，分别为中国科学院微电子研究所、江苏长电科技股份有限公司、南通富士通微电子股份有限公司（现通富微电子股份有限公司）、天水华天科技股份有限公司、深南电路有限公司（现深南电路股份有限公司），注册资本 1 亿元。

2014 年 6 月新增 4 个股东，分别为苏州晶方半导体科技股份有限公司、安捷利电子科技（苏州）有限公司、江苏中科物联网科技创业投资有限公司、深圳市兴森快捷电路科技股份有限公司，注册资本由 1 亿元增加至 1.61 亿元。

2015 年 12 月新增股东国开发展基金有限公司，注册资本由 1.61 亿元增加至 2.11 亿元。

2019 年 2 月，股东中国科学院微电子研究所增资华进半导体，注册资本由 2.11 亿元增加至 2.34 亿元，其中增资部分的 90%折合为 9.002%的华进半导体股权，作为为相关技术成果做出重要贡献的人员的奖励，转让给团队并由公司总经理曹立强代持。

2020 年新增江苏省产业技术研究院有限公司、江苏新潮科技集团有限公司、南通华达微电子集团股份有限公司、西安天利投资合伙企业（有限合伙）、联能（深圳）投资合伙企业（有限合伙）5 家股东，注册资本由 23445 万元增加至 26057 万元。

2021 年新增无锡合进企业管理合伙企业（有限合伙）、无锡芯进企业管理合伙企业（有限合伙）、无锡益进企业管理合伙企业（有限合伙）3 家股东，到目前共有 19 家股东，注册资本由 26057 万元增加至 27557 万元。

国家集成电路特色工艺及封装测试创新中心（以下简称创新中心）依托华进半导体的股东，汇集了集成电路封测与材料产业龙头企业，包括在封测领域全球排名第 3、国内排名第 1 的封测大厂江苏长电科技，封测领域全球排名第 6、国内排名第 2 的封测厂商天水华天科技，封测领域全球排名第 7、国内排名第 3 的封测厂商通富微电子，印制电路板领域全球排名第 10、国内排名第 1 的深南电路，柔性电路板领域全球排名第 8、国内排名第 1 的安捷利科技，快速印制电路板领域全球排名第 1 的兴森快捷科技，硅像素影像传感器领域、全球排名第 1 的苏州晶方科技，硅像素影像传感器领域、国内排名第 2 的华天科技也在昆山设立了子公司。

2020 年 4 月，华进半导体正式获批建设创新中心，基于华进半导体前期的优良业绩，在行业内影响力不断提升的情况下，吸引了众多优质战略合作伙伴加入，2020—2021 年多家行业上下游企业均完成投资，为国家制造业创新中心建设提供了资金保障。

2. 组织架构

华进半导体实行规范的现代化企业管理模式。公司最高权力机构为股东会，股东会由全体股东组成，通过召开股东会的方式行使职权，各股东按照出资比例行使表决权。由股东会、职工代表大会选举产生董事、职工董事，组成董事会，董事会对股东会负责。由股东会、职工代表大会选举产生监事、职工监事，组成监事会。董事会决定聘任公司经理，公司经理对董事会负责，在授权范围内形使职权。

华进半导体现内设证券事务部、财务部、人力资源部、综合事务部、科技合作部、战略部、市场与产业化部、基础研发部、技术导入部、前道工程部、后道工程部、运维部、质量部、供应链管理部共 14 个部门及其他分支机构，各部门根据职能协同开展工作。

（二）联盟

创新中心依托的国家集成电路封测产业链技术创新战略联盟（以下简称联盟）成立于 2009 年 12 月，联盟秘书处依托华进半导体，汇聚了全国范围内 71 家产业链上下游单位，由秘书处组织联盟日常运行工作，由理事会组织联盟运行工作，包括企业、科研院所、高校等各类创新主体。联盟成立多年来，在政府相关政策引导和行业主管部门的指导支持下，积极发挥资源平台和整体优势，围绕国家 02 科技重大专项等重大创新课题，以我国集成电路封测产业未来发展的关键技术与重大科技产品创新为目标，整合产业链资源，突破关键技术，促进技术创新体系建设，推进创新成果的共享与产业化，为提升我国集成电路封测产业的自主创新能力和整体创新水平起到了应有的作用。

联盟在国家科技部相关司局和 02 科技重大专项实施管理办公室、总体组的领导下，在各理事单位的大力支持下，近年来为行业发展做出了许多积极贡献，及时发布行业最新信息及企业最新动态，按进度严格管理国家封测联盟项目、启动大板扇出型封装技术联合体二期、加强封测装备厂商与用户的交流合作、组织专业调研环保宣传及高端封测技术交流，热情周到地服务产业成员单位开展工作，积极服务联盟成员和地方政府等助力封测产业发展，完成了《集成电路工业全书》封测内容的编写。

联盟积极组织高端封测技术交流活动和团体标准的制定，并开展团体标准试点工作。联盟组织长电科技、通富微电、华天科技（昆山）、华进半导体等封测联盟成员单位，开展团体标准编制工作。2020 年，创新中心围绕先进封装主持了 1 项国家标准的制定，创新中心主导的国家标准《半导体加速度计》经多次讨论修改，已完成征求意见稿初稿，正在组织专家进行评审，2021 年将完成送审稿提交。通过研究和制定先进封装标准，提高了联盟组织和开展标准化工作的能力，对提升企业竞争力，实现产业可持续发展具有重要作用。

联盟的重要作用为搭建封测领域“产学研用”各方沟通交流的良好平台，交流内容包括大板扇出、3D、TSV、5G、光电学技术、功率电子、IoT 等主题。广泛邀请联盟各成员单位及国内外知名半导体公司参加研讨交流，大大促进了集成电路领域内企业间的技术交流，有助于最终营造集成电路全产业链合作发展的良好局面。

根据国家产业创新发展的新形势需要，联盟积极开展专业调研、环保宣传和培训交流活动，积极服务联盟成员和地方政府等助力封测产业发展，协助组织申报一批江苏重点项目和课题。随着各级政府对集成电路产业支持政策和相关支持举措的实施，联盟秘书处根据《关于为会员单位出具证明函的业务管理办法》，安排专人负责联络和调研，指导和帮助企业完善证据链，为申报“省专精特新小巨人企业”“江苏省首台（套）重大装备认定”等项目的企业给予支持。目前，联盟继续位列科技部试点联盟“活跃度高的联盟”第一方阵，成为 2016—2019 年度连续 4 年活跃度高的科技部试点产业技术创新战略联盟。

联盟主要创新活动所涉及领域为装备制造（含高端装备制造）、电子信息（含新一代信息技术）、节能环保、新材料。联盟产业技术创新目标为整合产业链资源，突破关键技术，促进技术创新体系建设，推进创新成果的共享与产业化。联盟创新成果主要应用区域在河北、湖南、湖北、安徽、江苏、浙江、广东、陕西、北京、上海、重庆；主要成员单位分布区域在湖南、安徽、江苏、浙江、甘肃、北京、上海。联盟覆盖本领域 80%的国家重点实验室、国家工程实验室、国家工程技术中心、国家工程研究中心等国家级创新平台，目前总数为 9 家。

二、队伍建设

（一）管理团队

总经理肖克来提：男，中国国籍，博士研究生。1996 年毕业于清华大学材料科学与工程专业，获学士学位；2001 年 7 月毕业于中国科学院上海冶金研究所（现上海微系统所）材料物理与化学专业，获博士学位。2001—2004 年就职于上海微系统与信息技术研究所，担任副研究员，作为主要负责人筹建了国家 MEMS 重点实验室封装部，并负责重点实验室的全面运营；2004—2005 年就职于 RF Micro Devices 北京公司，担任失效分析和可靠性部门负责人，组建了 RFMD 在美国本土以外的第一个 FA/REL 部门和团队；2005—2019 年就职于英特尔公司，先后担任产品封装技术开发经理、固态硬盘技术开发高级经理、非易失性存储事业部工程与研发总监；2019 年 10 月加入华进半导体，现任华进半导体总经理。

资深副总经理秦舒：男，中国国籍，本科，研究员级高级工程师。1982年毕业于西安电子科技大学半导体物理与器件专业，获学士学位。1982—2010年就职于中国华晶集团公司，历任技术员、副主任、主任、副厂长、厂长、副总经理；2010—2012年就职于江苏晶鼎电子材料有限公司，担任常务副总经理；2012年8月参与组建华进半导体，兼任江苏省半导体行业协会秘书长、集成电路封测产业链技术创新战略联盟副秘书长，现任华进半导体资深副总经理。

副总经理孙鹏：男，中国国籍，博士研究生，入选江苏省“双创团队”核心成员、无锡市太湖人才计划“创新领军团队”核心成员。1997—2001年就读于北京科技大学物理化学专业，获学士学位；2001—2004年就读于上海大学材料工程专业，获硕士学位；2004—2007年就读于瑞典查尔默斯理工大学微电子及纳米技术专业，获博士学位。2008—2012年先后就职于中国香港ASTRI担任材料与封装技术事业部高级可靠性工程师（2008—2010年），新加坡STATS Chip PAC（上海）有限公司担任工程部主任工程师/经理（2010—2012年）；2012年11月加入华进半导体，现任华进半导体副总经理。

副总经理林巳延：男，中国国籍，毕业于中央党校经济管理学院南京大学涉外经济管理经营管理专业，获学士学位。1981—1985年，在无锡无线电工业学校半导体制造专业学习；毕业后曾任中国华晶电子集团公司厂长秘书、党支部书记、集团团委书记、集团宣传部部长；2002年加入华润微电子有限公司，历任综合管理部部长、党群工作部部长、媒体总编辑等职务，其间曾担任无锡市企业家协会、经济信息网络协会理事（常务），无锡市企业内刊协会副会长兼秘书长等职务。曾获江苏省科技进步二等奖、江苏省企业优秀新闻工作者、江苏省优秀团干部、无锡市优秀宣传干部等称号。2018年加入华进半导体，现任华进半导体副总经理。

副总经理李祥：男，中国国籍，毕业于东南大学微电子专业，获学士学位。毕业后曾任电子工业部24所无锡分所（现为中电集团58所）部门经理、华润上华半导体有限公司厂长/工程处总监、华润晶芯半导体有限公司副总裁、华润上华政府项目部 MEMS 资深总监、华润微电子总部战略发展部总监、华进半导体副总经理等职务。通过多年的工作积累，在生产制造运行（工艺、设备、生产制造）、新工艺开发、成品率提升、质量改善、运营效率提升等方面具有丰富的经验，曾获国家科技进步三等奖（1992年），在国内刊物上发表文章20多篇。

董事会秘书、财务总监邬成忠：男，中国国籍，毕业于华东理工大学会计学专业，获学士学位，高级会计师、注册会计师、注册税务师。1992年8月至2020年2月，于扬州大学基建财务会计专业学习，曾任中国华晶电子集团公司计划财务部会计、中国香港上华半导体有限公司财务部财务长、无锡华晶上华半导体有限公司财务部财务经理、华润上华科技有限公司（中国香港主板上市公司HK.0597）财务部财务经理/资深财务经理，曾先后担任华润微电子有限公司（中国香港主板上市公司HK.0597）财务部资深财务经理/财务部助理总监/副总监、华润微电子有限公司（SH. 688396）财务部总监。获评无锡市"高端会计人才"称号，入选2019年度无锡市"太湖人才计划"、江苏省高新企业评审财务专家库成员、无锡市工信局专家库成员、无锡市财政局首批高端会计咨询专家、无锡市总会计师协会会员。2020年10月加入华进半导体，担任公司董事会秘书、财务总监。

（二）科研团队

创新中心一直以来非常重视人才队伍的建设，不断引进培养高层次人才（包含高学历、高职称、高技能人才），建设高端创新团队。创新中心实施大兵团作战，组建成员约300人，专职研发人员占比80%以上，副高级以上职称人员20人；先后引进国家重大人才工程人员（8名）、中科院"领军人才"（2名）、江苏省"创新人才"（5名）、江苏省"JITRI"研究员（2名）、海外归国人才（20余名），团队成员拥有国内外知名企业及研究所多年工作经验。

创新中心研发团队由入选中国科学院、国家重大人才工程的领军人才和具有海内外丰富研发经验的人员组成，研发人员近百人，其中一半以上具有博士学位和硕士学位。创新中心拥有3200平方米的净化间和300mm晶圆整套先进封装研发平台（包括2.5D/3D IC后端制程和微组装，测试分析与可靠性）及先进封装设计仿真平台，2015年成为江苏省产业技术研究院（省产研院）半导体封装技术研究所（省级科研单位）。本着以企业为主体、市场为导向、"产学研"相结合的方针，按照省产研院建设平台一流、队伍一流、机制创新研究所的有关要求，加快产业关键共性技术研发，强化企业协同科研服务，推进体制机制的创新与实践。

首席科学家姚大平，男，博士研究生，入选江苏省产研院"JITRI"研究员、江苏省"双创人才"、无锡市产业升级创新领军人才、无锡市"太湖人才计划"创新领军团队核心成员。1990年成为美国加利福尼亚大学伯克利分校洛伦兹国家实验室访问学者；1995 年毕业于美国伊利诺伊大学（UIUC）材料科学和工程系，获博士学位。经过短暂的美国伊利诺伊大学博士后研究，1996 年 1 月加入世界上最大的半导体设备与工艺公司——美国应用材料公司，历任工程师、高级工程师、项目主管、资深高级工程师、研发团队负责人等。2017 年 6 月加入华进半导体，其间致力于研发扇出型封装工艺方法与产业化路线，筹备国内第一家专门产业规模化的晶圆级扇出型封装生产线。

首席科学家徐友志，男，博士研究生，入选国家重大人才工程。1997 年毕业于美国康涅狄格大学高分子材料科学专业，获博士学位。博士毕业后加入全球最大的半导体企业、电脑和服务器 CPU 制造商美国英特尔公司，先后担任英特尔高级制造工程师、高级材料工程师、高级质量工程师、材料质量工程主管、材料工程主管、资深技术专家及资深技术和战略专家（部门 CTO）等职务。2018 年 10 月加入华进半导体，领导创建 2.5/3 维多芯片 SiP 异质集成技术研发平台，用于人工智能和数据中心封装解决方案，瞄准国际先进水平，属国内首创。

“JITRI”研究员黄占超，男，博士研究生，毕业于中国科学院上海微系统与信息技术研究所，主要从事 III/V 组化合物半导体激光器的研发，参与了 973 项目 VCSEL 材料与器件的研究工作。毕业后在应用材料公司开发 300mm 半导体磁控溅射设备，实现了设备的量产化；在理想能源设备公司从事 MOCVD 及 ALD 设备的开发，参与了上海市经信委高新技术产业化重大项目及上海市科委 MOCVD Alpha 样机的研制，负责整个技术团队的工艺开发及售后技术支持，ALD 设备已经实现量产，销售超过 100 台；在苹果公司期间负责亚太区 iPhone、Watch、MacBook 及 iMac 显示新产品的工艺和设备开发，负责日本、韩国、中国台湾地区及中国大陆地区的供应商，实现了近 200 条自动化产线的工艺开发及量产验证。

三、机制建设

（一）项目管理机制

创新中心决策机构的成员具有广泛代表性，包含来自成员单位的代表、具有独立身份的产业界和科技界杰出人士，负责制定创新中心长期发展战略，决策投融资、人事、基本建设等重大事项。

创新中心建立技术专家委员会作为内部咨询机构，技术专家委员会由来自学术界、企业界和政府委派的专家组成，负责研判行业发展重大问题，并筛选、确定研究方向。

创新中心继续完善以市场为导向的项目考核机制，为提高封测产业共性技术整体研发水平，扩大联合研发团队，鼓励更多股东和产业界一起参与共性技术研发，加强《共管会管理机制》《资金滚动管理机制》建设；鼓励技术成果到创新中心进行二次开发研究，不断更新《产品设计导入平台运行机制》《材料测试导入机制》。

（二）资源共享机制

创新中心通过设计产业供应链契约的方式建立供应链协调机制，一方面由交易各方达成具有法律效力的文件，在一定条件下（如数量、质量、价格、送达时间、采购时间、信用条件和付款条件等）向另一方提供商品和服务；另一方面根据契约的规定（包括契约的激励和惩罚因素）向另一方支付一定数量的报酬或其他服务。建立有效的产业供应链契约主要有两个作用：一是可以降低供应链的总成本，降低库存水平，增强信息共享水平，改善互相之间的沟通交流成本，产生更大的竞争优势，实现供应链绩效最优；二是实现风险共担，由于产业供应链中的不确定因素较多，如市场需求、提前期、价格、质量、核心部件等，建立契约可降低双方共担风险指数。

（三）人才管理机制

创新中心面向半导体封测领域企业及全国各大知名院校，吸纳并培养相关专业的优秀人才，制订并开展雇主品牌计划，宣传创新中心的理念。

创新中心联合中国台湾地区和美国、日本等国内外 25 家企业成立“大板扇出型封装技术开发联合体”，进行技术开发；联合法国著名市场调研公司 Yole Development 举办“国际先进封装和系统集成技术研讨会”；定期组织“华进开放日”，邀请海内外院士举办国际封测技术交流会；与清华大学、北京大学、复旦大学、东南大学、上海交通大学等签订“大学合作计划”，进行先进封装前瞻性技术研发；通过与中国科学院微电子研究所、中国科学院大学微电子学院、中国科学技术大学微电子学院合作，进行博士研究生高端人才定制培养。

创新中心通过科学评价技术识别高绩效人才，以公正公平的分配机制给予其物质与精神层面的鼓励与认可，薪酬结构与标准更贴近市场，劳动分配体系日趋完善，绩效考评呈现多维系统化趋势，进入绩效全过程管理阶段。

同时，创新中心不断完善以项目成果收益分配体系为龙头的绩效考评与人才激励机制，充分调动科研人员的工作积极性，自行开发设计并搭建在线学习平台，支持员工在职学习；着手组建内部培训讲师队伍，实现知识技能的分享与传承。

（四）知识产权机制

创新中心加强建设自主知识产权管理体系、专利池及相应的知识产权共享机制，建立了先进封装专利授权许可、专利风险防御、专利国内外争端应对机制。

1. 知识产权管理机制

2016 年 12 月，创新中心的知识产权体系通过了《企业知识产权管理规范》（GB/T 29490—2013）国家认证及年度监督审核，并顺利通过了江苏省知识产权绩效评价；2019 年认证满 3 年后，成功完成再次认证。

2. 知识产权共享机制

针对共性技术联合研发团队知识产权创造、转移、转化、运营及产业知识产权风险防御这一目的，创新中心制定了“知识产权共享机制”模式；充分考虑专利权利人利益和产业利益，通过平衡各股东单位之间的共同利益，形成了保证每项技术成果对股东单位或专利权人实行低价（免费）共享或“独家买断”、其他企业或非专利权人高价转让、集体应对专利风险等防御机制。另外，创新中心在用人机制、财务资产、绩效考核与知识产权处理等方面，拥有充分的自主权和支配权，财务资产实行独立建账、单独核算。

3. 先进封装专利授权许可、专利风险防御、专利国内外争端应对机制

创新中心通过对相关技术专利运营方案的研究，引入先进封装技术专利导入机制（专利召集、价值评估、增值组合）、专利运营许可与有偿共享机制、相关利益分配和委托管理机制等，形成了先进封装专利授权许可运营机制；通过对先进封装技术国际专利收购与再许可、专利救济、新技术专利挖掘与投资等机制的研究和制定，形成了先进封装专利风险防御运营机制；通过建立先进封装知识产权诉讼信息数据库，研究先进封装知识产权技术、司法鉴定和国内外专利诉讼支撑服务等相关机制，形成了先进封装专利国内外争端应对机制。

4. 知识产权运行机制

创新中心依据《企业知识产权管理规范》（GB/T 29490—2013）标准、

结合创新中心的发展现状与管理模式、契合创新中心的发展理念和产业目标，建立健全的知识产权体系，实现规范的知识产权管理运行机制。

通过对以下方面进行规范运行，实现知识产权获取控制合理机制：（1）根据知识产权目标，制订知识产权创造和取得的年度工作计划；（2）在研发活动项目立项前进行必要的检索，在研发过程中进行跟踪检索，在成果产出后进行最终检索，并及时办理相应的知识产权取得手续（将技术交底提交至知识产权部门，进行审核、评审、撰写、提交官方），确保知识产权的合法性和有效性；（3）将专利申请书、答复审查意见书、专利采购协议等一系列知识产权获取记录保存完整并归档，使知识产权获取过程具有可追溯性；（4）保障发明创造研究开发人员的署名权，对发明人进行奖励。

通过对以下方面进行规范运行，实现知识产权管理与运用创新机制：（1）知识产权部对创新中心拥有的知识产权按照性质、价值等进行分类，建立分类管理档案；（2）形成知识产权定期评估机制，由知识产权部对拥有的各类知识产权进行价值评估，以便对放弃或维持该知识产权做出决策；（3）条件允许时将建立知识产权分级管理机制，由知识产权部专职人员进行有效的监管和日常维护；（4）知识产权发生权属变更时，根据创新中心有关制度，对变更及时办理相关手续。

通过对以下方面进行规范运行，实现知识产权有效运营机制：（1）根据法律法规的规定，在生产经营过程和市场交易活动中，合理运营知识产权；（2）在制定知识产权运用策略前，针对创新中心作为让与方和受让方分别设定尽职调查内容，根据知识产权评估原则对知识产权进行评估，出具价值评估报告。

通过对以下方面进行规范运行，实现知识产权维权与风险管理机制：（1）尊重他人知识产权，通过检索、查新等开展侵权的可能性调查，出具调查报告，采取措施防止侵犯别人的知识产权；（2）知识产权部根据有关法律法规规定，对知识产权实施市场监控，各部门发现任何侵犯创新中心知识产权的现象应及时向创新中心书面报告，由知识产权部跟踪和调查相关知识产权被侵权行为，依法维权，活动过程应有记录；（3）创新中心按照知识产权风险分析和预警机制，预防和应对知识产权纠纷。

四、平台建设

为提高我国封测产业技术创新能力和核心竞争力，持续带动具有中国特色的半导体封测产业链和价值链的发展，打造一个世界级的封测研发平台显得尤为重要，创新中心正是在这样的背景下应运而生，形成以企业为主体的“产学研”联合的创新模式，开展针对先进封装集成关键技术的研究，共建一个国家级封测系统集成先导技术研发平台。该平台具有先进性和开放性，面向企业提供集成封装解决方案，不但可以利用平台开展关键集成封装工艺设计、开发和表征，也可进行先进工艺、材料和装备的验证，推动技术国产化和全面应用，最终达到整体提升本土企业技术水平的目的，实现先进封装设计、制造工艺、封装材料和设备等产业的有机整合。

创新中心通过开展特色工艺及封装测试，尤其是高密度三维系统集成前瞻技术研发的关键共性技术研发，构建国家集成电路特色工艺及封装测试制造业创新中心的基本架构和核心团队，为国内封测产业技术升级与中小企业的创新创业提供持续支撑，建设成为高密度三维系统集成先导工艺平台、封装设计服务平台、网络化测试服务平台和知识产权平台的复合型创新研发机构。

（一）高密度三维系统集成先导工艺平台

面向高密度三维系统集成先导工艺平台的建设，创新中心 2020 年完成了关键工艺设备的调研和选型工作。该平台的建设主要分为前道工艺和后道工艺两部分。前道工艺方面完成了涂胶机、显影机、真空贴膜机、PECVD、单片式种子层刻蚀机、键合对准机、TSV PVD、薄膜应力仪、无尘烘箱等晶圆级设备的调研和评估。针对高密度三维系统集成中超细线宽线距的 RDL 重布线需求，在涂胶机和显影机的调研过程中，着重看中机台在满足 2μm/2μm 以下线宽线距 RDL 制备方面的能力，涂胶机配备 5 种以上的胶路，兼容正负胶、高低黏度的胶泵，适用于多种型号光刻胶的工艺开发和应用；显影机配置了精确的 EBR 洗边功能，洗边精度可控制在±0.3mm 以内，并配备多路显影臂和定影臂，为不同显影液的使用提供了硬件保障；单片式种子层刻蚀机是工艺平台中的关键设备，种子刻蚀的能力直接影响 RDL 和凸点加工的质量，这次调研和采购的种子层刻蚀设备具备多路摆臂，可以兼容 4 种腐蚀药液，同时摆臂具备变速扫描功能，可使刻蚀的均匀性控制在 3%以内；PECVD 是三维系统集成过程中 TSV 工艺中的关键步骤，直接影响了 TSV 侧壁的绝缘性能，这次调研评估的设备兼容高温和低温薄膜沉积工艺，沉积速率达 5000A/min，台阶覆盖率>10%，为 TSV 工艺提供了有力支撑。目前上述设备调研阶段已完成，大部分已启动采购流程。

在后道微组装方面，创新中心 2020 年调研和评估了机械划片机、Flip Chip 贴片机、FC 回流焊、UF 点胶机、散热盖贴片、贴片机、打线机、塑封机等设备，其中机械划片机满足 8 英寸和 12 英寸超薄晶圆划片需求；Flip Chip 贴片机解决了芯片到载板的倒装贴片问题，关键指标贴片精度为±5μm；FC 回流炉配置 13 个温区，温度精度±5℃，配套 FC 回流焊设备使用；UF 点胶机不同尺寸芯片底部填充作业，温度误差≤±2℃；散热盖贴片设备满足≤100mm×100mm 以上产品的贴片需求，贴片精度为±80μm；贴片机满足 20mm×20mm 以下芯片尺寸高精密贴片需求；打线机可满足金线、合金线等焊线要求；塑封机全自动作业设备，可满足基板产品塑封作业，模具温度均匀维持在±3℃，塑封产品厚度均匀性控制在±15μm，支持基板厚度≥0.1mm。后道微组装方面的设备合计 10 多台（套），为高密度三维系统集成先导工艺平台建设奠定了基础。

（二）封装设计服务平台

面向先进封装中可能遇到新的封装结构及工艺等问题，创新中心建立了基于不同封装产品及系统集成技术的封装设计规则、标准及流程；建立并具有系统级封装相关电、热、机械性能设计仿真能力。整个设计仿真平台包含 2.5D/3D 工艺设计仿真软件、系统级封装设计软件等关键工艺技术研究；已开展多项共性技术研发，包括芯片版图顶层设计、大尺寸基板设计、高速 DDRx 仿真能力等；建立高密度、细节距芯片封装设计能力，包括封装设计规则和库文件，搭建高密度封装设计服务平台。射频前端系统集成无源器件的设计仿真能力建设，基于硅薄膜技术进行三维系统集成 IPD，提供相关工业化设计仿真解决方案。

（三）网络化测试服务平台

创新中心 2020 年与华岭联合完成了超细间距微凸点晶圆芯片测试工艺开发，建立了测试能力并实现了横向服务加工。该芯片是一款 ARM Cortex 处理器，内部还包括多路模拟开关、温度检测单元、12 位数模转换单元、高压 DCDC 转换单元等，封装形式：BGA208，凸点宽为 20μm，高为 56μm，凸点最小间距为 60μm。

主要针对 DLC-3AD 器件性能参数和内部功能模块进行测试验证，主要的 DC 参数包括接触测试、漏电测试、输入电平测试、高压输出电压/电流、模拟通道参数、比较器参数及电源功耗等参数的验证。针对内部模拟开关单元，验证了模拟信号多路选通复用功能，输出信号功率、信噪比等参数；数模转换单元 ADC 动态参数，以及对模拟前端（AFE）的通路增益、截止电压和频率进行测试验证；功能测试覆盖内部 ARM 模块功能验证，包括支持算法和逻辑、数据处理、加载存储、ARM 核寄存器及不同处理器模式和 ARM 通用 IO（MIO）的控制测试验证，以及 SCAN、JTAG、MEMORY ASD/ASH、Memory OTP 等功能的验证。

由于本产品采用的是 Cupillar 微凸点的封装工艺，给使用探针技术来测试微凸点带来了挑战。测试挑战主要有以下两方面：（1）微凸点的直径和间距相对于当前的探针技术来说太小；（2）探针测试可能会由于机械应力过大对微凸点造成损伤，多次探针接触可能会导致损伤进一步加重。通过研究测试探针的选型来解决测试过程中的探针行程和共面性问题。评估采用 MEMS 型探针，通过光刻工艺加工，弹簧的宽度为 35μm，长度为 8.7mm，探针宽度为 15μm，满足 20μm 直径凸块的测试开发要求。其中，弹簧材料使用镍合金+镀金；柱塞材料使用 H3C（Pd/Cu/Ag 合金），实现 20μm 直径凸块的测试开发要求。同时开展针对无扭矩的 Flat 探针的调研和开发，对比常规的 Crown、Needle 和 Round 探针，大大降低了微凸块测试过程中的表面损坏风险。

2.5D/3D 集成封装测试部分，开展了 3D NAND 的封装系统测试，完成了产品的电性测试，建立了高密度三维系统级集成封装测试能力。该 NAND FLASH 的设计采用 4 层堆叠结构，其中每颗芯片的尺寸为 7.011mm×10.897mm，封装后尺寸为 12mm×18mm。由于该封装设计中间没有预留测试链路，要进行电性测试比较困难，通过研究 3D IC 的测试技术，优化测试流程，最终确定了该产品的测试方案。首先对所有芯片进行 bonding 前良率测试或 KGD 测试（Known Good Die，KGD）；然后晶片 1 与晶片 2 bonding 成为一个部分堆叠，并对此部分堆叠执行中间 bonding 测试或 KGS 测试（Known Good Stack）；再对晶片 3 与晶片 4 bonding 成为一个部分堆叠，并对此部分堆叠执行中间 bonding 测试或 KGS 测试（Known Good Stack）；最后对完整的堆叠执行最终测试（Final Test）。

2020 年，创新中心为多家企业提供测试服务，远程共享测试平台多次，为建立先进封装测试设备共享服务平台打下了基础；建立了测试程序管理系统及测试数据管理系统；实时监控测试数据，实现批量（如一个 Lot 25 片 Wafer）或单片 Wafer 的 BinMap 查看、Lot Yield 分析、失效图叠加、shmoo 性能分析、环境参数监控等方面的数据图形化分析及反馈。

（四）知识产权平台

2020 年，创新中心完成本地“企业知识产权管理平台”的搭建，实现了知识产权流程“全 e 化”，提供知识产权全生命周期管理，实现研发人员—企业知识产权管理员—代理机构的无缝对接，提升了管理效率。同时，引入在线专利数据库平台，实现专利的智能分析、预警与评估，为关键技术知识产权提供战略与机制的研究支持，基于该数据库，平台建立了以硅通孔为核心的三维系统集成技术的专利树。

第二节　运行成果

一、技术创新

（一）聚焦面向人工智能（AI）/高性能计算（HPC）系统封装集成技术

针对人工智能和高性能计算应用的需求，开展 2.5D 系统集成封装的设计和工艺评估工作，完成了大尺寸、多芯片的 2.5D 系统级封装的设计。在工艺设计上，参考了国际上主流的 2.5D 系统集成封装方案，在设计中充分考虑了关键工艺的验证需求，立足于目前创新中心平台的先进封装工艺能力，开展各项工艺的研究工作，包括晶圆级倒装芯片贴片、晶圆级芯片底填、晶圆级塑封等工艺开发，实现了多芯片在硅基板上的高精度贴片，贴片键合精度为 36μm，无空洞底填充及 12 英寸晶圆塑封，塑封晶圆翘曲≤3mm，各项工艺满足开发需求。

在晶圆级倒装芯片贴片工艺开发中，实现了 3 颗大尺寸芯片的高精度贴片，其中凸点最小节距为 38μm，芯片最小间距小于 200μm，同时在封装设计中，优化了对位标记设计，提高了对位精度。晶圆级底填工艺的开发，克服了大尺寸、多芯片、细间距底填等工艺难题，通过工艺参数的优化，实现了大尺寸芯片底部的良好填充，同时通过优化凸点设计，控制芯片边缘的溢胶。晶圆级塑封是 2.5D 系统级封装的关键技术之一，同时塑封晶圆的翘曲也是工艺开发的关键。基于工艺需求，对比多款塑封材料，从填充效果、翘曲等方面进行评估，选择最优的材料和工艺参数组合；同时，为了改善晶圆塑封翘曲，通过结构和材料优化，将翘曲降低至 3mm 以下，为后续工艺开发提供了良好的基础。

（二）面向射频前端系统整合应用 IPD 元件技术

IPD 元件技术可以高效地在一个芯片 Die 上集成大量无源元器件，片上无源电感、电容是其中极其重要的元件组成。IPD 元件技术基于高阻硅上薄膜 IPD 工艺，完成了 70 款硅基薄膜 IPD 电容、电感的模型设计优化和性能仿真，电容容值范围为 0.5～7pF，电感感值范围为 1～5nH，器件 Q 值在 30 以上，基本满足一般的片上无源器件（如滤波器、双工器等）设计的集成需求。

此外，基于以上设计和仿真工作，IPD 元件技术在 Windows 环境下，编写了检索程序，实现了图形界面化的 IPD 元件库，内置 70 款 IPD 元件模型，包含 MIM 电容、平面螺旋电感（矩形、八边形），可以方便地进行元件设计参数、性能参数、物理模型的查询。

（三）面向 5G 通信、毫米波雷达应用的 AiP 封装技术

AiP 封装技术顺应了硅基半导体工艺集成度提高的潮流，为系统级无线芯片提供了良好的天线与封装解决方案。创新中心 2020 完成毫米波芯片 AiP 封装技术调研报告 1 份，包括 AiP 技术发展、应用与市场、关键技术与专利分析等内容。

同时，创新中心开展毫米波芯片 AiP 封装设计，完成扇出型 AiP 封装设计，封装体尺寸为 15mm×6.85mm×0.6mm，集成 2 颗芯片，芯片大小为 2.5mm×2.5mm；柱塞直径为 150μm，高度为 220μm。

利用现有 FO 材料体系（JSR5100，EMC 4212）完成 5G 毫米波天线设计仿真，天线带宽包括 20～35G（n257，n258，n261）及 37～41G（n260），覆盖了主要的 5G 毫米波主要频段，24G 最大增益 7.2dB，30G 最大增益 8.2dB，效率 87%。

（四）面向 IoT 的 MEMS 芯片封装和智能传感系统集成技术

基于硅、玻璃、金属等材料实现封帽结构，并将封帽结构与 MEMS 芯片贴装基板进行真空焊接，是实现 MEMS 芯片真空封装的主流手段。其中，

硅基硅帽晶圆与 MEMS 芯片晶圆通过金属键合实现真空焊接，而在硅帽晶圆真空焊接面一侧，制备有硅盲腔，用于为 MEMS 器件层提供所需的物理空间；在硅帽晶圆另一侧，制备有 TSV 结构，将 MEMS 器件层电信号通过 C4 凸点引至封装基板，实现 MEMS 控制信号引出。值得注意的是，该款射频前端组件，已成功应用于 iPhone 11 系列智能手机产品。

本技术在充分调研和汇总典型尺寸 MEMS 芯片真空封装需求的基础上，依托创新中心 12 英寸硅基晶圆级中道工艺加工平台，提出在硅晶圆上实现 TSV 转接板用以 MEMS 芯片贴装，并在此基础上实现具备硅盲腔、内埋 TSV 并完成真空焊接封焊环结构的硅帽基板；进一步利用晶圆级共晶键合工艺，实现硅帽晶圆与硅基 TSV 转接板晶圆真空焊接，最终实现 MEMS 芯片真空封装结构加工。

2020 年度，创新中心完成了 MEMS 真空封装技术方案调研与工艺设备调研；同时完成了 MEMS 晶圆级真空封装的设计技术，包括盖帽晶圆结构设计、密封环结构设计、键合金属叠层结构设计等工作。

（五）面向 3D 系统集成的测试技术

基于 MEMS 的垂直探针是实现 PAD 小间距和微凸点产品测试的主流手段。本技术通过研究测试探针的选型来解决测试过程中的探针行程和共面性问题。评估采用 MEMS 型探针，通过光刻工艺加工，弹簧的宽度为 35μm，长度为 8.7mm，探针宽度为 15μm，满足 20μm 直径凸块的测试开发要求。其中弹簧材料使用镍合金+镀金；柱塞材料使用 H3C（Pd/Cu/Ag 合金），最终实现 20μm 直径凸块的测试开发要求。

开展针对无扭矩 Flat 探针的调研和开发，对比常规的 Crown、Needle 和 Round 探针，大大降低了微凸块测试过程中的表面损坏风险。

二、成果转化和企业孵化

创新中心致力于提高先进封装和系统集成技术的科技成果转化率，建立技术转移部并配置多名专职人员，通过知识产权和成套技术输出等多种方式，实现科技成果的转化及首次商业化。

创新中心累计申请专利 1025 件，其中发明专利 902 件，国际专利 45 件；累计授权专利 537 件，其中发明专利 430 件，国际专利 12 件。2020 年完成专利申请受理 90 件（国际专利 8 件），授权专利 56 件，2020 年一项名为“一种 TSV 露头工艺”的发明专利荣获中国专利银奖、江苏省专利优秀奖。

创新中心累计衍生孵化 8 家企业：（1）上海国增知识产权，创新中心以价值 2900 万元的 56 件专利入股，占上海国增公司增资后公司总股本的 25%；（2）上海先方半导体，创新中心的全资子公司，注册资本 1000 万元，致力于先进封装技术的研发与产业化，最大化地利用资源和平台转移转化成果；（3）北京中科微知识产权，创新中心通过 11 项知识产权的转移，占总股本的 16.67%；（4）江苏中科智芯集成科技，创新中心通过 9 项知识产权的转移及成套技术的输出支撑国内封测产业技术升级，占总股本的 25%，现公司已全面启动建设，一期净化间厂房已经封顶；（5）广东佛智芯微电子技术，创新中心的股份占总股本的 23.26%，计划建设国内首条板级扇出型封装示范线，推进国内板级扇出封装技术的产业化，带动国产装备和材料的发展，为该先进封装技术提供人才技术支撑；（6）苏州海卡缔听力技术有限公司，创新中心以价值 22 万元的专利入股，占苏州海卡缔听力技术注册后总股本的 4%；（7）华芯检测（无锡）有限公司，创新中心全资控股子公司；（8）无锡先方半导体设备有限公司，注册资金 500 万元，创新中心全资子公司上海先方半导体有限公司占股 100%。

三、行业服务

创新中心的主营业务是特色工艺及封装测试（含共性技术）研发与产业化。基于目前华为等国内芯片设计企业、芯片制造企业及芯片封测企业的需求与技术发展，结合 5G 通信、射频微波等产品方向，创新中心开展关键共性技术、前瞻性技术、量产所需要工艺技术的开发与产业化，立足于为产业“树旗杆”（为前瞻性工艺树立标杆，向国际主流技术水平看齐）、“修木桶”（弥补并提高产业现有产品和技术中的难点）。

创新中心 2020 年提供各类服务共计 1981 个产品批次，2020 年服务企业 172 家，总体的客户种类分布比较合理，其中江苏省内企业有 74 家，占 43% 左右；省外企业有 98 家，占 57%左右，还包含美国、德国、俄罗斯等国家的知名公司等。2020 年，创新中心与这些客户已经开展深入合作，通过技术成果转化、企业孵化、企业委托研发、检测检验和为行业提供公共服务等方式获得稳定收入。

创新中心在研发和应用领域将联合国内知名高校、科研院所、龙头企业，完成特色工艺和先进系统封测技术开发与产业化。GaN、SiGe BiCMOS 技术、高密度三维封装和系统级封装技术主要应用于高性能逻辑芯片、处理器芯片、存储器芯片和射频功率器件，创新中心积极联合这些产品对应的芯片制造企业和封测企业，对接产业链上下游的技术需求，在系统级封装上主要应用于 MEMS 系统、光电混合封装、射频前端封装等领域。

创新中心除技术服务、技术开发之外，还与行业龙头企业的需求相结合，就射频、微波通信、5G 相关技术、AiP、汽车电子等产品方向展开深入合作，突破核心关键技术并实现产业化。

创新中心的销售模式主要分为四部分。（1）在平台进行先进封装工艺技术及多种系统集成封装技术研发，获得各类省部级项目研发经费。（2）基于现有的平台和能力，为产业提供各种有偿技术服务；对接龙头企业，对下一代产品进行技术合作开发；为中小创企业服务，帮助并培育产业的发展；为国内产业链所需要的装备、材料等进行评估验证和合作开发。（3）技术转移，即研发的技术转移到芯片制造企业和封测企业实现量产，收取授权费用。（4）一些自主知识产权的技术实现产业化，孵化量产公司、产品公司等。

四、交流合作

创新中心注重机理研究，与国内外高校及公司合作，2020 年与华中科技大学联合申报的“高密度高可靠电子封装关键技术及成套工艺”获得 2020 年国家科技进步奖一等奖；与华为海思开展 TSV 项目开发，获得了已实现量产的 TSV 产品的工艺流程及相关工艺的评价标准，促进了 TSV 工艺能力的提升，该项目在研发过程中发现了 NCAP TSV 工艺的缺陷，为工艺优化提供了方向，并与客户建立了良好的项目合作开发模式，得到了客户的正向评价。

创新中心持续推动先进封装装备、制造及材料领域在国内、国际的发展，2020 年组织召开 2 次国际技术交流会：“第二十一届国际电子封装技术大会（ICEPT2020）”“集成电路先进封装产业链协同创新发展论坛暨第六届华进开放日”，会议联合了国内外上下游顶尖企业、知名高校、科研院所，以及先进封装领域的专家、学者，为上下游企业提供了解产业链运作机制及未来市场发展趋势的交流平台。

第十八章

国家高性能医疗器械创新中心

第一节　建设进展

一、建设情况

（一）公司

1. 股东构成

（1）股东总体情况

深圳高性能医疗器械国家研究院有限公司作为国家高性能医疗器械创新中心（以下简称创新中心）的依托单位，成立于 2019 年。创始单位股东有 5 家：中国科学院深圳先进技术研究院、深圳迈瑞生物医疗电子股份有限公司、上海联影医疗科技有限公司、先健科技有限公司和哈尔滨工业大学。2020 年 12 月通过增资扩股，新增股东 6 家，包括中国医学装备协会、北京天智航医疗科技股份有限公司、驼人控股集团有限公司、北京纳通科技集团有限公司、深圳汉诺医疗科技有限公司、深圳市盈通汇创投资合伙有限公司，新增资扩股过后，注册资本 1.2 亿元。

深圳高性能医疗器械国家研究院有限公司的各股东均是我国医疗器械行业的领军企业和科研院所，是行业优秀龙头和实力的代表。部分股东介绍：中国科学院深圳先进技术研究院作为国家公益型科研机构，是深圳高性能医疗器械国家研究院有限公司的董事长单位和总经理单位，在生物医学科研领域拥有 700 余名科研人员，是该领域国内规模最大、实力最强的研究力量之一；深圳迈瑞生物医疗电子股份有限公司主要从事医疗器械的研发、制造、营销及服务，产品涵盖生命信息与支持、体外诊断和医学影像三大领域，公司目前市值达 3000 亿元，已经成为中国医疗器械行业的龙头老大；上海联影医疗科技有限公司是中国唯一自主研发、生产全线高端影像医疗设备，并提供医疗信息化、智能化解决方案等医疗器械的龙头企业；先健科技有限公司致力于为全球的医生和患者提供安全创新的心血管医疗器械，是业内领先的心血管介入医疗器械供应商；哈尔滨工业大学是隶属于工业和信息化部的国家首批“985 工程”重点建设的 9 所大学之一，2017 年入选“双一流”建设 A 类高校名单。

（2）新增股东情况

北京天智航医疗科技股份有限公司，专业从事骨科手术机器人的研发、生产和临床应用，是国内首家、全球第五家取得医疗机器人注册许可证的企业，是中国机器人 TOP10 成员企业；驼人控股集团有限公司在中国麻醉耗材方面排名第一，是中国医学耗材整合联盟理事长单位，是专业从事麻醉、疼痛、护理、检测、血液净化、微创介入、外科、电子智能等一次性医疗器械生产经营的现代化企业集团；北京纳通科技集团有限公司是骨科植入物中国排名第一的内植入物龙头企业，目前该集团在海内外拥有 10 余家生产企业、100 多家子公司及办事处；中国医学装备协会是由全国医学装备工作者（从事医学装备应用、管理、科研教学、工程技术、生产营销的单位和个人）自愿组成并依法登记的学术性、公益性、非营利性法人社会团体；深圳汉诺医疗科技有限公司致力于国产氧合器（ECMO）的研发，是国内最先进的 ECMO 研发生产厂商。

2. 核心队伍

创新中心以深圳高性能医疗器械国家研究院有限公司为基础和核心来组建。依据《公司法》建立和完善现代法人治理结构，重大事项由股东会、董事会决策，经营活动由以公司总经理为核心的高级管理层自主决策，股东会、董事会、总经理的职责依据《公司法》由章程确定。创新中心目前已组建 80 余位以海归人才为主的科研团队，其中研发人员 60 人、工程技术人员 12 人，具有博士学历的人才占比为 60%。

深圳高性能医疗器械国家研究院有限公司董事长、创新中心主任郑海荣；深圳高性能医疗器械国家研究院有限公司总经理、创新中心副主任刘新；深圳高性能医疗器械国家研究院有限公司常务副总经理江洪伟；另外，公司设立科研任务部、投资运营部、行政管理部、人事部、财务部等 8 个部门，每个部门拥有相应的职能和队伍，组织结构合理、完善。

（二）联盟

1. 建设背景

习近平总书记指出："要加快补齐我国高端医疗装备短板，实现高端医疗装备自主可控。"粤港澳大湾区作为全国医疗器械产业的重要集聚区，深圳作为国家高性能医疗器械的创新中心，南山作为国产高端医疗器械的领导者，应构建中国医疗器械产业的创新生态系统，汇聚行业优势资源，实现多学科、跨领域、跨地区的技术创新，通过优势互补和资源共享，提升我国医疗器械产业的核心竞争力，为国家生命安全和生物安全领域打造医疗器械国之重器。

2. 建设内容

创新战略联盟建设面积 900 平方米，拟建成五大创新服务平台，通过汇聚国内医疗器械生产企业、高等院校、科研院所、医疗机构、行业协会、学术团体、投资机构等产业上中下游资源，重点开展医疗器械加速转化、行业标准制定申报、注册法规咨询培训、医疗机构应用推广和国际项目推介合作等一系列创新服务，促进行业研发供给、技术转移扩散、标准制定、人员培训和企业孵化，构建贯通创新链、产业链、资本链的医疗器械产业创新生态系统。

（三）专家团队

创新中心内设专家委员会，负责研判行业发展重大问题并筛选确定研究方向，专家委员会由行业领军专家担任主任。创新中心已在专家委员会的指导下，按照市场需求，结合行业发展，制定了明确的技术路线图。同时，专家委员会参与对重要投资决策、重要运行机制等重大事项的讨论协商，向股东会提出决策建议，从而保证创新中心的发展方向以市场需求为牵引。

二、机制创新

（一）项目管理机制

创新中心在项目管理方面，一方面以股东单位为核心管理团队，拟定创新中心战略发展方向，投入初始运营资本，同时吸收地方政府、产业基金和行业企业、社会资本增资扩股；另一方面，也将吸纳更多的高校、科研机构、零部件企业、材料企业、装备企业、用户单位等作为成员单位，建设联合实验室，构建从基础研究、部件攻关、技术创新研发、研发成果转化到用户试用与需求验证等全技术链条的系统创新中心，提高创新中心科研项目技术创新能力和行业服务能力。

（二）资源共享机制

创新中心以依托公司为核心，整合不同的业务，灵活运用平台服务、项目牵引、联盟合作、协会引导等方式，以网络服务云平台模式运营，可以实现多学科、跨领域、跨地区的技术创新，通过优势互补和资源共享，充分发挥创新资源合理配置的协同优势，提升持续创新能力。

1. 设备共享

充分利用创新中心及各股东现有的大型科研仪器设备资源，实现科研资源共享和优化配置，避免或减少重复购置，提高大型科研仪器设备使用效益的目的。通过整合资源，突出重点，理顺关系，在管理体制和运行机制上进行创新，逐步建成定位清晰、布局合理、功能齐全、开放高效、队伍稳定、保障到位、信息齐全的大型仪器设备开放共享服务平台。

2. 检测共享

创新中心将与国内医疗器械检测机构，如深圳市计量质量检测研究院等，建立合作关系，共同建设医疗器械检测平台，开展医疗器械的质量检测与产品认证工作。该平台将提供公共对外服务与产品技术性能测试（如精度、生化性能、安全性等），为创新中心企业创新和产品升级服务，实现创新中心与成员单位之间有条件的资源开放共享。

3. 技术共享

首先，创新中心面向战略必争的重点领域，开展前沿技术研发及转化扩散，突破高性能医疗器械产业链关键技术屏障，开展产业前沿及共性关键技术的研发。其次，创新中心整合各类创新资源，依托国家高性能医疗器械技术创新战略联盟，形成联合开发、优势互补、成果共享、风险共担的“产学研”协同创新机制。最后，形成以创新中心为核心的医疗器械产业创新体系，显著提升国家医疗器械制造业的创新能力。

（三）人才管理机制

创新中心公开招聘各类管理和专业人才，建设一支具有国际视野、市场开拓能力强、具有奉献精神和合作意识的高水平管理团队及研发队伍，引进若干海外医疗器械高端领军人才和专业团队；建立和完善人才激励机制，落实科研人员科研成果转化的股权、期权激励和奖励等收益分配政策，对有重大科技创新成果和有重大突出贡献的创新型人才给予特殊奖励。创新中心依托已有的教育资源，建立健全的高性能医疗器械人才培养体系，支持相关高校设立课程、学科或专业，利用国家相关人才计划和留学基金，选拔各类优秀人才到国外学习培训。除此之外，创新中心将制定各类共享机制，包括技术设施共享、内部成员和外部相关者信息共享、技能共享、最佳实践共享，通过共享合作，创新中心与会员企业达成对先进技术未来发展方向上的共识，并在技术应用、人才培养和就业创造上形成共同利益和一致行动，更加高效地实现前沿跨领域技术转化。

目前，创新中心实施全球招聘战略，围绕医学影像、手术机器人、体外诊断、植介材料和器械及健康和康复信息等领域，全面启动人才引进工作。通过自主招聘及人才双聘制度，创新中心目前已组建了 70 人的科研与管理团队（其中博士 40 名），获批“博士后创新实践基地”。同时，为弥补企业主体对高层次人才吸引力不足的短板，创新中心进行体制机制创新，加大针对基础科研的持续保障力度。

（四）知识产权机制

创新中心建设支持类项目和创新中心自行设立的研究开发类项目，其知识产权属于创新中心。创新中心建设的公共技术平台，股东单位可优先使用，并可经董事会批准向行业有条件地开放。

对于创新中心拥有的知识产权，各股东单位拥有优先认购或使用权。各股东联合实验室以创新中心的名义申报获批的政府项目，其知识产权属于创新中心，但是使用权限定为各联合实验室及其对应股东。公司收购技术、专利等知识产权，按照收购时明确的效益目标实施知识产权管理。创新中心可以发起或组织专项基金，对有培育前景的课题或成果投入种子基金、天使基金和并购基金来完成成果的产业化及孵化推广，所产生的知识产权等按照合同约定履行。创新中心接受来自企业的技术需求，安排适当的成员单位实施相关的研究项目，所产生的技术成果、数据和知识产权由需求企业和实施单位协商所有权归属。创新中心收购技术、专利等项目，按照收购签订的效益实施知识产权管理。创新中心对专利及专有知识的材料、工艺、装备、器件、软件、设计资料、营运信息、计划、成果资料、制造技术等知识产权确定专人负责，做到既有严格管理，又能积极推广，使其尽快发挥作用。

三、平台建设

（一）技术研发平台

创新中心将面向世界前沿技术发展动态，聚焦高性能医疗器械产业关键共性技术，以“加快补齐我国高端医疗装备短板，加快关键核心技术攻关，突破技术装备瓶颈，实现高端医疗装备自主可控”为目标，建设共性关键技术研发平台，为解决高性能医疗器械产业领域内的共性技术问题提供实验条件。创新中心主要设置七大共性关键技术研发平台，具体如下。

1. 医疗器械基础材料创新平台

该平台负责研发供医疗器械使用的高端材料，例如，光电转换材料、半导体材料、超导材料、压电陶瓷材料、纳米材料等，为高端医学影像设备和植介入器械的研发提供实验平台。该平台将安装扫描电镜、X射线衍射仪、元素分析仪、电化学工作站、光催化系统、模拟催化系统、气体吸附仪、比表面分析仪、压阻真空计、电容真空计、流量控制显示仪、高温管式炉、手套箱等设备。

2. 大型医疗器械关键部件研发平台

该平台负责研发用于生物医学成像的核心部件，以及医疗机器人关键控制系统等，包括超声探头、磁共振线圈、X射线探测器、CT球管、大规模多通道信号读出器件、随动控制系统等，为高性能医疗器械的研发提供实验平台。该平台将配备高性能示波器、nA级源表、射频放大器、真空电子设备、多种信号检测与分析仪器、实时多任务操作系统软件、ANSYS等大型动力学分析与仿真软件/系统、快速成型加工设备等。

3. 植介入器械核心技术开发平台

该平台主要负责研发精密植介入器械关键技术与器件，例如，微纳电子器件、分子/生物与金属电极、新型电子基板、压电薄膜器件等，为体外诊断、植介入器械、康复器械等方面的研发提供实验平台。该平台将配备超大规模集成电路工艺加工线、洁净间、低温探针台、屏蔽探针台、电子器件真空测试系统、电镀机等设备。

4. 生物化学检测与仪器平台

该平台主要负责研发生物化学检测与仪器，为体外诊断设备的研制提供实验平台。主要包括：低温高速离心机、超声波破碎仪、723 分光光度计、电泳仪、酸度计、PCR 仪、电子分析天平、紫外-可见分光光度计、半自动生化分析仪等设备。

5. 医疗电子与系统研发平台

该平台主要负责高效智能化、稳定可靠易用的软件控制系统，利用人工智能技术研究医学成像和影像分析中的问题，为提高成像质量和成像速度提供新技术。该平台可为高端医学影像、生命体征监护、先进治疗、健康信息等提供技术支持。系统研发平台将配备高性能 GPU 显卡集群、安装 TensorFlow、Linux、Python 等常用软件。

6. 医疗器械生物安全性评价平台

该平台负责医疗器械，特别是植入器械的安全性能评估，为植介入器械、康复器械等方面的研发提供服务。例如，对机械安全性、电磁兼容性、生物力学特性等方面进行安全评价。该平台将安装高精密动态测力计等设备。

7. 现代中医技术与医疗器械研发平台

该平台将实现传统医学体系与现代工程技术之间的医工结合，提升“望、闻、问、切”等中医诊疗手段的科技含量，为发展中医现代化技术和相关器械研究提供公共平台。该平台将配备四诊仪、经络检测仪、电针治疗仪等中医药理论与现代科学技术相结合的现代中医医疗器械。

此外，创新中心还将与股东单位合作建设动物实验设施平台，搭建小鼠、大鼠、兔子、猪、猴等动物实验室，为开展动物实验提供设施及条件，为医疗器械临床前期实验提供保障。同时，创新中心将与北京大学深圳医院、中国香港大学深圳医院、深圳大学总医院等医疗机构合作，提供临床研究支持。

（二）中试平台

创新中心将建立中试平台，为医疗器械行业共性技术的应用、产业化、资源共享方面提供全方位服务，加速技术成果向市场转化。中试平台将与创新中心企业联合建设，借力其成熟的工程化经验，完成对不同医疗器械产品的工艺研究与验证、设备对比分析、智能化升级等方面的工作，为高端技术向产品转化提供支持。创新中心先期将在高端医学影像装备、体外诊断设备、先进治疗装备、植介入器械及康复与健康信息系统五大细分领域设立约 2000

平方米的中试基地。中试平台将配备洁净车间、关键零部件加工车间、生化材料车间等，保证中试每个环节模拟真实使用场景，并且能够实现小批量生产。中试平台设立总工程师1名，工程师等技术骨干若干，同时与创新中心各股东企业技术人员、车间和实验室保持深入交流与广泛合作，确保平台顺利运行。

（三）检验测试等平台建设情况

创新中心将与国内医疗器械检测机构，如深圳市计量质量检测研究院等建立合作关系，共同建设医疗器械检测平台，开展医疗器械的质量检测与产品认证工作。该平台将提供公共对外服务与产品技术性能测试（如精度、生化性能、安全性等），为创新中心企业创新和产品升级服务。检测平台将根据国家或者行业标准相关指标执行测试，主要包括：安规性能检验、EMC电磁兼容性检验、生物相容性检验、无菌检测、抗拉强度检测、老化强度检测等。中试平台与检测平台直接服务各成员，实现创新中心与成员单位之间有条件的资源开放共享；另外，创新中心也将积极拓展，实现与外单位的技术合作。

第二节　运行成果

一、技术创新

（一）制造出世界首台5T系统收发一体48通道头线圈，并进行志愿者测试

基于高灵敏电子设计的大范围、高密度多通道新型表面柔性线圈，设计了图像信噪比提高可达40%左右的线圈，显著提高了成像速度，成功实现了清晰的胎儿大脑（2倍加速）和心脏电影（4倍加速）成像，相关研究成果发表在*IEEE Transactions on Medical Imaging*上。

（二）磁共振快速成像射频技术方面

开发了集成超声神经调控系统的8通道猴子全脑线圈，获得高分辨猴子全脑图像，图像质量显著优于现有商用线圈，为超声神经刺激时脑功能成像及刺激靶点监控提供了硬件工具。

（三）磁共振技术应用-脂肪定量成像方面

发展高精度、稳定的磁共振脂肪定量技术，脂肪定量技术获 2 件美国专利，获 2020 年广东省专利金奖。该工作被磁共振领域国际权威期刊 *Magnetic Resonance in Medicine* 选为当期封面。

（四）高频面阵列超声成像换能器研发方面

成功研制基于 PMN-PT 单晶复合材料的环阵超声换能器及基于内窥环阵超声换能器的发散波复合成像算法。环阵换能器中心频率为 6.8MHz，带宽为 58%，平均阻抗和相位角分别为 158.9 欧姆和−42.6° 。相关工作成果已发表在超声领域权威期刊 *IEEE Transactions on Ultrasonics Ferroelectrics and Frequency Control*、*IEEE Transactions on Medical Imaging*。

（五）1.5 维环阵超声换能器研发及其内窥成像研究开发方面

使用专业声学换能器设计软件 PZFlex，对相关设计参数进行仿真及优化，建立换能器阵元及叠层参数的优化方案，相较于传统一维换能器，具有更高的仰角分辨率和图像对比度，并且可以通过改变孔径大小实现不同深度的动态聚焦成像。相关工作已被生物医学工程领域权威期刊 *IEEE Transactions on Biomedical Engineering* 接收。

（六）PET 成像系统研发方面

高清晰、高灵敏小动物 PET 成像仪器研发成功，2020 年已完成系统集成和国际 NEMA 标准的性能测试，包括空间分辨率、效率、NEC 计数率、模体成像和活体动物成像，仪器达到 16%的中心效率和小于 1mm 的空间分辨率，综合性能达到国际领先水平。同时，使用该仪器开展了一系列小鼠、大鼠和狨猴活体动物实验，完成了 PET 成像系统磁兼容测试实验，相关结果 2020 年在 *Physics in Medicine and Biology* 上发表。

（1）PET 探测器研发，首次在国际上研发双端读出的半连续晶体探测器，试验结果表明双端读出改进了半连续晶体 3 个方向的位置分辨率，3 个方向达到的位置分辨率分别为：分割方向 1.5mm，连续方向 2.0mm，深度方向 2.6mm，探测器能量分辨率为 21.7%，时间分辨率为 718ps。

（2）PET 电子学研发方面，研发 10×10 SiPM 阵列基于电阻分压的多路复用读出电路，64 通道 PET 探测器前放和时间拾取电路及 64 通道单事件处理电子学电路，完成探测器和电子学的联合调试，性能达到设计标准。

（七）智能定量 CT 图像重建算法关键共性技术方面

研发团队率先提出一种端到端的多域联合深度卷积神经网络。该算法可直接在原始投影数据上工作，经过网络的处理，直接获取高精度、少伪影的双能 CT 基图像，有效解决传统双能 CT 成像算法难以抑制图像噪声、分解精度低的难题。目前，该算法已经完成了数值模拟和生物样品实验验证，相关技术专利正在申请过程中。

研发基于超导探测器的近红外二区荧光介观成像系统，在国际上率先研制出可实时成像的光声血管内窥成像系统，实现 7.5mm 视场的活体高分辨成像，探测深度可以达到颅骨下 2mm，可以实现肿瘤血管的无创伤、高分辨、三维成像。相应成果发表在 2020 年的 *Biomedical Optics Express* 期刊上。

同时，针对大视场的双光子显微成像研究要求，完成了系统的总体设计和布局，包括：确认了 16 倍物镜作为核心物镜来满足大视场和高分辨的双重要求；正在研发基于环形超声换能器阵列的光声断层成像设备，预计该设备能实现人体四肢血管的快速、无标记成像，目前已初步实现了人体体表血管的无标记成像。

（八）基于时间交叉采样的无监督学习方法的磁共振心脏电影成像方面

利用时间交叉采样的欠采 K 空间（磁共振原始采集数据）数据构造“全采”K 空间数据，再利用构造的“全采”K 空间数据进行网络训练。同时，构造并行成像网络，以实现心脏电影并行成像。其中提出的无监督学习方法，避免了对全采心脏数据的采集，获得了优于目前主流方法的重建性能。该研究成果已发表于国际 SCI 期刊 *Physics in Medicine and Biology*。

（九）基于深度流形学习的磁共振心脏电影成像方面

针对帧与帧之间存在明显依赖关系的动态 MR 图像，在学习所得到的（自适应）非线性流形空间上，构建合适的图像重建模型，设计相应的流形上的迭代重建算法，再依此展开成深度神经网络，实现有利于刻画图像内在依赖关系的深度网络方法。该方法获得了优于主流方法的重建性能，研究成果已提交至国际磁共振年会 SMRM 2021。

（十）智能化 CT 成像重建算法方面

首次提出一种用于高质量乳腺三维 CT 图像重建的端到端深度卷积神经网络。该新型网络基于迭代模型构建而成，将迭代过程映射到网络中，可以提取比传统迭代算法更多的先验信息，重建得到更高质量的乳腺 CT 图像。目前，该算法已经完成了数值模拟和临床试验验证。

在基于磁共振影像基因组学的可解释肿瘤预后模型构建方面，创新中心与中山大学肿瘤防治中心、郑州大学附属第一医院、上海仁济医院等合作，开展了具有生物医学可解释性的影像基因组学预后模型研究，目前文章已经发表在 *EBioMedicine*、*European Radiology* 等期刊。

二、中试和工程化

（一）5T 高场超导磁体及装备方面

完成了 5T 磁共振磁体的升场与励磁，获得了世界首张 5T 磁共振人体大脑图像；引入人工智能的磁共振快速成像技术 ACS，获得全球首个 FDA 认证；开发了适用于人体全身成像的 5.0T 磁共振成像设备，克服了超高场成像技术的物理限制，全脑动脉成像（MRA-TOF）分辨率可达三维各向同性 0.5mm，有望成为我国脑科学和脑疾病研究的一个广泛使用的利器。

（二）梯度功放系统方面

成功研制了世界上首台峰值功率达到 2MW 的全数字梯度功率放大器，峰值电压和电流分别为 2280V、900A，电流控制精度约为 10ppm，输出稳定性<150μA · s。该放大器配合梯度线圈，可实现最大 100mT/m 的梯度强度，超过目前进口产品的 80mT/m 梯度。梯度系统强度与精度达到世界领先水平，能够有效缩短成像时间，实现高分辨磁共振功能成像。

（三）铁基可吸收植入器械方面

当前 IBS AngelTM 铁基儿童肺血管支架在东南亚和欧洲完成 36 例临床植入，最长随访时间超过 2 年。马来西亚注册证已于 2020 年审评完成，等待发证。

（四）介入手术机器人方面

完成了放射性粒子植入多自由机械臂的设计制作、穿刺粒子植入的末端执行机构设计制造、穿刺针轴向力感知设计和穿刺过程中软组织力反馈模型构建、术前 CT 影像数据的腹部多脏器自动分割、二维超声图像的三维空间精确定位和跟踪、术中超声—术前 CT 影像的半自动配准、基于腹部体膜的技术验证和精度评估等工作；前沿理论和关键技术已发表各类科研论文 10 篇；实现了第一代粒子植入手术机器人执行机构和样机系统的研制，实现初步精度<1mm 的运动控制；实现基于体表标记点的多模态配准，对超声探头的标定精度≤2mm，初步实现了基于图像特征的术中实时超声图像与术前 CT 影像的配准融合。目前项目顺利实施产业化，获利 150 万元，并在珠海横琴成立初创公司。

（五）磁共振技术应用——血管内斑块成像方面

实现亚毫米高分辨率、快速脑血管壁斑块成像，技术成果进入中国脑血管病临床应用指南、入选国际神经影像专家共识。相关产品（序列和线圈）已在北京宣武医院、中国人民解放军总医院、南京鼓楼医院和深圳市多家医院开展临床应用研究，积累超过 400 例脑卒中患者全脑血管壁图像和头颈一体血管壁图像。

（六）开发了二尖瓣膜修复器械

采用操作简单缘对缘的修复技术，提升瓣膜修复器械捕获瓣叶的能力，采用弹性夹合设计，减轻夹合后的瓣叶损伤风险，中心密封件设计保证了瓣叶对合时的有效密封，同时减轻了瓣叶损伤。该技术新增专利申请 10 件。

（七）超高密度植入式陶瓷封装方面

已完成 320pins/φ10mm 密度的植入式封装陶瓷制备，其气密性达到 2.0×10-11Pa·m3/sec，满足 16886-3.4.5.6.10.11.14 中各项生物兼容性测试要求。目前已完成陶瓷馈通厂线建设，可批量生产高密度植入式陶瓷馈通，2021 年完成馈通全部原材料自主开发。

（八）完成了人工视网膜产品植入式硅胶注塑技术平台搭建，并成功应用于产品

通过自主设计植入式硅胶注塑设备及高精度注塑模具，可实现最小0.15mm，最薄 0.1mm 的双面镶嵌注塑精度。人工视网膜产品的开发方面已完成了 60 电极人工视网膜产品研发，目前进入临床试验阶段，所搭建的人工视网膜开发平台获批“广东省人工视网膜工程技术中心”。

（九）研发系列基于低温沉积增材制造技术，与组织再生各阶段生物学需求适配的功能化生物活性材料体系

实现材料的力学、结构、功能化活性等多参数调控，实现材料的宏观/微观仿生结构、力学动态适配、活性阶段控释、降解速率可控等关键性能的调控，赋予了材料与骨和血管再生的多层面、多阶段需求匹配的功能化活性，开发的可降解材料体系有：促成骨+抗菌双功能（含镁）、促成骨（含中药活性成分）、光热抗肿瘤+促成骨双功能（含光热纳米粒子）磁热及影像示踪促成骨多功能（含磁性纳米粒子）等。

（1）开发了具有成骨活性及力学稳定性的可注射水凝胶，以天然多糖壳聚糖为基础，通过镁复合形成金属—有机键，并利用紫外光交联，形成具有双交联网络的高力学强度和高力学稳定性的可注射水凝胶。同时，有效调控降解过程中镁离子的释放，促进体外钙磷盐沉积，促进成骨前体细胞成骨分化，并促进大鼠颅骨骨缺损修复。

（2）开发了生物活性 Nano-MgO/PMMA 骨水泥，PMMA 骨水泥与适量 nano-MgO 颗粒复合，增强表面能和蛋白质吸附使得植入材料与宿主骨组织形成有机的化学界面结合、调控适宜的力学性能和操作性能；调控骨缺损修复的微环境，增强骨水泥成骨活性及抗菌活性，为人工关节置换、关节固定、骨缺损部位填充及骨质疏松引起的骨折提供有效的治疗方法。

三、成果转化和企业孵化

针对新冠肺炎疫情防控，面向人民生命健康，针对严重“卡脖子”和亟待国产化的“人工膜肺”需求，创新中心转化孵化的项目“体外膜肺氧合机 ECMO 研制”，由创新中心牵头，联合中科院深圳先进院、迈瑞、汉诺，获批深圳市财政支持经费 1 亿元，开发用于重症监护单元（ICU）的心肺功能支持治疗型的体外膜肺氧合机（ECMO）整机产品及相关耗材，重点开展

ECMO动力血泵血液循环、膜式氧合与二氧化碳清除，以及二氧化碳清除率和膜氧合率监测等关键技术攻关。该重点项目进展如下。

（一）关键部件研发方面

目前已完成氧合器的主体结构设计与定型，以及相关生产工艺研究，并建立了小批量氧合器生产工艺条件。离心泵已完成开模生产，实现转速6000rpm即8.0L/min流量。在抗凝涂层设计方面，明确了项目技术路线，设计完成涂层方案2种。在膜材料研制和传感器研制方面，完成了传感器血氧饱和度、血红蛋白含量、红细胞比容传感器的原理样机设计1项。在系统方面，完成了人工心脏泵和人工肺模型的流体力学模拟分析1项。中空纤维膜材料制备工艺已经明确，TIPS法中空纤维膜小试设备正在搭建中。

（二）整机集成测试方面

已完成3台样机搭建，并正式提交广东省医疗器械质量监督检验所开展检验测试工作。目前，已实现转速控制、流量和气泡检测功能检测，已通过全部EMC测试项目，其他项目正在测试中，在2021年第一季度完成所有测试。

（三）平台条件建设方面

项目团队在深圳龙华区顺利完成生产厂房一期建设，建成1800平方米十万级洁净GMP厂房并顺利通过第三方检测验收，获得三类医疗器械经营许可。拟生产厂房二期总建设面积1200平方米，拟建设GMP标准的十万级洁净度及万级洁净度混合的厂房。现已完成所有施工图纸的规划设计方案，在2021年6月取得第三方检测验收报告并投产。

（四）样机注册准备方面

目前，已开展大动物临床试验，相关样机已在羊身上进行慢性动物实验8天，过程中泵头工作稳定，24小时持续监测有创血压、中心静脉压、血糖、动静脉血气、五分类血常规、出入量，实验羊状态良好，全程实现“清醒ECMO”。相关合作医院及临床试验方案正在探索中。

四、行业服务

创新中心将围绕高端医疗器械产业链，针对从技术研发到产品量产的实际需要，建设包括联合实验室、研发、测试、中试、转化和服务等在内的平台。与创新中心的各类平台建设相匹配，还将建设相应的专业平台，承接各个细分技术的创新需求，为我国高端医疗器械行业发展、产业链上下游提供技术支持。

深圳高性能医疗器械国家研究院有限公司在筹备及获批广东省创新中心后开展了大量的研发工作：先后与上海绿谷制药有限公司（超声脑神经调控治疗仪器）、北京乐普医疗器械股份有限公司（高性能微血流超声成像仪）、天津恒宇医疗科技有限公司（高分辨血管超声成像仪）、深圳市中电数通智慧安全科技股份有限公司（数字图像）、深圳易瑞生物技术有限公司（纳米传感器及微流控芯片）、山西瑞亚利科技有限公司（微流控生物检测）、上海瑞昂生物技术有限公司（数字 PCR）、图兮深维医疗科技（苏州）有限公司（医学图像人工智能）、深圳湃尔生物科技有限公司（血球仪、凝血分析仪等体外诊断仪器）、航天科工深圳（集团）有限公司（可穿戴式生理监测系统）、深圳市先健心康医疗电子有限公司（临时起搏电极导线、植入式起搏电极导线拔除装置）、深圳市先健呼吸科技有限公司（减容回力圈系统）、深圳市先健畅通医疗电子有限公司（主动脉弓解决方案）开展合作。深圳高性能医疗器械国家研究院有限公司已经成为本领域具有一定影响力的技术创新平台。

五、合作网络

（一）国际交流合作

作为国家级创新平台，创新中心将始终紧盯国际产业和学术前沿，把握领域内最新的发展动向，并通过项目合作、高水平技术和团队引进、联合研发、联合共建等具体形式，与国际知名高校和科研机构建立合作，共同促进我国行业共性技术水平提升和产业发展。目前，创新中心已与剑桥大学、美国南加利福尼亚大学、加利福尼亚大学戴维斯分校、西雅图华盛顿大学、新加坡南洋理工大学、日本冈山大学和荷兰医学三角洲等机构开展了实质性的医学技术研发合作。合作项目涉及高场磁共振成像技术、多维超声成像技术、全身高分辨 PET 成像技术、快速体外检测微流控技术、新型生物材料和 3D

打印技术等一系列前沿高端医疗器械核心领域。

（二）各国家创新中心之间交流合作

医疗器械行业是多学科交叉、知识密集、资金密集型的高技术产业，其产品的研发、制造涉及生物医学、制造工程学、材料科学及人机工程学等多个学科领域，行业进入壁垒较高。因此，需要各创新中心协同配合，合作共赢，在各领域引领行业和世界医疗器械装备水平进步。

（三）创新中心成员单位之间交流合作

创新中心将围绕高端医疗器械产业链，针对从技术研发到产品量产的实际需要，采取共建联合实验室的形式，扩展外圈会员。创新联盟吸纳新会员，扩大行业覆盖面。股东单位选派流动科研人员轮流合作研究，与会员单位联合申报国家科研项目及国际合作项目，增强创新中心在更高的层次上与全球创新要素的深度融合。创新中心以开放的视野，促进创新中心和产业链的融合，加强对合作项目的跟踪，在全球范围内整合创新资源。

（四）与中心以外的单位交流合作

创新中心围绕科技成果转化需求，搭建产业交流合作平台，参加国内外相关峰会和展会，开展技术转让、产业合作、投融资对接等工作，促进创新科技成果转化，推动医疗器械行业快速发展。例如，创新中心将与国内医疗器械检测机构如深圳市计量质量检测研究院等建立合作关系，共同建设医疗器械检测平台，开展医疗器械的质量检测与产品认证工作。检测平台直接服务于各成员单位，实现创新中心与成员单位之间有条件的资源开放共享；另外，创新中心也将积极拓展，实现与外单位的技术合作。

第十九章

国家先进印染技术创新中心

第一节 建设进展

一、组建情况

国家先进印染技术创新中心（以下简称创新中心）于 2020 年 6 月获批复组建，采用“公司+联盟”的模式运行。

（一）公司

1. 股东构成

创新中心的依托单位山东中康国创先进印染技术研究院有限公司，成立于 2019 年 8 月，由山东康平纳集团有限公司、东华大学双牵头，联合青岛大学、北京机科国创轻量化科学研究院有限公司、青岛即发集团股份有限公司、佛山市三技精密机械有限公司、上海安诺其集团股份有限公司、广东德美精细化工集团股份有限公司、江苏红旗印染机械有限公司、泰安民意节能设备有限公司、泰安市泰山投资公司等组建注册成立。第二批新增股东有传化智联股份有限公司、杭州宏华数码科技股份有限公司、杭州开源电脑技术有限公司和鲁泰纺织股份有限公司，2020 年 4 月，股东单位增加到 15 家。

为了鼓励管理层及技术骨干加速科研成果产业推广、推动企业上市、孵化新公司等，创新中心下一步计划给予管理层及技术骨干一定股权比例，同时增加行业龙头企业、投资公司等股东单位。

2. 组织架构

创新中心实行企业化运作，依托山东中康国创先进印染技术研究院有限公司运营，按照《公司法》组建现代法人治理结构，设立股东会、董事会、监事会等，实行市场化运行，自主经营、自负盈亏、自我发展。重大事宜由股东会和董事会进行决策，总经理执行，创新中心主任负责创新中心科技活动。

根据发展需要，创新中心对原有职能部门进行调整完善，现划分为职能部门、创新中心研发、技术孵化三大板块进行管理。职能部门板块主要有科技发展部、人力资源部、综合办公室、财务部、采购部、企业管理部；创新中心研发板块分为分析检测中心、技术研究开发中心、中试基地、知识产权管理办公室。

（二）联盟

中国先进印染技术创新联盟是在中国纺织工业联合会、中国印染行业协会协调推动下组建的，涵盖了行业高等院校、科研院所、重点企业等。

该联盟在原有成员的基础上增加了常州大学、山东魏桥恒富针织印染有限公司、山东魏桥特宽幅印染有限公司等单位，现有包括东华大学、天津工业大学、青岛大学、西安工程大学、浙江理工大学、武汉纺织大学、江南大学、山东理工大学、大连理工大学、苏州大学、常州大学 11 所高校及北京机科国创轻量化科学研究院、中国纺织科学研究院、中国纺织建设规划院、沈阳化工研究院等科研院所、行业重点企业 58 家单位，覆盖了本领域 70% 以上的国家重点实验室、国家工程技术研究中心、国家认证检测中心、国家工业设计中心、国家级企业技术中心等国家级创新平台。

该联盟于 2021 年 7 月召开 2021 年度联盟成员线下会，共商行业发展，同时根据发展节奏和发展要求开展纳新工作。

二、队伍建设

（一）管理团队

董事长兼总经理刘琳：正高级工程师，享受国务院政府特殊津贴专家，先后组织参与了“863”计划、国家科技支撑计划、重点研发计划等国家、省部级科研项目，荣获国家科技进步一等奖、中国纺织工业联合会科技进步一等奖、绿色科技进步一等奖等多个奖项，入选中国纺织行业专家库，被授予全国优秀科技工作者、全国优秀企业家、全国纺织工业劳动模范、中国纺织技术带头人、中国纺织工程学会突出贡献奖、中国纺织机械行业成就奖等。

创新中心主任毛志平：博士，研究员，长期致力于生态染整领域基础理论、关键技术和工程应用研发等工作，先后主持国家重点研发、“863”计划，国家科技支撑计划、国家自然科学基金等课题40余项，参与课题30余项，获国家技术发明二等奖、上海市科技进步一等奖、中国纺织工业联合会科技进步一等奖等，被评为中国纺织工业特别贡献奖（桑麻学者）、全国纺织科技创新领军人才、中国纺织学术带头人和教育部新世纪优秀人才、上海市优秀技术带头人等。

（二）科研团队

创新中心组建了以中国工程院俞建勇院士为首席科学家，包括4支院士团队在内的全职、双聘人员共同组成的创新研究队伍。

1. 首席科学家

俞建勇，中国工程院院士，现任东华大学校长，教授、博士生导师，东华大学纺织科学与工程一级学科国家“双一流学科”负责人，兼任国家新材料产业发展专家咨询委员会副主任等。作为首席科学家，俞建勇院士负责创新中心研究方向和研究计划的总体指导规划等工作，院士团队主要负责“高品质印染产品设计开发”研究方向的建设工作，已逐步开展高端功能纺织品国产化研究开发、生态高效印染及绿色高功能化学品加工技术开发等。

2. 学术带头人

领衔科学家单忠德，中国工程院院士，现任南京航空航天大学校长，研究员、博士生导师，先进成形技术与装备国家重点实验室主任，兼任中国智能制造产业技术创新联盟专家委员会副主任委员等，长期从事数字化机械装备与先进成形制造技术研究。单忠德院士团队主要负责“数字化智能化印染装备及制造系统”研究方向的建设工作。

领衔科学家陈纯，中国工程院院士，现任浙江大学计算机科学与技术学院教授、博士生导师，浙江大学信息学部主任，国家数码喷印工程技术研究中心首席科学家，兼任国家新一代人工智能战略咨询委员会委员等。陈纯院士团队也负责“数字化智能化印染装备及制造系统”研究方向的建设工作。

领衔科学家彭孝军，中国科学院院士，现任大连理工大学化工学院院长、精细化工国家重点实验室主任，国务院学科评议组成员，中国染料标准化技术委员会副主任，国际标准化组织影像技术委员会成员等。彭孝军院士团队主要负责“绿色精细化学品”研究方向的建设工作。

（三）专家团队

由行业内具有重要影响力的专家组成战略咨询专家委员会和技术专家委员会。

战略咨询专家委员会：俞建勇院士为主任，单忠德院士为副主任，负责研判行业发展科技重大问题并筛选确定研究方向，审议创新中心科技发展战略与规划、重大科技及产业化项目的技术论证等。

技术专家委员会：俞建勇院士为主任，陈志华会长为副主任，对创新中心具体的研究项目方向、可行性等进行论证、筛选和立项决策。

三、机制建设

（一）项目管理机制

项目主要有两种，一是内部自研项目，二是与高校院所、企业合作开展的单边、双边或多边技术攻关和产品开发项目。为进一步规范管理，有效提高科学研究和科研成果转化效率，创新中心完善了科研项目管理制度，细化了内部自研项目管理办法、联合研发项目管理办法，逐步健全项目管理体系建设。

创新中心积极组织科研管理人员参加政府、专业机构开展的线上、线下培训，了解政策，规范项目管理。

（二）资源共享机制

为避免重复投资，有效利用并充分发挥各方资源，创新中心建立资源共享机制，实行内部、外部资源共享。对内，优化资源配置，加强沟通协调，通过资源信息库整合，合理调配，共享使用；对外，与康平纳集团、东华大学、青岛大学等股东、联盟单位签订共享协议，科研人员、仪器设备共享，开展技术攻关。同时，创新中心先进仪器设备录入山东省大型科学仪器设备协作公用网，通过山东省科学仪器检测资源管理系统，对外提供服务。

（三）人才管理机制

创新中心建立了灵活的人力资源管理机制，营造公平、竞争的用人环境，全方位引进人才，壮大全职为主、双聘为辅的人才团队。创新中心实行物质和精神奖励相结合，落实一事一议政策，实行能上能下、动态调整，开展内外部线上+线下培训，精心做好后勤保障，精准服务人才，在激发科研人员工作热情、发挥潜能的同时，确保引来、留住、用好各类人才。

（四）知识产权机制

为规范相关工作，提升知识产权管理水平，创新中心按照《企业知识产权管理规范》（GB/T 29490—2013）要求，建立知识产权管理制度，目前已通过知识产权管理体系认证。同时，创新中心逐步结合《科研组织知识产权管理规范》（GB/T 33250—2016）要求，持续深入推行知识产权标准化、规范化管理，不断完善提升，更好地建设发展。

四、平台建设

本着“共享、协作、服务”的基本原则，服务于创新中心的研究开发任务和开放需求，创新中心将建设染整通用实验室、特种与绿色纺织化学品研发实验室、纺织产品常规性能检验检测实验室、先进装备与智能制造系统开发实验室等 12 大实验室，以及高性能和绿色纺织化学品验证平台、先进印染装备及智能制造验证平台、印染废水深度处理及回用技术验证平台和生态印染加工技术验证平台。

实验室建设方面：已完成 5000 平方米标准化基本设施建设，正陆续开始仪器设备安装调试，同步开展实验室管理系统（LIMS）建设。

验证平台建设方面：高性能和绿色纺织化学品验证平台、先进印染装备与智能制造验证平台于 2021 年 9 月建成试运行；占地 200 亩的印染废水深度处理及回用技术验证平台和生态印染加工技术验证平台正在建设。

创新中心还建有 1700 平方米的工业压电喷墨打印头研发实验室、验证场地，其中百级净化车间 330 平方米、万级净化车间 820 平方米。

第二节　运行成果

一、技术创新

为解决“卡脖子”及共性技术难题，创新中心先后开展了工业压电喷墨打印头、工业压电喷墨打印头专用化学品研发、工业压电喷墨打印头专用驱动控制系统研发、针织物防卷边涂层设备、活性染料潮固色专用设备、植物染纺织工业化生产关键技术、生态高效印染及绿色高功能化学品加工技术开发、高端功能纤维及纺织品国产化研究开发、安全防护与应急工程用纺织基础材料、印染协同智能制造信息技术装备及系统、复合材料三维编织技术及装备研究、三聚氟氰反应性染料的合成技术研究、大分子自交联染料合成技术及染色超纤方法研究、大规模结构生色材料的构筑与着色性能研究等技术攻关。

二、中试和工程化

为降低活性染料染色过程中的资源消耗和污染物排放量，提升纤维素纤维纺织品染色质量和附加值，创新中心开展活性染料潮固色专用成套设备及产业化研究。目前，活性染料潮固色专用设备样机正在安装中。

为解决针织物卷边这一制约针织物平幅印染加工的关键问题，创新中心开展新型针织物防卷边工艺技术和设备研究。目前，针织物防卷边涂层设备正在测试中。

为解决针织物印染前处理行业多存在制品质量不稳定、生产加工能耗高、排污严重等难题，创新中心开展针织物低温连续前处理关键技术与示范研究。目前，针织物低温连续前处理数字化示范生产线正在安装调试。

为打破国外对工业压电打印头的技术垄断，加快实现国产工业压电打印头进口替代，创新中心开展工业压电喷墨打印头关键技术研发及产业化攻关，2021 年年底前将推出产品，进行市场验证。

三、行业服务

（一）验证测试

为充分发挥资源优势，2021 年 4 月，创新中心注册成立山东中康国创检验检测中心有限公司，开展以检验检测为主，配套提供业务培训、产品认证、标准化咨询等系列服务。目前，创新中心正在积极开展 CMA 和 CNAS 国家认证资质准备工作。

（二）标准制定

为提升我国在纺织领域的全球话语权和影响力，创新中心聚焦绿色纺织标准，围绕有害物质检测方法、功能性纺织品检测方法、循环纺织产品和可降解材料检测方法、纺织产品绿色供应链评价标准及绿色设计产品评价技术规范研究等开展研究，先后制（修）定国际标准3项、国家标准2项、地方标准1项、团体标准4项。其中，《羊毛投影显微镜法测定有髓纤维含量》（ISO2647:2020）、《纺织品某些防腐剂的测定第2部分：三氯生残留量的测定（LC-MS/MS法）》（ISO 22992-2:2020）2项国际标准，《筒子纱数字化染色成套装备 通用技术条件》1项国家标准，《纺织品绿色供应链管理通则》1项地方标准，已发布实施。

（三）人才培养

为促进纺织印染技术人才发展，创新中心参加弘德讲坛、渤海科技论坛、七彩云公开课、国家和省级行业协会等会议和线下、线上培训，为与会人员、学生、学员讲授活性染料的配伍性、活性染料“潮固色”染色、针织物平幅染色机理研究、纺织品生物染色技术、国内外婴幼儿纺织品阻燃标准及分析、喷墨印花成像原理等课程。

创新中心参加第五届国际青年学者尚实论坛，以“线上+线下”的方式，为美国加利福尼亚大学伯克利分校、东京大学、清华大学、北京大学、德国乌尔姆大学等著名高校及科研院所的海内外青年学者介绍染整学科和化学学科的内涵和国际领先的纺织印染技术，让青年学者感受到了传统印染技术在现代可穿戴设备等前沿领域展现出的新魅力和巨大的潜在应用。

四、合作网络

（一）国际交流合作

创新中心与美国加利福尼亚大学戴维斯分校孙刚教授交流绿色纺织化学与创新纺织技术，与美国哈佛大学的博士后张国高博士交流形状记忆聚合物技术，与以色列希伯来大学博士后王辰博士交流超分子功能材料及体系的设计与构建技术。

（二）各国家创新中心之间交流合作

创新中心先后到国家轻量化材料成形技术及装备创新中心、国家高性能医疗器械创新中心、国家集成电路特色工艺及封装测试创新中心和国家先进功能纤维创新中心考察，学习先期批复建设的国家制造业创新中心在人才保障、研发管理、项目管理、知识产权管理，以及当地政府的相关政策支持等方面的先进经验。

（三）创新中心成员单位之间交流合作

2020 年 11 月，创新中心在泰安召开股东大会现场会，与 15 家股东单位面对面交流创新中心运营管理事宜。

创新中心与股东单位山东康平纳集团、东华大学、北京机科国创轻量化科学研究院开展技术合作，共同开展的植物染纺织工业化生产关键技术研究与应用项目列入 2020 年山东省重点研发计划（重大科技创新工程）项目。

从 2021 年 4 月开始，股东、联盟单位青岛大学、天津工业大学、江南大学等 11 所纺织类高校创新团队轮流到创新中心进行技术交流与需求梳理，以进一步达成合作意向，目前交流活动持续开展中。

（四）与中心以外单位交流合作

创新中心与北京奥润联创微电子科技开发有限公司、南京航空航天大学等合作，共同开展工业压电喷墨打印头项目研发；与中纺标检验认证股份有限公司、长春海关技术中心、深圳市检验检疫科学研究院、浙江金鹰共创纺织有限公司等合作，开展纺织绿色生态标准研究工作。

第二十章

国家智能语音创新中心建设进展

第一节　建设进展

一、建设情况

（一）公司

1．股东构成

国家智能语音创新中心（以下简称创新中心）的法人实体——合肥智能语音创新发展有限公司于 2019 年 10 月 9 日注册成立，公司股东包括：科大讯飞、寒武纪、优刻得、中科类脑、青岛海尔、淘云科技、启明科技、聆思科技、重庆邮电大学、安徽信投。目前，公司注册资金增至 1 亿元。

2．组织架构

创新中心实行企业化运作，依托合肥智能语音创新发展有限公司运营，设立董事会，董事会作为创新中心的决策机构，负责公司重大决策；设立专家委员会，为创新中心提供专家咨询和建议，包括创新中心建设方向和方案及项目评估，协助公司董事会进行决策。同时，智能语音创新发展有限公司实施“技术和管理双轮驱动”的组织模式，设立技术委员会，技术委员会由公司股东单位技术专家与外聘专家组成，负责公司的技术发展规划、研发重点等事宜，协助总经理指导具体的任务执行。合肥智能语音创新发展有限公司组织架构如图 20-1 所示。

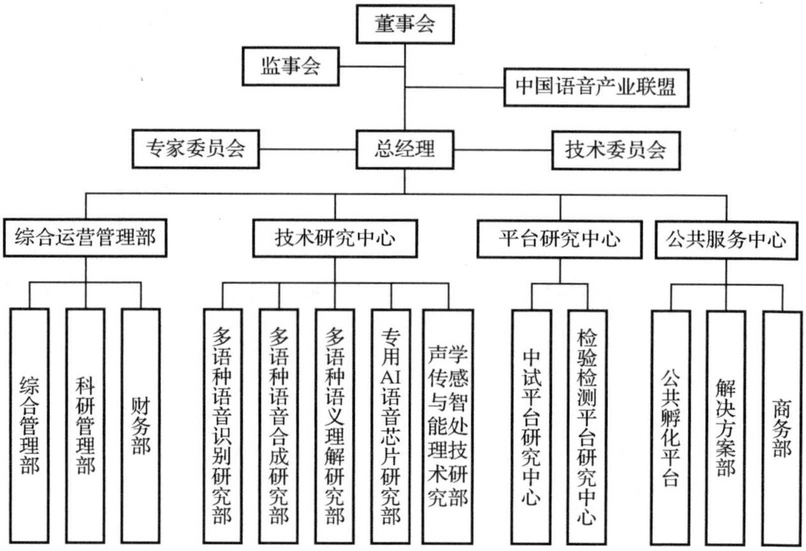

图 20-1　合肥智能语音创新发展有限公司组织架构

3. 核心队伍

董事长：胡国平，毕业于中国科学技术大学信号与信息处理专业，工学博士，荣获国家科技进步奖（二等奖）、信息产业重大技术发明奖、求是杰出青年成果转化奖、安徽省科学技术一等奖、北京市科学技术一等奖、上海市科学技术一等奖、黑龙江省科学技术一等奖。

总经理：吴江照，合肥智能语音创新发展有限公司总经理，主导及参与了工信部电子发展基金、国家发改委“互联网+”重大工程、安徽省经信厅产业发展共性服务平台等多项部委和省级重点项目，拥有丰富的项目研发经历。

（二）联盟

1. 联盟总体情况

中国语音产业联盟由工信部指导，科大讯飞、华为、中国移动、腾讯、思必驰、国家工业信息安全发展研究中心、清华大学、哈尔滨工业大学、中国科学院自动化研究所、中国社会科学院语言研究所、中国电子技术标准化研究院等 74 家单位联合成立，是由中国境内从事语音技术和产品研究、开发、应用、服务及相关业务的企业、科研院所和服务机构自愿组成的全国性非营利社会组织，以“平等自愿、优势互补、资源共享、合作共赢”为原则，致力于整合产业资源，构建健康的产业生态体系，推进语音及语言产业的快速发展。

2. 国家级平台情况

创新中心股东、联盟单位覆盖了我国智能语音产业80%的国家级创新平台，主要包括智能语音国家新一代人工智能开放创新平台、认知智能国家重点实验室、语音及语音信息处理国家工程实验室、国家智能语音高新技术产业化基地、类脑智能技术及应用国家工程实验室等。

（三）专家团队

1. 专家委员会：由智能语音领域的知名专家、学者和企业家组成，负责为创新中心的建设方向和方案及项目评估研发方向、技术路线等方面提供战略咨询和决策建议，专家委员会聘请中国科学院陈国良院士担任主任、中国工程院杨善林院士担任副主任。

2. 技术委员会：创新中心为进一步激发技术创新活力，增强自主创新能力，营造良好的技术创新氛围与机制，确保创新中心技术决策的科学性、合理性，成立技术委员会。技术委员会主要由行业领域的技术专家组成，对创新中心的具体研究项目方向、可行性等进行论证、筛选，对项目立项进行决策。

二、机制创新

（一）项目研发机制

创新中心建立以创新中心主导下的关键技术协同开发机制和政府引导下的产学研项目开发机制。创新中心根据自身的战略部署与规划，以产业应用为目标牵引，发布智能语音共性技术或关键技术开发计划，联合股东单位和联盟成员单位协同开展产业链中的关键共性技术开发。同时，创新中心根据国家各级政府发布的智能语音技术规划和指南，组织股东单位和联盟成员单位共同申请承担国家级或省部级研究项目，共同开展智能语音关键技术的开发。

（二）人才引进和培养机制

创新中心建立开放的人才引进和培养机制，开辟高层次人才引进绿色通道，依托国家、省、市人才项目，围绕重点任务和建设目标，以任务合作的柔性引进方式，通过共同研发、委托研发、兼职等多种途径和方式，与高校、科研院所等单位开展合作研究；建立创新人才培育培养体系，依托中国科学技术大学、认知智能国家重点实验室等载体和平台，提供培训、学习机会，为员工搭建个人职业发展通道。

三、平台建设

创新中心按照“一中心、三平台、一网络”建设架构建设智能语音技术研究中心、智能语音公共测试服务平台、智能语音中试服务平台和产业孵化公共服务平台。建设智能语音技术研究中心，聚焦智能语音产业对关键共性技术的需求，重点突破多语种语音识别、多语种语音合成、多语种语义理解、AI 语音芯片、声学传感与智能处理、声音数据库、语音水印技术、语音防火墙和国产化适配等核心技术；构建智能语音领域首家从标准、资源、基础设施到检验检测服务等多维度的公共检验检测服务平台，帮助实现中国智能语音产业持续领跑；建设智能语音中试服务平台，为智能语音行业共性技术的应用及产业化提供从测试、调优、运维到规范化管控的全方位服务，加速科技成果的工业化、商业化转化；建设智能语音产业孵化公共服务平台，包括：公共创新服务、创投基金服务、知识产权服务、创业孵化服务四部分。

目前，智能语音公共测试服务平台和中试服务平台正在建设中。

第二节　运行成果

一、技术创新

智能语音技术研究中心聚焦多语种关键技术、AI 芯片、工业声学等行业关键共性技术开展研究，并取得阶段性进展。具体如下。

（一）多语种关键技术

创新中心在汉语、英语等多语种关键技术上取得突破，目前中、英文多语种交互应用已经在智能汽车、智能家居领域形成一套标准化解决方案，并已经完成车载场景下声学前端降噪，多语种语音唤醒、识别、自然语言理解、合成等语音交互技术全链路闭环。

（二）工业声学关键技术

工业声学主要面向制造业场景开展声学相关研究，贯穿制造业产品的生产过程、运行过程和维护过程的全生命周期，需要建立一套工业声音库，采集相关声音资源，来支撑上层场景化智能处理算法的研究。目前创新中心建成一套声音采集系统，并且已在白色家电、电力、天然气等工业领域，完成20余种声音的采集和智能化处理方案落地。

（三）AI芯片研发

面向高端智能家电领域的智能语音交互特点，创新中心研制的第一代AI语音专用芯片（终端智能语音交互模组）已经实现规模化应用，并且针对第一代AI语音专用芯片应用中的关键痛点，已经启动第二代AI语音芯片的研发工作。该芯片基于22纳米工艺设计，较第一代芯片具有高算力、高集成度、低功耗、低成本的核心竞争力。

二、中试和工程化

智能语音中试服务平台致力于为智能语音行业共性技术的研究、应用及产业化提供从测试、调优、运维到规范化管控的全方位服务，加速研究科技成果转移扩散和首次商业化。创新中心重点建设AI数据处理平台、AI引擎托管平台、AI能力编排平台，为行业高等院校、科研院所、开发者提供端到端的智能语音全链路、一站式创新试验平台。

截至目前，平台已经完成AI数据处理平台一期建设，具备以全图形化Web操作的形式为用户提供一站式的智能语音领域的大数据的能力。

三、企业孵化

创新中心孵化成立了合肥智音检测科技有限公司，组建了20余人的专业软硬件测试团队，为行业提供智能语音领域的公共检测服务。目前该公司已经完成半消声实验室、声学测试实验室建设，正在建设全消声实验室、混响可调实验室等相关实验室。

四、行业服务

（一）公共测试

创新中心在成立初期就已经建立了完善的测试体系，拥有智能语音交互效果评估、声学客观评测、智能语音软硬件一体化产品系统测试、安全测试、解决方案测试等多维度测试能力，是“中国声谷”质量基础设施一站式服务平台，已经面向包含科大讯飞、TCL、华为、海尔、华米等多个企业提供相关测试评估服务。

（二）标准研究

创新中心参与了国家技术标准创新基地（智能语音技术）的申报和建设工作，2021 年 4 月，通过国家标准化管理委员会的认定，成为国家技术标准创新基地（智能语音技术）共建单位。

五、合作网络

创新中心牵头单位科大讯飞股份有限公司和青岛海尔、寒武纪、华为、中国科学技术大学、中国科学院自动化研究所等多家股东单位与联盟成员建立了长期合作关系；2019 年与认知智能国家重点实验室、数字化家电国家重点实验室签订战略合作协议；在智能语音技术领域联合开展了多项国家部委及横向合作科研项目。

第二十一章

国家玻璃新材料创新中心建设进展

第一节　建设进展

一、建设情况

国家玻璃新材料创新中心（以下简称创新中心）以玻璃新材料创新中心（安徽）有限公司为运行主体、以硅基新材料产业技术创新战略联盟为外延，形成“公司+联盟”的组建模式。

创新中心围绕“四个面向”，确定了打造世界一流的玻璃新材料协同创新策源地的总体战略定位，明确了以信息显示玻璃新材料、新能源玻璃新材料、节能安全玻璃新材料、特种玻璃新材料为主的研究方向，以玻璃新材料前沿技术和关键共性技术研发、商业化应用推广、行业支撑性服务为主要任务，力争通过5～10年时间，打造世界一流的玻璃新材料协同创新平台，形成集科研开发、成果孵化、推广应用、产业反哺及人才、检测、资金等多系统支撑的良性创新创业生态，支撑信息显示、光伏新能源、航空航天、轨道交通等重点产业安全健康发展，助力“中国制造”向“中国创造”转变。

（一）公司

1．股东构成

2019年10月，中建材蚌埠玻璃工业设计研究院有限公司以安徽省硅基新材料创新中心为基础，联合凯盛科技集团有限公司、蚌埠投资集团有限公司、武汉理工大产业集团有限公司设立独立法人机构——玻璃新材料创新中心（安徽）有限公司；2020年9月，新增惠科股份有限公司、苏州协鑫集成投资有限公司、杭州光学精密机械研究所、中国建材检验认证集团股份有限公司、江苏铁锚玻璃股份有限公司、浙江大学科技园发展有限公司、河北省沙河玻璃技术研究院等股东单位，注册资本增至 1.58 亿元。创新中心合作建设模式如图 21-1 所示。

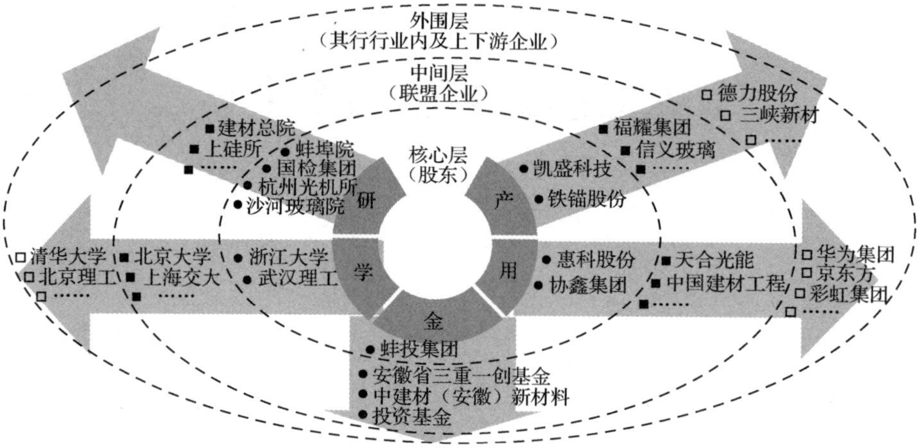

图 21-1　创新中心合作建设模式

2. 组织架构

玻璃新材料创新中心（安徽）有限公司设股东会、董事会、监事会、技术专家委员会，实行董事会领导下的总经理负责制；下设综合管理部、财务部、研发中心、公共服务中心等部门，分别负责公司的行政管理、财务管理、技术研发、公共服务、投资管理等。创新中心公司组织机构如图 21-2 所示。

3. 核心队伍

（1）股东会、董事会、监事会情况

公司全体股东组成股东会，是公司的权力机构，负责公司重大事项的决策。

公司设董事会，由 11 名董事组成，各股东方分别推荐 1 名董事，负责制定公司战略规划、管理原则、经营目标、年度财务预算方案、决算方案等工作。公司设监事会，由 3 名监事组成。

（2）公司经营管理团队

公司总经理由玻璃新材料领域的权威专家担任，具有丰富的技术成果转化经验和企业经营管理经验，其职责主要包括：全面负责公司日常管理和运行，协调创新平台所需的各类创新资源，支持开展科学研究、成果推广和人才培养。

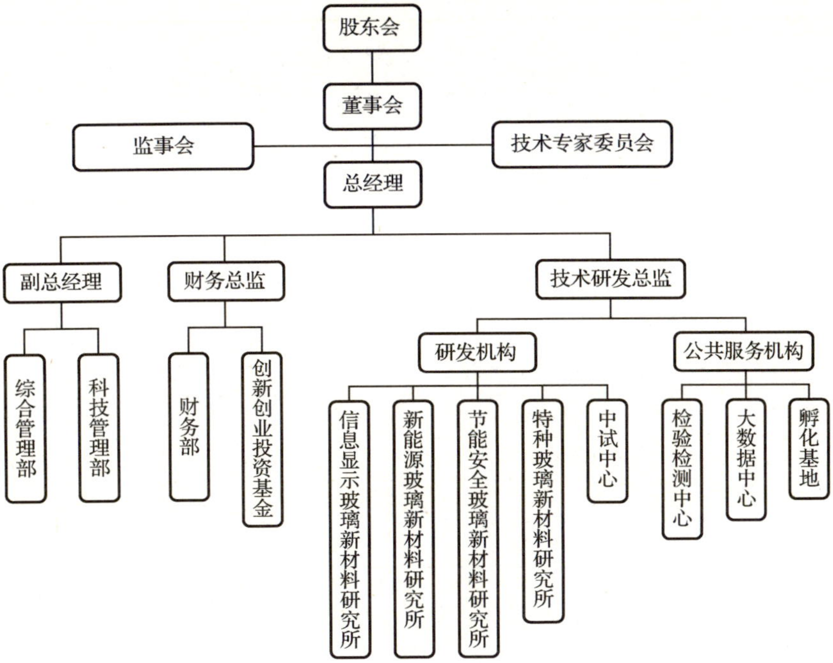

图 21-2　创新中心公司组织机构

（3）技术带头人

由中国工程院院士彭寿担任创新中心首席科学家，同时聘请中国工程院院士张联盟、中国科学院院士谢毅两位行业领军人物，共同担任创新中心技术带头人，引领创新中心玻璃材料新技术、关键共性技术的研发。

（4）创新团队

创新中心依据战略定位和总体目标，面向国家玻璃新材料制造业的重大需求，打造了信息显示玻璃新材料、新能源玻璃新材料、节能安全玻璃新材料、特种玻璃新材料四大创新团队，目前拥有员工 88 人，其中研发团队 78 人，研发人员占比超 80%。

（二）联盟

创新中心的依托联盟为硅基新材料产业技术创新战略联盟。2020 年 11 月，新一届联盟大会召开，联盟规模扩大至 80 家联盟单位。联盟内重要核心单位见表 21-1，同时联盟内拥有 15 家国家级创新平台，见表 21-2。

表 21-1　创新联盟核心单位

序　　号	单 位 名 称	序　　号	单 位 名 称
1	中国建筑材料联合会	11	凯盛君恒有限公司
2	中国建筑玻璃与工业玻璃协会	12	福莱特玻璃集团股份有限公司
3	中国建筑材料科学研究总院	13	福耀玻璃工业集团股份有限公司
4	中国新型建材设计研究院有限公司	14	凯盛科技股份有限公司
5	燕山大学	15	凯盛光伏材料有限公司
6	北京工业大学	16	河南省中联玻璃有限责任公司
7	中国玻璃控股有限公司	17	东旭集团有限公司
8	中国洛阳浮法玻璃集团有限责任公司	18	协鑫（集团）控股有限公司
9	中国耀华玻璃集团有限公司	19	天合光能股份有限公司
10	中国建材国际工程集团有限公司	20	东旭集团有限公司

表 21-2　国家级创新平台

类　　别	序号	创新平台名称	依 托 单 位
国家重点实验室	1	浮法玻璃新技术国家重点实验室	中建材蚌埠玻璃工业设计研究院有限公司
	2	硅酸盐建筑材料国家重点实验室	武汉理工大学
	3	材料复合新技术国家重点实验室	武汉理工大学
	4	硅材料国家重点实验室	浙江大学
	5	强场激光物理国家重点实验室	中国科学院上海光学精密机械研究所
	6	亚稳材料制备技术与科学国家重点实验室	燕山大学
	7	绿色建筑材料国家重点实验室	中国建筑材料科学研究总院
	8	光伏科学与技术国家重点实验室	常州天合光能有限公司
国家工程实验室	9	光纤传感技术国家工程实验室	武汉理工大学
	10	特种显示技术国家工程实验室	合肥工业大学
	11	平板显示玻璃技术和装备国家工程实验室	东旭集团有限公司
国家工程技术研究中心	12	玻璃工业节能技术国家地方联合工程研究中心	中建材蚌埠玻璃工业设计研究院有限公司
	13	国家玻璃纤维及制品工程技术研究中心	南京玻璃纤维技术研究院
	14	国家玻璃深加工工程技术研究开发中心	中国建筑材料科学研究总院
	15	国家特种显示工程技术研究中心	合肥工业大学

（三）专家团队

创新中心设技术专家委员会，负责研判行业发展的重大问题，指导制定公司研发战略和年度科技创新计划，筛选、确定研究方向，对重大科技项目进行选题论证，参与重大项目及其规划设计方案、重大科技成果审查等，并为公司提供意见、建议。专家委员会聘请中国科学院院士张清杰担任主任委员，中国工程院院士彭寿、李言荣担任副主任委员。

二、机制创新

创新中心依据“以公司为主体，以联盟为基础，不断发展壮大产业协同网络”的指导思想，建立完善的公司化运营决策机制、可持续发展机制、“政产学研用金”协同创新机制、股东单位合作机制、市场导向的成果转化机制、人才招引与激励机制等，聚焦玻璃行业内的关键和共性技术问题，打造玻璃新材料关键技术领域的设计、开发、成果转化及商业化应用产业生态链，搭建从技术研发到产业化实施的创新桥梁。

三、平台建设

在创新中心公司和联盟现有研发和产业基础上，创新中心围绕玻璃新材料领域的重点方向，推动行业创新链的强链补链，组建国际一流的研发团队，配置国际先进的研发装备及中试线，开展关键共性技术攻关、前沿技术研发储备、新技术中试、商业化应用推广、行业支撑性服务等创新能力建设，推动行业关键共性和前沿技术突破、创新成果转化及商业化应用，打造研发中试、商业化应用推广、公共服务三大功能平台。

1. 研发中试平台

创新中心聚焦行业前沿共性技术、产业化技术、检验检测技术三大技术板块，以信息显示玻璃新材料、新能源玻璃新材料、节能安全玻璃新材料、特种玻璃新材料为主要研发方向，采用国际一流的核心研发和测试设备，重点开展 OLED 玻璃、柔性玻璃、发电玻璃、高铁玻璃、真空玻璃、激光玻璃、核工业玻璃、生物医用玻璃、玻璃粉体等玻璃新材料关键产品、核心装备及关键技术的研发。

研发中试平台同步建设中试中心，根据玻璃新材料核心技术研发中试要求，建设全国首条显示玻璃中试线、发电玻璃及辅材中试线、玻璃精深加工中试线、先进光学玻璃中试线、玻璃粉体新材料中试线。

2. 成果转化应用平台

创新中心以打通技术研发、成果转移扩散和商业化应用链条为目标，打造以市场化为核心的成果转移扩散机制，依托创新中心行业资源集聚能力，整合国内外高校、科研院所、龙头企业、产业基金及金融机构等各方面资源，联合创新中心产业投资基金，建设成果转化应用平台，重点推动柔性玻璃、发电玻璃、玻璃粉体材料等行业关键技术成果转化与商业化应用，协助企业跨越在创业、运营过程中遇到的技术与产业对接障碍，解决“专精特新”中小企业与资本对接等问题。

3. 公共服务平台

创新中心公共服务平台面向行业提供产业服务，主要包括：柔性玻璃、OLED 玻璃、发电玻璃、激光玻璃等技术和产品的单元技术实验和验证服务、装备/产线中试和测试服务、大数据分析服务等多种技术服务；针对行业重大需求，开展玻璃元素分析、材料微观结构及微缺陷检测、光学性能检测、热工模拟分析及检测等行业急需的检测和认证服务。

创新中心联合国内外高等院校、科研院所、行业领军企业等单位指修订国家与行业标准，撰写行业分析报告，进行人才培养和技术培训，承接展会和举办论坛，开展国际交流与合作，优化我国玻璃新材料产业环境，为行业协同发展提供支撑。

第二节　运行成果

一、技术创新

创新中心以市场需求为导向，围绕行业关键共性技术，结合参与单位和行业内相关企业的技术升级和新产品、新技术研发需求，联合行业骨干企业、重要用户、科研院所、高等院校，加强协同创新，启动了大尺寸超高清显示用电子玻璃基板等 10 个项目；新申请专利 39 件，其中已授权 3 件；参编标准 7 项，其中国际标准 1 项；签订技术成果转化协议 1 项。

创新中心未来几年规划研发内容包括 21 项，其中行业前沿共性技术 9 项，产业化技术 6 项，检验检测技术 6 项，共性技术聚焦行业关键的熔化、成型、配方、热工等核心共性技术及理论基础研究；前沿技术以行业技术发展趋势为导向，瞄准行业前沿技术、共性技术、关键产业化技术，开展技术研发，形成技术储备。

二、中试和工程化

创新中心与股东单位联合成立了柔性玻璃应用技术实验室，主要围绕玻璃行业的战略需求，积极开发柔性玻璃精加工新技术、新方法，汇聚与培养一批科学研究与技术发展人才。

实验室建有一条柔性玻璃中试线，主要面向柔性玻璃、新玻璃深加工等开发及配套技术研究，为柔性玻璃的规模化量产提供技术支撑，促进我国柔性玻璃技术水平的提高。

依托柔性玻璃应用技术实验室自主知识产权的成套超薄柔性玻璃产品工艺技术，超薄柔性玻璃盖板产品实现了产业化，并形成了国内唯一覆盖“高强玻璃—极薄薄化—高精度后加工”的超薄柔性玻璃全产业链，从源头上保障了中国信息显示产业链的安全。

创新中心已落实建筑面积约 12000m^2 的联合厂房作为研发和中试场所，下一步将围绕创新中心的主要研发方向，按照国际先进、国内领先的建设原则建设中试中心，根据玻璃新材料熔化共性技术、玻璃粉体材料等研发中试要求，在中试中心建设全国首条显示玻璃中试线、发电玻璃及辅材中试线，以及玻璃精深加工中试线、先进光学玻璃中试线、玻璃粉体新材料中试线各 1 条。

三、成果转化和企业孵化

创新中心采用自行产业化、技术成果转让、技术升级改造服务等多种方式，面向行业进行技术扩散，打破产业化瓶颈，加速成果的应用推广；充分利用“首台（套）”相关扶持政策，推进新产品和新装备的示范工程建设和应用推广；着力推动 10.5 代 TFT-LCD 基板玻璃、柔性玻璃、OLED 玻璃、航空航天玻璃、智能光控玻璃、光学玻璃等关键技术或设备的转移扩散和商业化应用。

四、行业服务

为更为有效地提高创新资源利用效率，创新中心与股东单位、联盟成员达成了大型仪器设备共享协议，构建了设备共享网络平台，实现了行业创新资源整合利用。

创新中心与浮法玻璃新技术国家重点实验室开展全面合作，合作搭建了检验检测服务平台，具备玻璃全温度段黏度测试、玻璃气泡状态高温分析、结构测试等能力，能够为项目的开展提供全面的性能测试支撑。

五、合作网络

创新中心依托股东单位、联盟单位合作基础，已搭建广泛覆盖产业链、创新链各环节企业的合作网络。截至 2021 年 10 月，创新中心已与凯盛科技股份有限公司、浙江大学等国内企业、高校、科研机构等开展 OLED 玻璃核心、彩色电致变色薄膜的制备与器件开发等 9 项技术开发合作。

国际合作方面，创新中心紧跟“一带一路”、“双循环”国家重大战略指引，积极融入全球行业发展的大环境，围绕玻璃新材料关键技术研发重大需求，吸引全球优质研发资源，建设国际化开放合作高地，积极开展跨界合作、跨境交流、跨国交易，主要合作内容包括合作研发、人才交流、产权交易、基地共建、会议交流等。目前，创新中心已经与新泽西理工大学、德国 CTF 等玻璃新材料行业的国际领先研发机构达成良好的合作关系。

第二十二章

国家 5G 中高频器件创新中心

第一节　建设进展

一、建设情况

（一）公司

1. 股东构成

国家 5G 中高频器件创新中心（以下简称创新中心）由深圳市政府、清华大学、南方科技大学联合小米、传音、天珑、国人通信、京信通信、山东天岳、深南电路等 29 家产业链龙头骨干单位共同发起成立，股东覆盖“政产学用资”全链条。创新中心采用“公司+联盟”的形式组建。创新中心的依托公司是深圳市汇芯通信技术有限公司，注册成立于 2019 年 3 月，注册资本 20333 万元，是国家级高新技术企业。

为了更好地拉动产业链，向全行业提供服务，创新中心股东单位中产业链企业覆盖材料/器件、基站、终端和运营商全产业链，相关企业均是细分领域排名前五的核心企业。产业链企业股东累计持股 48.1%，单个股东持股比例不超过 3%，有效避免了产业链企业一家独大，产业链企业通过董事会结成一致行动人，共同对创新中心进行管理，推动创新中心为行业输出技术和平台资源。

2. 组织架构

公司组织架构如图 22-1 所示。

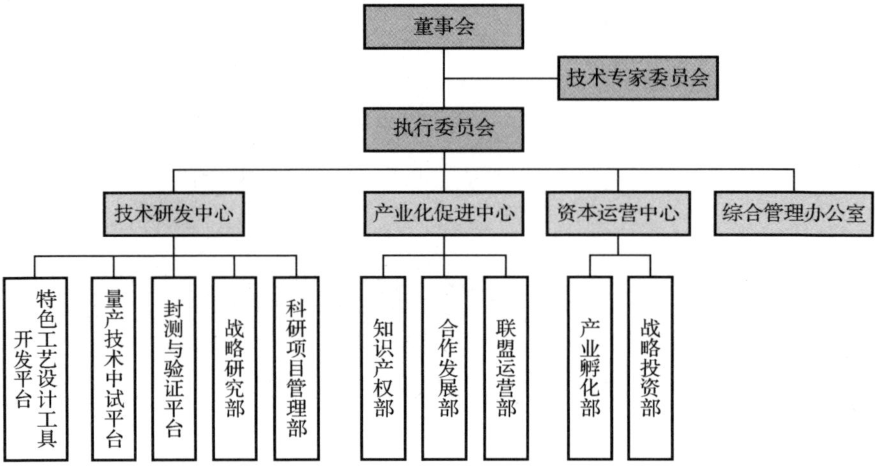

图 22-1　公司组织架构

3. 核心队伍

（1）管理团队

创新中心管理团队均具有超过 20 年国内外通信行业龙头企业的经营管理和技术研发经验。

董事长曾学忠，现任小米集团党委书记、高级副总裁、手机部总裁；曾任中兴通讯执行副总裁、手机终端 CEO，紫光集团全球执行副总裁，紫光展锐科技有限公司副董事长兼 CEO。

总经理樊晓兵，曾任高新兴科技集团股份有限公司执行副总裁，中兴通讯高级副总裁兼全球 Makting 及解决方案销售部总裁；二十多年来始终致力于通信行业的创新发展，是优秀的企业管理者及通信行业专家。

副总经理许明伟，比利时 IMEC 欧洲微电子联合研究中心半导体物理博士，原比利时 IMEC 高级科学家，美国 TI、ADI 研发总监，具有 14 年海外高端核心器件的技术研发和实现量产的直接经历，在高性能模拟集成电路的新型元器件领域内做出了重大的技术和产业贡献，是化合物半导体等核心器件方向的业界技术权威专家。

（2）技术团队

创新中心已经组建了一支人员学历高、学科背景多样互补、管理和技术经验丰富的高水平专业人才队伍。创新中心现有人员 81 人，其中科研人员 64 人，占总人数的 79%。科研人员大多来自国内外领域内的知名企业，在工艺创新、器件研发、芯片设计等多方面拥有国际顶级的技术能力，掌握通信高端器件核心共性技术，拥有数十项美国专利。

首席科学家樊永辉，加州大学伯克利分校博士，国家重大人才工程引进专家，拥有超过 20 年的半导体行业的工作经验，曾任职于包括世界 500 强企业——洛斯诺普·格鲁曼公司微电子中心和世界知名化合物半导体公司——环宇通讯半导体公司等在内的多家行业龙头企业，主持或参与过多个美国国防高级研究计划局“宽禁带化合物半导体项目”。

首席设计师刘慧博，美国俄勒冈州立大学电子工程硕士和经济学硕士，曾担任 Maxim、MCUBE 等行业领先企业高级技术总监，领导了第一代工业控制半导体芯片的定义与开发。

（二）联盟

创新中心联盟成立于 2019 年 6 月，现有成员单位近 400 家，涵盖三大运营商、华为、中兴等龙头企业，清华大学、西安电子科技大学、南方科技大学、复旦大学、东南大学、浙江大学、哈尔滨工业大学等知名高校，以及宽禁带半导体国家工程研究中心、专用集成电路与系统国家重点实验室、毫米波国家重点实验室、微波与数字通信技术国家重点实验室、大规模集成电路 CAD 国家工程研究中心、碳化硅半导体材料研发技术国家地方联合工程研究中心等半数以上领域内的国家级创新平台。

联盟理事长单位由中国电信、中国移动、中国联通、清华大学、南方科技大学、西安电子科技大学担任，汇芯通信是联盟常务理事长单位和秘书处。

联盟理事长由中国科学院院士郝跃担任，常务理事长由董事长曾学忠担任，秘书长由总经理樊晓兵担任。

（三）专家团队

创新中心技术委员会成立于 2019 年 8 月，由 9 名院士和 14 名领域内的权威专家组成，主任委员由中国科学院院士郝跃担任。技术专家委员会负责研判行业发展的重大问题并筛选确定研究方向，确保创新中心研发方向的正确性和技术方案的可行性，已于 2019 年 8 月和 2020 年 8 月召开了两次技术专家委员会会议。

二、机制创新

创新中心围绕治理决策机制、市场运作机制、技术创新运行机制、知识产权和成果转化机制、人才激励机制等方面，全面推进制度建设。创新中心坚持市场化运营，企业化管理，运行情况良好，已基本实现公司的稳定运行和可持续发展。

（一）协同创新机制

创新中心建立以企业为主体，“政产学研资”深度融合的协同创新机制，主要由创新中心和联盟成员单位在战略、技术、标准、市场等方面加强沟通协作，协同开展创新攻关，解决科技资源碎片化问题。政府通过财政、政策支持并引导创新中心的建设和运行。

创新中心将通过自主研发、委托研发、联合研发等技术研发模式并结合购买、合作、并购重组、专利池建设、知识产权运营、引进海外人才团队等技术获取方式，与政府、高校、企业、社会资本、行业专家和专业机构建立良好稳定的合作机制，以保障创新中心稳定运行和可持续发展。

（二）项目管理机制

创新中心制定了《科研项目立项管理制度》《研发费用核算管理制度》等一系列管理制度，指导、规范科研项目立项、实施、检查和验收等各个阶段；建立研发投入核算体系，合理编制单位预算，科学配置资金，努力节约支出；同时健全财务规章制度，规范内部经营程序，加强研发核算与经费使用的管理，使科研经费使用成效进一步提高。

（三）科技成果转移转化机制

创新中心建立健全科技成果转移转化的许可转让、收益分配、奖励报酬制度，利用多种方式吸引社会资本投入，形成科技成果转移转化多元化投入渠道；建立创新中心成员单位间利益分享、风险分担的科技成果转移转化机制，推动科技成果转移扩散和首次商用化。

（四）知识产权管理机制

创新中心建立核心知识产权保护体系，注重知识产权风险防控，在成员单位间建立知识产权协同创造、联合运营和成果共享机制，形成一批具有竞争性的专利组合，构建国内首个5G中高频器件专利池。

（五）人才引进与培养机制

创新中心建立灵活高效的人才引进和培养机制，建立以成果为导向的竞争与激励机制，落实科研人员科技成果转化的奖励制度，实施员工内部持股计划；与相关高校建立人才培养和实训基地。

三、平台建设

创新中心搭建了覆盖中高频器件设计、中试、封测全流程的三大公共技术服务平台。

（一）硅基氮化镓射频和毫米波特色工艺设计工具开发平台

创新中心购置了 PNX-A 网分、B2902/B1500 半导体测试等建模设备，完成了硅基 GaN 工艺流程和器件性能仿真的流程搭建，初步性能达到 gm 0.8S/mm，VBD >40V；完成了 CMC 支持的硅基 GaN 器件模型 ASM/MVSG 建模，利用仿真数据进行模型搭建；利用开源的 PDK 生成器工具完成 tf、pcell、Calibre 物理验证工具等生成能力，已满足创新中心自研项目流片需求，并对孵化器企业开放服务。

（二）硅基氮化镓射频和毫米波工艺量产技术中试平台

创新中心结合深圳市目前具备的 CMOS 工艺量产线和第三方设备供应商的先进机台资源，已完成硅基 GaN 的射频整合工艺的流程开发和器件结构开发，并且设计投片若干；同时完成栅极集成、源漏极欧姆接触等多个关键工艺模块研发和优化。平台建设完成后将填补国内空白，为国内器件企业提供研发和中试服务。

（三）射频和毫米波前端器件封测与验证平台

创新中心已经初步搭建了 5G 系统仿真测试环境和中高频器件测试平台，设备投入 600 余万元；开发了开源的射频前端自动化测试系统，能实现功率放大器、低噪放、开关滤波器等大信号、小信号测试，其中小信号支持达到 50GHz；封测方面，购置了划片机、全自动键合机、高精度正倒装贴片机、塑封机等，封装制程以引线键合与倒装焊互联为主体，形成小型化封装制样能力，具备 QFN/LGA/BAG 等常用封装塑封的工艺与产品能力，可以为行业企业提供快速的小批量封测服务。

同时，创新中心正在研发市场所需的新型封装形式与封装工艺，为创新中心自身和业内企业提供快速高效的先进封装服务；拓展出微组装与系统级封装集成的能力，通过 uBump 互联技术实现精细微互联，由 chiplet 集成异构多芯片封装，通过 2.5D/3D 及 Wire Bonding 与 Flip Chip 的混合集成实现各种层次的异构多芯片系统级封装，为各行业的需求提供小型化系统级封装模块。

第二节　运行成果

一、技术创新

创新中心聚焦新型半导体材料及工艺关键共性技术和产业化，基站用中高频功率放大器、滤波器、阵列天线等核心器件产业化，终端用射频前端、硅基毫米波集成芯片设计关键技术等三大研发方向，围绕下一代硅基氮化镓射频器件超高技术要求和未来射频前端高度集成化趋势，已开展了下一代的硅基 GaN 的小尺寸射频开关芯片、5G 基站射频收发链路关键芯片、频率合成器锁相环芯片、硅基氮化镓 5G-NR 收发一体射频前端模组等多款被国外垄断的射频前端芯片关键共性技术研发，取得了多项关键共性技术的突破，完成三次全套光罩 Tape-out 流片和数个关键工艺模块开发流片，相应指标已达到国际领先水平。

创新中心累计申请发明专利 35 件，软件著作权 10 件，集成电路布图 6 件，其中发明专利授权 2 件，软件著作权授权 10 件，集成电路布图授权 4 件。

同时，创新中心充分发挥机制优势，在共性技术研发方面与创新中心成员单位充分合作，开展了多个共性技术研发项目。

二、成果转化和企业孵化

创新中心已经许可使用多项知识产权，同时承接了广东工业大学、哈尔滨工业大学、温州大学等高校及多家企业的委托开发项目，并向深圳深爱半导体股份有限公司、OMMIC（中国）等产业链企业输出技术能力，提高其研发效率、良品率和产品可靠性等。

创新中心成立了以汇芯通信为控股股东的 5G 产业投资平台——深圳市汇芯股权投资管理有限公司，已投资企业 11 家，在投企业 6 家，孵化项目近50家，储备项目30余家；已完成11支专项基金的备案，在管基金2.9亿人民币。创新中心正在筹备一支5亿规模的基金，一期已认缴3.32亿，预计年底前关闭。

三、行业服务

（一）验证测试

创新中心射频和毫米波前端器件封测与验证平台已对外开放服务，为无锡市好达电子股份有限公司、锐石创芯（深圳）科技有限公司、深圳基本半导体有限公司等10余家产业链企业提供了测试验证服务。

（二）产业白皮书

创新中心与中国电子信息产业发展研究院共同编制并发布了5G中高频器件产业白皮书，同时建立了相关产业的行业应用标准测评体系。

（三）汇芯论坛

创新中心先后举办了2019年、2020年两届汇芯（中国）产业技术发展论坛，论坛以5G中高频器件的创新与应用为核心，深入探讨我国通信高端器件的创新发展之路。中国科学院郝跃院士、中国工程院陈良惠院士、中国科学院刘明院士、中国电子信息产业发展研究院第二届学术委员会副主任毛光烈、中国电子信息产业技术发展研究院黄子河副院长、工业和信息化部通信科技委常务副主任韦乐平主任，以及中兴通讯、国人通信、苏州晶湛半导体、四川益丰（OMMIC）等上百家产业链龙头企业出席论坛并发言。论坛充分发挥了创新中心的行业引领作用，为我国在5G中高频芯片和技术研究上实现更大突破，同时推动产业链条上更多技术成果的转化，促进技术标准的制定，提供了良好的合作平台。创新中心将每年持续举办该论坛，通过论坛建立一个长效沟通的机制，推动产业链上下游企业融合发展。

（四）行业大赛

创新中心协办了2019年全国集成电路“创业之芯”大赛，并主办了2020年全国集成电路“创业之芯”大赛，为包括学术研究机构、小型创业团队、成熟公司创新项目等在内的行业个人或团队提供从创业孵化、行业资源接洽到投融资金支持等多方面的平台服务。

此外，创新中心还与中国电子信息博览会组委会共同主办了 2020 年中国（深圳）5G 峰会、“新基建背景下 5G 专题”系列线上专业讲座，协办了第十四届“中国芯”集成电路产业促进大会、“5G+智能终端产业沙龙”等活动，得到了业界的广泛关注和认可，已经具备一定的行业影响力。

四、合作网络

（一）国际交流合作

创新中心已经与意大利 L'aquila 大学签订合作协议，开展 5G 相关方向研究，并将在意大利、中国两地设立联合实验室，共同进行 5G 相关研究及人才培养。同时，创新中心将与力合科创集团合作，在瑞士苏黎世、北美硅谷和以色列特拉维夫三地建设海外创新中心，初步完成国际科技创新资源网络的建设，获取更多高质量的国际科技项目和人才。

（二）成员单位交流合作

2021 年 5 月 24 日，创新中心与中国移动联合华为、中信科、京信、紫光集团、烽火通信等共同发起信息通信芯片产业链创新中心，并牵头产业技术工作组工作。

此外，创新中心还与宽禁带半导体国家工程研究中心合作成立联合实验室，汇聚双方优势资源，联合开展技术研发、人才培养和成果转移转化；与中国信息通信研究院合作，共建联合测试平台，共同开展 5G 射频器件及下一代移动通信的测试技术和标准研究，同时为创新中心成员单位开放权威的测试与验证渠道。

共　建　篇

第二十三章

国家地方共建现代中药创新中心

第一节　建设进展

一、建设情况

（一）公司

1. 股东构成

国家地方共建现代中药创新中心（以下简称创新中心）原始股东由 5 家实业型股东和天津中医药大学组成，5 家股东连续 3 年全部入选中国医药工业百强榜，其中扬子江药业位列第一，上海医药集团位列第六。天津中医药大学是中医药领域的著名高校，是我国“双一流”建设高校，其中医药学科入选“双一流”建设学科。由“人民英雄”张伯礼院士牵头成立的天津市现代中药创新中心，于 2017 年 9 月正式得到批复。创新中心依托的运营公司为天津现代创新中药科技有限公司，2017 年 7 月注册成立。

2. 组织架构

运营公司在董事会指导下，初步建立 10 个部门，以及技术委员会和专家咨询委员会。

3. 核心队伍

创新中心经营管理层主要职责为审批重大技术开发的投资计划，推进重大技术创新的措施和办法，制定技术创新成果的奖励办法等。创新中心管理层名单见表 23-1。

表 23-1　创新中心管理层名单

序　　号	姓　　名	职　　务
1	宋新波	董事长
2	王　苹	总经理
3	李　正	智能制造首席科学家
4	刘岱琳	中药首席科学家
5	刘长青	绿色智造部经理
6	张静泽	经方开发部经理
7	田振阳	新技术开发部经理
8	王彦帅	药效物质研究部经理
9	贾广成	质量体系部
10	马　跃	国际项目部
11	董肖刚	财务部

（二）联盟

创新中心按照“公司+联盟”的方式组建，由天津现代创新中药科技有限公司作为运营主体，采用“智慧中药创新联盟+中药材基地共建共享联盟”的“双联盟”运作模式。

1. 智慧中药创新联盟

智慧中药创新联盟包括天津中医药大学、天津中医药研究院、天士力集团、扬子江药业、太极集团、贵州百灵等 52 家业内优势高校、科研院所和企业组成。理事长单位为天津现代创新中药科技有限公司，副理事长单位为浙江大远、天津中医药大学、天津天士力等单位，理事单位包括浙江景岳堂、杭州胡庆余堂等单位。创新中心与联盟会员单位共同研讨智慧制药创新的理念、方法和体制机制，协同推进产业重大关键共性技术创新，结合数字化、信息化和网络化的发展，推动 AI 技术在制药领域应用，研究制定智能制药相关标准，鼓励会员单位联合创新中心开展“产学研”合作，推进科技成果转化。目前，智慧中药创新联盟已开展了多种多样的制药技术创新交流、经验分享等活动，为各企业技术人员、管理者以及专家学者搭建了学习交流研讨的共享平台，带动联盟内企业技术创新与能力提升。

智慧中药创新联盟将持续加强与社会资本的深入合作，以融资模式创新激发中医药科学发展原动力。智慧中药创新联盟与海河产业基金签订战略合作协议，以项目融资方式，充分发挥资本的杠杆撬动作用，落地实施 1～2 个融资项目。待时机成熟，海河产业基金将被纳入股东单位，协助创新中心更好地以资本带动项目研发，助力中医药现代化、国际化进程。

2. 中药材基地共建共享联盟

基于现代中药产业根植于药用植物的独特发展模式，创新中心建设离不开中药药材资源，因此将中药材基地共建共享联盟纳入创新中心成员单位。中药材基地共建共享联盟秘书处设在天津中医药大学，联盟专业委员会主席为张伯礼院士。创新中心作为该联盟重要成员单位，承担协助联盟秘书处组织协调等工作，积极推动全国道地药材资源基地的规范化、规模化、集约化建设，努力拓展中药农业与中药工业协调发展的新格局，探索建立产需结合衔接下的药材质量、产量、价格可控的现代中药农业生产新组织体系。

中药材基地共建共享联盟设立专家咨询委员会，专家咨询委员会主席为张伯礼院士。

中药材基地共建共享联盟成员单位包括：天津现代创新中药科技有限公司、步长制药、江苏康缘、桂林三金药业、河南羚锐制药、仲景宛西制药、黑龙江珍宝岛药业、神威药业、以岭药业、中国药材公司、上海凯宝药业、云南白药集团、东阿阿胶等 69 家中医药企业等。

（三）专家团队

运营公司组建了专家咨询委员会，专家咨询委员会由张伯礼院士等 16 位行业领军专家组成，主要职责是对创新中心技术研发方向、技术发展规划等进行咨询评估；对重大科研项目和关键共性技术进行技术指导、提供咨询和评估；对重大事项决策进行咨询与建议。

张伯礼院士：创新中心专家咨询委员会主席，中国工程院院士，现任天津中医药大学校长，2020 年获国家“人民英雄”称号；共获国家科技进步奖 5 项，省部级科技进步一、二等奖 20 余项，授权专利 20 余件，发表论文 200 余篇，主编专著 10 余部，如《中医现代化科技发展战略》《中药现代化发展纲要》等。张伯礼院士开展方剂关键科学研究，创建了以组分配伍研制现代中药的途径和关键技术；开展首个中医药对冠心病二级预防大规模循证研究；推动《中华人民共和国中医药法》的建立；率先提出中成药二次开发理念，推动中药产业技术升级，培育中药大品种群，销售额超过亿元品种达到

350 个，增长 3 倍，销售额超过 10 亿元品种达 30 个，总销售额达 1200 亿元。

技术专家委员会还包括刘昌孝院士和黄璐琦院士，国家药典标准专家钱忠直，中药国际化领军企业专家闫希军，中国中医科学院药用植物研究专家陈士林，中国科学院中药研究专家果德安，药学专家程翼宇、屠鹏飞，临床医院药学专家李松林等 16 位行业领军专家。

二、机制创新

创新中心按照“公司+联盟”的模式进行组建，推动建立创新中心联盟互动机制，以高峰研讨会与沙龙等方式，形成产业技术沟通路径，促进中药行业快速发展。

在资源整合共享机制方面，创新中心建立成员单位仪器设备、信息共享机制；建立定期信息交流、技术交流、合作研发机制，提高整体技术水平；整合成员单位现有的仪器、设备资源，建立网络仪器设备共享平台，提高资源利用率。

在知识产权保护方面，创新中心着眼产业长期可持续发展，通过原始创新、集成创新、合作创新、知识产权运营等积累和储备一批前沿技术和产业链关键共性技术专利，构建关键共性技术保护体系；制定知识产权转移转化政策，明确转移转化原则，确立转移转化主体；建立健全知识产权转移转化的许可转让、收益分配、奖励报酬等激励机制。

在创新人才培养机制方面，创新中心建立灵活的人才培育与管理机制，集聚培养高水平领军人才与创新团队，注重跨学科通才的选育与各领域专才的培养。建立“产学研用”紧密结合的人才培养机制，联合国内外相关领域的重点高校、科研机构，开展人才培养、人员培训、人才国际交流与合作；开展人才选、用、育、留，建设人才培训服务体系；建立报酬激励、成就激励、机会激励三位一体的自我激励机制；积极开展国际化人才交流与合作培养，发挥创新人才对产业发展的示范、辐射和带动作用，为现代中药产业发展培育及输送多层次创新人才。

三、平台建设

依托 6 大实验室（本草多组学研究实验室、组分中药研发实验室、中药质量分析实验室、中药制剂实验室、中药生物工程研究实验室和组分中药智能制造实验室）建设 3 个中试平台和 3 个共享平台。

第二节　运行成果

一、技术创新

创新中心在现代中药技术研发、产品开发等方面具有很强的技术基础，取得了良好的成效。重点开展的研发项目以经典名方为主，研究进展如下。

系统性开展经典名方研究，通过泻白散、开心散等品种的研究，为该产业发展提供研发模板，形成了资源研发平台、质量技术研究策略及工艺创新模式；通过研究饮片炮制工艺、物质基准煎煮工艺及制剂工艺，同时对各药味及物质基准进行化学成分解析，明确其中主要成分，并建立基于高效液相色谱法的药效成分含量测定方法、方法学验证，突破中药材质量不均匀、中药有效组分不确定、有效含量不确切等瓶颈问题。研究的阶段性成果已经申请物质基准多含量测定的发明专利 1 项。

二、成果转化和企业孵化

创新中心主要参与了宣肺败毒颗粒和清感饮系列产品的转移转化，并取得了良好的经济效益及社会效益。

宣肺败毒颗粒是在新冠肺炎疫情最严峻的时刻，创新中心有效转移转化的重要成果，主要适用于新冠肺炎普通型患者的治疗，并能够控制病程进一步向中、重度转变，已收录于《新型冠状病毒肺炎诊疗方案（试行第六版、第七版、第八版）》，为我国抗击新冠肺炎疫情提供了更多治疗选择。同时，宣肺败毒颗粒也是中药注册分类改革后首次按照《中药注册分类及申报资料要求》（2020 年第 68 号）“3.2 类其他来源于古代经典名方的中药复方制剂”审评审批的品种。宣肺败毒颗粒仅用 1 年时间就完成了从研发到成果转移转化的成功经验，打破了新药研发约 10 年的漫长耗时，以及至少 10 亿元的巨大开销，对经典名方中药新药的申报和审批进行了积极探索，为研发中药新药应对大流行疾病开创了先例。目前，宣肺败毒颗已转移转化给山东步长制药股份有限公司，并获批上市，转让费超过亿元。

清感饮系列产品是在新冠肺炎疫情期间实现转移转化的另一重要成果。清感饮系列产品将传统中药和我国传统饮茶文化进行了有机结合，有效地降低了秋冬季流感和新冠肺炎叠加的风险，确保了人民群众生命安全和身体健康，充分发挥了中医药治未病的优势。在天津市卫生健康委、市药监局、市医保局、市医药集团、天津中医药大学等多个部门的共同协调推进下，在较短时间内实现了对天津市 400 余家各级各类医疗卫生机构的全覆盖，目前累计销售两百万盒，具有良好的社会效益和经济效益。

三、行业服务

创新中心人才培训能力建设面向国际、国内两大方向开展。一是建设中药人才国际联合培养平台，主要面向国际著名高校，联合国内高校院所力量，致力于共同培养国际化的行业高精尖人才；二是建设创新中心—高校联合培养平台，主要面向中国药科大学、天津大学、天津医科大学、沈阳药科大学、天津医学高等专科学校等高校，提供面向高校师生的联合培养服务。

四、合作网络

围绕国际合作，创新中心主要开展人才交流访问、技术研发合作和举办国际会议论坛三大建设内容。一是聘请国外高级专家，建立科技交流和人才交流机制。二是与赛默飞世尔等国际机构联手合作，建设“中药分析合作实验室”，在使用现代化的分析技术手段提升中药品质、筛查有害残留物、进行高级质量控制和实现中药复方精准用药等方面展开合作，旨在打通中药质量发展的薄弱环节，建设跨界协同的创新协作系统。三是积极承办国际会议、论坛，推动产业界的国际交流和合作，建立业内交流与合作的国际化平台。

第二十四章

国家地方共建硅基混合集成创新中心

第一节　建设进展

一、建设情况

（一）公司

1. 股东构成

国家地方共建硅基混合集成创新中心（以下简称创新中心）是于 2021 年 8 月 7 日由工业和信息化部正式批复挂牌的国家级制造业创新中心，运营实体公司为联合微电子中心有限责任公司（以下简称 CUMEC 公司），公司注册资本为人民币 100000 万元，公司股东包括重庆西永产业发展有限公司、中国电子科技集团有限公司（以下简称中国电科）、中电科技集团重庆声光电有限公司、中国电子科技集团公司第三十八研究所和中国电子科技集团公司信息科学研究院等单位。按照重庆市政府与中国电科的约定，双方将在合适时机调整股权架构，重庆市的股份将逐步退让给新的股东单位，以更市场化的经营促进 CUMEC 公司的发展。

2. 组织架构

公司组织结构包括股东会、董事会、监事会、经营管理层等，下设职能部门和业务部门，如图 24-1 所示。

3. 核心队伍

公司设总经理 1 名，高级管理人员若干名。公司高级管理人员由董事会聘任或解聘，并对董事会负责，每届任期不超过聘任其为高级管理人员的董事会任期。王颖任公司董事长，刘劲任公司总经理，郭进任公司副总经理。

此外，目前创新中心汇聚了周治平、杨美基、郭进、朱继光、冯俊波、曾怀望、唐昭焕等行业领军人才。

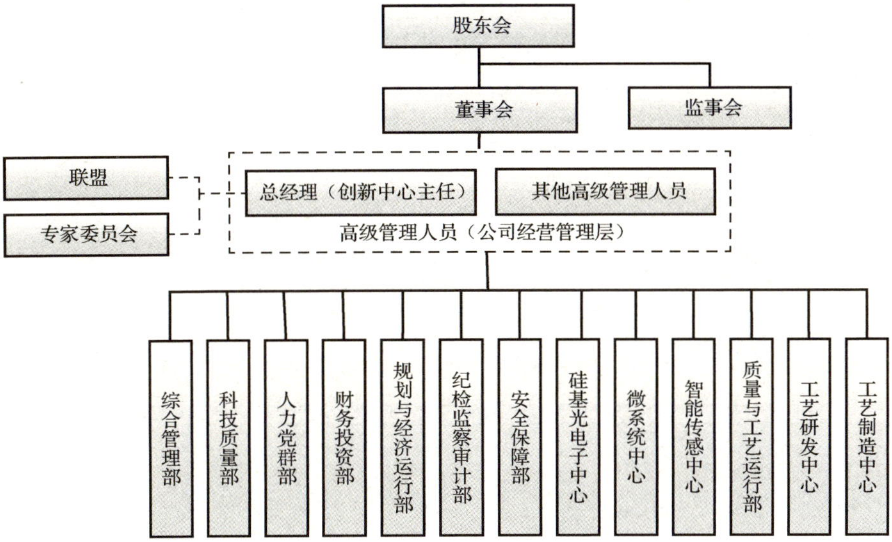

图 24-1　CUMEC 公司组织架构

（二）联盟

创新中心联盟联合了 50 余家国内该领域的骨干企业，覆盖了光电设计、特色工艺代工、晶圆及材料制造、设备制造、系统应用，以及国家级实验室等相关领域产业链的全体要素，以全产业链协同创新为模式，建立合作、共享的创新中心，其上下游架构如图 24-2 所示。

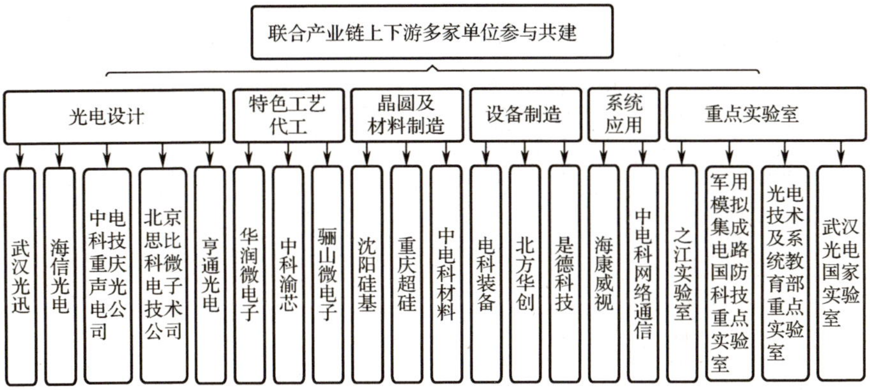

图 24-2　联盟单位全面覆盖产业链上下游

联盟的成立实现了对该领域国家级创新平台 50%以上的覆盖，包括民用雷达国家地方联合工程研究中心、国家集成电路产教融合创新平台、军用模拟集成电路国防科技重点实验室、武汉光电国家实验室、复杂系统智能控制与决策国家重点实验室、博微子集团国家工业工程设计中心、微波电真空器件国家重点实验室、电子薄膜与集成器件国家重点实验室、区域光纤通信网与新型光通信系统国家重点实验室、天线与微波技术国防科技重点实验室、宽带隙半导体技术国防重点学科实验室、智能仪器仪表网络化技术国家地方联合工程实验室等国家级创新平台。

由于新冠肺炎疫情等因素影响，2020 年尚未开展联盟活动。

（三）专家团队

创新中心确定了创新中心第一届专家委员会，名单如表 24-1 所示。由于国家地方共建硅基混合集成创新中心 2021 年 8 月才正式获批挂牌，且由于疫情等影响，第一届董事会第一次会议、第一届专家委员会年度第一次会议尚未召开。

表 24-1 专家委员会名单

姓　名	职　位	行业背景
王小谟	主任	中国工程院院士
许居衍	副主任	中国工程院院士
郝跃	副主任	中国工程院院士
周治平（美籍）	副主任	教育部长江学者
吴汉明	副主任	中国工程院院士
M.Jurgen Wolf（德籍）	委员	IZM 公司三维中心负责人
Lars Zimmermann（德籍）	委员	IHP 硅光中心负责人
Erwin De Baetselier（比利时籍）	委员	Lucede CEO
陈光辉	委员	中国电科首席科学家
谢崇进（美籍）	委员	阿里巴巴首席通信科学家
陈凯	委员	
陈南翔	委员	华润微电子有限公司常务副董事长
杨美基（中国澳门）	委员	CUMECHK 总裁
Roel Baets（比利时）	委员	比利时根特大学教授
黄卫平（加拿大）	委员	海信首席科学家、教育部长江学者
马晶	委员	哈尔滨工业大学教授

二、机制创新

（一）市场化运营机制

作为创新中心运营实体的 CUMEC 公司是依《公司法》设立的独立法人机构，按市场化机制运行，经营活动自主决策，自负盈亏、自我发展，实行市场化管理和运行体制；建立适应市场的人力资源管理、研发管理、科技成果管理、财务管理等现代管理和运行体系。创新中心的目标是经过 3～5 年的建设和运营，逐步实现以市场化经营活动为主、政府补贴为辅的经营模式，达到具有自我造血能力，实现健康可持续发展。

（二）项目开发机制

创新中心成立后，利用自有资金、政府资助及社会资金与产业链上下游合作伙伴开展项目研发。对于每个项目，在创新中心内部实行项目经理责任制，组建平行团队，实行扁平化的项目管理机制。

（三）知识产权管理机制

创新中心结合成员单位专利组建专利池，协助成员单位建设专利信息数据库，利用丰富的专利资源积极主持或参与技术标准制定，充分发挥专利、集成电路布图设计、版权等各类知识产权的组合效应，构建关键共性技术保护体系，建立知识产权许可、转让、作价入股等成果转化利益分配制度。创新中心定期组织技术成果评定，以论坛、交流会、手册等形式加强技术成果的宣传，特别是共性技术。积极引进金融机构或其他社会资本，由创新中心促进及监控，推进技术成果对成员单位转移扩散或自行孵化企业，加速技术成果向现实生产力的转化。

（四）成果扩散机制

创新中心建立以市场需求为导向的成果扩散机制，有效推动创新中心发挥主体作用，带动成员单位及金融、投资等机构参与，以创新中心投资实施转化、转让、许可、成果作为合作条件，以共同实施转化、成果作价投资、折算股份或者出资比例等方式进行成果转化，形成科技成果从研发到市场的有效通道。创新中心主要依托运营实体 CUMEC 公司，以及相关联盟成员单位的研发队伍开展工作，在集成光电器件、光电模块的开发，光电子芯片流片工艺的开发等方向积极开展研发，储备了技术基础，形成了具有市场前景的产品。

（五）开放合作与协同创新机制

根据创新中心作为国家级开放式创新平台的定位，创新中心将致力于探索协同创新、联合创新的有效途径。在与国内产业链上下游企业、高校展开多方共同探索方面，统筹兼顾各方利益关切，按照“实事求是、优势互补”的共建原则和“以联合研发项目为依托，组建深度融合联合研发团队”的具体实施方针；在组织架构方面，按“组织级”和“团队级”两种联合方式灵活展开；在人才激励方面，按“双方互聘”和“协同考核”为人才提供创新驱动力；在成果共享方面，根据“投资主体主导”和“权益按比例共享”来确保共建双方主体的最大利益。根据以上探索成果，创新中心目前已经与重庆邮电大学、电科装备子集团、博微子集团、武汉大学、中科院微电子所、亨通光电、是德科技初步签订了框架合作协议，为后续的深度合作奠定了基础。

三、平台建设

创新中心 8 英寸特色工艺平台投资 13 亿元，以硅基光电子和异质异构三维集成为核心技术，是目前国际先进、国内唯一完整具有自主知识产权的光电微系统先导平台，具有光刻、刻蚀、注入、扩散、薄膜、化学机械抛光（CMP）、外延等完整的集成电路工艺制造能力。依托高水平人才骨干团队，8 英寸硅基光电子工艺在核心技术开发方面取得重大突破，多项成果处于国内领先水平或达到了国际先进水平。

8 英寸特色工艺平台拥有设备 120 余（套），配备了包括 365nm、248nm、193nm 步进投影式光刻机和配套的刻蚀、介质层沉积等设备，具备 90nm 小线宽光刻、刻蚀、介质工艺能力；配备 W-CVD、Al/Ti/TiN/Cu/Ta/TaN 等金属薄膜设备，具备 W-plug、Al 布线、大马士革布铜布线能力；配置多种键合机、双面光刻机、解键合机、减薄、深硅刻蚀、厚 Cu 电镀等典型 3D 集成设备，具备各种键合、减薄、TSV、RDL（再布线）等 3D 集成工艺能力。

创新中心的 8 英寸光电微系统特色工艺平台具备支持 90～180nm 技术节点成套工艺开发能力，提供产业化量产前中等产量验证与优化，月产能可达到 3000 片。目前，中试线配备完成包括光刻、刻蚀、扩散、薄膜四大模组的工艺设备与材料，实现全部通线设备的安装与调试，保持中试线安全平稳的运作。

第二节　运行成果

一、技术创新

2021 年，硅基混合集成创新中心在硅光 130nm Cu 工艺、氮化硅工艺及三维集成工艺领域均取得重大关键技术突破，新发布的硅光 130nm Cu 工艺、氮化硅工艺和三维集成工艺 3 项 PDK，标志着创新中心成为国内首个基于 8 英寸工艺线同时开放硅基光电子、异质异构三维集成等 4 套工艺的光电集成高端特色工艺平台，器件性能和工艺能力处于国内领先、国际先进水平。

硅光 130nm Cu 工艺 PDK-CSiP130Cu，在 CSiP180AL 硅光 PDK 的基础上实现了工艺节点和后道金属互连技术的全面升级。工艺支持更精细的器件结构设计，如通过亚波长结构设计实现更多功能和更高性能的硅光器件。芯片耦合损耗进一步降低，高速带宽进一步提升，满足高速数据通信、光计算、光传感等更多领域和更高性能的需求。

氮化硅材料在光学性能上有着独特的优势，创新中心此次同步发布 CSiN300 工艺 PDK，采用更低损耗氮化硅材料平台，可以为微波光子、光频梳、可见光应用等场景应用提供解决方案。

创新中心同时首次发布三维集成 C3DS10 工艺 PDK，既可实现 3D SiP 或 3D SoC 芯片的 3D 集成制造，又可实现高速信号传输硅转接板集成封装，为光电混合集成、微系统等应用提供灵活的解决方案。

二、中试和工程化

（一）CSiP130Cu：130nm 硅光工艺能力及性能

CSiP130Cu PDK 在工艺上实现了更小的线宽（130～180nm），后道工艺从单层 Al 互连切换至更先进的双层 Cu 互连，硅光器件性能得到显著升级，可以支持更高性能硅光芯片的设计。分别为：（1）基于 CSiP130Cu 工艺制备的光波导；（2）双层 Cu 互连工艺；（3）基于 CSiP130Cu 工艺制备的单波 100Gbps MZ 调制器眼图及带宽。

（二）CSiN300：氮化硅工艺能力及性能

氮化硅工艺CSiN300采用KrF光刻机在厚度300nm的氮化硅薄膜上制备各种氮化硅光子器件，包括条形波导、端面耦合器、耦合光栅、MMI/AWG/Ring、热光移相器等，实现光信号在芯片内超低损耗传输。

（三）C3DS10：三维集成工艺能力及性能

三维集成C3DS10工艺包括：10×100μm TSV工艺，2μm/2μm大马士革Cu布线工艺、2层Cu RDL工艺、50～200μm整晶圆减薄、键合强度≥1.5J/m^2的Fusion键合、临时键合和解键合工艺，为3D SiP、光电混合集成、微系统等应用提供了灵活的解决方案。

三、成果转化和企业孵化

基于创新中心在硅光130nm Cu工艺、氮化硅工艺及三维集成工艺领域的重大技术突破，创新中心依托8英寸工艺线，分别设计完成硅光130nm工艺、Si3N4工艺和三维集成工艺3种不同的工艺平台，以委托设计、流片制造、模块封装等方式对外提供服务。创新中心于2021年6月30日正式对外发布硅光130nm Cu工艺、氮化硅工艺和三维集成工艺3项PDK，并正式接受全球客户流片需求。

（一）硅光130nm Cu工艺（CSiP130Cu）

硅光工艺平台基于8英寸（200mm）CMOS工艺，凭借先进的248nm/193nm DUV光刻技术，实现130nm工艺节点。目前为满足不同客户的需求，平台分为标准MPW流片服务和定制工艺服务，CUMEC硅光工艺平台提供的工艺技术支持包括无源器件（Passive）和有源器件（Active）两大部分。

（二）氮化硅工艺（Si3N4）

Si3N4工艺基于200mm CMOS工艺，采用180nm工艺节点，在硅晶圆上制备300nm厚度的Si3N4无源器件，包括条形波导、端面耦合器、光栅耦合器、MMI、AWG、Ring及热光移相器等。

（三）氮化硅工艺（CSiN300）

创新中心三维集成工艺平台基于 TSV/RDL/Bonding/Grinding 等工艺技术，能够实现 100μm 厚度的 2.5D 硅转接板制备，目前可选择的流片工艺包括：

TSV Formation: 10 × 100um TSV ETCH/Isolation/Fill

RDL Processing: Cu Single Damascene

TSV Reveal: Temporary Bonding/Grinding and Thinning

Bump: Double-sided bumping

四、行业服务

创新中心封装测试平台是目前国内唯一一家全流程封装测试平台，其中硅光芯片光栅及端面耦合器封装、高速射频封装等多项封装技术实现工程化应用。在 2019 年 1 月至 2020 年 12 月创新中心封测项目实施期间，外部客户包括高校、研究所、公司等 35 家单位。

创新中心与重庆大学等知名高校共同探索人才培养模式，深度开展校企协同育人，双方共建专业学位研究生联合培养实践基地。校方根据创新中心人才队伍建设需求，每年定期择优选派研究生到创新中心实习。

五、合作网络

创新中心除了和联盟中已有的国家级、地方科技创新平台开展稳定合作外，挂牌后将继续推进对外合作，构建起领域内完备的合作网络。

区 域 篇

第二十五章

上海市

第一节　总体进展与经验特色

自制造强国战略工程实施以来，上海市贯彻落实国家相关部委的要求，高度重视制造业中心的建设工作，把建设和完善上海市制造业创新中心体系作为提升制造业创新发展的重要工作抓手。自 2017 年 1 月发布《上海市制造业创新中心建设工程实施方案》以来，上海市按照“统筹设计、分步实施、突出重点、与时俱进”的原则，围绕上海市制造业加速转型升级发展的重大需求和实际情况，在集成电路、智能传感器、增材制造、智能网联汽车、海洋工程装备、激光技术、燃气轮机、医疗器械等领域相继布局认定了 8 家省级制造业创新中心，其中国家集成电路创新中心和国家智能传感器创新中心为国家级制造业创新中心（见表 25-1），储备了一批重点领域后备制造业创新中心，为全面提升上海市制造业整体素质和创新能力发挥了突出作用。

表 25-1　上海市制造业创新中心建设进展

序号	中心名称	运营公司	建设进展	成立时间
1	国家集成电路创新中心	上海集成电路制造创新中心有限公司	国家级	2018 年
2	国家智能传感器创新中心	上海芯物科技有限公司	国家级	2017 年
3	上海市智能网联汽车创新中心	上海淞泓智能汽车科技有限公司	省级	2017 年
4	上海增材制造创新中心	上海莘临科技发展有限公司	省级	2017 年
5	上海先进激光技术创新中心	上海中科神光光电产业有限公司	省级	2017 年

续表

序号	中心名称	运营公司	建设进展	成立时间
6	上海海洋工程装备制造业创新中心	上海海洋工程装备制造业创新中心有限公司	省级	2018 年
7	上海高端医疗装备创新中心	上海理微医疗科技发展有限公司	省级	2020 年
8	上海燃气轮机制造业创新中心	中国联合重型燃气轮机技术有限公司	省级	2020 年

第二节　典型省级创新中心建设进展

一、上海海洋工程装备制造业创新中心

（一）建设进展

1. 组建情况

上海海洋工程装备制造业创新中心（以下简称创新中心）依托上海海洋工程装备制造业创新中心有限公司，股东单位包括中远海运重工有限公司、美钻能源科技（上海）有限公司、烟台中集来福士海洋工程有限公司、上海振华重工（集团）股份有限公司、大连船舶重工集团有限公司等 26 家单位。创新中心以“公司+联盟”的模式运行，依托中国深远海海洋工程装备技术产业联盟（以下简称海工联盟）。海工联盟涵盖了我国海工总装建造白名单企业，包括三大油气集团、关键系统与设备供应商、金融机构和产业基金，以及科研院所、高校等 60 多家单位。

2. 队伍建设

目前创新中心总人数共 34 人，包括智库院士专家（北京）18 人，创新中心（上海）16 人，其中核心研发人员 29 人，规划到 2021 年固定员工达到 60 人，项目参研人员根据项目的需求进行调整，预计项目参研人数 150～200 人。

3. 机制建设

创新中心在项目管理方面采用协同创新机制，在政府支持下，联合成员单位开展研发设计、成果转化、行业服务、人才培养、国际合作，实现“产学研”协同创新机制。创新中心按照国家战略和创新中心建设目标，围绕整个海工产业链的系统重大需求，组织开展产业共性关键技术攻关，努力实现“三个统一”。一是统一规划，面向产业，制定发展战略和技术路线图，统筹

规划基础研究、应用开发和产业化。二是统一组织，重大关键共性技术的研发在创新中心内择优选择团队，实现项目负责制。三是统一管理，创新中心对项目实现全过程管理，包括规划、立项、实施及后续转化。

在资源整合集聚方面，创新中心与国外培训机构合作研发“大型海洋工程项目调试完工管理认证培训课程”；初步建设了海工联盟门户网页平台，促进行业信息共享、交流合作，并利用该平台信息及数据等制定行业标准和规范；协调海工装备行业的研究实验基地（中心、实验室）等资源，搭建行业资源共享平台。

在人才培养方面，强化创新中心的国际化进程，通过汇聚一批国内外学术专家，组织承担国家重大科技创新专项或项目，以及国际研发合作项目，邀请国内外知名专家、学者开展高峰论坛、专题讲座等，培养面向成员单位的骨干人才；采用科研合同带动成员单位研究人员的业务水平；依托国家制造业创新平台的品牌及掌握了解海洋工程装备制造人才的需求及现状，与国家高等院校、职业技术学校等教育资源进行对接，建立健全的海洋工程装备制造人才培养体系，支持相关高校设立课程、学科或专业，同时向本校师生提供现场感受和实习的机会与条件；与成员院校建立校企间的人才交流与合作机制和资源共享机制，选派优秀人才兼任院校教师，同时邀请院校选派优秀教师挂职离岗，在创新中心开展研究开发工作，促进科研人员在院校和海工创新平台合理流动。

在知识产权归属和分享机制方面，创新中心按照市场化原则，以知识产权利益分享机制为纽带，促进创新成果的知识产权化，增强关键核心技术知识产权储备，创新中心将依靠股东单位及海工联盟成员单位的合作与协同，共同完成创新研究任务，对于知识产权和成果必须遵循“开放、共享、共赢”的原则。

4. 平台建设

当前，数字化平台建设是创新中心的重点任务。创新中心正在开发基于数据孪生的海工装备数字测试平台建设，将建成海工设备数据中心、海工测试资源数据中心、公共数据测试试验平台及数据仿真显示中心，项目分 5 年建成，第一期已经形成初步测试能力，并形成示范应用。该项目将成为创新中心为全行业提供数字测试技术的共享平台。

（二）运行成果

1. 技术创新

创新中心与挪威JIB团队签约联合研发数字仿真平台和标准研究（OSP）项目；与美国INTECSEA公司签订海上大型浮式风电场技术研发项目；与上海振华重工合作进行坐底式风电安装船的开发与实船应用；与中车联合开展大功率直流组网电推系统研发与实船应用；与中海油总院及美钻石油联合进行智能监测水下井口采油树等关键设备的开发应用；参与水下强电湿插连接器500米级国产化项目，攻克水下强电湿插连接器500米级的设计技术，完成制造、测试平台搭建。

2. 成果转化和企业孵化

创新中心为海工联盟成员单位组织项目评审及咨询服务，辅助成员单位（美钻能源科技）关键设备国产化，其中部分产品已通过生产厂家获得南海某公司的意向订单，包括MDHT-D水下采油树产品、MDHT-G水下采油树、MDML-T型泥线悬挂水下采油树、MDSW型水下高压井口、MDML-W型泥线悬挂井口、MDSC型系列水下管道连接器、安装/维修控制系统（IWOCS）、水下采油树智能控制技术、D型水下环形防喷器制造和维修、MDSV液控闸阀、MDSV手动闸阀等。

3. 行业服务

创新中心建设海工制造业创新服务公共平台，组织行业咨询实现资源交互，组织联合研发营造开放式创新环境。为解决我国自主开发海工装备国产化应用最后一公里的问题，创新中心发起了“陆上—海洋—数字”三位一体的测试认证体系建设规划，梳理国内海工设备测试需求及测试条件，搭建海工设备试验资源共享平台，完善海工装备测试标准体系，建立海工设备陆上干湿交替式测试场、浅水测试场和深水测试场及数字测试场体系。

4. 交流合作

在国际交流合作方面，一是2019年5月组织中国石油大学、美钻能源科技等联盟成员单位参加在美国休斯敦举办的油气展（2019 OTC），并参与国际海洋工程师协会（IAOE）协办的论坛交流，积极宣传中国海工联盟及各成员单位；二是与EVOLEN（法国海工联盟）探讨国际合作，在2019年与EVOLEN组织了多次会面交谈，就促进中国海工企业与法国海工相关企业（如Technip、Total）进行业务交流；三是参与DNV组织的国际海工数字化建设论坛研讨。

二、上海市智能网联汽车创新中心

（一）建设进展

1. 组建情况

上海市智能网联汽车创新中心（以下简称创新中心）共有测试认证部、集成应用部、前瞻技术部、标准研究部、大数据部、综合规划部、平台建设部和办公室 8 个部门，拥有专业的人才团队，功能齐全的测试设备，完善的封闭区和开放道路测试环境，以及科学规范的测试流程。2019 年，创新中心的组织管理架构和模式总体稳定。创新中心推动 UIC 联盟各项工作稳步开展，目前联盟已有注册会员 235 家。

2. 队伍建设

创新中心汇聚了车辆工程、交通工程、计算机、通信工程等跨学科高端人才，截至 2019 年 12 月，共有在职员工 50 人，其中研发人员占比近 90%，团队秉持“专业、高效、自信、开拓、创新”的理念，为打造一流的测试服务水平和技术研发能力，争创国家级制造业创新中心的目标而努力奋斗。

3. 机制建设

在科研项目管理方面，创新中心积极联合行业合作伙伴开展智能网联汽车领域的科研工作，同时积极配合股东单位开展国家及省市级科研课题项目的申报与执行，建立了成熟的智能网联汽车科研项目管理机制。在市场化运营方面，创新中心建立了由商务前期技术部门和商务部门对接，项目确定后技术部门负责具体技术执行并形成交付物完成交付，商务部门完成相关商务流程的完善的市场化运营机制。在成果转移扩散方面，基于已有的封闭测试区和开放测试道路的建设运营管理经验，创新中心积极整合相关的设备和技术资源，建立了成熟的智能网联汽车示范区建设“上海模式”输出机制，具备提供完整、全面的设计和建设方案的能力，目前已为多个地区智能网联示范项目建设提供了技术方案输出。在知识产权协同运用方面，针对智能网联汽车关键和共性技术开发，汽车城集团主要为创新中心源头开发提供相应的支撑保障，创新中心负责具体的开发任务，两者建立了一套闭环运行的知识产权协同运用机制。

4. 平台建设

依托国家智能网联汽车（上海）试点示范区，创新中心建设了“一场、一路、一库、一中心”4个创新服务平台。“一场”是指研究制定技术方案，协助汽车城集团建设国内第一个智能网联汽车专用封闭测试区，并负责具体运营和管理。目前，创新中心已累计为80余家国内外企业提供超过1200余次、超过10000小时的测试服务，完成1000余次参观接待及100余次的商业活动、媒体采访及会议和赛事服务。“一路”是指研究形成道路智慧化建设系统解决方案，协助汽车城集团建设国内第一条面向智能网联汽车测试运行的智慧道路并负责具体管理，率先实现车-路-网-云一体化。上海开放测试道路达到87.5千米，测试安全里程超过16.8万千米，累计测试时长达7498小时。“一库”是指建设国内第一个智能驾驶全息场景库，定义和梳理了“中国工况”，目前已积累2000例交通事故深度调查数据，完成20余类场景的提取工作。“一中心”是指研究制定建设方案，协助汽车城集团建设国内第一个智能网联汽车道路测试数据分析和监管中心，实现人、车、路、环境数据实时动态采集，确保道路测试安全、有序、可控。

（二）运行成果

1. 技术创新

创新中心积极开展前瞻共性技术研究，取得了4项关键技术成果，即建立一套智能网联汽车应用关键技术体系并突破一批核心技术，构建一整套完善的智能网联汽车测试评价体系，建设一套智能驾驶全息场景库，研发一套关键设备产品。

（1）建立一套智能网联汽车应用关键技术体系

围绕“可运行、可推广、可监控、可认证、可提升”的总体目标，创新中心率先建立了一套智能网联汽车应用关键技术体系，突破了一批核心技术，包括：大规模组网条件下V2X应用技术、高精度协同定位技术及动态高精度地图增量技术、自然交通场景下人机混驾冲突消解技术、基于三网合一及大数据构建时空一张图、多维驾驶态势的抽象泛化、变尺度重构与加速加载测、基于虚拟仿真和平行实验技术的环境适应性量化评估与优化技术等。

（2）构建一整套完善的智能网联汽车测试评价体系

一是在国内率先构建一整套完善的测试体系。创新中心在国内率先构建多目标复杂场景的链化测试方法，形成从仿真到开放道路的完整体系，建成国内领先、国际先进的智能网联汽车测试体系，同时打通多车协同控制技术壁垒，在国内首次实现多车协同测试。二是建立国内最齐全的测试工具体系。创新中心面向全行业提供持续性测试服务和研发支持，系统地支撑上海智能网联汽车进入公共道路前的准入测试，并支持企业的研发测试。

（3）建设一套智能驾驶全息场景库

2017 年，创新中心提出“昆仑计划——中国典型道路智能驾驶全息场景库建设”，积极开展相关数据积累与各项研发工作，为智能网联汽车研发及测试奠定了数据基础，为功能和技术指标定义提供了数据依据。2019 年，场景库已经积累了 2000 例交通事故深度调查数据（CIDAS）。同时，通过自然驾驶获取上海及长三角周边城市车辆驾驶与环境数据，基于该数据库，已完成 20 余类场景的提取工作，形成依据驾驶行为划分、交通参与对象运动关系和道路交通环境分类的中国典型道路全息驾驶场景库。目前，创新中心正积极开展各类场景工况的数据分析与挖掘，构建不同工况条件下的驾驶行为模型，通过咨询或工程服务等多种形式，为整车及零部件企业相关高级辅助驾驶（ADAS）和自动驾驶（AD）研发、验证和测试提供特征参数标定和仿真场景输入。

（4）研发一套关键设备产品

为配套示范区开放道路测试环境建设，创新中心完成了 SiBox 产品技术研发、集成和搭建工作，实现了多种不同协议类型信号机跟 V2X 设备的对接和数据读取，支持在不更换信号机的前提下实现 V2X 功能，同时支持跟 LTE-V、5G 微基站及数据中心的通信。2018 年 7 月，“SiBox 产品开发项目”荣获 2018 年中国汽车智能化技术优秀创新项目。2019 年，创新中心在开放测试道路上完成了 24 个 SiBox 设备安装和调试工作。

2. 成果转化和企业孵化

目前，创新中心已与海南、苏州、绍兴、常熟及上海市奉贤、金桥等多个地区开展合作。一是为智能网联示范项目提供技术输出，推进绍兴快速路建设，建设国内首个面向自动驾驶的城市快速路系统。二是推进苏州园区智能网联示范区建设，这是国内首个面向基于 5G 的自动驾驶汽车的智慧交通园区。三是推进海南博鳌东屿智能网络示范区建设，成为国内网联汽车与智慧交通应用示范区。四是推进常熟中国智能车综合技术研发与测试中心建设，建成中国首个智能车研发与测试中心。五是承担奉贤南桥园区智能网联汽车地库及园区测试示范区解决方案编制，涉及园区及测试场的改造、数据中心建设、开放道路规划、应用展示及体验中心方案等。六是承担金桥智慧交通建设方案编制，在金桥范围内打造5G智慧交通应用示范区、建设智能网联汽车新技术与标准研究的国际交流合作平台，以及技术测试与应用展示的窗口。

3. 行业服务

围绕服务政府、服务行业和服务技术，创新中心持续打造3个公共服务平台，不断提升公共服务能力水平。技术创新服务方面，创新中心积极联合行业合作伙伴开展智能网联汽车科研项目申报和执行，2017—2019年，创新中心成功牵头申请、参与科研项目8项，支持汽车城集团成功申请科研项目22项，涉及智能网联汽车、大数据、信息安全、5G通信等多方面前沿技术领域，在智能网联汽车前瞻共性技术方面做出了重大突破。政府智库服务方面，创新中心积极承担政府智库角色，支持上海市相关委办开展智能网联汽车测试管理政策研究制定工作，牵头起草并成功推动发布《上海市智能网联汽车产业创新工程实施方案》《上海市智能网联汽车道路测试管理办法（试行）》（沪经信规范〔2018〕3号）和《上海市智能网联汽车道路测试和示范应用管理办法（试行）》（沪经信规范〔2019〕7号）等一批管理政策。行业公共服务方面，受推进工作小组委托，创新中心作为第三方机构，受理智能网联汽车测试主体提出的测试申请，主导完成企业申请材料审核、实车检查与测试安排，并对智能网联汽车道路测试过程中的相关数据进行采集和监控，形成测试分析报告并统一上报。

同时，创新中心积极参与国际、国家、行业和团体标准的研究、制定、验证工作。作为工信部智能网联国标工作组成员、交通运输部智能网联国标工作组委员单位，以及上海市智能网联汽车测试与评价标准化唯一试点单位，目前创新中心参与制定国际标准1项，制定国家标准7项，参与制定行业标准2项，牵头制定团体标准3项，参与制定团体标准2项，牵头制定团体标准《智能网联汽车测试场设计技术要求》并于2020年3月公示，成功获批上海市标准化协会团体标准2项。

4. 交流合作

创新中心积极拓展对外合作交流，支持世界人工智能大会、世界智能网联汽车大会、中国国际进口博览会及博鳌亚洲论坛年会等一系列世界级重大会议的自动驾驶展示体验活动，在增加创新中心收入的同时继续推动上海在创新发展上发挥引领作用。

（1）支持世界人工智能大会自动驾驶展示体验活动。创新中心作为唯一指定单位承办 2019 世界人工智能大会中自动驾驶体验区的展览展示活动，集中展示中国在自动驾驶领域的最高水平。创新中心具体负责场地搭建、运营、维护、安保、接待、媒体采访等工作，共组织 12 家企业参与，车辆总数达 34 辆，接待市区各级政府领导体验 20 余批次，共接待游客 4000 余人次，观众上车试乘体验 1000 余人次，接受各级媒体采访 50 余次。

（2）支持 2019 年世界智能网联汽车大会—国际智能网联汽车合作联盟（IAMTS）专题论坛。创新中心作为国际智能网联汽车合作联盟（IAMTS）技术委员会主席单位，在大会期间牵头举办 IAMTS 联盟专题论坛“ICV 全球协同测评技术”，邀请了国内外核心主机厂、自动驾驶科技巨头、造车新势力、第三方评价机构、高校，以及国内外智能网联汽车测试示范区等企事业单位，共同探讨智能网联汽车测试评价技术，推动 ICV 安全性测试、认证的全球协同。目前，创新中心正在支持 IAMTS 联盟开展全球测试场景库、全球 CAV 测试场和能力目录、物理测试与仿真测试的相关性 3 项技术项目的研究工作。

（3）支持 2019 年第二届中国国际进口博览会—汽车创新技术及自动驾驶体验展。2019 年，创新中心承接第二届中国国际进口博览会汽车创新技术及自动驾驶体验展，负责场地规划、设计、建设及运营工作，活动共 4 家企业 12 辆车辆参与，涉及氢燃料电池车辆、大马力赛车、5G 远程自动驾驶等展示。体验展活动接待副国级领导 2 位、省部级领导 15 余名、相关领导 30 余名、媒体 50 余家、试乘观众 2800 余位。

（4）支持 C-V2X“四跨”互联互通应用示范活动成功举办。2019 年 10 月 22—24 日，由汽车城集团联合中国信息通信研究院等启动的 2019 C-V2X“四跨”互联互通应用示范活动在上海举办，创新中心为活动提供技术支持。活动集聚了 20 余家国内外整车企业，30 余家终端厂商和安全厂商，成功实现国内首次“跨芯片模组、跨终端、跨整车、跨安全平台”C-V2X 应用展示，充分展示了国内 C-V2X 全链条技术标准能力，进一步推动了产业化落地。

（5）支持 2019 年博鳌亚洲论坛年会。在 2019 年博鳌亚洲论坛年会期间，由创新中心与清华大学苏州汽车研究院联合进行总体方案设计的海南博鳌智能网联汽车和 5G 运用项目精彩亮相，为与会的国内外政府领导、嘉宾和新闻媒体提供了一次高水平车路协同下的自动驾驶汽车列队试乘体验，受到了多方好评。

三、上海先进激光技术创新中心

（一）建设进展

1. 组建情况

上海先进激光技术创新中心（以下简称创新中心）按照《公司法》组建现代法人治理结构，以企业化形式运作，以上海中科神光光电产业有限公司（简称上海中科神光）作为承担实体，由上海中科神光负责创新中心的各项建设和发展工作。上海中科神光的组织机构由股东会、董事会、技术专家委员会、总经理及部门构成，实行董事会领导下的总经理负责制的公司管理架构。

创新中心积极与本领域相关高校院所及上下游企业开展交流与对接，并策划共同组建先进激光技术创新产业联盟，以开拓立足上海，辐射长三角，放眼全国的先进激光前沿和关键共性技术协同创新、共同发展的新局面。上海中科神光作为联盟发起人，成立筹建工作小组，并制定联盟组建方案，目前筹建工作小组正在积极与有意向组建联盟的单位进行沟通和协商。

2. 队伍建设

公司运行中，进一步发展了行政与技术的双轨制运行，行政事务由董事会负责并行使相关公司管理职权，技术事务由技术专家委员会负责。技术专家委员会由国内外知名的激光领域技术专家，以及企业界和政府委派的专家组成。技术专家委员会负责研判行业发展的重大问题并筛选确定研究方向，同时制定创新中心发展目标和可操作的发展规划，包括中长期研发项目、成果转移扩散和首次商业化应用或首台（套）突破目标、资金筹措运行、研发投入、成果转化收益预算等计划。

公司设置服务部门、技术研发部门和技术转移部门三类部门。服务部门设置综合管理部和财务部等，负责公司的日常运作，包括：知识产权与项目申报、人事管理、公司组建、投融资、综合保障（安全保卫、后勤保障、零星基建）等；技术研发部门下设4个研发平台，包括新能源汽车关键工艺及高端装备研发平台、激光智能制造核心器件研发平台、激光智能制造高端装备研发平台和新型光电功能材料研发平台，负责技术研发和技术服务；技术转移部门负责对外交流，进行技术成果转移转化和科技型企业孵化等工作。

创新中心团队来源主要通过各成员单位输出、派驻和社会公开招聘等形式构成。其中，单位输出为各成员单位科技人员经原单位批准，带科技成果离岗进入创新中心开展创业与技术产业化拓展，成为创新中心的固定人员；同时，通过社会公开招聘再吸收并汇聚一批高水平产业技术研发人员成为创新中心的固定人员；此外，积极鼓励各成员单位派驻科研人员进入创新中心从事技术合作研发与科技成果转移转化。创新中心还与上海光机所签订了项目人员双跨协议，创新中心根据研发方向和管理内容聘用上海光机所编制人员作为创新中心双聘人员，从而更好地实现了双方研发人力资源共享。在加强创新中心与各成员单位合作研发的同时，也注重创新中心与各成员单位在合作研发中形成的知识产权归属与收益分配。目前，创新中心已吸引、汇聚高水平产业技术研发人员 31 名，其中领军人才 4 名，基本打造起一支国内一流的激光先进制造技术创新创业团队。

3. 平台建设

目前，创新中心已进一步形成了激光产业前沿与关键共性技术需求和下游企业个性化技术需求输入；整合了上海光机所提供的人才技术和仪器设备共享，嘉定工业区提供的场地、资金和政策支持，合作单位提供的建设经验、技术指导和工程协助等创新资源；对外进行激光产业前沿与关键共性技术及个性化技术解决方案的输出，确保了将整个创新资源有机统一，将优势发挥到最大，从而促进创新中心的可持续健康发展。

创新中心制定了衍生企业管理办法，以制度的形式对创新中心孵化和集聚的企业公司进行组织和管理。首先确立了创新中心入股衍生企业的一般原则：对于创新中心自身投资孵化的企业，规定了项目团队入股具体要求，创新中心根据投入情况也占有一定的技术股份；对于入驻创新中心的外部企业，创新中心占有一定的股份比例，对特殊情况采取一事一议的办法协商确定。同时，创新中心为衍生企业积极提供多项优惠服务，包括提供企业注册、企业创办初期的后勤保障等服务，在项目申报、知识产权申请、产品展示宣传、文献资料等方面进行指导和帮助，创新中心研发平台提供免费或优惠共享服务，创新中心研发的科技成果优先向衍生企业转移转化，并在优惠期内提供房租减免服务等，以促进衍生企业的发展。

（二）运行成果

1．技术创新和技术工程化

2020年度，创新中心下属4个研发中心建设稳步推进，行业前沿和共性关键技术研发取得多项突破。

（1）新能源汽车关键工艺及高端装备研发方向

研发团队围绕汽车、先进轨道交通、航空航天等领域中新材料、难加工材料的激光智能制造及先进制造关键技术、高端装备等展开应用基础研究、关键共性技术研发、知识产权布局及技术转移转化，并在多个方向取得阶段性进展。

1）新能源汽车用铝合金激光焊接关键工艺

研发团队针对新能源汽车用铝合金轻量化材料开发高质量、高效率激光焊接技术，解决了汽车常用铝镁系合金激光焊内部易产生气孔、表面成形粗糙等难题，实现了铝合金低缺陷、高强度焊接。同时开发铝合金电池盒等新能源汽车关键部件激光—电弧复合焊接工艺。该技术为提高新能源汽车生产效率与焊接质量、降低铝合金连接成本、扩大激光焊接技术应用范围等提供了技术支撑。

2）基于牛顿环的铝合金电阻点焊技术

汽车车身结构中，较多使用搭接材料组合，常规铝合金焊接技术焊接质量稳定性较差、电极寿命较短、接头力学性能较低，在应对胶接、多层板、高强铝、铸铝等情况下适用性降低，研发团队基于“牛顿环”电极，开发出汽车用、航空用 2、5、6、7 系铝合金及铸造铝合金等在不同应用条件下高质量电阻点焊技术，接头性能提升20%以上，电极寿命提升一倍以上，同时减少了能耗，降低了生产成本。目前，研发团队正在联合敏实集团、吉利汽车、蔚来汽车等实施中试测试。

（2）激光智能制造核心器件研发方向

生物检测光电仪器研发方向由上海镭慎光电科技有限公司（简称镭慎公司）开展研发。镭慎公司是创新中心孵化的专业从事生物检测光电仪器研发的高科技公司，2019年公司被评为上海市高新技术企业。

新冠肺炎疫情发生后，镭慎公司第一时间联系国内的各大医院，把公司具有自主知识产权的生物气溶胶监测和采样设备用于新冠病毒气溶胶的监测。目前，公司已经和解放军总医院301第一医学中心呼吸科开展了实质性的研究工作，并且已经在新冠病毒感染者病房空气中检测出了新冠病毒的阳性样本，为临床研究空气气溶胶病毒开创了条件。未来，双方将继续加大合作，针对高传染性呼吸疾病，开发出更具前瞻性和预防性的设备，阻断致病菌和病毒的传播途径。

公司的另一个产业化方向为上转发光免疫分析仪，该仪器可以用于对疑似新冠病毒感染者的快速筛查。疫情防控期间，公司研发团队加班加点、通力合作，继续加快研发及办理医疗器械证的进度。目前，国内的医疗器械证已经确定，2020 年 9 月又获得欧盟 CE 认证证书，公司已开展了仪器的批量生产，助力国内和国际对疾病的筛查。2020 年 9 月，公司还荣获 ISO9001 质量管理体系认证证书。

目前，镭慎公司已经联合其他单位进行全自动生物气溶胶预警监测仪的研制，除了目前仅能预警的功能外，未来将提供一种能够自动识别空气中微生物种类的仪器，为及早发现、及早准备提供有力武器。镭慎公司也联合疾控部门和医院部门，进行联合攻关，为仪器的顺利落地和实际应用提供平台，争取为我国的疾病防控提供可靠的后盾。

（3）激光智能制造高端装备研发方向

1）机载双频激光雷达研发方向

完成车载三维成像激光雷达系统的整机集成和调试，具备交付状态。车载三维测绘激光雷达系统采用单光子探测技术，可实现远距离、高点密度的三维测绘，为国内首次将该技术应用于测绘系统中并实现工程化。该系统具有探测灵敏度高、成像分辨率高的特点，为机载、车载等高速运动平台实现对地高分辨率测绘提供了新的技术解决方案。

完成机载多光谱激光雷达的整机设计和系统集成，开发完成国内首台五波长多通道海洋/陆地同步探测激光雷达。五波长激光雷达系统采用创新的发射和接收技术，在陆地探测通道和蓝绿激光探测通道同时使用面阵探测器件，探测点密度实现大幅提升，可以获得更加精细的海水剖面数据。该技术将在海洋环境、安全、气候、资源等领域产生巨大的应用价值，同时为星载海洋上层水体剖面的激光遥感提供了有力的技术支撑。

完成避障激光雷达的产品小批量生产和用户交付，该产品最大测量距离达到 25m，瞄准自动仓储、物流、工业流水线上的自主避障和导航应用，目前正在多个工业用户方进行试用。疫情防控期间，该产品用于公共区域消杀机器人平台中。

2）精密光子传感检测工程平台研发方向

完成高精度分布式光纤传感技术研发与核心元件制备平台，突破了高端工业应用 mm 量级高空间分辨率、多物理场量分布式在线监测技术的瓶颈。

完成面向工业应用的综合集成测试平台，构建了工业加工、制造和服役的过程监测和质量检测的高精度综合集成测试平台。

开展关键工艺包开发与示范应用研究，首先在新复合材料（高强钢、高强铝合金等）激光焊接、新能源汽车电池温度监测与状态评估等领域开展示范应用，形成多个工艺包和解决方案输出。

3）空间激光通信终端研发方向

针对卫星互联网对星间激光链路的应用需求，开展空间激光通信终端的型谱化、低 SWaP、高可靠、低成本技术研究，通过关键技术攻关和产品定型迭代，实现空间激光通信终端的产业化，具备小批量生产能力。提出空间激光通信终端系列化、通用化和标准化的设计理念，对于降低激光终端 SWaP、成本控制、批量生产能力等方面均有较大提升；采用相干激光通信技术实现远距离动态星间永久链路，可以实现全天时、高可用激光骨干数据传输；采用多终端姿态测量技术实现卫星平台姿态的快速、实时、精准确定，将激光通信终端捕获时间从 100s 降低至 10s 内，大大提高了激光通信终端的可用度。

（4）新型光电功能材料研发方向

红外材料研发方向针对高速极端环境，对红外窗口材料提出的高强度、高热导、高力学性能、高红外透过及低红外辐射等极端挑战，开展了 Y-M 纳米复相陶瓷研究，通过优化致密化制度，提升了复相纳米陶瓷的致密度，2～3μm 波段光散射减小，表现为此波段内透过率增加，相比于低致密度样品，陶瓷的抗弯强度由 140MPa 提升至 200MPa；优化了热处理制度，降低了陶瓷中的残余应力，将陶瓷的抗弯强度从 200MPa 提升至 300MPa，进一步解决了 Y-M 纳米复相陶瓷整流罩开裂问题；通过修改模具，解决了球罩热压后降温过程中开裂的问题。研制的球罩和平片，3～5μm 透过率达到 80%以上，未来可广泛涉及汽车、安防、工业制造、环境监测、医疗、交通等领域。

2. 成果转化和企业孵化

创新中心研发的前沿和关键共性技术尝试采用“基础研发与小试—知识产权创造—自行实施中试—知识产权对外转让许可转移转化”的技术转移扩散模式，通过对市场分析和对用户需求的梳理整合，开展相关共性关键技术的基础研发与小试，创新中心及时对科技成果申请相关知识产权予以保护，同时根据用户需求自行实施开展中试，根据中试出现的新情况和新问题及时通过基础研发进行解决，通过自行实施中试与基础研发小试的多次技术升级迭代，确保相关技术的先进性和通用性，以便于在后续对外转让许可过程中能够避免知识产权的技术风险和法律风险，确保技术转移扩散的保质保量和稳定性。

截至目前，创新中心共孵化和集聚 8 家高科技企业，同时创新中心的其他几个优势研发方向，也拟成立新的科技产业公司，目前正在筹备过程中。

3. 行业服务

创新中心接受企业委托，开展委托技术研发、技术转让、技术服务、技术咨询等“四技服务”，积极将研发成果及时辐射给行业，向企业，尤其是中小企业，源源不断地提供前沿技术、共性技术和新工艺、新设备、新知识。目前，创新中心共签订技术转让、技术开发和技术服务等合同 49 项，合同总金额达 2100 余万元，委托方包括研究院所、高校和企业等，涉及的行业包括航天、车辆、铝业、钢铁、传感、材料等多个领域，较好地体现了创新中心研发技术的前沿性和行业技术共性。

创新中心在建设和发展中吸引了多方关注，已经与多家激光领域相关的高校院所和企事业单位开展了广泛而深入的沟通交流，以及推进正在策划筹建中的产业联盟等。同时，创新中心正在致力打造的上海市先进激光制造产业名片也吸引了沪外多家激光相关企业的关注，多次接待外来激光企业寻求合作。创新中心作为科技创新“产学研”协同发展的前瞻探索者，也吸引了各级地方政府的关注，多地的政府部门联合企业家前来考察调研，学习创新中心建设的相关经验，以促进当地科技的创新发展。创新中心的建设，在对本行业的发展提供了很好的集聚平台的同时，对其他行业的发展也提供了很好的示范带动作用。

4. 交流合作

创新中心高度重视创新链协作发展并不断扩大合作“朋友圈”，在前期已发展的合作伙伴协作发展的基础上，本年度又拓展了十余家新的合作伙伴，并开展了积极的项目合作研究。创新中心以各企业需求为导向，提炼共性技术，开展共性技术攻关，同时又为不同企业不同需求设计个性化的整体解决方案，在共性技术研发的同时，解决各企业的个性问题，做到将做深基础研究和促进产业应用相统一。

四、上海增材制造创新中心

（一）建设进展

1. 组建情况

上海增材制造创新中心（以下简称创新中心）以上海莘临科技发展有限公司为运营载体，汇聚了一批在增材制造领域具有优势发展方向的研发、制造、应用单位，以协同创新为取向，以产业前沿技术和共性关键技术的研发供给、转移扩散和首次商业化为重点，由各类创新主体自愿选择、自主结合，发挥各自优势，整合相关创新资源，打造跨行业、跨领域、网络化的制造业创新生态系统。创新中心成员单位包括同济大学、上海交通大学、上海工程技术大学、中科院上海光机所、上海市增材制造协会、上海产业技术研究院、上海市增材制造研究院、上海材料研究所、上海第九人民医院、上海长征医院、中国航发商发、上海航天、上海电气、上海联泰、三的部落、上海飞博激光、Oerlikon、SLM Solutions、Renishaw、Evonik等产业链上中下游权威机构。

2. 队伍建设

创新中心专业委员会现有成员28人，其中院士专家2人，外籍专家12人。五大建设模块团队人数32人，50%为研发人员。创新中心首席科学家戴尅戎院士是国内最早将CAD/CAM、快速原型等技术应用于定制型人工关节，将数字医学、精准医学广泛临床应用、普及推广的奠基者之一，其研发团队数十年对数字医学的研发成果，受到政府和社会各界的高度重视和认可。

3. 机制建设

项目管理方面，创新中心通过项目初评机制，公平竞争甄选最优项目方案，并给予相应的支持。最优方案往往要具备四个条件：一是与政府的政策和产业发展重点相一致；二是通过公平竞争脱颖而出；三是由能够代表技术创新链各环节的相关机构所组成的多成员团队来执行；四是建立起清晰的、全过程的成果转化路径。据此，创新中心能够挑选出最具有开发和应用价值的前沿制造技术，避免了科研与产业脱节的情况，最大限度地降低了技术转化风险。

组织机制方面，创新中心采用联盟会员制度，会员来自增材制造供应链的上中下游，包括相关企事业单位、高校、科研院所、协会等。自2017年2

月筹备以来，会员数量迅速发展，参与程度越来越高，形成了行业集聚发展、协同创新的大好局面。会员每年通过技术服务、现金或实物支付会员费。创新中心围绕产业需求，组织成员单位进行增材制造领域深入的前沿技术和产业化共性技术研究、技术标准研究与取证咨询、产业化应用的技术成果转化推进、增材制造从业人员的教育培训工作等，由创新中心及联盟成员单位承担这些工作任务。

人才管理方面，创新中心人才团队建设分为专职与双聘两部分，鼓励各成员单位科研人员在履行本单位岗位职责的同时，书面提出兼职申请，经所在单位同意的，可以到创新中心兼职，为实现高新技术成果转化、技术攻关提供有偿服务，并获得兼职报酬。同时鼓励高校和科研院所技术人员离岗创业，在企业孵化期间（3～5 年）内保留人事关系，原有聘用合同暂停。创业人员及所在创业企业可以通过协商明确创业孵化期限、聘用合同变更、科研成果归属、收益分配等事项。

知识产权方面，创新中心将在立项之初就进行知识产权划分，结合科研成果转化奖励机制，根据项目的出资情况、研发人员投入情况进行知识产权清晰化划分，使之更有利于成果转化和产业化扩散。创新中心设立详细的章程和知识产权协议，规范创新中心成员的活动，包括话语权、参与度、成果与信息分享权等。

（二）运行成果

1. 技术创新

创新中心通过跨界协同、网络化产业生态体系建设，积极整合成员单位的行业资源与渠道，引荐整合了更多的高校、企业、研究机构加入协同创新网络，如上海海事大学、复旦大学、中山医院、法国圣戈班集团、天际汽车集团、捷豹路虎研发中心、通用泛亚等，先后联合承担了诸多方向的技术创新任务。

（1）创新中心开展基于面曝光技术的医学 3D 打印专用设备关键技术和临床应用研究，新申请知识产权 4 项；研发军民两用便携式 3D 打印专用装备，样机处于调试阶段，新申请知识产权 8 项；研究汽车零部件创成式设计与增材制造关键技术，已通过北汽新源动力总系统右转向节的初期开发验证，达到零部件减重 30%的实际效果，填补了国内这一应用领域的空白。

（2）创新中心联合上海交大医学院附属第九人民医院戴尅戎院士团队，

进行医学 3D 打印体系开发，形成“医学 3D 打印协同创新联盟”项目，由创新中心首席科学家戴尅戎院士担任带头人，把医学 3D 打印的远程诊疗、远程定制、临床手术指导、个性化定制、医工人员培训、数字医学中心建设集成整体技术解决方案，推广到全国近 30 个三甲医院，最远已达新疆、内蒙古自治区、甘肃等地。

（3）创新中心联合上海交大医学院附属第九人民医院、艾富特健康医疗合作，完成针对足部畸形诊疗专用设备与个性化定制方案的开发，形成“定制化足部矫正鞋垫”项目，为足部畸形患者提供 3D 打印个性化定制康富鞋垫诊疗方案，由医学 3D 打印创新联盟网络推广应用，已为全国十余家三甲医院提供足部畸形个性化矫正辅具。

（4）创新中心联合天际汽车集团、纽泰格科技股份、海事大学，进行创成式设计与增材制造技术的系统技术研发，共建“新能源汽车创成式设计与增材制造工程技术中心”，并通过技术招标承担北汽新能源汽车动力总成部分的右转向节技术开发委托，已完成整体技术解决方案。

（5）创新中心联合极臻三维、苍寻智能科技、华缇智能科技，通过“3D 打印+”的模式，以 3D 打印+文化创意+人工智能，完成基于 5G 环境下的 IOT 物联方式搭建非接触式人工智能协同应用系统第一阶段的开发，搭建国内首个“基于 3D 打印和人工智能技术的创新体验驿站”样板工程并向社会开放。

（6）创新中心联合特斯拉（上海）有限公司、中国联合重型燃气轮机技术有限公司、天际汽车集团有限公司，以及 55 所国内院校，共同成立长三角增材制造产教联盟，依托上海市增材制造制造业创新中心 2019 年上海第一批产教融合试点单位、12 个省份国家职业技能大赛裁判团队，共同推动增材制造职业教育教程标准体系建设，以教育赋能产业发展。

2. 成果转化和企业孵化

技术转移转化方面，创新中心在临港新片区先后集聚了上海云铸三维、创轲新材料、华缇智能科技、苍寻智能科技、禹秩智能科技、长肯实验设备等 10 家企业，工业级 3D 打印装备保有量达 50 余台（套），为上海市全域产业园区工业装备保有量之首。创新中心逐步围绕临港航空航天、新能源汽车等重点领域，如商发制造、上海飞机、上汽集团、天际汽车集团等进行产业配套，在临港重装备产业地区初步形成了数字设计、数字制造、增材制造精益生产特色生产型服务集聚区，2019 年度总体营收近 6000 万元，服务企业逾 200 家。

产业创新行动方面，创新中心通过系列产业创新行动，带动产业创新发展，形成了典型案例示范和系统技术输出能力。例如，上海市新能源汽车创成式设计与增材制造工程技术研究中心通过创成式设计、快速验证、3D 打印工艺完成北汽新能源汽车动力总成右转向节技术开发订单 100 万元；“基于面曝光的医学 3D 打印专用设备”项目实现技术交易 175 万元（技术交易已备案），相关设备目前与多家医院达成供需合作；“3D 打印+”人工智能创新应用场景示范场馆正与多地展开合作。

项目培育与孵化方面，创新中心成立之初，就把技术成果转化和项目培育列为重要工作之一，创新中心于 2019 年获得浦东新区“创新型孵化器”认定，目前入孵企业 12 家。借助“3D 打印+”人工智能创新应用场景示范场馆，孵化器联合上海工程技术大学、上海海事大学签订“产学研”合作协议，同期开展了系列双创和科学普及工作。

3. 行业服务

创新中心聚焦航空航天、数字医学、汽车及零部件、文化创意等增材制造重要发展领域，整合行业力量，通过共性技术研发、技术创新应用、联合攻关、技术服务、仪器设备共享等方式，向企事业单位和社会各界提供服务逾 300 次。

创新中心联合上海材料研究所、上海产业技术研究院、上海第二工业大学、上海工程技术大学、上海理工大学、中国商飞、上海商用发动机制造有限公司、上海联泰科技股份有限公司、上海复志智能科技有限公司、上海探真激光技术有限公司、上海汉邦联航激光科技有限公司等 40 余家“产学研”单位牵头成立上海市增材制造标准化技术委员会，通过标准制修订赋能产业发展。

4. 交流合作

国际交流合作方面，自成立以来，创新中心先后两次主办规模近千人的“SAMA 国际论坛”，积极搭建增材制造产业技术国内与国际交流合作渠道；通过与联合国工业发展组织紧密合作，获得“联合国工业发展组织上海全球创新网络增材制造示范中心”认定；2019 年 10 月，协办科技部“一带一路医学 3D 打印国际培训班”，负责上海临港地区实训教培任务；先后搭建“创新中心—Renishaw 联合实验室”“创新中心—新加坡国立增材制造创新中心联合实验室”。国内交流方面，创新中心先后与杭州、宁波、嘉兴、常州、南通等长三角地市开展交流合作，并以技术合作、整体技术方案输出的方式，向各地提供服务。

五、上海燃气轮机制造业创新中心

（一）建设进展

1. 组建情况

上海燃气轮机制造业创新中心（以下简称创新中心）由上海市经信委核准批复。创新中心以“公司+联盟”的模式运行，载体单位为中国联合重型燃气轮机技术有限公司（简称中国重燃），中国燃气轮机产业创新联盟（简称创新联盟）为创新中心的组成部分。

在工信部、上海市经信委指导下，创新联盟于2020年6月30日成立，由66家燃气轮机产业相关的企业、高校院所、社会团体自愿结成全国性、开放性的非营利性联合体，推动创新链、产业链、市场需求的有机衔接，促进行业前沿和共性关键技术的研发。2020年8月11日，创新中心建设方案通过上海市经信委组织的专家论证会。2020年9月28日，在上海市市委常委、副市长吴清和国家电投党组书记、董事长钱智民的见证下，上海市经济信息化委主任吴金城向国家电投总经理助理、中国重燃党委书记、董事长束国刚授牌“上海燃气轮机制造业创新中心”。

创新中心在后续工作中，将协同三大动力及创新中心成员单位，全力推进燃气轮机领域设计、制造、试验、材料四大体系的建设，形成集研究开发、测试服务、产业孵化于一体的燃气轮机产业协同创新基地，实现燃气轮机产品研制与自主创新。

2. 队伍建设

创新中心设立技术专家委员会。技术专家委员会是创新中心治理体系的重要组成部分，对行业发展重大科技问题、技术路线战略方向和路径选择、科技资源配置的重大问题等做出研判，并提供决策建议；参与审议创新中心科技发展战略与规划，论证重大科技及产业化项目，并提出咨询意见。

创新中心负责人、中国联合重型燃气轮机技术有限公司党委书记、董事长束国刚，为享受国务院政府特殊津贴专家，同时也是国家“两机”专项重型燃气轮机工程行政指挥系统常务副总指挥。

创新中心现有正式员工363人，平均年龄35.9岁，包括管理人员、研发人员、中试基地人员及检测平台人员等。硕士及以上文化程度员工占比84%，拥有各类高级专业技术资格人员 101 人，中级专业技术资格人员 150 人，中级以上专业技术资格人员占比 69.3%。

3. 平台建设

为实现燃气轮机产品研制与自主创新，创新中心重点建设研发设计能力、测试验证能力、孵化转化能力、行业服务能力平台，形成集研究开发、测试服务、产业孵化于一体的燃气轮机产业协同创新基地。

（1）研发协同平台

建立集研发设计、制造采购、安装调试、运行、维修及复杂工程管理于一体的自主重型燃机 AE 平台，与全产业链单位共同开展总体、压气机、燃烧室、透平、仪控、材料等技术研究，与国内外知名高校、研究机构、企业等创新资源开展跨行业融合性技术研发。

（2）试验测试平台

通过试验测试平台进行设计验证、部件级测试及整机性能验证考核，有效地反映部件与整机的真实状态和性能，并根据试验考核结果完善设计与制造工艺，以满足市场对性能、可靠性和运行寿命方面的要求。

（3）孵化转化平台

聚焦专项自主研制目标，以专项形成的燃机高精尖技术为基础，跨界协同，实现技术成果的孵化和产业化，围绕重点领域和关键环节汇集、加工、筛选一批符合产业转型升级方向的以知识产权为核心的创新成果。

（4）行业服务平台

围绕创新中心和创新联盟聚集燃气轮机行业最顶尖的行业专家、学者，以及研发、设计、制造、试验、运维等各方面的优秀人才，开展行业政策研究、信息服务、技术咨询，搭建国际合作与交流平台，推动行业标准制定，促进行业的人才培养。

（二）运行成果

1. 技术创新和技术工程化

创新中心建设 AE 设计制造一体化平台，以确保燃气轮机整体性能和质量安全为核心，打造 E、P、C、S 四大板块，集燃气轮机设计、设备成套、部件制造、调试运维等业务为一体，构建合理的组织体系和运行机制，在燃气轮机领域，以有效激励机制支持一批肩负使命的科研团队，在关键核心领域加强“政产学研”协同创新，推进燃气轮机产业优质高效发展。目前，创新中心已经初步建成燃机综合设计能力条件。

创新中心秉承“科研工程化”理念，结合科研课题的客观规律，对试验试制课题实施“工程化”质量管理。该管理办法已全面应用于各基础研究课题与试验试制课题，并进行了推广运用，有效保障了项目课题的高质量按期完成。

2. 交流合作

创新联盟吸纳了一批相关高等院校，在燃机学科建设、基础研究和关键技术研究方面具有较为雄厚的研究基础条件，中国重燃与创新联盟各高等院校，本着友好合作、互惠互利、优势互补、共同发展“双赢”的原则，在燃气轮机领域紧密深度合作，充分利用各高校在应用基础研究、人才培养和国际交流等方面的优势，通过联合成立“燃气轮机联合研究中心”等方式，建立科研、人才、技术方面的合作，共同推动燃气轮机产业的发展。

创新中心充分发挥成员单位的国际合作基础，加强行业国际合作能力建设。一是开展国际科技合作，建立国际化的联合研发机构，未来通过创新中心和创新联盟的运作，会吸纳更多的国际同行加入创新联盟，在多方有意愿的前提下，建立国际化的联合研发机构，重点开展先进燃气轮机设计、智能制造、技术标准、产业信息等关键问题的研究；二是加强行业国际合作能力建设，包括采用委托研发、联合开发、设立联合实验室等方式开展国际科技合作，推进前沿技术、共性技术的研发，加快利用海外先进技术；开展国际交流，聘请国外高级专家，建立科技交流和人才交流机制，举办燃气轮机行业国际性论坛；推动国际产业合作，落实“走出去战略”，协助产业界技术、装备、产品走出去，并在条件成熟时建立国外分支机构，通过国际合作与交流，打造中国名片。

六、上海高端医疗装备创新中心

（一）建设进展

1. 组建情况

在上海市经济和信息化委员会的指导下，上海理工大学联合上海交通大学医学院、中国科学院上海微系统与信息技术研究所、上海新微科技集团有限公司，以及上海联影医疗科技有限公司、威高集团有限公司、奥盛集团有限公司等医疗器械领头企业，于 2020 年 9 月组建上海市高端医疗装备创新中心（以下简称创新中心）。创新中心依托上海理微医疗科技发展有限公司实际运营，成立了长三角高端医疗装备创新联盟和“一带一路”医疗器械创新和应用联盟。

（1）上海理微医疗科技发展有限公司组建情况

2020 年 6 月，上海理工大学、上海交通大学医学院、中国科学院上海微系统与信息技术研究所及上海新微科技集团有限公司共同成立上海理微医疗科技发展有限公司。公司设有战略决策委员会和专家评审委员会，主要依托上上海理工大学、上海交大医学院和中国科学院上海微系统所的支撑性科技创新成果，瞄准临床医学前沿，在上海张江示范区形成医疗器械行业领军人才汇聚地和创新创业集聚区，构筑成果转移转化母基地，目前已输出十余项高端医疗装备优秀产业化项目。

（2）联盟组建情况

1）长三角高端医疗装备创新联盟

2020 年 11 月，创新中心联合长三角区域相关高校、医院、科研院所、行业企业及产业园等 16 家单位，以聚焦核心技术攻关、推动长三角高端医疗装备产业发展为目标，共同组建长三角高端医疗装备创新联盟。联盟围绕行业建设、人才培养、科学研究、创新应用、社会服务和交流合作六个方面开展相关工作，建立公开和常态化的长三角城市对话机制，搭建专业和有效的长三角资源对接渠道，开创灵活和长久的长三角一体化经济模式，引领长三角医疗器械产业创新发展，助力长三角成为中国医疗器械发展创新技术策源地。

2）“一带一路”医疗器械创新和应用联盟

2020 年 12 月，由上海理工大学牵头组建的“一带一路”医疗器械创新与应用联盟正式成立。联盟旨在共建共享医疗器械“命运共同体”，引领打造具有生命力的医疗器械“产学研”创新应用生态体系。联盟成员包括来自中国、新加坡、以色列、瑞典、加拿大、意大利、吉尔吉斯斯坦、美国、罗马尼亚、荷兰、巴基斯坦、塞尔维亚、斯洛文尼亚、韩国、马来西亚、瑞士、巴西、葡萄牙等国家的 55 家单位，涉及大学、行业协会、医疗器械生产企业、大型经销商、科技园区、第三方医疗服务机构、律师事务所等。各成员通过在项目研发、投资合作、学术交流等方面优势互补、优势相长，共同打造一个具有影响力的医疗器械国际创新平台。

2. 队伍建设

（1）技术专家委员会

截至目前，创新中心已组建由 29 人组成的技术专家委员会（含 7 名院士）。

（2）管理团队

截至目前，创新中心工作人员共计 87 人，其中专职人员 9 人。由上海理工大学副校长刘平担任创新中心主任（兼职），上海理工大学医疗器械与食品学院副院长程云章、上海交通大学医学院附属九龙医院副院长张苏华担任创新中心副主任（兼职）。

（3）科研团队

创新中心针对高端医疗装备前沿技术与共性技术难题，组建超声与电外科能量技术、植介入医疗器械、智能康复器械与机器人、医学影像设备与可视化、医疗大数据与人工智能、细胞与免疫检测技术及装备、精准医用光电测试技术与设备等 6 个方向的科研团队。

3. 平台建设

创新中心通过构建以下平台，促进医疗器械产业链、创新链、资源链、资金链、要素链、人才链“六链”融合发展，平台包括：建设前沿与共性技术研发平台，第三方医疗器械检验、检测、认证服务平台，专业人才培养平台，临床试验研究平台，学术交流与国际合作平台，技术转化与产业孵化平台。

（二）运行成果

1. 技术创新和技术工程化

创新中心现已启动由医生和教师联合攻关的医工交叉项目近 200 项，取得了前沿医疗康复器械、生物信号监测系统、射频消融应用系统、AI 辅助影像识别与诊断系统、手术影像导航机器人、磁控胶囊内镜机器人、裸眼 3D 临床手术显示器、3D 打印生物材料等诸多研究成果，在解决医学临床难题的同时，实现了前沿技术和共性技术在功能和应用方面的创新。

2. 成果转化和企业孵化

目前，创新中心正在孵化 47 项具有产业化前景的医工交叉项目，并重点孵化以下项目：崔海坡团队—超声刀、马凤仓团队—医用缝合针、张学典团队—CO2 智能导引插管内镜、李伟团队—双极高频电凝及单极高频电刀、张树林团队—胎心磁仪、雷浩团队—医护机器人、陶虎团队—脑皮层电极、喻洪流团队—髋关节下肢外骨骼、宋成利团队—电刺激抑制帕金森震颤、岳学峥团队—3D 打印个性化种植体、闫士举团队—胸外按压电除颤、宋洪东团队—胰糜蛋白结合荧光试剂、彭滟团队—中药材三七太赫兹检测仪研发、常敏团队—手术影像导航机器人。

（1）手术高频电刀：以材料创新打造的“升级版”手术高频电刀，不仅使用安全、舒适，而且能够防止组织粘连，已在医院开展动物实验，并注册项目公司，落户于青浦。（2）医用缝合针的国产化替代：经技术攻关，已完成拥有自主知识产权的缝合针样品试制，临床试用效果显著，并且制作成本仅为进口缝合针的一半，目前已注册项目公司，进入取证阶段。（3）超声刀：通过平台整合资源，组成多学科攻关团队，仅耗时 1 年就拿出国产化方案，现已完成项目公司注册和生产场地设计，产品进入检测取证阶段。

3. 行业服务

2020 年 11 月，创新中心与上海市药品监督管理局就医疗器械检测平台的建设、医疗器械注册与审评的沟通机制、国家药监局医疗器械科学监管基地的申报等方面进行对接与交流，积极争取相关部委支持，联合联盟单位建设第三方医疗器械检测服务中心。目前已委派 2 名人员到上海市药品监督管理局学习医疗器械产品注册、认证审评、质量体系核查等方面的工作内容。

此外，创新中心依托上海理工大学—上海交通大学医学院医工交叉研究生院，按照《医工交叉研究生联合培养管理规定》开展医工复合人才培养。现已选聘交大医学院及其附属医院博士生导师 13 名，硕士生导师 21 名，加强医工交叉导师队伍建设。截至 2020 年年底，已遴选 450 名医工交叉研究生进行联合培养。同时，创新中心依托人社部医疗器械人才培养基地开展行业专业技术人才培养，联合上海申康医院发展中心共同开办上海市医学装备管理干部培训班，通过学历和行业培训结合，定期开展医疗器械人才培训，为医疗器械行业输送卓越人才。

4. 交流合作

创新中心与相关高校、研究院、医院开展广泛交流合作，与多家医院签署了战略合作协议，并建立工作站。（1）与上海交通大学医学院附属第九人民医院展开合作，与骨科王金武教授团队对接，在产品转化、课程培训、创新产品注册及国际会议等多个方面展开合作；与张文杰教授团队对接，在骨凝胶产品、骨修复材料、种植体表面处理技术等项目上进行技术研发合作；

与刘菲教授团队对接，在微血管吻合器项目上进行技术研发合作及产品化、成果转化指导；与蔡鸣教授团队对接，在颌面部术后加压冰敷面罩、颌面部术中固定插管的弹力手术帽项目上进行技术研发合作及产品化、成果转化指导；与陆信武教授团队对接，在外周血管的产品设计及材料改进上进行合作研发及产品化、成果转化指导。（2）与复旦大学附属肿瘤医院展开合作，与脑外科吴晓军教授团队对接，开展 Endoport 在内镜手术下的应用开发。（3）与上海交通大学医学院附属新华医院展开合作，在医工交叉课题评估、产业化咨询辅导、专利对接、成果转化优先代理权等方面开展全方位战略合作。

创新中心组织和参与一系列会议、论坛，不断加强与相关单位和领域的交流合作。2020 年 10 月创新中心组织医工交叉项目团队参加第二届医学人工智能创新发展高峰论坛；10 月 31 日参加上海理工大学承办的第三届中国精准医疗大会；2020 年 12 月通过与上海交大医学院附属第九人民医院、长海医院的学术交流，推动与临床医疗机构的深度合作。2020 年 12 月在首届“一带一路”医疗器械创新论坛上，创新中心与来自 7 个国家的专家们围绕“协力创新医疗器械，共同守护人类健康”主题展开深度交流。

创新中心实地考察张江医疗器械产业园、上海国际医学园区，学习各园区在医疗器械技术创新、公共研发试验、CDMO 生产等产业配套服务模式；与自贸壹号在医疗器械产业化方面合作，将创新中心科研优势与自贸壹号产业服务优势相结合，共建联合创新基地，推动医疗器械产业发展。除此之外，创新中心还与联影、威高、奥盛、迈瑞、国家高性能医疗器械创新中心（深圳）等单位互动交流，共同推动医疗器械行业的发展与技术成果转化。

第二十六章

江苏省

第一节　总体进展与经验特色

2020 年，江苏省持续深入推进制造业创新中心建设。一是国家级制造业创新中心建设再获突破，国家集成电路特色工艺及封装测试创新中心新获批，成为江苏省第 2 家、全国第 16 家国家制造业创新中心。二是推进省级制造业创新中心试点，对高性能膜材料、数字化设计与制造、智能网联汽车创新中心进行省级试点建设，累计试点 11 家（其中 2 家升级为国家级）。据不完全统计，2020 年，江苏省制造业创新中心共申请专利 363 件，在研项目 206 项，其中当年取得重大研发成果的项目 40 多项，承担省级以上重大科研项目 56 项，技术转移转化营业收入超过 4 亿元。三是滚动进行省级制造业创新中心培育，营造鼓励创新的培育氛围，支持有影响力的行业龙头企业、高校和科研院所牵头培育制造业创新中心，目前共有省级培育制造业创新中心 25 家，领域覆盖了江苏省 12 个先进制造业集群和 70%的优势产业链。四是开展课题研究，组织对制造业创新中心可持续发展进行研究，形成了《江苏省制造业创新中心可持续发展研究报告》，被工信部评为 2020 年度内部优秀软课题。江苏省制造业创新中心建设进展见表 26-1。

表 26-1　江苏省制造业创新中心建设进展

序号	中 心 名 称	运 营 公 司	建设进展	成立时间
1	国家先进功能纤维创新中心	江苏新视界先进功能纤维创新中心有限公司	国家级	2019 年
2	国家集成电路特色工艺及封装测试创新中心	华进半导体封装先导技术研发中心有限公司	国家级	2020 年

续表

序号	中心名称	运营公司	建设进展	成立时间
3	江苏省原创化学药创新中心	江苏原创药物研发有限公司	省级	2016年
4	江苏省高档数控机床与成套装备创新中心	江苏南高智能装备创新中心有限公司	省级	2018年
5	江苏省高端工程机械及核心零部件创新中心	江苏汇智高端工程机械创新中心有限公司	省级	2018年
6	江苏省物联网创新中心	无锡物联网创新中心有限公司	省级	2018年
7	江苏省新能源汽车能源与信息创新中心	国创新能源汽车能源与信息创新中心（江苏）有限公司	省级	2018年
8	江苏省石墨烯创新中心	江苏江南烯元石墨烯科技有限公司	省级	2018年
9	江苏省高性能膜材料创新中心	南京工大膜应用技术研究所有限公司	省级	2020年
10	江苏省数字化设计与制造创新中心	江苏集萃华科智能装备科技有限公司	省级	2020年
11	江苏省智能网联汽车创新中心	江苏智能网联汽车创新中心有限公司	省级	2020年

数据来源：赛迪智库整理，2021.5

第二节　典型省级创新中心建设进展

一、江苏省高性能膜材料创新中心

（一）建设进展

1. 组建情况

江苏省高性能膜材料创新中心（以下简称创新中心）在南京市政府的支持下，于2019年12月23日通过江苏省工业和信息化厅组织召开的试点建设方案专家论证会，2020年1月获得省工信厅试点建设批复。创新中心由南京工业大学牵头，以南京工大膜应用技术研究所有限公司为运营主体，采用“公司+联盟”的方式组建，注册资本5000万元，股东单位8家。创新中心的总体目标是面向节能减排、制造业高质量发展等重大技术需求，围绕高性能水处理膜、特种分离膜、气体分离膜、生物医用膜等领域的共性关键技术，开发混合基质海水淡化膜、纳滤膜、混合导体透氧膜、高装填密度陶瓷膜、碳化硅膜、聚四氟乙烯膜等高性能膜材料及其应用技术与装备，形成具有国际竞争力的首次商业化的膜产品；创新体制机制，汇聚“政产学研用金”的资源及优势，开展协同创新，打造贯穿创新链、平台链、产业链的创新生态系统，为全面提升我国膜产业的竞争能力提供有力支撑。

2. 团队建设

创新中心重视人才队伍建设，坚持全球视野延揽人才，组建专业化的研发与管理团队。在专家委员会的指导下，创新中心引进澳大利亚莫纳什大学张西旺教授团队开展“面向黑臭水体修复的新型 MABR 技术开发”，集聚高端人才。创新中心现有人员 41 人，其中专职人员 30 人，博士 2 人，硕士 10 人，拥有高级职称人员 3 人，拥有中级职称人员 4 人。创新中心运行管理设置了综合管理部、计划财务部、规划发展部、研究开发部、工程设计部、分析测试中心等多个职能部门，各部门功能模块配置合理，配合紧密，能够根据市场需求快速做出反应，不断推动技术研发和市场化推广。

3. 机制建设

创新中心承接相关国家制造业创新平台原创成果的产业技术开发，并向产业链下游企业转让首次商业化应用后的成熟配套成果，通过知识产权为纽带和市场化方式运作，形成项目团队拥有无形资产的利益分享机制，从而鼓励和引导更多的项目团队带头创业，转化科研成果，衍生高科技企业。

股东单位及地方政府为创新中心提供运行所必需的前期经费、基础设施及配套仪器、设备、水、电、气等，确保创新中心前期建设的正常运行。创新中心后期发展需要建立以持续发展为目标的运行保障机制，实现 3 个“三分之一”的经费支持可持续发展模式，一是面上解决行业共性问题，承担国家、省等竞争性项目；二是点上解决企业实际问题，获得市场化资金支持；三是提供各种专业化公共服务，得到包括政府各类补贴在内的稳定经费支持。

4. 平台建设

围绕环保水质检测和膜材料检测内容，创新中心完成了近 3000 平方米的分析测试中心和中试平台标准化实验室的建设。中试平台以膜的实际应用和项目成果转化为导向，逐步完成膜分离技术在水处理各个细分领域的应用推广与工程项目实施，为探究新型水处理膜集成新工艺提供全面科学的数据支撑及前期的探索。分析测试中心拥有电感耦合等离子体质谱仪（ICP-MS）、气质联用仪（GCMS）、气相色谱仪（GC）等 30 多台（套）大型分析检测设备，测试项目涵盖 COD、氨氮、离子色谱、TP、TN、总油、TOC、GC-MS、

HPLC、ICP-MS等20余项，可为社会企业提供完备的技术支持与分析检服务。创新中心制定了一系列管理制度，完成6个分析检测方法的开发工作及916个样品的检测分析任务，涉及项目总数达2491项。

（二）运行成果

1. 技术成果转移转化

为推进成果转移转化，创新中心积极对膜相关技术进行培育、引进和首次商业化应用推广，其中“高浓度工业废水催化氧化工艺装备产业化”“钢铁行业废酸资源化处理集成技术”“村镇一体化MBR装置开发与应用”等均已经完成了中试及首次商业化应用，申请专利9件。创新中心新启动了“高浓、难降解农药废水的膜技术开发”“兰炭废水短流程和集成活性炭的MBR膜工艺开发”“餐厨垃圾降解微生物的筛选与培养”等项目，并积极推广应用，与江北新区公用中心、江苏立万、南京诚志清洁能源、蓝必盛和上海水务集团展开合作，成功实施了葛塘河净水站项目、立万精密管件污水处理、诚志清洁能源MTO项目和蓝必盛农药废水项目等合作项目。创新中心本年度共签订技术和销售合同18项，合同额1868万元。

2. 行业服务

创新中心是江苏膜科技产业园的运营管理单位，组建了5000万膜材料天使投资基金，获批了国家级科技企业孵化器及膜材料国家专业化众创空间，并在2020年度国家和江苏省科技企业孵化器绩效评价工作中获得优秀等次，同时还荣获了中国产学研合作创新与促进奖、中国技术创业协会科技创业贡献奖—科技创业孵化贡献奖等。创新中心联合相关资本投资750万元完成用于以VOC回收及酒处理膜材料及装备为核心的江苏久膜高科技股份有限公司的设立，自主孵化企业2家。另外，园区培育新增国家高新技术企业6家，省、市入库高企6家，市“瞪羚企业”1家，江北新区“灵雀计划”企业3家，科技型中小企业2家。

3. 交流合作

创新中心持续开展国际交流合作，加强学术交流、技术创新，与意大利膜中心、莫纳什大学等开展膜技术合作研究；组织编制膜技术相关的研究报告，完成了石化联合会《中国化工新材料产业研究报告（2020）》高性能膜材料方向部分内容，以及《纳滤膜调研报告》，从而为产业布局、科研投入等提出可供决策参考的建议；创新中心作为南京市节能环保产业协会副会长单位，组织承办了包括 2019 年膜技术环保应用论坛专业论坛和第二届中国（南京）国际工业节能环保技术装备展览会等在内的多个行业的会议。

二、江苏省高端工程机械及核心零部件创新中心

（一）建设进展

1. 组建情况

（1）公司

江苏省高端工程机械及核心零部件创新中心（以下简称创新中心）于 2018 年 2 月获批试点建设，成为国内唯一一家工程机械及核心零部件领域省级创新中心。创新中心采用“公司+联盟”的模式运行，形成了以公司为运营建设主体、联盟为基础支撑的全产业链协同发展模式，高效打造“小核心+大协作”的协同创新生态。2018 年 1 月，江苏汇智高端工程机械创新中心有限公司（简称汇智公司）由徐工集团、中航力源、兴澄特钢、圣邦集团、威卡电子、徐工液压、徐工传动 7 家企业投资 1 亿元成立，作为创新中心建设和运营的核心载体。汇智公司建立现代企业治理结构，设立股东会、董事会、监事会、技术委员会，技术委员会由任露泉、杨华勇、项昌乐、李德毅、邵新宇 5 位院士领衔；总经理由国家特聘专家詹东安博士担任。

（2）联盟

2018 年 11 月，创新中心联合徐工集团、浙江大学发起成立高端工程机械及核心零部件产业技术创新战略联盟（简称创新联盟），汇聚了徐工集团等 5 家主机企业、恒立液压等 29 家核心零部件企业、兴澄特钢等 4 家基础材料企业、浙江大学等 24 家高校及科研院所，总计 62 家单位，集聚了一批院士、专家等领军人才，构建了以主机需求驱动的协同研发创新模式。

2. 队伍建设

目前创新中心固定员工总数 108 人，其中博士学历 7 人，硕士及以上人员占比 83%，平均工作经验超过 8 年，主任设计师及以上人员占比近 60%，组建了一支由国家特聘专家领衔的一流研发队伍，技术经验覆盖传动、液压及控制领域。

创新中心与院士团队、高校及科研院所专家开展“产学研”项目合作，联合承担国家重点研发项目，共同攻克行业技术难题；创新中心人才引进采用完全开放的模式，积极吸引国内外技术专家参与重大技术创新项目，争取

在2～3年内，创新中心技术研发人员扩展至200人以上。

3. 平台建设

创新中心重点投资建设国际一流的研发设计平台，购置国际领先的传动系统、液压系统等研发分析软件，搭建集成设计与分析技术平台，开展传动、液压、控制三大技术领域的研发工作，依托各股东单位或创新联盟成员单位的生产制造能力进行样机试制。

（二）运行成果

1. 技术创新

创新中心承担国家重点项目4项，省部级及市级重点项目各1项，累计获得政府资助3000余万元，例如，承担“工程机械用高压多路阀”“工程机械大扭矩轮毂驱动关键技术及应用示范”“阀口独立控制型大流量液压关键技术研究与示范应用”等国家重点研发计划项目。创新中心聚焦传动、液压、控制三个方向，重点突破“卡脖子”关键核心技术，研发新产品替代进口产品，填补国内空白，目前申请发明专利40余件，参与制定国家标准1项，形成企业内部专有技术13项。

2. 技术成果转移转化

创新中心经过3年运营发展，通过委托研发、技术转让等方式获得收益，累计开展横向科研项目30余项，签订技术研发合同约1.5亿元，目前公司已实现扭亏为盈，2019年净利润约400万元，自我造血能力逐年提升。除工程机械领域，基于核心零部件关键共性技术的突破，又拓展至矿山机械、农业机械和新能源工程机械等领域，自主投入4个研发项目，资金达2000余万元，技术突破后，研发成果将通过技术转让、技术许可及孵化企业等多种方式，持续获得市场收益，形成市场竞争能力。

3. 行业服务

创新中心通过已经形成的样机产品及知识产权，服务多家企业转型升级。一是与徐州阿马凯、力源液压（苏州）、陕西航天动力、徐工传动、湖南星原机械有限公司等10余家企业开展产业化合作，通过研发核心零部件产品在主机上的批量配套应用，服务徐工集团、山重建机等10余家主机企业，产业化规模累计约3.8亿元。二是依托创新联盟组织技术交流活动，连续举办两届高端工程机械及核心零部件产业发展高峰论坛，邀请行业院士、专家、企业家等做重要学术报告；汇编创新联盟成员单位技术成果，搭建技术合作平台，促进创新联盟成员单位之间技术供给和需求的高效对接。三是建设行业服务网站，2020 年正式隆重推出。网站整合汇集了行业最新技术资讯、研究成果、专利、论文、产业政策等工程数据库，供全联盟 62 家单位共享；构建创新联盟单位技术需求、成果发布、实验资源开放共享等模块，促进行业创新发展。

三、江苏省新能源汽车智慧能源装备创新中心

（一）建设进展

1. 组建情况

（1）公司

江苏省新能源汽车智慧能源装备创新中心（以下简称创新中心）于 2018 年 6 月 14 日创立，同年 10 月 15 日获得江苏省制造业创新中心试点批复（批复时为江苏省新能源汽车能源与信息创新中心）。创新中心以“公司+联盟”的形式组建，形成以国创新能源汽车智慧能源装备创新中心（江苏）有限公司为核心、股东单位为主体、行业骨干企业和高校科研机构为重要成员的省级新能源汽车智慧能源装备创新平台。创新中心成立 3 年多来，积极推进新能源汽车智慧能源装备领域关键共性技术研发，大力推动新能源汽车产业链上下游资源对接，取得了实质性、突破性进展，目前已形成了制造业协同创新的新型载体、制造业技术转化的中试基地、制造业技术创新的公共平台和人才培养中心。

（2）联盟

江苏省石墨烯产业技术创新战略联盟（以下简称创新联盟）成立了以能源服务企业为主体的充换电委员会，并于 2019 年 7 月召开了充换电委员会工作会议；同年 8 月召开了联盟理事会议；同年 11 月承办了省工信厅的全省重点工作座谈会。创新联盟积极参与国家新能源汽车大数据联盟、中国充电设施促进联盟、江苏省动力及储能电池产业创新联盟、江苏省动力电池回收利用产业联盟、江苏省智能网联汽车联盟等兄弟联盟的活动 11 次。创新联盟目标是在 2021 年年底达到 1000 家会员，覆盖 50%以上本领域的国家重点实验室、国家工程实验室、国家工程技术中心、国家工程研究中心等国家级创新平台；开展行业调研，及时了解行业最新发展、产业需求、产品应用市场，提供增值服务。

2. 队伍建设

（1）技术专家委员会

创新中心建立了技术专家委员会和顾问委员会，汇聚了全球新能源汽车行业的顶尖专家，中国科学院院士、清华大学教授欧阳明高担任技术专家委员会主任。此外，参加技术专家委员会的专家还有中国工程院院士、清华大学教授韩英铎，全球电力电子领域极具影响力的专家、美国国家工程院院士、中国工程院外籍院士李泽元，合肥工业大学教授张农，微传智能科技（常州）有限公司董事长万虹等27人。

（2）研发团队

截至目前，创新中心全职人员142人，其中全职研发人员为137人，占比为96.5%；引进来自清华大学、浙江大学、上海交通大学、哈尔滨工业大学、弗吉尼亚理工大学等知名国内外高校的博士、博士后9名（其中在读博士3名），硕士以上学历人员占比42%以上。创新中心通过各种渠道，为各类人才提供技术交流的机会，有计划地选送各类人才前往清华大学、浙江大学、东南大学等各类院校及科研机构进行学术交流、科技合作或进修学习。

3. 机制建设

在江苏省工信厅的指导下，创新中心建立"政产学研"相结合的体制和机制，采用市场化和"产学研"协同创新相结合的机制，开展技术研发、成果转化、行业服务。创新中心通过各级政府及其他相关支撑单位的财政、政策支持并引导创新中心的建设和运行，建设和引进一批科技创新研发中心，通过这一系列实验室集群的研发能力和转化能力，实现一批基于新能源汽车智慧能源装备创新成果的快速落地，主要包括技术研发和产业服务两种模式。创新成果转化实现的收益，可以持续反哺创新中心，并将新的需求反馈到创新中心再持续进行研发。

4. 平台建设

创新中心通过省、市、区各级政府及其他相关支撑单位的财政、政策支持并引导创新中心的建设和运行，建设了3个研究所和1个实验室，分别是：电力电子研究所、充电与微电网研究所、能源云研究所、智慧能源实验室，同时在常州市集成电路和电子计算机领导小组办公室的引导下，积极对接国家新能源汽车技术创新中心，助力打造汽车电子分中心。

（二）运行成果

1. 技术创新

目前，创新中心制定了五大重点共性技术研发目标，在传感器技术、动力电池评估技术、半导体技术、充电通信模块和自动充电技术 5 个方面加快共性关键技术研究步伐，实现相关共性关键技术突破，实现专利申请共计 179 件，其中发明专利申请 117 件，实用新型专利申请 61 件；共获得授权专利 43 件，其中发明专利 3 件，实用新型专利 40 件。

2. 技术成果转移转化

创新中心与股东单位签订了成果转化协议 8 个，总金额达 2800 万元。创新中心计划在 2021 年，转化科研成果不少于 28 个，成果转化率要求在 95% 以上，成果转化收入不低于 5000 万元。

3. 行业服务

2020 年 9 月 14 日，国创新能源汽车智慧能源装备创新中心（江苏）有限公司与中国质量认证中心（CQC）下属投资平台北京中认环宇技术开发有限公司、德国莱茵 TUV 集团三方举行合作签约仪式。合作三方在常州成立国创未来检测技术（江苏）有限公司，在天宁区人民政府的支持下，落户中欧（常州）检验检测认证国际合作产业园，着力于新能源汽车充换电设施、系统、设备及相关零部件检测项目的落地。

创新中心积极组织参与有关标准制定会议，提供标准制定服务。2019 年 3 月至 6 月，创新中心承办中日电动汽车大功率充电接口联合工作组技术研讨会，在会议上讨论了大功率充电安全、通信协议、导引电路及中日系统的协同问题等；2019 年 8 月，组织参与中国电力企业联合会关于召开电动汽车即插即充标准暨公共密钥设施技术研讨会，在会议上介绍了《电动汽车充换电服务信息交换 第 10 部分》标准，并讨论了中国电动汽车充电服务公共密钥设施技术体系及发展方向等；2020 年 9 月，承办中国电力企业联合会自动充电常州会议，会议上研讨了自动充电标准需求及标准发展路线等，同时组织成员单位完成标准的起草、征求意见、送审和报批工作，制定标准共 54 项。

创新中心依托多途径的媒体平台进行全媒体宣传，创建了创新联盟网站、微博及微信公众号，发布“国创能源每日简讯”，报道重大事件和动态 45 次、发表行业原创文章 30 篇，被中国电动汽车百人会、中国汽车报、国研网转载和引用 4 次；每月在固定时间向工信部、工信厅等投递“中心月刊”；

发布了《2019 江苏省电动汽车充电基础设施运行情况》报告、《2019 年江苏省新能源汽车智慧能源装备行业白皮书》和《2018 年江苏省新能源汽车智慧能源装备行业白皮书》。

创新中心充分发挥人才技术优势，举办《江苏省新能源汽车充电设施建设运营管理办法》等培训班 3 次；依托东南大学和国内新能源汽车企业优质资源举办的新能源汽车企业高管研修班即将开班，招收人数近 20 人；帮助 TÜV 莱茵学院落户常州科教城，并计划合作展开一系列联合培训项目，拟推出新能源汽车充换电设施运维工程师培训班、新能源师资培训班等。

创新中心目前正在洽谈一支 5000 万元规模的创投天使基金，一支 1 亿元规模的新能源成长基金和一支 8 亿元规模的新能源汽车产业链融合基金，助力新能源汽车中小企业开展融资。

4. 合作交流

创新中心主办 2019 年和 2020 年两届须弥山大会，2019 年 6 月承办世界工业和能源互联网博览会等一系列大型活动，从而汇聚了诸多国内外高端技术人才，探索讨论产业共性难题，促进新能源汽车行业上下游生态产业链交流合作。同时，创新中心加速扩大创新联盟规模，目前发展联盟成员数量近 600 家。创新中心十分注重与创新联盟成员的关系维护，先后拜访创新联盟会员近八成。创新联盟开展第十一届“良春杯”科普创作大赛等行业活动 28 次，促成科研项目合作 5 个，举办企业需求对接会议 60 次。此外，创新中心与宁德时代、苏州先进功能纤维等 20 多家企业互访交流；接待中科院、中汽研、北京邮电大学等 10 多家研究机构，探讨行业前沿技术；接待美国、德国、新西兰、澳大利亚、加拿大等外国客人调研，探讨技术及市场合作。创新中心注重与国际行业龙头企业的合作，与德国保时捷、德国大众共同研发大功率充电系统。

四、江苏省石墨烯创新中心

（一）建设进展

1. 组建情况

江苏省石墨烯创新中心（以下简称创新中心）于 2018 年 12 月正式批复试点，采用“公司+联盟”的模式进行运营管理。创新中心由江南石墨烯研究院牵头常州第六元素材料科技股份有限公司等石墨烯行业龙头共同出资组建江苏江南烯元石墨烯科技有限公司（以下简称烯元公司）作为运营主体，联盟成员涵盖行业单位 100 余家。创新中心组建成立了核心员工持股平台——常州碳邦石墨烯科技有限公司，并参股烯元公司，增强员工的积极性和忠诚度；另一方面积极引进石墨烯龙头企业，增强股东实力，与富烯股份、江苏新奥研究院等龙头企业、重点平台洽谈参股事宜，其中新奥研究院已签署了投资合作协议。

目前，创新中心拥有研发、中试和孵化场地近万平方米，人才团队百余人，并联合江南石墨烯研究院、常州大学、南京工业大学等国内行业知名研发机构，重点开展石墨烯原材料制备，石墨烯在热、力、电及复合材料领域的共性技术开发，推动技术成果转移转化，已申请专利百余件，参与标准制定 10 余项，建设分中心 2 家、分基地 2 家。此外，创新中心还以江南石墨烯研究院和石墨烯产业联盟为依托，搭建了面向行业服务的公共服务体系，包括检测服务、标准服务、人才培养服务、知识产权服务、“产学研”合作服务、投融资服务等服务功能。

2. 平台建设

创新中心在常州石墨烯科技产业园内成功引入南京工业大学西太湖产业学院、常州大学碳材料研究院、新奥碳纳米材料应用技术研究院等一批综合性创新平台，与创新中心形成各有侧重、相互融合的创新平台体系。同时，创新中心开展专业研发平台建设，其中创新中心自主建设实验室 4 个，分别是：石墨烯标准研究实验室、石墨烯热管理工程与材料实验室、碳纳米管纤维薄膜材料应用实验室、石墨烯功能材料实验室等；另外与企业共建实验室 2 个，分别是：与常州恒利宝共建石墨烯复合纤维实验室，与江苏新奥共建石墨烯复合材料实验室，围绕细分技术领域实施联合攻关。

（二）运行成果

1. 技术创新

创新中心围绕石墨烯行业的共性关键技术要求，重点开展石墨烯功能涂层的制备关键技术研究、石墨烯表面改性的共性关键技术研究、改性石墨烯在环氧固化剂体系应用的共性关键技术研究、石墨烯在复合材料中的应用等 4 项共性关键技术研究，全部完成了技术开发目标，在业内处于一流水平。创新中心策划实施了石墨烯复合材料重大关键共性技术的研发攻关，计划 3 年内联合创新中心参与单位投入 1 亿元，围绕 11 个技术方向开展攻关。

2. 技术成果转移转化

创新中心面向市场开展研发和技术成果转化，做强公司主营业务，一年多来，创新中心累计获得横向服务收入合同850万元，实际到账620万元，获得江苏省民营科技企业、科技型中心企业等品牌资质，同时推动了石墨烯认证公司、石墨烯宣传服务公司、石墨烯人才培训公司等一批第三方科技服务公司的建设。

3. 行业服务

创新中心整合江南石墨烯研究院、常州工学院、常州大学、中科院苏州纳米所等仪器设备资源，建设了仪器设备共享平台，实现仪器设备共享共用。目前，仪器设备共享平台内已经累计集聚场发射扫描电镜、拉曼光谱、X-射线衍射仪、激光导热仪、同步热分析仪等大型测试设备近50台（套），总价值超过 3000 万元，为上百家石墨烯相关企业开展检测服务。创新中心积极组织成员单位做好石墨烯标准制定，截至目前，创新中心共组织承担制定各类标准9项。其中：作为第一主导单位完成了江苏省地方标准1项，申报企业标准3项，参与制定地方标准1项。同时，创新中心积极帮助常州中超石墨烯电力、常州二维碳素、南京吉仓纳米起草地方标准3项。除此之外，创新中心还积极与江苏佰腾科技有限公司、常州夏城专利事务所等知名专利服务机构合作，建设了常州市先进碳产业专利数据库。创新中心已经和参与单位共同申请专利 75 件，其中发明专利 29 件，授权专利 36 件，并承担了常州市知识产权局 2019 年企业知识产权战略推进计划建设项目。创新中心联手新华社中经社江苏分中心在《新华（常州）全球石墨烯指数报告》设置知识产权专篇，对石墨烯行业专利进行分析研究。除此之外，创新中心联合常州华阳检验检测技术有限公司、中国建材检验认证集团股份有限公司以三方合作的形式在常州组建石墨烯材料认证中心。认证中心采用公司化运营，以创立自身认证品牌、编制行业标准、国家标准、提升盈利能力为运营目的，主要进行石墨烯材料特性检测及认证，石墨烯应用产品的功能性检测及认证，其他新材料的检测及认证。

第二十七章 河南省

第一节　总体进展与经验特色

2020年河南省制造业创新中心建设工作主要围绕强化政策落地进行。一是积极做好地方支持国家农机装备创新中心建设有关政策的出台及落实协调，省级层面政策提交省政府审定，洛阳市已正式出台有关政策。二是强化省级创新中心的目标管理，根据《河南省制造业创新中心考核评估办法（试行）》要求，在对各省级创新中心2019年责任目标完成情况认真组织考评的基础上，与各单位确定并签订2020年责任目标，以此指导各个创新中心的建设和服务工作。三是认真组织政策支持资金的绩效评价工作，按照财政部门要求，科学制定支持资金总体绩效目标及各个创新中心的个性化绩效目标，为有关政策的持续推进打好基础。

2020年河南省新认定5个省级创新中心，完成4个创新中心正式认定评审，并围绕解决“卡脖子”问题、战略新兴产业链、绿色化生产等选拔了一批省级创新中心潜在创建单位，为进一步拓展创新中心建设工作覆盖范围打好基础。河南省制造业创新中心建设进展见表27-1。

表27-1　河南省制造业创新中心建设进展

序号	中心名称	运营公司/培育牵头单位	建设进展	成立时间
1	河南省智能农机创新中心	洛阳智能农业装备研究院有限公司	国家级	2017年
2	河南省工业新型成像技术创新中心	河南省信大新型成像技术中心有限公司	省级	2017年

续表

序号	中心名称	运营公司/培育牵头单位	建设进展	成立时间
3	河南省高性能医疗器械创新中心	河南驼人医疗器械研究院有限公司	省级	2018年
4	河南省高效能铝基新材料创新中心	河南科创铝基新材料有限公司	省级	2018年
5	河南省功能金刚石材料创新中心	河南省功能金刚石研究院有限公司	省级	2018年
6	河南省物流装备创新中心	河南卫华机械工程研究院股份有限公司	省级	2015年
7	河南省动力电池创新中心	河南省动力电池创新中心有限公司	省级	2019年
8	河南省轴承创新中心	国创（洛阳）轴承产业技术研究院有限公司	省级	2019年
9	河南省智能工厂系统集成创新中心	国机工业互联网研究院（河南）有限公司	省级	2019年
10	河南省功能高分子膜材料创新中心	河南功能高分子膜材料创新中心有限公司	省级	2019年
11	河南省氟基功能新材料创新中心	河南省氟基新材料科技有限公司	省级	2020年
12	河南省智能锅炉制造创新中心	河南智信锅炉技术创新有限公司	省级	2018年
13	河南省特色果蔬食品创新中心	河南省国德科果蔬研究院有限公司	省级	2019年
14	河南省特殊钢材料创新中心	河南省特殊钢材料研究院有限公司	省级	2019年
15	河南省智能传感器创新中心	汉威科技集团股份有限公司	试点培育	—
16	河南省智能矿山装备与工艺创新中心	中信重工机械股份有限公司	试点培育	—
17	河南省智能康复设备创新中心	安阳市翔宇医疗设备有限责任公司	试点培育	—
18	河南省防爆与智能消防特种装备创新中心	南阳防爆电气研究所有限公司	试点培育	—
19	河南省车辆减振系统创新中心	南阳淅减汽车减振器有限公司	试点培育	—

数据来源：赛迪智库整理 2021.5

第二节　典型省级创新中心建设进展

一、河南省轴承创新中心

（一）建设进展

1. 组建情况

河南省轴承创新中心（以下简称创新中心）由我国轴承行业唯一的国家级科研院所——洛阳轴承研究所有限公司牵头发起，注册资金 4000 万元，首批 8 个股东，涵盖了河南省内轴承行业“产政金研企用”各类主体。注册地点：中国（河南）自由贸易试验区洛阳片区涧西区蓬莱路 2 号洛阳国家大学科技园 B 区 3 幢。

创新中心的依托载体国创（洛阳）轴承产业技术研究院有限公司，联合国家滚动轴承产业技术创新战略联盟，以“公司+联盟”的形式，以国家战略性目标和轴承行业创新发展为导向，以企业、研究院所、高等院校为依托，采用市场化运作机制，通过协同和整合行业的创新资源和优势技术资源，加强“产学研用”紧密结合，共同致力于轴承产业前沿技术、共性及关键技术研究，解决我国重点主机配套轴承研发及产业化方面的关键难题，解决科技成果到商品化、产业化的“最后一公里”成果转化问题。

创新中心 2017 年 10 月获批成为河南省首批制造业创新中心培育单位，并于 2020 年 2 月被河南省工信厅、河南省发展和改革委员会、河南省科技厅和河南省财政厅等部门联合授予“河南省轴承创新中心”。

2. 队伍建设

创新中心技术专家委员会有 21 名行业专家，其中有 3 名中国科学院院士，卢秉恒院士为主任委员，雒建斌院士为副主任委员，王玉明院士为副主任委员。

创新中心总经理叶军，教授级高级工程师，享受国务院政府特殊津贴专家，硕士生导师，河南科技大学协同创新中心副主任，历任洛阳轴承研究所总工程师、洛阳轴研科技股份有限公司总经理助理、洛阳 LYC 轴承有限公司副总经理，长期从事轴承、电主轴等设计与试验，科研管理等工作，社会兼职中国轴承工业协会技术委员会副主任委员，国家科技部新产品评审咨询专家、国家精密航空轴承重点实验室首席专家、国家滚动轴承产业技术创新战略联盟副理事长兼秘书长、国家科技奖评审专家，荣获国家知识产权领军人才、河南省科技创新杰出人才等荣誉。作为项目负责人和主要完成者，他先后负责组织、参加完成了 20 余项国家级科技攻关项目，其中主持完成国家重大科技专项“高速、精密、大功率电主轴的可靠性设计与性能试验技术”、国家 973 课题“轴承滚道控形控性磨削及原型制造”、国家国际合作重点项目“高性能滚动轴承数字化设计分析系统合作研究”等国家级课题，曾获省、部级科技进步奖 18 项，其中荣获省、部级科技进步一等奖 3 项、二等奖 10 项，“高性能滚动轴承加工关键技术与应用”荣获 2020 年国家科技进步奖二等奖；公开发表、交流论文 20 余篇。

创新中心现拥有研发团队 32 人，其中专业技术开发工程师 18 人，以及西安交通大学卢秉恒院士，清华大学王玉明院士、雒建斌院士，中科院兰州化学物理研究所刘维民院士等领衔的专家团队。

3. 平台建设

创新中心自组建以来，完善了组织架构，稳步加强了人才队伍的建设，大力开展技术研发和技术服务，2020 年已为 51 家企业提供技术服务，并且实现了建设期就盈利的良好成绩。创新中心 2020 年荣获中国产学研合作创新成果二等奖 1 项，科技部创新大赛（宁夏区）第一名、河南省“豫创天下”创新创业大赛洛阳片区第一名，并成功中标河南省工信厅“轴承行业工业互联网协同云平台”项目，开始建设中国轴承行业第一个工业互联网协同云平台。

（二）运行成果

1. 技术创新和技术工程化

创新中心具体承担河南省工业互联网平台项目“轴承行业工业互联网协同云平台”，该项目计划投入 2015 万元，已开始投入建设。创新中心申报的 2021 年省级服务业发展资金“两业”融合项目“河南省轴承创新服务平台”正在公示中。创新中心配合洛阳轴承研究所有限公司开展国家智能制造专项“精密轴承数字化车间标准研究与试验验证”项目建设。创新中心为洛阳汇普轴承有限公司提供技术研发、技术服务，并签订业务合作协议书，该项目高速高精密脂润滑主轴轴承已经完成了产品设计、小批试制、工艺路线优化、装机测试等过程。

2. 成果转化和企业孵化

创新中心与企业联合共建技术中心，以及开展横向课题开发，帮助企业提升技术研发能力，从产品研发中提炼关键共性技术，其中联合共建技术研发机构 2 个。

创新中心联合高校、骨干企业和科研院所积极立项申报国家和省市重点研发项目，包括：国家重点研发计划项目“高性能减速器轴承关键技术及工业验证平台”，国家自然科学基金项目“高端轴承制造关键共性技术基础科学问题”中“稀土轴承钢制备加工的组织演化与轴承服役寿命的关系”“制造过程中轴承承载区微结构的形成、演化、损伤机制与控制技术”等课题。

3. 行业服务

创新中心为洛阳轴承研究所有限公司提供技术服务《精密轴承数字化生产过程质量监控与分析》标准制定和“精密轴承工业 App 应用验证”项目；为青岛苏试海测检测技术有限公司提供轴承产品检测服务。创新中心主办机械工业轴承科技信息网中的“轴承工业动态“，汇编 4 期，现已服务 40 余家企业；主办轴承行业的 2020 年轴承专利汇编 9 册；主办轴承行业 2020 年轴承技术论文汇编 3 册；直接参与《滚珠丝杠副支承结构型式尺寸》等 4 项国家标准及行业标准制定工作，并发布行业白皮书《2020 年轴承产业领域研究报告》。创新中心与英国 Romax 公司合力开展关于 Romax 软件的技术培训。

4. 交流合作

创新中心积极参与或协办国内的行业会议、学术会议、展览会、论坛，包括中国轴承工业科技创新高端论坛、第二十二届中国国际工业博览会等；与国内外的技术专家、企业领袖开展交流活动，包括一拖集团、洛阳 LYC、河南科技大学、浙江大学等领导、专家；与知名企业、研发机构和大学等签订合作协议，其中包括河南科技大学、河北省（邯郸）轴承产业技术研究院等。

二、河南省功能高分子膜材料创新中心

（一）建设进展

河南省功能高分子膜材料创新中心有限公司由河南银金达新材料股份有限公司牵头，联合河南斯美特食品有限公司、今麦郎投资有限公司、河南省包装技术协会、河南省科学院化学研究所有限公司等 6 家单位共同出资筹

建，2020 年 2 月 6 日被河南省工信厅、发改委、科技厅、财政厅联合认定为河南省功能高分子膜材料创新中心（以下简称创新中心）。创新中心依托“创新+联盟”的运营模式，联合高等院校、科研院所、行业协会和上下游知名企业等 20 余家单位共同组建了河南省功能高分子膜材料产业技术创新战略联盟，已获河南省科技厅批复。创新中心平台建设成果突出，被认定为新乡市新型研发机构；组建的功能聚酯材料实验室获批新乡市重点实验室，成为开展功能聚酯材料领域应用基础研究的科技创新基地。

创新中心组建了以中国科学院席振峰院士领衔的专家委员会，汇集了庞新厂教授、郑州大学陈金周教授、河南省科学院化学所赵永德教授等 7 名国内高分子膜材料领域的知名专家；建立了 20 名研究生以上学历的专职科研团队（在职博士 2 名），组建了生物可降解实验室、聚酯实验室、抗菌实验室及环保油墨实验室，有力保障了创新中心科技研发工作的高效实施；创新中心管理团队由“中原科技创业领军人才”闫银凤董事长带领，由原河南银金达集团副总裁黄晓谨担任创新中心总经理，创新中心具备了平台化运营、专业化人才、市场化管理、标准化服务等核心优势。

（二）运行成果

创新中心自运行以来，融合各种创新模式，聚焦功能高分子膜材料领域关键技术难题，合作突破产业化难题。在生物基耐高温聚酯材料技术、生物可降解材料技术、抗菌生物材料技术、过滤分离膜技术等方面取得重大技术突破。其中生物基耐高温聚酯制备材料，耐热性能优良，健康绿色无毒，可应用于婴儿奶瓶、运动水杯等领域，解决了“卡脖子”的技术，实现了进口替代，被列为新乡市 2020 年重大科技专项，获得河南省第十二届创新创业大赛二等奖（入围国家赛）；生物可降解材料制备技术，依托生物质原料制备而成，可实现 100%降解，与单位重量的石油基材料相比，可减少 30%的石化资源及 40%的二氧化碳排放；高效抗菌抗病毒材料技术，采用特化二氧化硅，无残留毒性问题，绿色安全环保，可与食品直接接触；高效过滤分离膜，孔径分布窄，分离精度高，具有良好的物理机械性能，可广泛应用于生物医药、发酵行业、石油化工、环保与水处理及其他特殊应用领域。创新中心建立创新型模式，推进专利成果转化，现已取得 10 余项科研成果，注册自主知识产权 30 余项，申报专利 25 件；创建服务平台，积极推进市场化运作。创新中心以市场和客户需求为导向，开展多元化、个性化、定制化研发设计服务，已为45家企业提供科技服务60余项，实现科技服务收入300余万元。创新中心争当行业领军，加快实施标准先行，注重标准化制定及实施，主持制定了《可重复使用医用防护服面料》《生物基耐高温聚酯切片》两项标准。创新中心为集聚优质资源，整合创新资源，实现行业共赢发展，加快科技研发，共成功举办20余场对外交流研讨会，先后召开5次专家委员会会议，实现了资源整体有效利用；引进创新人才，支撑企业持续发展；为加快培养新材料行业高层次人才，创新中心联合郑州大学建立了研究生科研实习基地，联合打造高水平、专业化、多层次创新人才。

三、河南省氟基功能新材料创新中心

河南省氟基功能新材料创新中心（以下简称创新中心）于2020年1月完成载体注册；2020年2月获得河南省工业和信息化厅、河南省发改委、河南省科技厅、河南省财政厅联合批复的“河南省氟基功能新材料创造中心”培育单位；2020年3月正式运营；2020年5月，召开第一次专家技术委员会，研讨创新中心“十四五”发展规划；2020年11月，通过省专家团队正式认定的现场考核；2021年3月，正式获批列为河南省制造业创新中心。创新中心运行一年多来，优化股权结构，搭建组织架构，引进资深专家和高层次人才，在牵头单位多氟多化工股份有限公司的大力支持和帮助下，积极拓展技术服务，凝聚关键共性技术方向，多维度、多渠道开展运营模式，年收入达1100余万元，净利润近60万元；先后申报专利14件，获得授权2件；2021年3月入库国家科技型中小企业；目前已基本实现自我造血、自我运营和自我发展。

（一）建设进展

1. 组建情况

创新中心依托河南省氟基新材料科技有限公司，2020年1月20日注册成立，注册资金2000万元，股东单位7家，分别是多氟多化工股份有限公司、洛阳森蓝化工材料科技有限公司、焦作市合鑫机械有限公司、天津辰力工程设计有限公司、河南新思创新技术有限公司、河南省法恩莱特新能源科技有限公司、浙江中宁硅业有限公司。2020年2月，创新中心搭建内部组织架构，核心技术人员到位，制定完善的管理制度，建立高效协同的运营机制。2020年3月，创新中心正式开始市场化运作。2020年4月，河南多氟兴新材料科技有限公司、江西优锂新材有限责任公司入股，优化股东占比，股东单位增至 9 家。

2. 队伍建设

（1）专家技术委员会：引进来自科研院所、高等院校、氟化工行业龙头企业的 13 位资深专家，组建专家技术团队，定期组织专家召开专家技术研讨会，精准把脉行业发展动向，参与重大科研项目的选题、论证、指导，为项目研发提供技术研判，为关键共性技术凝练指明了方向。

（2）核心团队：现有科技人员 84 名，其中国家“百千万人才工程”1 名、省技术带头人 1 名、高级工程师 9 名、博士 1 名、硕士 20 余名，打造了一支集研究开发、工程设计、智能制造、项目实施和组织管理于一体的多专业技术创新团队，为创新中心的发展提供了强大的智力支撑。

3. 平台建设

（1）管理平台：创新中心实施以“两会一层”（董事会、监事会和管理层）为核心，以专家技术委员会为技术支撑的经营管理模式，下设技术部、工程部、智能信息部、综合部，分管创新中心各项职能，确保中心运作的标准化、系统化、规范化。

（2）产学研合作平台：创新中心依托牵头单位多氟多公司与中科院过程工程研究所、中科院青岛生物能源与过程研究所、中科院兰州化学物理研究所、中科院物理研究所、清华大学、西安交通大学、厦门大学等 30 余家科研院所的“产学研”合作资源，组建专家技术团队，瞄准行业关键共性技术突破，精准把脉、科学研判，以高标准指导、高质量服务不断夯实合作基础，持续深化“产学研”合作。

（3）技术创新平台：创新中心依托牵头单位多氟多公司的国家企业技术中心、国家认可实验室、国家博士后工作站、国家技能大师工作室 4 个国家级创新平台，以及河南省无机氟工程技术中心、河南省含氟精细化学品工程实验室等 3 个省级研发平台，实现 ICP-MS、场发射扫描电子显微镜、离子色谱、气相色谱等约 6000 余万元的高、精、尖检测装备及 10000 余平方米的中试转化基地共享，同时配备先进的三维绘图、研发模拟仿真等软件，高端科研平台及先进的软硬件设备，支撑创新中心具备打造集技术研发、检测分析、中试放大为一体的技术创新平台，为创新中心运营技术创新提供了条件。

（二）运行成果

1. 技术创新和技术工程化

（1）技术创新

1）技术研发：创新中心凝聚行业共性关键技术，致力于攻克“集成电路用超净高纯电子级化学品、含氟废弃物资源高效化利用、锂离子电池用含氟功能材料”等关键技术研发，这三大技术攻关方向被列入国家“十四五”规划和 2035 年远景目标纲要，体现了创新中心技术规划与国家战略的高度统一。创新中心技术发展方向的精准定位，不断推动氟材料技术产业绿色化、精细化、集约化发展。

2）项目申报：13 个科技项目被列入焦作市 2020 年科技计划。

3）知识产权：申报专利 8 件，授权专利 2 件；申报商标 3 件；软件著作权登记 4 件。

4）创新载体——河南省氟基新材料科技有限公司入库国家科技型中小企业，标志着创新中心的创新能力及创新体系建设迈上了新的台阶。

（2）技术工程化

创新中心依托股东单位的资源优势，积极承担牵头单位、股东单位工程服务项目，开展技术研发、工艺包、工程承包、智能制造、知识产权等技术服务输出，为创新中心发展获取资本金。自组建以来，创新中心共签订提供技术服务合同 3000 余万元，其中牵头单位多氟多技术服务合同 2300 万元，占合同总额的 76.7%，其他股东单位或关联方技术服务合同 600 余万元，占合同总额的 20%，两者合计 96.7%，高额的营收占比为创新中心正常运营提供了保障。

为促进科技创新成果快速实现工程化转化，牵头单位多氟多为创新中心提供完备的中试生产线设施，为创新成果首次产业化提供机会。2020 年创新中心租赁多氟多公司的电子级氢氟酸中试生产线，优化工艺方案，修正工艺参数，形成完整的技术转让工艺包，顺利实现了技术工程化。

2. 成果转化

创新中心注重行业关键共性技术突破及技术创新成果转化，以股东单位上下游行业优势及丰富的市场资源为依托，深入挖掘成果转化实施项目，积极开展对外技术服务。运行一年来，创新中心与股东单位多氟多签订工程技术服务合同、技术开发合同 12 项，与河南中色东方、河南聚氟兴等 6 家关联方单位签订技术支持服务协议 10 项，与焦作西部产业集聚区签订智能化服务合同 1 项，极大地促进了科技成果的有效转化，助力创新中心打造氟基功能材料行业成果转移转化实施平台。

3. 行业服务

创新中心与河南多氟兴新材料科技有限公司达成工程设计合作意向，开辟了人才共享模式，拓宽了人才互动渠道，实现人才效益最大化。

4. 交流合作

创新中心聚焦氟基功能新材料发展方向，积极开展技术交流与合作，搭建协同创新互联平台，加强技术需求与交流对接，实现人才、技术、产品、产业、市场等优势的有机融合。2020 年 5 月，创新中心与中科院过程工程研究所、中科院上海有机化学研究所、中科院青岛生物能源与过程研究所、中科院兰州化学物理研究所等科研院所和高等院校进行技术交流，行业资深专家把脉创新中心技术发展方向，商讨创新中心发展规划。2020 年 6 月，河南省科学院院长童孟进、省转化中心主任吴四发一行莅临创新中心调研座谈，深入了解运营情况，搭建创新服务平台，加快成果转化。2020 年 8 月，河南省工信厅领导陪同认定专家莅临创新中心，现场调研创新中心培育期工作。2021 年 2 月，郑州大学绿色选冶与加工国家地方联合工程研究中心常务副主任赵中伟、化工学院院长曹亦俊一行莅临创新中心参观交流，旨在搭建新材料领域合作桥梁，促进优势互补，携手共谋高质量发展。2021 年 3 月，创新中心协同牵头单位多氟多公司，与来自国家发改委产业发展司、中国石化联合会、中国无机盐协会、中科院、清华大学等单位领导专家召开专家研讨会，共同研判我国电子化学品及锂电新材料的战略布局重点、行业创新平台建设发展等多个方面。

为进一步提升“产学研”合作水平，创新中心与中科院上海有机化学研究所签订六氟丁二烯技术开发合同，与中原工学院合作签订可重复使用消杀病毒安全防护材料加工技术开发合同，切实加强同科研院所与高等院校的密切合作关系，汇聚创新合力，努力形成一批科技含量较高的新产品、新技术、新成果，推动合作双方高质量发展。

第二十八章 四川省

第一节　总体进展与经验特色

四川省委、省政府高度重视制造业创新中心建设工作，多次开展研究调研并出台了系列政策文件，坚持将制造业创新中心建设作为解决四川省制造业大而不强、自主创新能力弱、关键核心技术受制于人等问题的重要依托，抢抓发展机遇，集聚创新资源，提升制造业发展水平，推动经济高质量发展。在做好制造业创新中心认定、管理及升级国家级制造业创新中心等方面，四川省开展了一系列工作，取得了较好成效。目前，四川省共认定了超高清视频、空天动力、智能卫星等 7 家制造业创新中心。四川省制造业创新中心建设进展见表 28-1。

表 28-1　四川省制造业创新中心建设进展

序号	中心名称	运营公司/牵头单位	建设进展	成立时间
1	四川省工业大数据创新中心	北京工业大数据创新中心有限公司	省级	2017 年
2	四川省先进轨道交通装备创新中心	西南交通大学	省级	2017 年
3	四川省智能制造创新中心	中国东方电气集团	省级	2017 年
4	四川省工业云制造创新中心	工业云制造（四川）创新中心有限公司	省级	2018 年
5	四川省工业信息安全创新中心	工业信息安全（四川）创新中心有限公司	省级	2018 年
6	四川省机器人及智能装备创新中心	成都川哈工机器人及智能装备产业技术研究院有限公司	省级	2018 年

续表

序号	中心名称	运营公司/牵头单位	建设进展	成立时间
7	四川省超高清视频创新中心	成都索贝数码科技股份有限公司	省级	2020年
8	四川省空天动力创新中心	四川大学	省级	2020年
9	四川省智能卫星互联网创新中心	成都星时代宇航科技有限公司	省级	2020年
10	四川省高品质高温合金创新中心	四川六合特种金属材料股份有限公司	省级	2020年
11	四川省光电互连创新中心	四川华丰企业集团有限公司	省级	2020年
12	四川省钒钛新材料创新中心	攀钢集团有限公司	省级	2020年
13	四川省玄武岩材料制造创新中心	四川帕沃可矿物纤维制品有限公司	省级	2020年

数据来源：赛迪智库整理　2021.5

第二节　典型省级创新中心建设进展

一、四川省超高清视频创新中心

（一）建设进展

1．组建情况

四川省超高清视频创新中心（以下简称创新中心）由广电行业龙头企业成都索贝数码科技股份有限公司牵头，联合四川峨眉电影频道管理有限公司、成都科来网络技术有限公司、成都卓元科技有限公司和四川省集成电路和信息安全产业投资基金有限公司等共同出资，于2019年5月组建了创新中心的实体承载公司——四川新视创伟超高清科技有限公司（以下简称新视创伟）。同年9月，由新视创伟牵头发起，成立了四川省超高清视频产业联盟，形成“平台+联盟”的架构。目前创新中心主要成员单位包括新视创伟、索贝数码、卓元科技和电子科技大学。

创新中心主要研究超高清视频产业链前端和上游关键共性技术和产品；建立面向行业的应用场景，搭建多个超高清研发创新实验环境及协同创新基地；搭建以超高清摄/采为核心，超高清编/视频处理+行业应用的多种二次开发平台；对现有多行业领域的产业系统/平台进行升级、改造或新建；打造超高清视频产业生态，以进行首次的技术商业化（示范、产品）为任务目标。

创新中心是基于国家和四川省超高清视频产业行动计划设立和建设，创新中心牢固树立创新发展理念，依托四川省超高清视频在技术、产业和应用领域的优势，以超高清视频创新应用为先导，以超高清视频前端技术为支撑，以优化产业发展生态为保障，突破核心关键技术、丰富内容供给、提升网络传输能力、加快重点行业应用、完善公共支撑体系，推动四川省超高清视频产业高质量发展。

创新中心是以超高清视频产业前端核心技术研究、关键产品开发为核心业务的公司制企业法人，主管单位为四川省经济和信息化厅。

创新中心将按照《公司法》建立股东大会和董事会，由股东大会负责制定公司章程，董事会负责创新中心重大事项的决策。创新中心实行董事会管理下的总经理负责制，由董事会遴选任命总经理，由总经理组建日常管理班子。创新中心下设专家咨询委员会，由技术专家组成，负责为创新中心的技术规划、技术发展等重大技术问题提供咨询意见。

创新中心在股东层之下，邀请从事超高清视频技术研发、产品制造、视频传输、内容生产、节目播出应用和服务的企事业单位、科研院所、专业机构等单位自愿加入创新中心成员单位。成员单位可以享受政府给予创新中心的相关扶持政策，可以与创新中心共享知识产权与相关成果。同时，成员单位可以通过与创新中心设立实体化的领域分中心，或者成立合资子公司的方式，面向特定超高清视频领域开展业务。成员层之下，创新中心将依托四川省超高清视频产业联盟广泛邀请四川省内外的企业加入联盟。联盟成员可以参与联盟组织的各类行业活动，以及创新中心组织的各类成果发布活动。经过申请与筛选，联盟成员可以升格成为创新中心成员单位。

2. 队伍建设

创新中心牵头单位成都索贝数码科技股份有限公司拥有行业最大的研发实施队伍，技术开发人员 486 人，建有国家级企业技术中心、四川省工程实验室、成都市工程技术研究中心、博士后工作站。

创新中心参与单位电子科技大学设有清水河、沙河、九里堤三个校区，占地面积 5000 余亩；设有 23 个学院（部），66 个本科专业；有各类全日制在读学生 33000 余人，其中博士、硕士研究生 12000 余人；有教职工 3800 余人，专任教师 2300 余人，教授 500 余人，包括中国科学院、中国工程院院 11 人，IEEE Fellow22 人，长江学者 37 人，国家杰出青年科学基金获得者 18 人，国家级教学名师奖获得者 2 人，国家优秀青年科学基金获得者10人，中国青年科技奖获得者3人。

（1）创新中心负责人

宋小民，男，四川省成都人，高级项目经理，历任成都索贝数码科技股份有限公司系统工程师、系统设计部经理、事业部总经理、业务线总经理、公司副总裁兼任首席知识官，现任四川省超高清视频创新中心副主任、四川新视创伟超高清科技有限公司常务副总经理。

擅长领域及专业技术特长：超高清视频领域相关的业务、产品及技术，涉及视音频图像采集、处理、非线性编辑、存储、管理、显示、播出等；融合媒体领域相关的业务、产品及技术，涉及线索及舆情、选题策划、融媒体编辑、多媒体稿件处理、多渠道发布等。

参与编制《电视台全台网技术白皮书》《广电行业视频大数据白皮书》；2005年，BTV新台址全台网项目的总负责人，成功完成制播业务系统的总体设计和多个项目群实施；2008年，CCTV新台址存储项目的总负责人，成功完成存储项目的总体设计和规划；2012年，获广播电视工业协会科技创新优秀个人奖；2017年，外宣旗舰媒体CGTN项目建设的总负责人，成功完成CGTN融媒中心的启动项目。

主要工作及专业技术成果（主要研究方向）：围绕超高清视频技术，面向多个行业应用领域的研究和研发，包括安防监控、文教娱乐、文旅、医疗健康、影院、工业制造、广播电视、检验检测等领域的关键共性技术研发和关键设备研发。

（2）创新中心研发团队

创新中心研发团队的组建主要来自各联合单位技术专家，以及社会招聘、校园招聘，各联合单位选拔优秀人才组建创新中心核心团队，开展超高清视频产业关键核心技术攻关与关键产品设备研究工作，电子科技大学信息与软件工程学院周世杰教授团队为创新中心提供技术咨询。目前创新中心已申请专利16件，其中发明专利11件，外观专利1件已授权，计算机软件著作权14件。创新中心计划未来5年，团队人数扩展到100人左右。其中，来自四川新视创伟超高清科技有限公司约60人，主要负责核心技术研究与产品研发、部署、市场推广、商业信息梳理和项目运维等工作；来自成都索贝数码科技股份有限公司约20人，主要负责超高清视频研发成果在广播电视领域的转化、示范应用及其推广；来自成都卓元科技有限公司约10人，主要负责超高清视频制作周边设备的研发；来自电子科技大学约10人，主要负责超高清视频算法及智能化应用研究。

3. 平台建设

创新中心主要研究和解决超高清产业链前端和上游关键共性技术和产品；建立面向行业的应用场景，搭建多个超高清研发创新实验环境及协同创新基地；搭建以超高清摄/采为核心，超高清编/视频处理+行业应用的多种二次开发平台；对现有多行业领域的产业系统/平台进行升级、改造或新建；打造超高清视频产业生态，进行首次的技术商业化（示范、产品）。

4. 场地建设

创新中心位于成都市高新区新园南二路 2 号，占地面积约 1200 平方米，主导超高清视频产业共性技术、前端设备研究开发。目前创新中心已联合各参与单位联合共建 8K 摄像机实验室、8K/4K 影院实验室、超高清内容制播技术实验室等专业化实验室。创新中心建设至今，已联合索贝数码科技股份有限公司立项“远程实时协同云演播制作平台”，开展广播电视业务技术及系统研究开发；联合峨影集团开展“超高清电视播出平台示范项目”；联合成都卓元科技有限公司探索视音频制播设备研究开发；联合电子科技大学在超高清视音频算法、智能交通等方面开展研究开发。同时，创新中心已与四川长虹电子控股集团有限公司、成都理想境界科技有限公司等超高清视频产业链企业达成合作，联合攻关。

（二）运行成果

1. 强大的科技创新能力

创新中心团队是一支具有极强创新力的队伍，将技术创新、管理创新、人才创新融合于一体，并荣获多项具有影响力的创新成果。

团队承建了央视新台址系统、重庆电视台媒体资产管理平台、北京奥运会制作系统、CCTV 大型体育赛事系统、CCTV 新闻共享系统、CCTV 建国 70 周年庆典系统（大阅兵及庆祝活动）、上海文广媒体资产管理系统等多个国家重点工程创新项目，均获得国家广电科技创新一等奖。

2. 超高清重大创新成果

（1）广东广播电视台 4K 超高清制作

2018 年 10 月 12 日，“广东广播电视台综艺频道” 4K 超高清频道正式开播，广东广播电视台携手创新中心精心打造了目前广东乃至全国最大规模的 4K 超高清 HDR 后期制作系统，为国内首个 4K 省级超高清频道提供内容制作输出，满足广东综艺4K超高清频道每天24小时版面的全天候4K播出。

（2）超高清VR-8K视频后期制作解决方案

超高清VR-8K视频后期制作解决方案是创新中心联合北京蓝色光影、华为共同完成的项目，相对于传统的广电级非线性编辑，VR的后期制作需求相对单一化，特效的使用场景不多。Editmax11超高清非线性编辑系统是创新中心自主研发的全新一代超高清非线性编辑系统，它定位于4K、8K超高清视音频节目制作，同时也可用于标清、高清、VR全景及任意分辨率节目的制作，既可以单机工作，又可以网络化部署；可以进行单轨的后期处理，例如时间线剪辑、画面调色、字幕和台标添加等。

（3）CCTV 4K超高清频道混合制作岛4K生产系统

中央广播电视总台首个4K超高清电视频道（CCTV-4K）2018年10月1日正式开播，在中央广播电视总台4K超高清频道播出节目准备方面，混合制作岛4K生产系统承担了体育UHD赛事、部分电视剧节目的剪辑制作与送播工作。索贝UHD HDR非编工作站，符合台内节目媒体格式制作规范，支持六层50P全幅的实时编辑，同时提出全新的横向压缩编辑技术，更为合理地利用GPU解码资源，做到九层以上的半幅实时编辑。

（4）CCTV俄罗斯世界杯4K网络制播系统

第21届俄罗斯世界杯足球赛于2018年6月14日至7月15日在俄罗斯莫斯科举行，创新中心助力央视在俄罗斯莫斯科IBC（国际广播中心），成功部署运用了首个针对中小型移动外场的4K HDR一体化网络制播系统。该系统具备完整的采、编、播、存、传业务功能，承担全部64场比赛的4K/HD比赛信号收录、新闻专题录像节目制作播出、前后场素材传输协同生产、新媒体直播发稿、素材归档等一系列转播业务。

（5）CCTV平昌冬奥会4K/HD移动外场网络制播系统

CCTV作为2018年韩国平昌冬奥会国内唯一官方转播团队，为打造精致绚烂的冰雪新视听，首次践行了全新的4K一体化网络制播。现场20余通道4K/HD收录全天运行、30余台索贝非编工作平均使用时长每天超过9小时，冬奥期间赛事信号总录制超过3400小时（近600小时4K信号）、前后方协同生产媒体文件交换近600小时、央视专区4K节目240余小时，新媒体直播40余场，编撰多媒体稿件1200余篇。

（6）8K城市之眼支持成都大运会城市慢直播

由成都大运会执委会和四川新视创伟联合推出的“8K城市之眼”慢直

播系统，用户可在看度 App 移动端观看直播，每天 24 小时不间断播出。8K 城市之眼慢直播点位设置在成都市著名地标环球中心对面 34 楼高点，该系统可以将城市特定景观通过慢直播的形式全方位、无死角、超高清地捕捉下来。本套“8K 城市之眼”是全国唯一将 8K 摄像机和高倍高清摄像机双机集成在一起的一套设备，广角 8K 摄像机具有超大视野和 8K 分辨率，呈现出清晰的大场景画面，长焦高倍高清摄像机则注重大场景中某些细节的近距离呈现，实现了城市风景“既看得全，又看得清”的核心诉求。

（7）4K 超高清电视播出平台

由峨眉电影频道、新视创伟、索贝数码、卓元科技、四川省广电网络公司等多家单位联合建设的 4K 超高清电视播出平台系统，实现了超高清视频节目在播出全过程的统一控制和管理，提高了超高清电视节目的播出质量，确保播出安全。该平台完成了 4K 超高清播出服务器及 4K 频道播出系统、4K 非线性编辑、4K 合成渲染、4K 多格式转换等关键技术及软硬件产品的研发。2019 年 11 月创新中心率先完成了国内首套支持 H.265+XAVC 的 4K 超高清播出验证系统，2020 年 6 月应用示范单位峨眉电影频道采用本项目成果正式建设了一套 4K 超高清电影播出平台，并已正式上线试播。

二、四川省工业信息安全创新中心

（一）建设进展

1. 组建情况

四川省工业信息安全创新中心（以下简称创新中心）遵照国家制造业创新中心模式，以“公司+联盟”的模式运行。创新中心由中国电子科技网络信息安全有限公司和国家工业信息安全发展研究中心牵头进行论证和建设工作，联合了国内工业互联网、网络安全、工控安全、商用密码等领域的国内知名企事业单位和投资基金，于 2020 年 6 月共同发起成立了工业信息安全（四川）创新中心有限公司；吸纳工业信息安全领域权威机构，重点依托工业信息安全产业发展联盟协同带动全国工业信息安全领域的优势创新资源，聚焦关键共性技术，为工业信息安全行业发展提供持续创新支撑。

2. 队伍建设

2021 年 1 月，创新中心成立了第一届技术专家委员会，召开了第一次技术专家委员会会议。专家委员会由来自学术界、企业界的专家组成，主要对创新中心发展的重大科技问题、技术路线的战略方向和路径选择、科技资源配置的重大问题等做出研判，提出相关决策建议。专家委员会成员包括：邬贺铨、沈昌祥、邬江兴、何积丰、冯登国等院士，郭启全、郭世泽、李京春、卿昱、郝志强、刘爱民、欧阳劲松、李璐瑶、高昆仑、胡洪升、饶志宏等专家委员。

工业信息安全（四川）创新中心有限公司为创新中心的运行载体，按照现代企业制度运行，设立股东会、董事会、监事会和经营管理层。公司董事长张格由公司三分之二以上的董事选举产生。公司总经理唐林，是公司法定代表人，由董事会聘任或者解聘，并对董事会负责，公司实行董事会领导下的总经理负责制，由总经理负责公司的日常经营管理工作。公司副总经理曹琪、唐莉协助总经理完成公司的日常经营管理工作。

创新中心积极探索灵活化的用人机制，采用专兼职相结合的方式，柔性引进行业专家；聘任何积丰院士作为公司首席科学家，李京春总工程师作为公司首席专家；依托股东公司人才优势，借调优秀人才到创新中心工作；通过与工业企业成立联合实验室等方式，培养既懂安全又懂行业的复合型人才。目前创新中心具有专兼职人才 100 余人，其中包括院士 1 人，中国电子科技集团首席科学家 1 人，高级职称研发人员 30 余人。

3. 平台建设

创新中心初步建立了较为完善的管理体制和运行机制，形成工业信息安全的“政产学研用资”协同的创新模式。创新中心搭建了一个覆盖研发、试制、试用、推广、产业化等各相关单位在内的相对完善的“产学研用”技术联盟，初步形成技术先进、布局合理、运行高效的技术创新平台框架。创新中心汇聚了一批工业领域、网络安全领域的技术专家和行业专家，优化人才结构，形成了科学合理的人才梯队。创新中心与依托单位投入大量资金购买仪器设备，增强了科研技术手段和原始创新能力。创新中心办公场所将搬迁至成都市高新区和乐二街 150 号（高新区人工智能南区创新中心）4 栋，房屋建筑面积约 9000 平方米。

（二）运行成果

1. 技术创新和技术工程化

创新中心从当前工业信息安全前瞻性需求出发，结合四川省和部分重点工业行业实际情况，在工业控制系统边缘计算与密码应用方面进行了大量的技术研究，牵头编写边缘计算密码应用安全技术标准，并在网络安全态势感知、国产密码算法在工业控制系统中的应用、信息系统密码应用测评等方面进行了大量的技术研究。

创新中心与产业界密切协同，完成安全监测、安全评估、安全防护和一体化安全融合等系列工业信息安全公共产品关键技术和相关技术标准规范制定，部分技术已在工业领域关键信息基础设施和国民经济重点工业行业领域开展示范性综合应用。

2. 成果转化和企业孵化

创新中心与产业界密切协同，完成安全监测、安全评估、安全防护和一体化安全融合等系列工业信息安全公共产品关键技术和相关技术标准规范制定，研究成果已应用到工业防火墙、IEG、一体化 PLC、工业大数据分析平台、工业态势感知系统等产品中，为工业领域关键信息基础设施和国民经济重点工业行业领域开展提供了示范性应用。

3. 行业服务

创新中心牵头梳理仪器设备、仿真实验环境等资源，制定实用、多层次、系统化、市场化的设备共享机制，实现资源的共建、开放及共用，最大限度地利用有限资源，提高资源的使用效率。创新中心利用工业协议分析、工业漏洞挖掘、工业扫描及探测等技术搭建工业控制仿真体系，初步具备模拟行业内主要工业流程的能力，为研究工业控制领域安全提供验证平台。创新中心参与了信息安全技术边缘计算密码应用基本要求、信息安全技术网络安全要素采集与分析产品安全技术要求等 6 项国家标准、2 项行业标准、4 项其他标准的制定。

4. 交流合作

创新中心与中铁工程服务有限公司共建地下工程实验室；与四川大学、上海交通大学、电子科技大学等国内众多高校建立了以技术需求驱动的合作模式；与以色列 Cyberbit 公司就 Cyber Range 产品在工控安全领域的应用和技术合作进行交流，探讨下一步与创新中心靶场技术方向深度合作的可行性；与新加坡科技局资讯通信研究院（A*STAR-I2R）就网络信息安全领域的研究内容和方向开展了初步交流，探讨未来双方合作的可行性。

三、四川省工业云制造创新中心

（一）建设进展

1. 组建情况

四川省工业云制造创新中心（以下简称创新中心）由中国航天科工集团有限公司下属航天云网科技发展有限责任公司牵头，采取“公司+联盟”的形式，联合四川省内外工业云制造领域的优势企业、高校、科研院所等共同打造，主要任务是开展工业云制造领域的关键共性技术研究、技术转移扩散和首次商业化应用，2018 年 6 月被认定为四川省省级制造业创新中心。

工业云制造（四川）创新中心有限公司是四川省工业云制造创新中心的实体运营机构，成立于 2016 年，注册资本 1 亿元；其中，航天云网公司出资占比 70%，成都大数据公司占比 30%；与海尔、中国电信等 10 余家单位达成投资意向，已于 2021 年 6 月 23 日在北京产权交易所挂牌进行增资扩股，预计 2021 年 10 月底完成工商变更流程；工业云制造创新联盟已汇聚包括清华大学、北京航空航天大学、树根互联、用友、东方电气、成飞等 85 家“产学研用”单位，覆盖云制造领域 50%的国家级创新平台。

2. 队伍建设

创新中心成立了由李伯虎、刘永才等 10 名院士牵头、余晓晖等 30 余名高层次专家参与的专家委员会，指导创新中心技术路线制定，并于 2019 年 11 月在北京会议中心召开创新中心建设方案咨询会，审议创新中心技术路线图；2020 年 12 月创新中心联合 14 家股东单位及 20 多家联盟单位在成都召技术路线图研讨会，30 余名专家参与研讨，会后由航天科工李伯虎院士团队牵头，联合各意向股东单位完成了技术路线图的修订。

创新中心依托公司建立了市场化管理机制，董事长、总经理由工业云制造领域的专家或企业家担任，都具有丰富的技术研发、成果转化和企业经营管理经验。公司董事长由秦勇担任，总经理由刘刚担任。

创新中心充分发挥股东和联盟单位的人才优势，通过项目合作等方式灵活组建研发团队，联合刘永才院士成立了成都市院士工作站，在装备制造云平台、数字孪生等方面开展合作，建立四川省博士后创新实践基地，与电子科技大学基于区块链领域开展合作，联合培养博士后；与西安电子科技大学基于数字孪生、云制造系统调度开展合作，共建工业云制造联合实验室；与四川大学工业互联网研究院签署战略合作协议，开展云制造课题研究；同时牵头成立工信部智能制造系统解决方案供应商联盟四川分盟、中国服务型制造联盟四川省服务型制造产业促进会。

创新中心开展各层次的人才培养，为云制造创新和产业发展持续供给丰富人才资源。一是建设院士创新工作站（已获批市级），培养创新团队，开展关键技术攻关；二是建设四川省博士后创新实践基地（已获批），开展博士后引入和培养工作；三是与知名大学合作，如四川大学、电子科技大学和西安电子科技大学，在创新中心成立大学实习基地，开展人才学术交流；四是与职业技术院校开展产教融合合作，如四川工程职院、四川工商职院等，围绕学生和在职人员培养，建设实训基地、开展工业云制造学科建设、资质认证，培养数字蓝领。

3. 平台建设

创新中心面向国家制造业转型升级的重大需求，规划和建设国际先进的测试验证和中试平台，如云制造系统验证平台、边缘智能制造系统验证平台、工业云制造应用技术验证平台等，为工业云制造平台、工业 App 及相关技术的测试验证的中试提供保障，有效支撑技术成果的示范应用及产业推广。

（二）运行成果

1. 技术创新和技术工程化

创新中心整合意向股东、联盟和专家委员会优势资源，持续开展云制造共性技术研究，目前在工业云智能技术、工业云服务技术、云制造安全可信技术、数字孪生建模与仿真技术、边缘制造等方面已形成成果，已申请 15 件专利、51 件软件著作权。

2. 成果转化和企业孵化

基于创新中心及合作伙伴已有的技术成果，创新中心持续开展基于新技术的应用生态建设，推动成果转移扩散，连续两年中标工信部工业互联网创新发展工程项目 6 项，目前已成功打造了 10 余个面向企业、政府、行业组织等用户提供的区域级、行业级、园区级的特色云制造平台，20 余个部/省/市级智能制造示范项目。

3. 行业服务

创新中心针对全体股东及联盟成员，开展仪器设备和人才等资源共享，建立资源档案，随时记录各项资源的运行状态和实时动态，进行“规范化、高效化、动态化”管理。创新中心的测试验证和中试平台不仅为创新中心的研究和试验服务，也为航空航天、装备制造、能源化工、电子信息等行业的企业，以及工业互联网平台企业、工业App开发者等，提供测试验证及中试服务。标准制定方面，创新中心参与制定8项标准，其中3项国家标准，5项企业标准。

4. 交流合作

创新中心通过股东单位、联盟成员单位的资源，以及每年6月15日举行的世界工业互联网大会等论坛活动，积极开展交流合作，跟踪国际前沿技术，借鉴国际成功经验，充分引进、吸收、消化国外先进技术及理念，加快与工业云制造领域具有国际影响力的跨国企业、高校等机构合作，通过人才交流、技术合作、产业合作、国际标准制定等形式与国际实现充分接轨，促进行业共性技术水平提升。

第二十九章 安徽省

第一节　总体进展与经验特色

安徽省以建设制造业创新中心为重要抓手，聚焦产业创新资源，积极打通技术、组织、商业、资本之间的分割与壁垒，推动机制创新、模式创新和管理创新，解决制造业创新链和供应链的薄弱环节与共性难题，促进技术成果转移、扩散和首次商业化，初步形成了以制造业创新中心为核心节点、企业技术中心为基础的制造业创新网络。截至目前，安徽省拥有省制造业创新中心 22 家，主要集中在人工智能、新材料、新能源、装备制造等领域，其中智能语音、玻璃新材料创新中心具备升级为国家制造业创新中心的条件。安徽省制造业创新中心建设进展见表 29-1。

表 29-1　安徽省制造业创新中心建设进展

序号	中心名称	运营单位	建设进展	成立时间
1	硅基新材料创新中心	蚌埠玻璃工业设计研究院	省级	2017 年 10 月
2	工业机器人创新中心	埃夫特智能装备股份有限公司	省级	2017 年 10 月
3	杂环类农药创新中心	安徽国星生物化学有限公司	省级	2017 年 10 月
4	高安全动力电池创新中心	合肥国轩高科动力能源有限公司	省级	2017 年 10 月
5	肿瘤精准治疗产品创新中心	安徽安科生物工程（集团）股份有限公司	省级	2017 年 10 月
6	安徽省汽车活塞环制造业创新中心	安徽环新集团有限公司	省级	2017 年 10 月

续表

序号	中 心 名 称	运 营 单 位	建设进展	成立时间
7	智能光伏发电系统创新中心	阳光电源股份有限公司	省级	2018 年 10 月
8	聚乳酸新材料制造业创新中心	安徽丰原集团有限公司	省级	2018 年 10 月
9	环卫装备创新中心	劲旅环境科技有限公司	省级	2018 年 10 月
10	特种橡胶材料及制品创新中心	安徽中鼎密封件股份有限公司	省级	2018 年 10 月
11	聚氨酯复合材料创新中心	安徽安利材料科技股份公司	省级	2018 年 10 月
12	功能纺织新材料创新中心	安徽三宝棉纺针织投资有限公司	省级	2018 年 10 月
13	智能语音创新中心	科大讯飞股份有限公司	省级	2018 年 10 月
14	高端电机制造创新中心	安徽皖南电机股份有限公司	省级	2019 年 10 月
15	铜基新材料创新中心	铜陵有色金属集团股份有限公司	省级	2019 年 10 月
16	智能传感器创新中心	华东光电集成器件研究所	省级	2019 年 10 月
17	高分子新材料创新中心	合肥杰事杰新材料股份有限公司	省级	2019 年 10 月
18	铅蓄电池再制造创新中心	安徽华铂再生资源科技有限公司	省级	2020 年 12 月
19	高端联轴器创新中心	泰尔重工股份有限公司	省级	2020 年 12 月
20	高性能导体材料创新中心	安徽楚江科技新材料股份有限公司	省级	2020 年 12 月
21	智能化园区物流装备创新中心	合肥泰禾光电科技股份有限公司	省级	2020 年 12 月
22	汽车与交通智能融合创新中心	奇瑞汽车股份有限公司	省级	2020 年 12 月

数据来源：赛迪智库整理

一、规划布局定位清晰

在布局建设省制造业创新中心的过程中，安徽省始终秉承五项原则：一是体现唯一性，结合各地的区位优势、产业优势、人才优势，科学规划，合理布局，一个领域只培育认定一家制造业创新中心，避免出现脱离各地发展实际一哄而上的情况，避免出现为了拿到“牌子”脱离产业发展的需要；二是体现前瞻性，创新中心有明确的产业化技术发展方向和目标，有一项或若干项有待突破、可促进形成国内领先的、拥有自主知识产权的共性技术，有望在国际上领先的技术，同时加强关键核心技术和基础共性技术的知识产权战略储备，形成战略前瞻布局；三是体现开放性，创新中心要面向行业和地区提供服务，具有国际视野，跨区域、跨领域汇聚创新资源，广泛吸收国内外先进技术和高端人才的机制，与国内外创新要素深度融合，通过建立联合研发中心或实验基地等，开展联合研发；四是体现公共性，创新中心要积极探索多方协同、多元投资、成果分享的新模式，发挥优势互补、资源共享的新优势，实现多学科、跨领域、跨地区的协同创新，使其成为具有公共服务支撑的创新高平台；五是体现持续性，创新中心要有系统可行的发展规划，包括中长期研发项目计划、成果转化产业化目标、经费筹措（包括政府资助）计划、研发投入和转化收益预算，以及实现市场化自主运营的进程计划等，提升持续创新能力。

二、政策指导聚集资源

安徽省率先出台《安徽省制造业创新中心建设实施暂行办法》，明确制造业创新中心的组建方式、重点领域、功能定位及运行模式；出台《省制造业创新中心考核评估办法（暂行）》，从创新中心的研发力量、共性技术突破、“产学研”协同、突出市场导向、成果转移转化和可持续发展能力等方面规范创新中心考核评估工作，促进制造业创新中心健康发展；出台落实了“三重一创”、科技创新、制造强省、人才支持等一系列政策措施，对获批省制造业创新中心建设的给予 100 万元奖补，支持包括制造业创新中心在内的重大创新平台建设，促进科研成果转化落地。

三、协同创新聚焦重点

围绕突破产业关键共性技术及创新发展需求，以制造业创新中心为牵引，通过“产学研”联合和产业技术创新联盟等机制，加强与省内外高校、科研机构及上下游龙头企业开展“产学研”合作攻关，构建以企业为主体、市场为导向、“产学研”深度融合的协同创新体系；围绕安徽省重点领域，明晰省制造业创新中心培育发展路径，在智能语音、硅基新材料、铜基新材料、聚乳酸新材料、工业机器人等重点领域，先后由科大讯飞、蚌埠玻璃设计研究院、铜陵有色、丰原集团等安徽省行业领军企业建设了 22 家省制造业创新中心，重点解决创新资源分散、创新链各环节相互脱节、高端装备供给不足、产业共性技术供给不足、科技成果转化不畅、对外技术依存度高、关键核心技术被“卡脖子”等问题。

第二节　典型省级创新中心建设进展

一、硅基新材料创新中心

（一）建设进展

1. 组建情况

2017年10月由中建材蚌埠玻璃工业设计研究院（以下简称蚌埠院）为牵头单位的硅基新材料创新中心（以下简称创新中心）被安徽省经信委认定为省级创新中心。创新中心采用“联盟”的模式组建，联盟分为核心层、中间层、外围层三个层次。核心层模拟公司制运作，由蚌埠院牵头，联合凯盛集团、中国建材工程、深圳国显、浚鑫科技、洛玻集团、中玻控股、耀华集团等7家国内硅基新材料知名企业组成，重点围绕行业发展共性技术、企业发展过程中的关键技术难题等确定创新中心研究方向，制定发展计划，开展技术研发、产业化工作；中间层主要包括与创新中心联合开展理论研究、技术研发、产业化应用等研究的企业、科研院所、高校；外围层主要包括委托创新中心开展技术研发或创新中心提供服务等的企业。联盟辐射范围广，汇聚了我国硅基新材料领域最具行业特色和优势的高等院校、科研院所和大型骨干企业，积聚了本领域顶级创新力量和创新资源，将是我国硅基新材料领域最具实力和影响力的创新联盟。

2. 队伍建设

自建立以来，创新中心本着“以人为本”的思想，实行“引进来，走出去”的战略，经过多年的培养和人才引进，形成了一支年龄与技术层次结构合理、专业覆盖面广、技术力量雄厚、相对稳定的人才队伍，为科研开发与技术转化奠定了良好的人员基础。创新中心现有固定人员91人，其中研究人员74人，技术人员8人，管理人员9人；教授级高级工程师15人，高级工程师24人，工程师29人，博士14人；包括中国工程院院士、国家海外高层次人才、人社部“百千万人才”、安徽省战略性新兴产业技术领军人才、国家“十三五”国家重点研发计划项目负责人、光华工程奖获得者、“863”课题负责人、全国工程勘察设计大师、国际玻璃协会主席、享受国务院政府特殊津贴专家。创新中心根据科研工作需要，从各大高校共招聘科研及管理人员 28 名，其中博士 4 人，硕士 19 人，进一步充实和加强科研力量。创新中心积极创造条件，加强骨干人才培养，与武汉理工大学、西安交通大学、同济大学等建立了长期稳定的人才培养关系，积极创造条件，鼓励科研人员以多种形式攻读博士、硕士学位。

3. 平台建设

在规划目标建设方面，创新中心技术研发以行业关键共性问题的解决为核心，结合参与单位和行业内相关企业技术升级和新产品、新技术研发需求，组织参与单位和其他行业创新人才和资源，开展研发工作。在关键技术研发目标方面，创新中心以信息显示用玻璃新材料、新能源用玻璃新材料、交通运输用玻璃新材料、绿色建筑用玻璃新材料、其他玻璃新材料五大方向作为关键技术研发，以高世代 TFT-LCD 玻璃、OLED 玻璃、液晶材料、空心玻璃微珠等关乎产业安全的关键核心材料瓶颈技术为重点攻关目标，同时开展钙钛矿薄膜电池用前电极玻璃等前沿技术研发，形成技术储备，支撑产业发展。在行业服务方面，创新中心针对联盟内企业管理人员及主要技术人员，开设硅基新材料人才培训班，邀请创新中心核心研发人员或联盟单位主要管理人员及技术骨干授课，主要培训内容包括玻璃工厂管理、主要技术培训、前沿技术介绍。在国际合作方面，创新中心建立创新联盟年会和定期技术交流会机制。在科研团队建设方面，创新中心打造出一支在煤化工领域内领先、国内一流的人才队伍，培养出在国内有重要影响的学术带头人，形成强有力的科技创新团队，目前已培养出煤气化工艺技术设计开发专业技术团队、气化炉设计团队、灰水处理药剂开发及应用团队各 1 个，培育专家型技术人员超 10 人。

（二）运行成果

1. 技术创新和技术工程化

创新中心自创建以来，承担在研和新立研发课题 19 项，其中“十三五”国家重点研发计划 2 项，省部级项目 8 项，横向合作及自立项目 9 项；新申请发明专利 103 件，实用新型专利 60 件，授权实用新型专利 30 件；发表论文 SCI/EI 20 余篇；并且先后与美国斯坦福大学、美国新泽西州理工大学、英国曼彻斯特大学、北京大学、清华大学、浙江大学、武汉理工大学、中科院上海硅酸盐研究所、宁波材料技术与工程研究院、中国工程物理研究院、德国 Avancis 公司等高校、科研院所及相关企业建立了人员互访、学术交流和项目合作计划；创新成果斐然，获安徽省科技进步一等奖 1 项、二等奖 2 项，中国建材集团科技进步一等奖 1 项，制定国家标准 3 项。

创新中心研究的 0.12mm 超薄浮法玻璃技术获得重大突破，“超薄触控玻璃关键技术与成套装备开发及产业化”成果荣获我国工业领域最高奖项——中国工业大奖，成为迄今为止我国材料领域唯一一个获奖项目。8.5 代浮法 TFT-LCD 液晶显示玻璃基板关键技术、硅基功能材料梯级加工关键技术也取得阶段性进展，打破了美国、日本等国外企业的垄断。

针对硅基新材料相关的新技术、新装备、新产品，创新中心重点开展玻璃工业共性技术，开展部分成果的中间试验，研究储备了一批具有市场前景的技术成果。根据市场环境，“成熟一个，转化一个，推广一个”，依托蚌埠院的平台，创新中心已建设各类新玻璃生产线多条，部分生产线已形成规模化的生产能力，如超薄信息显示玻璃、高应变点玻璃、高铝盖板玻璃、高品质浮法玻璃、超白光伏压延玻璃等推动了我国玻璃工业在全球范围部分领域内形成“领跑”地位。

2. 成果转化和企业孵化

创新中心实现了多项成果扩散。蚌埠中建材科技有限公司已实现厚度 0.4～0.7mm 玻璃基板的稳定量产，将为我国液晶显示面板产业提供关键原材料保障，将使我国成为全球为数不多的掌握高世代 TFT-LCD 玻璃基板生产技术的国家之一。蚌埠中建材信息显示材料有限公司成功实现了具有自主知识产权的 1.1～0.12mm 全系列产品的工业化连续稳定生产，打破了国外的技术封锁和市场垄断，引领中国玻璃迈向产业高端。安徽凯盛基础材料科技有限公司制备的空心玻璃微珠产品成功应用于我国首台 4500 米级深海潜水器系统“海马号”上，实现了关键核心材料的国产化。蚌埠中建材（蚌埠）光电材料有限公司建设了一条 70t/d 触摸屏用超薄高铝盖板玻璃生产线，可稳定生产厚度为 0.2～2.0mm 超薄高铝盖板玻璃，年产量达 460 万平方米，目前产品已经正式打入盖板玻璃市场。安徽华光光电材料科技集团有限公司为薄膜电池高温玻璃生产线项目投资 4.57 亿元，目前一期项目已建成投产，该生产线产品应变点能成功稳定在 540℃，填补了国内空白，打破了国外企业的垄断。

3. 行业服务

创新中心跟踪国际前沿技术的发展、探索研究，实行开放服务，接受国家、相关行业或部门、地方及企业、科研机构和高等院校等单位委托的工程研究。评估期内，创新中心接受武汉理工大学、中国建材国际工程、凯盛科技集团等委托的研发服务。自成立以来，创新中心多次为地方编制各类产业规划，有效地指导了各产业快速有序、可持续发展；为行业相关企业完成选矿试验、红外涂料、梯度节能、玻璃工程等技术服务工作年均达十几项。

二、聚乳酸新材料制造业创新中心

（一）建设进展

1. 组建情况

安徽省聚乳酸新材料制造业创新中心（以下简称创新中心）于 2018 年 10 月 27 日由安徽省经信厅批复组建，牵头单位为安徽丰原集团有限公司（以下简称丰原集团）。创新中心重点围绕聚乳酸及其上游原料生产、下游产品应用等关键技术开展攻关，打通聚乳酸全产业链生产链条，推动科技成果产业化，打造绿色纤维、绿色塑料生产基地，逐步替代石油基高分子材料制品，达到缓解石油资源短缺、减少白色污染等目的。创新中心以联盟形式组建，组建初期即吸纳了南京工业大学、江南大学、蚌埠学院、安徽丰原福泰来聚乳酸有限公司、安徽丰原生物材料股份有限公司（现更名为安徽丰原生物纤维股份有限公司）、安徽华茂集团有限公司等 6 家单位。2019 年 9 月，创新中心吸纳安徽绿能技术研究院有限公司加入创新中心联盟，共同推进聚乳酸产业发展。

2. 队伍建设

创新中心现拥有固定研发人员 60 人，其中正高级工程师 7 人，高级工程师 18 人，工程师 22 人，助理工程师 13 人；项目管理人员 3 人。固定研发人员李荣杰、徐斌、穆晓玲、纪传侠、潘声龙、马德金、陈中碧等被聘为蚌埠市生物基材料专家委员会专家；纪传侠、陈中碧被聘为生物基聚合材料省技术标准创新基地专家；潘声龙被评为第一批蚌埠市“大禹英才”创新领军人才。

3. 平台建设

创新中心以“技术创新成果产业化、运行机制企业化、发展方向市场化”为核心，一方面利用创新中心研发平台构建、完善生物基材料全产业链的研究、技术转化与孵化平台，开展行业基础和共性关键技术研发、科技成果孵化和人才培训，同时整合行业企业的技术、人才资源，并在固镇产业园新建设生物基材料相关研发设施及中试生产线，对技术工艺包进行开发；另一方面，加强与国内国际相关科研机构、专业协会、行业专家和知名企业开展多种形式的学术交流与产品推广，让市场需求推动全产业链技术创新的双向促进模式深入发展，以丰原集团聚乳酸产业的开发为契机，带动安徽省、蚌埠市生物基材料产业的快速发展。

（二）运行成果

1．技术创新和技术工程化

创新中心按照建设方案中明确的技术目标，新开发聚乳酸上下游相关产业化技术 37 项，技术成果应用于产业化项目生产 29 项；建成国内首条完全拥有自主知识产权的聚乳酸中试生产线 1 条；高纯 L-乳酸工业化制备、可控高分子量聚 L-乳酸工业化高效制备、高值化利用低光学纯 L-乳酸生产材料级聚乳酸关键技术、高耐热聚乳酸片材及产品制造、高性能环保型聚乳酸复合板材制造、超低条干不匀聚乳酸长丝制造、超细旦聚乳酸短纤维制造等 7 项关键共性技术取得突破，这些成果经专家鉴定为国际领先，并且已经完成成果登记。创新中心 2020 年研发资金投入预计为 1636.69 万元，年度研发费用总额占成本费用支出总额的比例高于 90%。创新中心围绕聚乳酸全产业链关键技术，组织研发资源开展乳酸菌种选育、发酵调控、分离纯化、聚合反应等产业化技术攻关，建成了 5000 吨乳酸、3000 吨聚乳酸、4000 吨聚乳酸短纤、2000 吨聚乳酸无纺布、1000 吨聚乳酸长丝、1 万锭聚乳酸纱线等多条中试生产线。

2．成果转化和企业孵化

创新中心通过研发积累，攻克了聚乳酸全产业链核心生产技术，并将技术成果成功应用于安徽丰原福泰来聚乳酸有限公司年产 5 万吨聚乳酸生产线。该生产线已于 2020 年 8 月 14 日生产出第一批聚乳酸合格产品，这也标志着中国第一条全产业链聚乳酸生产线实现量产。

3．行业服务

创新中心开展“产学研”活动 15 项，完成本领域共性技术扩散 10 项。另外，创新中心接受安徽阳光水务有限责任公司委托，开展聚乳酸生产过程中的有机废水处理研究，并将技术成果成功转让至安徽阳光水务有限责任公司，形成创收 150 万元。

三、安徽省汽车活塞环制造业创新中心

（一）建设进展

1. 组建情况

安徽省汽车活塞环制造业创新中心（以下简称创新中心）由安徽环新集团有限公司牵头，安徽新能科技有限公司（AXN 公司）、安徽新富新能源科技有限公司（XMAX 公司）、安庆帝伯格茨活塞环有限公司（ATG 公司）、安庆帝伯粉末冶金有限公司（ATP 公司）、安庆雅德帝伯活塞有限公司（AAT 公司）、安庆帝伯格茨缸套有限公司（ATGL 公司）、安庆谢德尔汽车零部件有限公司（ASP 公司）、合肥工业大学、安徽农业大学作为主要参与单位，在中国内燃机工业协会的支持下组建完成。创新中心通过“产学研”合作和技术联盟的运营模式实现“强强联合”，以市场和客户需求为导向，进行前沿技术的基础性、应用性研究，从而进行行业产品性能技术提升研发，为实现汽车的节能减排提供了大量的技术资源和性能先进的零部件产品。

2. 团队建设

创新中心围绕长期研发新产品、新技术规划，开展研发队伍建设，已形成了一支专业结构合理、团结协作的研发团队。目前创新中心人员总数 566 人，其中博士 2 人，硕士 9 人，本科 261 人，大专 234 人；专家总数 42 人，其中内部专家 25 人，外部专家 17 人。2020 年创新中心与合肥工业大学开展技术研讨交流会 4 次，在新材料、新涂层及新软件设备上成果丰硕。

3. 机制建设

创新中心建立人才激励机制，形成了人才引入、培养、考核及奖励措施，技术人才可以参与技术入股；完善了知识产权保护机制，使得创新中心的核心竞争力得到不断加强；深入开展“产学研”合作机制，充分利用社会资源，充实创新中心技术实力；制定了创新中心科研经费管理办法，确保各项科研项目顺利开展。创新中心已建立健全的管理机制包括：《创新中心章程》《创新中心的工作职责规定》《创新中心的管理条例》《知识产权工作管理规定》《创新中心人才激励机制》《创新中心的开放、服务管理办法》《创新中心产学研合作机制》《创新中心科研经费办理暂行办法》《创新中心科技成果转化的组织实施与激励奖励制定》。

4. 平台建设

创新中心通过牵头单位和各参与单位加大研发投入，加强硬件和软件建设，研发能力不断加强，研发水平大幅提高，研发成效显著。在创新中心现有的平台基础上，创新中心又组建了安徽省新能源汽车零部件工业设计中心和安徽省新能源汽车零部件研究中心，已经形成国内最先进的活塞环、活塞、铝包容缸套、气门导管、气门座圈、电池包和电池冷却系统等以节能减排汽车核心零部件的设计、研发、试验为一体的三维研发创新机构体系。

（二）运行成果

1. 技术创新

创新中心始终坚持创建初期制定的目标进行建设，开展了一系列的技术创新活动。创新中心 2020 年承担的科技活动项目总数 139 项，实现科技成果转化 123 项，研发新产品 83 个，新产品新增销售收入 2.4 亿元。通过一系列的创新开发活动，使得创新中心及企业的自主创新能力和研发能力有了更大的提升，提高了市场竞争力，巩固了企业在行业中的领先地位。2020 年创新中心新增申请专利 129 件，其中发明专利 79 件，实用新型专利 50 件；获得专利授权 41 件，其中发明专利 2 件，获得注册商标 3 个。

创新中心坚持在实现发动机低摩擦和高耐磨这个行业共性技术上进行创新研发，解决行业的共性难题，2018 年成功研发了低摩擦低油耗发动机活塞环组。该活塞环组有效降低发动机活塞组建摩擦功损失 40%以上，活塞环组的使用寿命延迟 1 倍以上，大大提高了发动机的稳定性。该低摩擦低油耗发动机活塞环组技术获得 2018 年度安徽省科学技术二等奖，目前已经由安庆帝伯格茨活塞环有限公司率先应用，然后再向行业推广。

2. 技术成果转移转化

近两年，创新中心获得安徽省新产品 2 项，并全部推广到相应公司进行成果转化量产。新产品“X12N 耐磨型气门座圈”由安庆帝伯粉末冶金有限公司负责量产和推广；新产品“AAT-T 裙部微织构活塞”由安庆雅德帝伯活塞有限公司负责量产和推广。

创新中心坚持提高技术开发能力和成果转化能力，增强公司经济效益和市场竞争力。近两年来，公司新产品开发速度和销售合同履约能力均在行业中居于领先地位。

3. 行业服务

创新中心积极开展对外服务，充分发挥示范导向和培养、输出人员的作用，共对外培养人才 23 人。从开始建设起，创新中心先后接纳了合肥工业大学、安徽农业大学的知名专家，日本 TPR 公司和德国格茨公司等专家到创新中心进行交流。

从 2016 年起，创新中心先后为山东滨州渤海活塞股份有限公司、解放军理工大学、大连环新精密特钢股份有限公司等 6 家单位提供匹配性测试与研究、性能评价测试、工艺方案设计、综合培训等公共服务，产品研发能力、技术管理水平得到大幅度地提高。近两年来，由创新中心研发的新产品应用到相关企业，企业的新产品销售收入占企业产品销售收入的比重均在 60%以上，为企业经营效益的提升做出了巨大贡献。各参建企业在获得巨大经济效益的同时，也为创新中心提供了充足的研发资金，保证创新中心各项活动的开展，由此形成了良性循环，达到了双赢局面。

4. 交流合作

创新中心通过企业与高校建立了长期的“产学研”合作机制，创建了安徽省活塞环工程技术战略联盟。2020 年由创新中心成员单位在螺旋弹簧节距测量仪、缸套分析系统新模块、活塞环设计软件、活塞裙部处理技术上开展了 4 项“产学研”合作项目，通过校企双方的共同合作，在活塞环、缸套、活塞、弹簧等重点新产品、新技术深度研发方面取得了新成果。

第三十章

北京市

第一节　总体进展与经验特色

北京市产业创新中心对接“国家制造业创新中心建设工程”，采取“市场导向、企业主体、协同协作”的方式，在组织形式、“产学研”合作、成果转化及首次商业化应用等方面探索新路径，目前已经创建了国家动力电池创新中心、国家轻量化材料成形技术及装备创新中心和国家智能网联汽车创新中心 3 家国家级创新中心，以及 16 家市级产业中心，取得阶段性成效。北京市制造业创新中心建设进展见表 30-1。

表 30-1　北京市制造业创新中心建设进展

序号	中心名称	运营公司/牵头单位	建设进展	成立时间
1	国家动力电池创新中心	国联汽车动力电池研究院有限责任公司	国家级	2016 年
2	国家轻量化材料成形技术及装备创新中心	北京机科国创轻量化科学研究院有限公司	国家级	2018 年
3	国家智能网联汽车创新中心	国汽（北京）智能网联汽车研究院有限公司	国家级	2019 年
4	北京石墨烯产业创新中心	北京石墨烯技术研究院有限公司	省级	2017 年
5	北京市医疗机器人产业创新中心	北京水木东方医用机器人技术创新中心有限公司	省级	2018 年
6	北京市智能车联产业创新中心	北京智能车联产业创新中心有限公司	省级	2016 年
7	北京市工业大数据产业创新中心	北京工业大数据创新中心有限公司	省级	2016 年

续表

序号	中心名称	运营公司/牵头单位	建设进展	成立时间
8	北京市海绵城市技术产业创新中心	中关村海绵城市工程研究院有限公司	省级	2018 年
9	北京市人工智能基础研究创新中心	北京创新工场旷视国际人工智能技术研究院有限公司	省级	2018 年
10	北京市先进动力电池系统产业创新中心	蓝谷智慧（北京）能源科技有限公司	省级	2018 年
11	北京市人工智能专利产业创新中心	北京臻利知识产权有限公司	省级	2018 年
12	北京市工业技术软件化产业创新中心	北京赛博工软科技有限公司	省级	2018 年
13	北京市军民融合特种机器人产业创新中心	哈工大（北京）军民融合创新研究院有限公司	省级	2019 年
14	北京市智慧社会产业创新中心	北京澍泽源智能科技有限责任公司	省级	2018 年
15	北京市信用科技产业创新中心	北京联行信用管理服务有限公司	省级	2019 年
16	北京市超高清视频技术协同产业创新中心	北京中联合超高清协同技术中心有限公司	省级	2019 年
17	北京市数字化设计与制造产业创新中心	北京数智引擎科技有限公司	省级	2019 年
18	北京市集成电路装备产业创新中心	北京集成电路装备创新中心有限公司	省级	2019 年
19	北京集成电路供应链及先导技术产业创新中心	北方集成电路技术创新中心（北京）有限公司	省级	2020

数据来源：赛迪智库整理　2021.5

第二节　典型省级创新中心建设进展

一、北京先进动力电池系统产业创新中心

（一）建设进展

1. 组建情况

作为北京先进动力电池系统产业创新中心（以下简称创新中心）的运营主体，蓝谷智慧（北京）能源科技有限公司（以下简称蓝谷能源）成立于 2016 年，公司前身为北京匠芯电池科技有限公司，是北汽集团旗下从事换电及能

源服务板块的高新技术企业。公司在 2020 年完成 A+轮融资，融资金额 3.3 亿元，融资资金主要用于新技术开发、生产制造、市场推广等。在技术开发方面，完成换电站关键技术开发，换电站已投入市场运营；完成基于梯次电池的低速车电池包技术开发，电池包应用于外卖、快递等终端用户，目前已有 2000 套投入使用。在生产制造方面，创新中心于 2019 年 11 月由采育整体搬迁至亦庄工业园，园区一层车间 8000 平方米，可以同时满足试制试验、生产制造、小批量仓储等功能，为科技成果产业化提供了保障。

2. 队伍建设

创新中心拥有众多包括汽车行业、能源行业、IT 行业和装备行业的专业人才，在动力电池全生命周期管理领域拥有一支专业、高效的团队；现有 200 余人，其中博士学历人员占比 2%，硕士学历人员占比 21%，本科及以上学历人员占比 87%。创新中心在 2020 年初进行组织机构调整，设立了 1 个研发中心，1 个事业部，1 个分公司，共计 20 个部门，包括质量管理部、制造工程部、采购管理部、战略规划部、人力资源部、财务管理部、经营管理部、办公室；换电事业部，下设市场开发部、经营支援部、运维服务部、网络建设部；研发中心，下设产品工程部、电气工程部、策略开发部、结构工程部、电池技术部、信息技术部、试制试验部；成立蓝谷智慧（北京）能源科技有限公司济南分公司，负责济南全域自营换电站的运维和服务业务。

3. 平台建设

创新中心完善智能云平台，对储能电池、低速车电池包、换电站站内电池进行实时评估，提前预测余能及安全风险，在动力电池分选阶段，实现快速分选，提高效率，降低成本；在梯次利用阶段，对设备、产品进行实时监控分析，实现对梯次产品的主动维护和防御，提升设备运行安全性。

（二）运行成果

1. 技术创新和技术工程化

针对退役电池梯次利用瓶颈，开发退役电池余能快速检测技术、退役电池模组安全隐患检测技术、系统结构和电气连接的柔性设计技术及梯次利用系统管理技术。

开发新一代换电站，包括自主锁止机构应用、无人值守技术、电池数字孪生技术；开发全新商业模式，依托换电探索车电分离全新业态。

2. 成果转化和企业孵化

创新中心开发的换电站产品，单站完成两万次可靠性试验，并通过高温高寒试验，产品已在珠海、三亚等城市投放运营。此外，创新中心运营主体蓝谷能源目前正在积极推动与国家电网成立合资公司，推动换电站运营的工作。

3. 行业服务

在知识产权方面，创新中心累计申请专利 355 件，授权 76 件，其中发明专利申请 99 件，授权 2 件；实用新型专利申请 198 件，授权 40 件；外观设计专利申请 58 件，授权 25 件；软件著作权申请 25 件，发表 9 件。参与制定国家标准 1 项，行业标准 3 项，团体标准 9 项。

4. 交流合作

创新中心加强技术合作、技术交流，对标行业先进企业，先后与 MBE（梅赛德斯奔驰能源）、宁德时代、国网电动等开展技术交流，提升技术先进性。此外，创新中心与高校（北京理工大学、北京航空航天大学）、科研院（中国科学院）所开展科技项目合作，共同开发共享换电技术、电池评估等先进技术。

二、北京石墨烯产业创新中心

（一）建设进展

1. 组建情况

北京石墨烯产业创新中心（以下简称创新中心）采用企业法人形态的“公司+联盟”模式运行。

（1）北京石墨烯技术研究院有限公司

北京石墨烯技术研究院有限公司（以下简称北京石墨烯技术研究院）是创新中心的运行主体，负责创新中心的日常运营，同时负责中试应用技术研究平台和先导产业加速孵化平台运作，通过加强中试技术研究及转化能力，全面整合创新技术、应用技术和产业资源，开展石墨烯领域关键共性技术的研发供给、转移扩散和首次商业化。

北京石墨烯技术研究院是由航发集团与北京市政府发挥央地联动优势设立的新型创新主体，注册资本 6.408 亿元，主要股东包括中国航发北京航空材料研究院、中国航发资产、中关村发展集团、海淀区国投、中车资本、国创基金等政府、上下游领军企业及员工持股平台。股权结构见表30-2。

表30-2 股权结构

股东名称	出资额（万元）	持股比例
航材院	25053.48	39.09%
中国航发资产	7210.00	11.25%
中关村发展	1500.00	2.34%
海淀国投	500.00	0.78%
国创基金	14296.58	22.31%
中车国创基金	14296.58	22.31%
员工持股平台	1232.81	1.92%
合计	64089.45	100%

数据来源：赛迪智库整理　2021.5

（2）北京先进碳材料产业促进会

创新中心的联盟为北京先进碳材料产业促进会，由北京石墨烯技术研究院、中国石化燕山石化公司、北京石化新材料科技产业基地管委会发起，在北京市经信局推进京津冀产业协同发展、构建高精尖产业结构、改造提升存量产业的工作要求下，经北京市民政局批准成立的行业性社会团体，是非营利性社会组织，目前已联合包括北京工业大学、中国航发、燕山石化等100余家上下游单位。联盟主要职责是协同行业上下游，联合行业主要单位，建立“产学研”信息、知识产权等资源共享机制，推动有关标准、评价、质量检测体系建设，推进石墨烯研发及应用，促进产业发展。

2. 队伍建设

（1）技术专家委员会

创新中心组建了以中国科学院院士、北京大学教授刘忠范为主任，2010年诺贝尔奖得主康斯坦丁·诺沃肖洛夫爵士、刘云圻院士、潘复生院士、陈祥宝院士、赵振业院士、罗伯特·杨院士、曹春晓院士等12位著名专家为代表的专家委员会。专家委员会的成立标志着创新中心在国内外顶级专家的指导下，面向高端制造业创新发展对先进新材料的重大需求，研判石墨烯行业发展重大问题，按照市场需求制定明确的技术路线图，加速突破制约产业发展的关键共性技术，切实发挥行业引领作用。

（2）组织架构

北京石墨烯技术研究院依据《公司章程》，规范法人治理机制，健全法人治理体系。目前，北京石墨烯技术研究院已制定并贯彻实施《股东会议事规则》《董事会议事规则》《监事会议事规则》《总办会议事规则》，明确股东会、董事会、监事会、经理层各自的权力、义务和责任；明确其议事规则、运作规范和工作规范；保持研究院治理的有效性、规范性和风险可控性，并建立了完善的组织架构，保证企业决策效率和经营目标的达成。

（3）核心团队

创新中心团队硕士以上学历人员占比超过 70%，核心团队由 40 余名年轻博士组成，以王旭东、何利民、杨程、燕绍九和潘登等多位博士为领军人物，创新团队专业涵盖物理、化学、金属材料、高分子材料、复合材料、成型工艺、性能表征与评价等多个学科领域，核心技术骨干长期从事有关重点型号和预研项目研究，获得过多项成果和专利，在行业内具有较强的影响力和知名度，多次获得过国家、省部级科技奖励，主持或参加过多项国家及部委重点型号和预研项目的研究，开展过多项石墨烯产品的开发。

3. 平台建设

创新中心在北京市政府的支持下，经过 4 年发展，初步建成了全要素汇集的创新生态系统。通过中试孵化能力建设、测试验证能力建设和行业支撑能力建设，创新中心营造产业跨界协同创新环境，打造了适合我国石墨烯产业发展的“四轴联动”的产业发展新模式，初步实现实验室技术→中试应用技术→种子企业孵化→产业化→反哺研发的良性自我循环，建设了包括技术中试、商业中试和产业推广的产业孵化创新平台，具体如下。

（1）石墨烯及应用材料中试基地

创新中心一期投资 8000 万元建设了国内第一条石墨烯中试基地，包括石墨烯纳米片制备、石墨烯高温合金、石墨烯环境净化材料等 10 个石墨烯及其应用实验室，围绕石墨烯制备、石墨烯材料复合、石墨烯材料检验检测等系列关键技术和专用装备开发等方面持续开展深入研究，技术成熟度不断提升。目前正在开展二期建设，拟投资 2.3 亿元。

（2）石墨烯/金属复合材料共性技术研发应用平台

为促进石墨烯材料研发数字化，形成大规模材料性能数据库，降低材料开发成本，创新中心开展了石墨烯/金属复合材料共性技术研发应用平台建设。该平台针对石墨烯/金属复合材料界面控制工艺研究，结合具有自主知识产权的石墨烯铝合金、钛合金、轴承钢等材料设计和制备技术，突破石墨烯/金属复合材料规模化稳定制备的瓶颈，构建石墨烯/金属复合材料界面控制工艺数据库，开发石墨烯/金属复合材料中试装备，建设石墨烯/金属复合材料共性技术研发应用平台。以石墨烯轴承钢和石墨烯钛合金复合材料为示范，创新中心完成了石墨烯/金属复合材料应用研究，带动不同金属基体的石墨烯/金属复合材料应用技术的整体突破，为我国航空发动机等重大项目的快速发展提供了有力支撑。

（3）新材料种子企业孵化器

创新中心在房山区建成了北京唯一的新材料种子企业孵化器（北京石墨烯产业创新中心种子企业孵化器，占地15700平方米；已完成首批外部科技企业（10家）入驻申请，首批引入5家企业。创新中心通过种子园建设，完善了创新中心创新生态体系，弥补了产业转化链条短板，逐步形成以种子企业为核心，专项基金、国际高端论坛和行业联盟为环境的立体产业发展格局。

（4）设立石墨烯专项天使基金

创新中心出资3000万，联合中国航发资产公司发起设立了石墨烯创投基金，基金规模2.2亿，这也是国内唯一一个针对石墨烯行业的天使基金。基金已开展了“石墨烯储能电池”“石墨烯轴承钢”“石墨烯环境净化材料”等6个项目的尽调工作，完成了第一个投资项目爱家科技股权投资的投委表决，一致通过了投资方案；“石墨烯储能项目”和“高性能轻质石墨烯电缆项目”以及“石墨烯高耐磨钢项目”3个项目，已完成产业技术方案可行性论证。基金的设立有效地解决了项目公司初创阶段资金短缺问题，极大地提升了项目孵化成功率，推进了技术成果转化。

（5）北京市航空航天新材料产业集群

北京市航空航天新材料产业集群由北京市经济和信息化局批准成立，创新中心联盟——北京先进碳材料产业促进会作为集群促进机构。通过前期调研，北京市航空航天新材料产业集群建立了成果库、需求库及专家库，形成了航空航天新材料信息共享平台，促进了宁波、常州、深圳等石墨烯重点发展地区在航空航天新材料领域的应用，拉动了全国材料产业采购需求，并且举办了多场技术需求对接会。

（6）建设石墨烯“一条龙”

创新中心于2019年6月获批工信部石墨烯工业强基工程“一条龙”应用计划唯一第三方推进单位，通过“一条龙”模式推进成果扩散，打通产业上下游。针对石墨烯储能正极材料、石墨烯铝合金电缆、石墨烯树脂耐磨材料、石墨烯重防腐涂料材料、石墨烯改性铜接触线、石墨烯轴承钢 6 类产业，开展推动产业上下游合作、加快石墨烯科技成果推广应用等相关工作。

（二）运行成果

1. 技术创新和技术工程化

在石墨烯粉体制备方面，探索石墨烯粉体高品质、低成本制备技术，建成安全、环保、自动化的石墨烯粉体生产线，实现了宏量制备高品质石墨烯粉体，实现石墨烯粉体成本下降 7～10 倍。

在石墨烯粉体功能化方面，成功开发了羧基化石墨烯、羟基化石墨烯、镀银石墨烯、镀铜石墨烯、半导体杂化石墨烯、负载磁性粒子石墨烯等功能化石墨烯纳米片，满足复合材料应用需求。

在石墨烯应用产品开发方面，针对防弹装甲、海洋工程、航空航天等不同的应用场景进行开发。

开发了单兵防护胸插板、火箭军发射车防弹玻璃、新型海军舰艇导弹防护、武装直升机防护方案等一系列防弹装甲产品，研制的越野车防弹装甲面密度＜$20kg/m^2$，在科工局完成了直升机用石墨烯复合装甲项目立项，现阶段制备的直升机用石墨烯复合装甲面密度＜$35kg/m^2$，并取得了权威第三方检测报告；

针对跨海大桥、电力铁塔、飞机客舱等装备对材料耐腐蚀性的需求，利用石墨烯优异的阻隔特性和屏蔽特性，通过石墨烯功能化制备与涂层结构设计，开发了石墨烯水性环保涂料，经第三方检测机构测试，在经过 4000 小时中性盐雾腐蚀后，石墨烯水性底漆及石墨烯底/面漆涂层无明显腐蚀，色差变化小于 2；

开发了石墨烯锂离子正极材料，有效地改善了磷酸铁锂电导率，电阻下降一个数量级，目前完成了石墨烯与磷酸铁（钴、锰和钒）锂复合多种正极材料复合；同时制备完成的石墨烯改性锂电池负极材料，具有柔性电极容量高，同时可满足快速充电要求，通过石墨烯改性，石墨烯改性锂电池减少导电剂用量约 50%，同时降低直流内阻 50%，提高功率密度 30%；

利用石墨烯的高强度和高导热率的特性，开发了新一代机载和卫星用石墨烯铝基复合电子封装材料，新一代卫星用电子封装材料导热性能达到 230w/（mK），线膨胀系数 9.5×10-6/℃，弯曲强度 500MPa，同时具备良好的机械加工和焊接性能，可用于下一代卫星用 TR 电子封装组件；新一代机载电子封装材料导热性能大于 210w/（mK），线膨胀系数 12×10−6/℃，弯曲强度 500MPa，可用于先进有缘相控阵雷达 TR 封装组件。

在布局石墨烯前沿技术开发方面，探索了电化学剥离方法制备高品质的石墨烯粉体，具有简单、快速、无须后续还原处理及环保的特点，绿色化的工艺避免了传统方法中的强酸、强碱、强氧化剂等有害物质排放；探索了常压化学气相沉积法（CVD）和低压化学气相沉积法（LPCVD）两种不同的制备工艺，相比较而言，常压化学气相沉积法的覆盖率要优于低压化学气相沉积法，但低压化学气相沉积法所制备出来的石墨烯层数可控，其表面的质量优于常压化学气相沉积法所得的石墨烯薄膜；针对石墨烯高敏感度、高导电性的特性，开展研制石墨烯生物传感器芯片，改变现有生物传感器灵敏度不高、准确度不高、检测时间过长和成本过高等缺点，该项技术结合了半导体微纳加工工艺、封装工艺、纳米材料制备工艺及石墨烯功能化等工艺，可广泛应用于减震救灾、生物监测等领域。

知识产权方面，创新中心目前已拥有知识产权 217 件，其中专利 166 件，技术秘密 1 件，标准规范 70 件，软件著作权 8 件，涵盖石墨烯粉体、功能化石墨烯、石墨烯薄膜制备、石墨烯传感器、石墨烯热管理材料、石墨烯铝基合金材料、石墨烯铜基合金材料、石墨烯镁及钛合金材料、石墨烯环境净化材料、石墨烯树脂基复合材料、石墨烯 3D 打印树脂基材料、石墨烯锂电池材料、石墨烯防腐涂料、石墨烯润滑材料等技术领域。自创新中心成立以来，累计新申请发明专利 56 件，工信部技术成果鉴定 2 项，科技查新报告 7 项，参与编写国家石墨烯标准 1 项。

2. 成果转化和企业孵化

在成果转化方面，创新中心基于自主开发的石墨烯及应用技术，联合“学研用融”多方资源，初步打造了石墨烯防弹装甲材料、石墨烯储能材料、石墨烯铝合金电缆材料、石墨烯橡胶材料等多个石墨烯示范应用产业链。在石墨烯防弹装甲材料示范产业链方面，创新中心成立了项目公司——中航装甲科技有限公司，研制出石墨烯改性防弹材料及装备、石墨烯改性爆炸防护材料及器材，研究成果曾获多项国家级奖项；在石墨烯储能示范产业链建设方面，在天津东丽成立了项目公司——天津玉汉尧石墨烯新材料制造有限公司和天津艾克凯胜石墨烯科技有限公司，研制出石墨烯改性磷酸铁锂快充电池正极材料、石墨烯高导电浆料、石墨烯改性 811 三元快充电池正极材料等新型动力电池用材料；在石墨烯铝合金电缆材料示范产业链方面，在新疆乌鲁木齐成立了项目公司——新疆烯金石墨烯科技有限公司，研制出石墨烯铝合金高架输变电架空绞线等新型输变电材料，一期投资 12 亿元，其中国家开发银行贴息贷款 5.7 亿元；在石墨烯橡胶材料示范产业链方面，在天津东丽成立了项目公司——天津烯航石墨烯科技有限公司，研制出高铁用石墨烯空气阀隔板、石墨烯橡胶减隔振弹性元件等新型材料，实现进口替代，是中国铁路总公司唯一技术鉴定通过可以装车产品；在企业孵化方面，利用创新中心已搭建的创新平台，已推动石墨烯轴承钢、石墨烯航空铝导线、石墨烯储能材料等项目成立项目公司，并入驻房山种子企业孵化园。

在商业化应用方面，创新中心面向国家重大需求和重点装备，与中国电科、国家电网、铁路总公司、中车集团、中国石化、中核集团等 10 余家央企开展技术研发合作，部分产品已在 4 代战斗机、港珠澳大桥、西电东送工程中得到应用。针对中国电子科技集团对先进雷达封装材料的需求，开发了石墨烯电子封装材料，目前正在装机验证；针对国家电网对高性能架空输电线的需求，开发了石墨烯铝导线材料，目前已通过中国电力科学研究院的考核认证；针对中国铁路总公司对高速列车用减振橡胶材料的需求，开发了石墨烯氟橡胶材料，目前已通过中国铁路总公司的专家技术鉴定，可以替代目前进口材料并开展运用考核。其中，石墨烯电子封装材料和石墨烯铝合金导线作为制造强国战略典型产品进入工信部新材料首批重点应用示范项目。

3. 行业服务

（1）检验检测及标准制定体系搭建

创新中心自成立以来，已制定企业标准 80 项，参与制定行业标准 4 项、国家标准 1 项，并与北京市市场监督管理局、北京市计量检测科学研究院、北京丰泰新材料检测院等三家单位签订了战略合作协议，整合石墨烯行业资源，推动石墨烯计量检测体系搭建，建立石墨烯计量检测标准化认证体系，后续将以纳米生物传感器、柔性薄膜传感器、金属薄膜传感器等一批先进传感器用石墨烯材料标准的制定为抓手，重点推进一批石墨烯应用产品标准的建立。

（2）科普读物

创新中心开展了大量科普工作，编写了首个石墨烯科普读物《石墨烯：改变世界的二维材料》，目前已正式出版。

创新中心完成了 6 套科普演示系统的详细设计方案，其中 5 套已经制备完成了模型和演示系统的制作（石墨烯金属材料、石墨烯金属薄膜传感器、足底压力分布检测传感器、石墨烯生物传感器、石墨烯铝空气电池）。

4. 交流合作

（1）国际合作

英国在石墨烯前沿及基础理论研究方面处于全球领先行列，为了紧跟技术创新前沿，加强前端理论研究，创新中心积极与英国高校院所开展合作交流。2018 年 5 月，创新中心与英国国家石墨烯研究院正式签署合作协议，在北京建设中英二维材料工程技术联合研究中心（诺奖工作站）。2018 年诺奖工作站引进 2010 年诺贝尔物理学奖得主康斯坦丁·诺沃肖洛夫院士及其团队，开始逐步引进国际知名院士、专家等高端人才，围绕石墨烯、类石墨烯等二维材料，针对航空航天、新能源、交通、电子信息等领域开展基础科学和应用技术研究，促进相关技术孵化，培育先导产业。创新中心派出以北京石墨烯技术研究院为代表的技术团队成员多次赴英国曼彻斯特大学国家石墨烯研究院进行访问交流，取得了良好的交流成果和展示效果。

（2）联合实验室共建

为扩大石墨烯产品应用场景，创新中心与京城机电、中国商飞北研中心等大型研发机构建立联合实验室，根据优势互补原则，共同推进石墨烯材料产品的应用研究及考核验证，推进石墨烯在相关领域的产业化应用，促进科研成果有效转换。

中国商飞北研中心：为推动石墨烯等新材料领域的知识产权与应用开发工作，实现民机新材料领域的技术储备和创新发展，创新中心依托石墨烯材料的先进技术成果与中国商飞北研中心开展合作，重点推动石墨烯电池、石墨烯橡胶等优势成果与应用场景结合。

北京市机电研究院：鉴于石墨烯材料在机电装备及零部件领域拥有广阔的应用前景，创新中心与北京机电研究院开展共建石墨烯机电应用技术联合实验室的相关工作，共同推进石墨烯材料产品的应用研究及考核验证，推进石墨烯在机电装备领域的产业化应用，通过联合实验室打造技术合作创新平台，推动京城机电研究院产品升级换代，取得市场技术优势。

（3）举办各类行业学术交流活动

为实现服务行业、带动产业的作用，创新中心组织举办了四届京津冀石墨烯大会，以及“碳纳米管导线材料在航空航天领域应用”专家研讨会、航空航天新材料产业应用峰会等国家级会议，开展了各类科普活动、首都科技大讲堂、工程师沙龙等科协活动 10 余场，开展各地产业调研等创新活动 93 场，调研全国 23 省市自治区，推动建设了 4 个产业园区和 2 个交易平台，在国内外产生了较大影响。

三、北京市医疗机器人产业创新中心

（一）建设进展

1. 组建情况

北京市医疗机器人产业创新中心（以下简称创新中心）的运营主体北京水木东方医用机器人技术创新中心有限公司，是由医疗机器人领军企业北京天智航医疗科技股份有限公司、北京清华工业开发研究院、中关村科学城等单位于 2017 年 12 月共同发起设立，2018 年 9 月获得北京市经济和信息化局授牌“北京市医疗机器人产业创新中心”，成为国内首家、也是唯一一家医疗机器人技术与产业协同创新平台。在两年多的运营管理下，创新中心推进产业化进程，取得了良好进展，联合国内外顶级高校院所、一流科研机构、知名临床医院、行业协会联盟、产业基金和社会资本等创新资源，致力于打造医疗机器人产业的协同创新平台。

创新中心面向医用机器人产业全生命周期，建设前沿技术、共性技术、产品设计、样机制造、检测评估、临床研究六大中心，形成有全球影响力的技术平台和产品平台；垂直打通临床需求、关键技术研究、核心产品研制与创新成果转化的产业链条，培育医用机器人核心重磅产品；为创新企业提供智库、技术和临床支撑，为产品化落地提供孵化加速和投资服务，建设医用机器人的产业创新生态。创新中心围绕六大中心企业化运作平台，设立创新智库，发起创新基金，形成“一体两翼”，助力产业快速发展，构筑具有世界影响力的医用机器人创新中心，通过技术创新、产业服务、培育加速、承担研发合作、技术入股、成果转化、设备共享、检测服务、知识产权服务、信息服务、人才培训等公共技术服务，促进创新研究工作可持续发展。

创新中心已经与北京市经济和信息化局、北京市科学技术委员会、北京市医疗器械检验所、北京市食品药品监督管理局等建立了良好的汇报机制；与约翰霍普金斯大学、清华大学、北京理工大学、北京航空航天大学、上海交通大学等建立了扎实的科研协作；与美国 UCLA 医院、北京积水潭医院、中国人民解放军301医院、北京协和医院等保持密切合作，初步形成了“政产学研医金”协同创新体系布局。

2. 队伍建设

首席科学家：田伟院士，中国工程院院士，法国国家医学科学院院士，现任北京生物医学工程学会理事长、中国生物医学工程学会常务理事、中国生物医学工程学会医用机器人工程与临床应用分会主任委员、中国医药生物技术协会计算机辅助外科技术分会主任委员，主持国家重点研发专项等国家级科研项目6项，制定国家卫生行业标准3项，获北京学者、国家科学技术进步二等奖、北京市科学技术奖一等奖。

科学顾问委员会委员包括：Russell H.Taylor教授，被誉为“手术机器人之父”，美国工程院院士，美国约翰霍普金斯大学计算机集成手术系统和技术研究中心主任、计算感知和机器人技术实验室主任，手术机器人和计算机辅助手术系统领域奠基人，主持研发世界首台骨科手术机器人ROBDOC，撰写计算机辅助手术方面第一本专著；Gerhard Hirzinger教授，德国国家科学院院士，德国宇航中心机器人研究所创始人，德国科技最高奖莱布尼茨奖所得者，国际机器人领域权威专家；于金明院士，中国工程院院士，放射学教授，中共山东省委委员，现任山东省医学科学院名誉院长、山东省肿瘤医院院长、中央联系的高级专家、中央保健会诊专家、中国抗癌协会副理事长、中华医学会放射肿瘤学专业委员会名誉主任委员、中国抗癌协会放疗专业委员会名誉主任委员、山东省抗癌协会理事长；王田苗教授，机器人领域著名专家，北京航空航天大学机器人研究所所长、博士生导师，现任国务院学位委员会学科评审专家组成员，国家“863 计划”机器人技术主题专家组组长，获得国家电子工业部科技进步一等奖、国家航空部科技进步二等奖及北京市科技进步二等奖；王树新校长，天津大学党委常委、副校长，法国巴黎机器人实验室高级访问学者，获得天津市自然科学二等奖、天津市劳动模范、国家教委科技进步二等奖、天津市科技进步一等奖等。

领军企业家包括：张送根，北京天智航医疗科技股份有限公司董事长，中关村医疗器械产业技术创新联盟理事长，国家十一五、十二五国家科技支撑项目课题负责人，带领团队研制成功我国第一台完全自主知识产权的医疗机器人产品，并取得注册许可证，填补了国内空白，2016年研发第三代“天玑”骨科手术机器人产品，填补了上颈椎手术机器人的国际空白，曾三次向习近平总书记演示汇报，获得中关村高端领军人才、北京市科学技术一等奖、科技部科技创新创业人才、中组部“万人计划”创业领军人才；王彬彬，北京水木东方医用机器人技术创新中心有限公司总经理，北京天智航医疗科技股份有限公司董事、副总经理，北京市“三八红旗奖章”获得者，北京生物医学工程学会理事，北京市海淀区食品药品安全专家委员、大健康产业专家委员，主持了国内首台骨科手术机器人的研发工作，取得国内首个医疗机器人注册许可证，获得北京市科学技术一等奖，参与了多项国家科技计划的研发任务，具有完整的医疗机器人研究、高科技成果转化、产业化开发经验。

引入世界范围领军人才和团队：陈兆芃博士，德国宇航局（DLR）机器人实验室主任德国汉堡大学教授，师从德国国家院士，多次担任国际机器人顶级会议分会主席，曾作为中德代表为德国总理默克尔及中国前总理温家宝做汇报演示；徐凯教授，上海交通大学教授、博士生导师，世界首套单孔腔镜手术机器人系统首席设计师，博士毕业于美国哥伦比亚大学，曾获北京市“海聚工程”特聘专家、基金委“优青”、教育部“新世纪优秀人才”、机器人学顶级杂志副编辑，主持国家自然科学基金项目 4 项，科技部重点研发计划专项项目 1 项；Mehran Armand 教授，美国约翰霍普金斯大学（JHU）生物力学和图像引导外科系统实验室主任、计算传感和机器人技术中心实验室主任，国际顶尖机器人外科学及生物力学专家，约翰霍普金斯大学应用物理实验室首席科学家，同时兼任巴尔的摩约翰霍普金斯医学院骨科外科教授；盛珂教授，美国加州大学洛杉矶分校（UCLA）医学院放疗科终身正教授、系副主任，美国医疗物理协会成员（Fellow）；美国威斯康星大学麦迪逊分校博士，世界最先进射线治疗手段 4π 技术和代表最新一代人工智能 Nova 放疗计划系统发明人；北京航空航天大学副教授、北航医疗器械研究所副所长王豫教授等。

3. 平台建设

创新中心面向医用机器人产业全生命周期，建设前沿技术、共性技术、产品设计、样机制造、检测评估、临床研究六大中心，形成有全球影响力的技术平台和产品平台；垂直打通临床需求、关键技术研究、核心产品研制与创新成果转化的产业链条，培育医用机器人核心重磅产品；围绕六大中心企业化运作平台，设立创新智库、发起创新基金，形成“一体两翼”，助力产业快速发展，建设医用机器人的产业创新生态，构筑世界影响力。创新中心通过技术创新、产业服务、培育加速，承担研发合作、技术入股、成果转化、设备共享、检测服务、知识产权服务、信息服务、人才培训等公共技术服务，促进创新研究工作可持续发展。创新中心运营公司于 2019 年 6 月，被中关村管委会认定为中关村高新企业，2019 年 12 月，被认定为中关村国家自主示范区硬科技孵化器。

总部园区：创新中心总部位于海淀区中关村东升国际科学园，已建成总规模 12500 余平方米场地，配套标准化实验室、产品展示中心、多功能会议室、VIP 接待室、培训教室等区域，提供有利于医疗机器人产业健康发展的服务平台。

中心平台：以东升国际科学园为基础进行扩建，其中创新中心检测评估中心总部落地亦庄经济技术开发区；样机制造中心落地海淀区金隅制造工厂。

创新网络：创新中心联合中外科技与产业力量形成协同创新网络，在北京、天津、上海、广州、深圳、成都、济南等地建设创新网络节点；与美国、德国、英国、日本、瑞士等国高校、科研机构共建前沿技术与共性技术实验室。

实验室建设：创新中心自成立以来，产业平台横向构建、创新产品垂直整合，与国际国内著名研究院、高校建立了深度的科研协作体系，共建前沿技术、关键技术实验室；与医疗机器人应用和研究领先临床机构构建了医工融合的协同创新体系，开展临床技术研究。

（二）运行成果

1. 技术创新和技术工程化

（1）医疗机器人前沿技术研究：掌握世界前沿技术，填补国内空白，建设人机融合实验室，引入约翰霍普金斯大学生物力学和图像引导外科系统实验室主任团队，突破机器人机械功能、术中成像、实时感应、人机融合，研制蛇形微创手术机器人；建设人工智能实验室，引入硅谷、斯坦福深度学习实验室，北京大学、牛津大学博士团队，开发基于精密光学、计算机图像处理、深度学习，以及云计算等技术构成的智能辅助诊疗方案，研制人工智能病理辅助诊断系统，完全实现病理切片云端化、数字化、智能化；建设机器人前沿应用实验室，引入掌握全世界最先进的射线治疗手段-4π技术的 UCLA 放疗系终身教授、系主任团队，以及全世界最小的医用加速管制造技术专家组成团队，研发最新一代全方位放疗手术机器人，实现放疗手术精准、高速、高效；通过前沿技术研究，将机器人与最新影像学、5G、AI、大数据、云计算、脑—机接口、新材料等深度融合，解决包括智能感知、智能决策、智能控制、机器人智能协作，以实现新一代机器人更智能、更灵活、更易合作、更具有适应能力。

（2）医疗机器人共性技术开发：加快关键技术攻关和核心部件研制，解决机器人“卡脖子”难题，建设机械臂伺服控制实验室，引入德国宇航局机器人实验室副主任、德国红点奖得主领军团队，研制 7 自由度高性能力控型机械臂和 5 关节力传感旋转灵巧手，机械臂突破人机工程学设计，集成高性能传感器、高级力控算法及视觉算法，灵巧手突破多种感知、集成化、模块化、数字化及实时控制；建设软组织手术机器人实验室，引入上海交通大学教授、世界首套单孔腔镜手术机器人系统首席设计师团队，突破可形变对偶连续体技术和针对可形变手术执行臂的遥控操作主从控制技术，研制单/多孔腔镜手术机器人；建设硬组织手术机器人实验室，由积水潭医院院长田伟院士及多名骨科临床专家领衔，支持面向医疗机器人的平台型通用性技术、专科机器人的自动规划与超限操作技术等关键技术攻关，开发关节手术机器人、硬组织磨削机器人；建设机器人智能影像分析实验室，引入清华大学核心团队，开发基于医学影像学、流体力学、人工智能、云计算技术的 FFR-CT，无创、低费用、高效率检测冠脉的血流储备分数。创新中心通过共性技术研究与产品开发，加快了医疗机器人关键部件国产化替代进度，增强了医疗机器人核心零部件竞争优势，奠定了我国医疗机器人全产业链高质量发展优势，全面提升了我国医疗机器人技术水平和国际竞争力。

（3）医疗机器人创新产品设计：组织产品定义团队、专业工业设计团队、安规工程设计团队等，依据临床需求，整合国内外技术资源，顶层规划重磅产品，组织实施产品原型研发，提供功能性、合规性、可靠性、易用性、批量性专业设计服务，提供切实可行的、符合医疗器械监管要求的解决方案，确保产品的质量和安全；引入积水潭医院科研院长、北京航空航天大学医工企深度合作教授和团队，开展智能化骨盆骨折复位模块化产品设计，研发骨折复位手术治疗机器人，覆盖骨科其他高难手术，填补了世界医学领域的空白；引入积水潭医院、佑安医院、301 医院、北京控制工程研究所专家团队，针对传染病隔离病房的实际工作环境，结合病房智能巡诊和临床护理的迫切需求，设计开发面向重大灾疫应急处置智能巡诊机器人，先期在佑安医院 ICU 病区进行了功能试验，下一步将根据临床反馈进一步完善机器人性能，加快研发进程，早日应用于临床。

（4）医疗机器人 CDMO 平台：搭建专用实验室、高精加工、个性制造、洁净间、专用产线、柔性产线等“专、精、特、新”医疗机器人研发定制、生产外包平台，提供快速响应的一站式专业化解决方案；提升医疗机器人产品成熟度，缩短产品化、产业化周期，提高成果转化率、成功率，形成医疗机器人系统化、配套化、工程化研发体系和制造闭环；作为我国医疗器械注册持有人制度的试点示范，解决了制约医疗机器人产业化及产业规模拓展等瓶颈问题，补足了北京市高端医疗装备产业链短板，夯实了产业核心竞争力。

（5）医疗机器人检测验证环境：进行医用机器人质量和性能检测和验证环境建设，配合医用机器人标准研究，推动检测验证能力提升；完成 5 种医用机器人产品性能检测和验证环境建设，包括机器人零部件测试验证，以性能及安全为核心实现机器人关键零部件综合测试；机器人整机检测验证，包括软、硬件及整机功能评价，临床应用性能和临床安全性能评估等；进行国家标准/国际标准/行业标准等研究；建设多模导航技术验证、微创手术灵巧机构实验、力反馈控制技术验证、远程手术技术试验等环境能力，满足医疗机器人技术研究、系统开发及测试认证的专门化需求。

2. 成果转化和企业孵化

（1）企业孵化

创新中心已吸引国内外顶尖总部型科技创新企业落地，重点引育企业见表 30-3。

表 30-3 重点引育企业列表

已引育重点企业名称	已研发核心产品
北京术锐技术有限公司	单/多孔模块化腔镜手术机器人
北京罗森博特科技有限公司	骨折复位手术治疗机器人
北京思灵机器人科技有限责任公司	智能机械臂/灵巧手
真健康（北京）医疗科技有限公司	肺部穿刺手术机器人
北京英特美迪科技有限公司	人工智能辅助诊断系统
北京心世纪医疗科技有限公司	冠状动脉血流储备分数计算软件

数据来源：赛迪智库整理 2021.5

（2）成果转化

1）前沿技术——人工智能技术

已完成 AI 病理辅助诊断研究平台建设，完全实现病理切片云端化、数字化、智能化，为宫颈癌、乳腺癌、前列腺癌等重大疾病的病理诊断、预后评估等工作提供全面的智能辅助，数据库已突破 20 万，病理辅助诊断系统产品已经在注册阶段，扫描仪和 AI 软件即将送检。

已完成心血管影像智能分析平台建设，由清华大学和海外名校留学博士，以及拥有多年医学影像工作经验的人工智能专家、医学专家、资深软件工程师、质保流程工程师组成。AI CT-FFR 诊断系统提供冠脉三维重建、有限元分析、血流动力学计算和血流储备分数三维展示等功能，产品的核心技术已完成，并已完成临床试验，达到国际领先水平。

2）前沿技术——人机融合技术

与美国约翰霍普金斯大学（JHU）BIGSS 实验室战略合作，引入该实验室主任团队，签订战略合作备忘录，突破包括蛇形机械功能、术中成像功能、实时感应功能、人机融合功能的机器人手术综合能力，研发可操控的手持蛇形、带切头、可操控钻头机制，用来诊断治疗并进行微创骨科手术，目前研究进入原理样机阶段。

3）前沿技术——机器人前沿应用

已完成放疗机器人系统研究能力建设，引入美国加州大学洛杉矶分校（UCLA）医学院放疗科终身正教授、系副主任及世界级微型直线加速器研发制造专家团队，掌握全世界最先进的射线治疗手段-4π 技术和全世界最小的医用加速管制造技术；研发代表最新一代人工智能 Nova 放疗系统，与机器人系统融合，实现精准、高速、高效。目前硬件原理样机与核心放疗计划系统已完成，整机系统正在完善中，拥有 6 件世界范围独家核心专利。

4）共性技术——软组织手术技术

已完成单/多孔腔镜手术机器人研究平台建设，引入上海交通大学教授、世界首套单孔腔镜手术机器人系统首席设计师团队，突破了可形变对偶连续体技术和针对可形变手术执行臂的遥控操作主从控制技术；完成关键技术工艺验证、末端工具疲劳测试、电气安全性测试等能力建设。单/多孔腔镜手术机器人产品进入样机阶段，已完成临床试验，并成功进入创新医疗器械特别审查程序（绿色通道）。

5）共性技术——硬组织手术技术

已完成骨科机器人手术平台建设，引入北京积水潭医院院长田伟院士团队和天智航核心技术团队，已搭建完成导航验证平台、精度验证平台、光学验证平台；具备数字化手术空间、手术仿真模型、3D 影像设备、远程手术设备等；组织开发关节手术机器人、硬组织磨削机器人等骨科手术机器人。

6）共性技术——机械臂伺服控制技术

已完成机器人关键零部件研发平台建设，核心技术和团队来自德国宇航中心，该技术全球领先，获德国 iF 设计奖、德国国家设计奖提名；德宇航机器人实验室主任领军，研发团队 100 余人，推出 7 自由度高性能力控型机械臂和 5 关节力传感旋转机械手，拥有 30 多件发明专利。

7）产品设计——面向重大灾疫应急处置医疗机器人解决方案

针对新冠疫情，进行面向重大灾疫应急处置医疗机器人——智能巡诊机器人解决方案设计，引入合肥工业大学杨善林院士团队、北京理工大学段星光教授团队，以及机械工业仪器仪表综合技术经济研究所等。智能巡诊机器人已实现问诊、生理体征监测、互动式查体功能，在北京佑安医院 ICU 通过了临床适应性验证；远程移动非接触式智能化生理心理参数检测系统已实现心率、血压、血氧、呼吸率、面温等生理参数检测及情绪识别，已进入临床试验；多生理及情绪参数检测机器人适应全场景不同姿态患者的生理及情绪参数检测，完成了智能方舱医院临床试验，攻关团队将根据临床反馈的意见，进一步完善机器人的性能，以平战结合多功能智能巡诊机器人产品开发及示范应用为目标，加快研发进程，早日应用于临床。

3. 行业服务

医疗机器人研发定制、生产外包：搭建专用实验室、高精加工、个性制造、洁净间、专用产线、柔性产线等“专、精、特、新”医疗机器人研发定制、生产外包平台，提供快速响应的一站式专业化解决方案；提升医疗机器人产品成熟度，缩短产品化、产业化周期，提高成果转化率、成功率，形成医疗机器人系统化、配套化、工程化研发体系和制造闭环，解决制约医疗机器人产业化及产业规模拓展等瓶颈问题，补足北京市高端医疗装备产业链短板，夯实产业核心竞争力，助力形成千亿级医疗机器人产业集群的创新生态。

科技成果转化方面：针对高等院校、科研院所或创新企业等主体，助力其研发的科技成果应用于本单位的生产活动，帮助其实现自行投资实施转化，降低成果转化交易成本；针对科技成果持有人，帮助其通过许可、转让的方式将科技成果的使用权或所有权转移给技术需求方；为技术成果合作转化搭建平台，促进产、学、研以技术为纽带形成利益共享、风险共担的合作机制。

孵化服务方面：为引育企业提供基础服务、科技服务、投融资服务、中介服务、培训服务。

技术服务方面：通过市场化运行模式，为引育企业提供高价值的专业服务支持，包括覆盖医疗器械产品研发、临床注册、生产、销售等环节的产品生命周期管理支持，协助企业建立满足医疗器械行业特定法规要求的管理体系为引育企业提供产业化落地、批量生产等专业的一站式服务支持。

4. 交流合作

2020 年 6 月 25 日，由创新中心组织、首席科学家中国工程院院士田伟教授领衔，协同 12 家最具代表性行业机构和 8 位顶尖权威专家，在国际顶级学术期刊 Nature 发布“聚焦中国医疗机器人”特刊，首次在国际顶级医学期刊展示中国医用机器人领军人物、前沿技术、产业发展与成果转化的最新动态，平台行业资源优势凸显。

2018 年 9 月创新中心召开首届国际医用机器人创新发展论坛；2018 年 10 月召开医疗机器人前沿技术国际峰会；2018 年 11 月召开医疗器械创新驱动研讨会；2019 年 5 月召开第二届届国际医用机器人创新发展论坛；2020 年 12 月召开第三届国际医用机器人创新发展论坛。

2019 年 9 月世界机器人大会，创新中心代表北京市进行医疗机器人创新成果展示，专区观展人数超过 15 万。

创新中心与积水潭医院建立临床专利成果转化试点，并举办“医疗机器人临床技术创新和转化成果分享”专题研讨会等学术交流活动，2020 年 12 月与积水潭医院、天智航公司联合挂牌成立“智慧骨科联合实验室”。同期，创新中心与北京生物医学工程学会签订战略合作。

第三十一章 湖北省

第一节 总体进展与经验特色

2016 年 4 月，湖北省政府召开专题会议，启动制造业创新中心建设工程。当年年底，批复光电子制造业、高端数控装备（后更名为数字化设计与制造）、海洋工程装备 3 个省级制造业创新中心。2017、2018 年成功创建了信息光电子、数字化设计与制造 2 家国家级制造业创新中心，成为全国三个“双中心”省市之一；2020 年 1 月，湖北省半导体三维集成制造省级制造业创新中心获批；同时，资源循环利用及装备、氢能、北斗导航等 10 个省级制造业创新中心正在培育之中。湖北初步形成了“国家级制造业创新中心 2 获批+1 争创、省级制造业创新中心 4 认定+10 培育”的阶梯式发展格局。湖北省制造业创新中心建设进展见表 31-1。

表 31-1 湖北省制造业创新中心建设进展

序号	中心名称	运营公司/牵头单位	建设进展	成立时间
1	国家信息光电子创新中心	武汉光谷信息光电子创新中心有限公司	国家级	2017 年
2	国家数字化设计与制造创新中心	武汉数字化设计与制造创新中心有限公司	国家级	2018 年
3	湖北省海洋工程装备制造业创新中心	湖北海洋工程装备研究院有限公司	省级	2016 年
4	湖北省半导体三维集成制造创新中心	湖北三维半导体集成制造创新中心有限责任公司	省级	2020 年
5	湖北省氢能制造业创新中心	武汉中极氢能产业创新中心有限公司	试点培育	2018 年

续表

序号	中心名称	运营公司/牵头单位	建设进展	成立时间
6	智能网联汽车创新中心	武汉光庭科技有限公司	试点培育	2018 年
7	北斗高端制造业创新中心	武汉导航与位置服务工业技术研究院有限责任公司	试点培育	2018 年
8	资源循环利用及装备创新中心	湖北国创高新材料股份有限公司	试点培育	2018 年
9	低成本长寿命动力电池创新中心	骆驼集团新能源电池有限公司	试点培育	2018 年
10	新一代智能数控系统创新中心	武汉华中数控股份有限公司	试点培育	2019 年
11	轴业智能制造创新中心	湖北坚丰智能科技股份有限公司	试点培育	2019 年
12	智能装备制造协同创新中心	京山轻工机械股份有限公司	试点培育	2019 年
13	水刺医用辅料创新中心	稳健医疗（嘉鱼）有限公司	试点培育	2019 年
14	电子特气制造业创新中心	湖北晶星科技股份有限公司	试点培育	2019 年

数据来源：赛迪智库整理　2021.5

第二节　典型创新中心建设进展

一、湖北省半导体三维集成制造创新中心

（一）建设进展

1. 组建情况

湖北省半导体三维集成制造创新中心（以下简称创新中心）是国内专注晶圆三维集成技术与应用的创新平台。创新中心采用“公司+联盟”的模式进行建设，公司实体湖北三维半导体集成制造创新中心有限责任公司于 2019 年 6 月 5 日成立，股东单位 17 家，注册资本 1.16 亿元。单一大股东武汉新芯的占股比例 27.59%，形成股东单位占股不控股的中立性产业创新平台组织。中国半导体三维集成制造产业联盟（以下简称联盟）涵盖国内外会员单位 84 家，基本覆盖本领域产业链上下游各环节领军企业及本领域国内近 60% 的国家级创新平台。

2. 人才队伍建设

创新中心聘请国内产业界与学术界知名专家 21 人组成专家委员会，委

员会主任由国家科技重大专项“02专项”技术总师、中国科学院微电子所所长叶甜春担任。经过2年发展，创新中心现有员工76人（其中博士学历9人），其中研发人员占比86.8%，硕士及以上学历人员占比72.4%，本科及以上学历人员占比100%。

3. 平台建设

创新中心定位于关键技术的供给者、产业集群的培育者、创新生态的营造者、发展模式的创新者，主要建设共性技术研发、产业综合服务、成果转化与企业育成三大功能平台，通过平台化运作实现产业创新优势要素的聚合，并向全行业实施辐射带动。在共性技术研发方面，创新中心结合“后摩尔时代”技术发展趋势，进行晶圆堆叠、异质集成等共性技术平台建设，现已具备面向全行业提供服务的能力。在产业综合服务方面，创新中心面向高校、科研院所，开展三维集成前沿应用探索，并向行业提供特种材料/装备应用验证、测试、产品开发等技术服务，以及战略咨询、人才培训、国际交流等战略服务。在成果转化与企业育成方面，创新中心与国家知识产权运营公共服务平台、武汉留学生创业园等专业化公共服务平台合作，构建半导体三维集成领域的专利池建设维护平台、成果转移转化平台、一站式孵化平台，以及科技金融创新的综合管理平台。

（二）运行成果

1. 技术创新

创新中心重点开展晶圆级高密度混合键合、多晶圆三维堆叠、“芯片-晶圆”三维异质集成等关键工艺研发与技术创新。

晶圆级高密度混合键合利用独特的“铜—铜”键合工艺，实现百万级互联，相关技术已在新型图像传感处理器、高密度高带宽存储器开展应用推广。采用三维集成架构的AI芯片，相比同等算力的平面AI芯片，带宽提高近10倍。

多晶圆三维堆叠技术利用高深宽比硅通孔和混合键合技术实现多层堆叠与高密度片间互连，主要应用于服务器级高带宽动态存储器，现已实现5片wafer的垂直堆叠，相较业内主流解决方案，带宽提升近50倍，而且功耗更低、散热更优。

三维异质集成技术以人工智能、高性能运算市场为切入点，打造存算一体芯片（逻辑+存储）和人工智能芯片（逻辑+逻辑）；中长期联合国内5G生态链核心企业，打造多功能异质系统性集成（Ⅲ-Ⅴ族化合物半导体器件+Si基 CMOS 器件），进入射频和硅光集成领域。

2. 成果转化

创新中心与武汉新芯、紫光国芯联合开发的三维集成低功耗动态随机存储器（3D DRAM），是自研混合晶圆键合技术在主流存储器领域转化应用的实例，目前相关产品已发布。通过三维集成技术，相关产品在 28～35nm 工艺平台下实现 17～19nm 二维 DRAM 的性能，带宽高达 34GB/s/1Gb，满足广大智能终端对低功耗 DDR4 内存的迫切需求，支撑 5G、人工智能、物联网等新基建应用发展。

创新中心在与南京大学、华大基因合作的三维集成垂直电荷成像芯片项目中，成功实现自主研发的三维集成 VPS 架构技术的转化，从而提供 10 亿级像素的成像能力。在疫情防控的大背景下，提供小型化、平价化、耗材化的基因测序设备，实现了生物医学检测的智能化、便捷化。

3. 行业服务

创新中心基于在三维集成领域的技术实力与制造经验，向行业提供装备材料联合研发与测试验证服务。目前创新中心在研发验证的项目达 20 余项，包括高深宽比原子沉积装备、硅通孔内壁金属保护层装备、硅通孔刻蚀装备、晶圆临时键合与解键合装备、纳米双晶铜、临时键合胶等，极大地提高了相关材料、设备产业化进程。

4. 交流合作

2020 年 11 月 13 日，创新中心与联盟联合，以线上会议的形式召开第二届半导体三维集成制造论坛。会议主题为“三维集成，智联万物”，联盟有关领导及 150 余位产业代表共同出席此次会议。

此外，创新中心组织安排系列专题技术研讨会，邀请外部技术团队进行交流，探讨合作契机；基于三维集成制造工艺线建设，创新中心组织对国内外产业链企业的考察调研，深入了解相关单位技术水平与研发实力，为进一步的合作做好准备工作。

（三）主要特色

1. 国家级创新联合体

创新中心与中国科学院微电子所、华进半导体签订战略合作协议，共同组成半导体三维集成国家级产业技术创新联合体，构建国内该领域最领先的研发和产业化力量。联合体着眼于“超越摩尔”发展路径，逐步探索形成系统级芯片模块化设计与制造的先进技术体系，提升我国在三维集成芯片技术领域的国际话语权与领导力。

2. 设备国产化推进

半导体制造设备对进口的高度依赖，一直是制约我国芯片向高端化发展与自主创新的主要因素。创新中心与国内半导体装备和原材料企业紧密合作，致力于打造自主可控的三维集成制造供应体系。目前双晶圆混合键合与多晶圆三维堆叠平台已实现近 70%的设备国产化率，远高于国内其他逻辑代工平台，力争通过 3～5 年时间实现既有三维集成工艺环节 100%国产装备应用。

3. 跨创新中心合作

创新中心结合地方和区域产业特色与优势，与本地国家级制造业创新中心实现跨创新中心合作，在更大范围内实现创新资源整合与联动放大。目前创新中心已经与国家信息光电子创新中心合作开展硅基光电子集成芯片研发合作，与国家数字化设计与制造创新中心开展智能化晶圆切割磨削制造装备国产化合作，与国家先进存储产业创新中心开展三维集成高带宽存储器研发合作。

二、湖北省海洋工程装备制造业创新中心

（一）建设进展

1. 组建情况

湖北省海洋工程装备制造业创新中心（以下简称创新中心）载体单位湖北海洋工程装备研究院有限公司于 2014 年 11 月注册成立，注册资本 6000 万元。股东单位包括武船重工集团、武汉船用机械公司、中船重工第 719 所、中石化石油工程机械公司等单位，集聚了湖北省船舶总体科研、船舶配套、专用设备、总装建造实力最强的骨干企业。2016 年 10 月，经湖北省政府批准，创新中心正式挂牌成立。

创新中心的核心组织模式为股份制、联盟制及会员制三种模式。创新中心主体是由海洋工程产业优势资源投资建立的股份制企业，投资股东获得创新中心创新成果的优先使用权、优秀项目的优先投资权；组建船舶与海洋工程装备产业技术创新联盟，发挥联盟成员各自的创新优势，开展产品技术系统性的协同创新，联盟成员可优先获得创新中心项目委托合同；通过公共服

务平台吸纳中小企业、创客等成为会员单位，收取一定服务费，向会员提供创新研发条件保障、咨询服务、融资平台、交易平台、信息平台等技术创新一站式服务。

2. 队伍建设

创新中心拥有中国船舶设计大师、国防重大科研项目学术带头人，以博士、硕士为主体的研发、设计和工程管理团队，员工总数达到240余人，本科以上学历人员占比超过85%。依托湖北省船舶与海洋工程装备院士工作中心总体研制分站的建设，创新中心聚集行业院士资源30余人，专家资源50余人，为创新中心的技术发展方向提供指导。

创新中心的研发与成果转化工作由王宇博士负责。王宇，研究员级高级工程师，博士，湖北省中青年专家，中国船舶集团学科带头人，入选“光谷3551人才计划”，获得多项省部级科技奖项，是世界首座深海渔业养殖装备的项目负责人。

3. 平台建设

2017年9月，湖北省国防科工办利用自身的行政资源和湖北海洋工程装备研究院有限公司的人才资源，联合建设的我国第一个船舶与海洋工程装备产业公共服务平台正式上线运行，吸纳创新中心湖北省会员单位132家。公共服务平台涵盖了产业资源汇聚、技术创新、产业联盟、个性化定制、网络精准营销、产品交易、众创众包等服务内容。

2018年，创新中心打造工信部制造业“双创”平台试点示范项目，海洋工程装备开放式创新平台。该平台能够向船舶与海洋工程装备产业的参与方和利益攸关方提供行业和单位信息、产业联盟论坛等政策信息发布区，提供特色产品与技术、网上3D数字展厅、网上产品商城等产品技术发布与交易区，提供试验检测资源、人才人力资源、专家知识资源等资源发布与交流区，提供需求对接服务、创新技术服务、项目投融资服务、创业孵化服务等服务区，创新海工装备行业公共服务模式。

（二）运行成果

1. 技术创新和技术工程化

创新中心通过军民融合的跨界协同，利用潜艇水下耐压和沉浮智能控制技术，融合海洋工程深水水下浮体及锚固PCT专利技术，完成全球首座挪威深远海半潜式智能化渔业养殖装备的研制，开启了人类工业化深海渔业智能化养殖的新纪元；自主研制了世界上第一个全潜式养殖装备，在黄海冷水团海域实现三文鱼养殖，创建了具有我国特色的三文鱼养殖新模式。

创新中心基于水面军用船型研制的技术，完成了高效节能的运输船型的自主研发，成功交付法国船东的13000载重吨甲板运输船，航速提高11.5%，能耗降低30%以上，技术指标达到国际同类运输船舶一流水平，达到了工信部规定的新一代船舶的节能指标，产品再获欧洲市场的批量订单。

2. 成果转化和企业孵化

2016年以来，创新中心通过自主研发与协同合作，完成了一系列的技术成果工作。以建造世界首例深海渔业养殖装备项目为依托，创新中心申报了2016年国家工信部高技术船舶科研专题深远海渔业资源开发综合保障平台研发设计项目；开展知识产权布局，获得相关专利10余件，以此专利技术与山东用户签订了全潜式渔业养殖装备的设计建造合同，创造了具有中国海域特色的远海水下冷水团养殖模式，将海上养殖的区域推进到离岸135海里，开启了海上全潜和半潜养殖相结合三文鱼养殖的先河，为国家海洋经济的发展开辟了新的空间。在以上两个建造项目的基础上，创新中心申报了2020年国家工信部高技术船舶科研专题半潜式养殖装备工程开发项目，开始了新一轮的知识产权布局。2020年8月，创新中心成功获得了集大型生态养殖水体，实现集养殖、休闲、科研、文旅观光于一体化的“耕海1号”二期渔业综合体平台及牧场化围栏项目设计服务合同。

通过常年对军用舰船的快速节能船型技术的深入研究，创新中心形成了双内旋鳍尾新船型专利，并依托该专利技术完成民用船舶研发转化应用，自主研发了13000载重吨甲板运输船，与法国用户单位签订了11条甲板运输船的设计建造合同，金额约为1亿美元。

创新中心自主研发了14620载重吨化学品运输船，与意大利用户签订了1条化学品船的设计建造合同，金额2620万欧元。在自主研发的14620吨化学品船的基础上，创新中心联合上海船舶研究设计院研发的新型高效节能、绿色环保、安全可靠的不锈钢化学品运输船，设计合同金额1400万元。

3. 行业服务

创新中心利用湖北省船舶与海洋工程装备公共服务平台，为海洋工程装备全产业链企业提供服务。公共服务平台以湖北省的大专院校、科研院所、企业等人才、科研、试验检测、生产等全产业链资源为基础，利用新一代的信息技术，整合湖北省船舶与海洋工程装备产业优势资源，打造立足湖北、面向全国的船舶与海工装备产业的公共服务平台，为创建产业链创新生态系统提供优良的公共基础服务。

公共服务平台涵盖了产业资源汇聚、技术创新服务、产业联盟服务、投融资服务、产业交易服务、众创众包服务六大定位方向，由产业研制单位基本信息子平台、行业政策标准子平台、优势特色产品及技术子平台、科研试验检测资源子平台等 12 个子平台构成，包括产业链信息查询服务、产品展示服务、技术创新研究服务、众创众包服务等 52 项公共服务内容，具备信息分类、产品展示、人力人才资源配置、创新项目管理、设备资源共享等 350 余个功能点。

4. 交流合作

自成立以来，创新中心与省内外单位广泛开展战略合作。目前，基于战略研究与市场结合，海工院与中国海洋工程装备科技发展战略研究院签订战略合作协议；基于自主研发的智能化深远海渔场养殖技术，与海南省渔业科学院签订了战略合作协议；基于共性和前沿技术研究需要，与上海交通大学、702 所、武汉大学、华中科技大学、中科院武汉分院等科研院所、高校都已签订战略合作协议。

依托湖北省船舶与海洋工程装备院士工作中心总体研制分站，创新中心举办了多次渔业养殖装备、邮轮、LNG 船舶等学术论坛与行业会议，对创新中心在以上几个产业的发展起到了积极的推动作用。

三、湖北省资源循环利用及装备创新中心

（一）建设进展

1. 组建情况

湖北省资源循环利用及装备创新中心（以下简称创新中心），由湖北国创高新材料股份有限公司（股本 900 万元，占 40.91%）牵头，联合武汉科技创业天使投资基金合伙企业（股本 500 万元，占 22.72%）、武汉化工新材料工业技术研究院有限责任公司（股本 200 万元，占 9.09%）、中南安全环境技术研究院股份有限公司（股本 200 万元，占 9.09%）、湖北昌耀新材料股份有限公司（股本 200 万元，占 9.09%）、中国五环工程有限公司（股本 100 万元，占 4.55%）、湖北祥云（集团）化工股份有限公司（股本 100 万元，占 4.55%），共 7 家股东单位共同组建成立。创新中心 2019 年注册成立湖北省长江资源

循环利用及装备创新中心有限公司，注册资本为 2200 万元人民币；经过两年培育，2021 年 2 月 5 日经过评审会专家评审，认定已具备授牌省级制造业创新中心的条件。

创新中心制定了明确的产业化发展方向和目标，面向废物资源循环利用及装备战略重点领域，开展产业前沿技术研究与关键共性技术研发，突破产业链关键技术与共性技术供给瓶颈。创新中心的发展采取“公司+联盟”的模式运行，以湖北省长江资源循环利用及装备创新中心有限公司为依托，以资源循环利用及装备发展联盟（以下简称联盟）为基础，开展资源循环利用及装备关键和共性技术的研发和成果化转化。

2019 年在创新中心公司注册完成后，创新中心开展发展联盟引进相关启动工作，联系了行业内上下游 50 多家单位，拟定了发展联盟协议书，计划 2020 年引进发展联盟单位 20 家左右，开展各类项目 10 项以上，优化股权结构，实现增资目标，逐步形成一个“产学研用融”合作共赢的创新生态系统。

2. 队伍建设

创新中心依托各股东单位现有研发机构，根据项目进展情况逐步吸纳具有丰富技术开发和产业化经验的技术人员，目前研发创新人员 54 人，其中专职研发人员 22 人，硕士以上学历人员 32 人，核心研发人员基本都参与过省部级重点课题和项目开发，具有丰富的技术开发和产业化经验。

创新中心设专家委员会，作为创新中心的咨询机构，由来自学术界、产业界的技术专家及政府专家组成，负责研判行业发展重大问题并筛选确定研究方向，与联盟共同制定创新中心的技术路线图，对创新中心的发展方向提供建议。目前创新中心组建了以武汉工程大学校长王存文为主任的 15 人专家委员会小组。

创新中心现拥有固定人员 65 人，其中技术研发人员 54 人，其他职能管理人员 11 人，后续计划通过体制机制创新，结合项目需要，在 2～3 年内将核心固定研发团队发展至 150 人左右。

3. 机制建设

创新中心公司设股东会，股东会由全体股东组成，股东会是公司的最高权力机构，股东会会议由股东按认缴的出资比例行使表决权。

为规范公司日常行为，创新中心拟定了创新中心公司相关制度和管理办法，包括公司运营机制文件（股东决策机制、科研项目管理机制、知识产权运用机制、收益分配机制和风险控制机制等）及公司相关制度文件（创新中心投资管理办法、创新中心风险控制管理办法、创新中心财务管理办法、创新中心科技项目管理制度、创新中心知识产权管理制度、创新中心组织机构设置及岗位职责管理办法）。

4. 平台建设

创新中心建设从研发设计、测试验证、中试孵化、行业服务等四个方面入手，重点开展废物资源循环利用技术研发设计平台、废物资源循环利用检测与环境评估平台、废物资源循环利用材料制造与成果转化平台、废物资源循环利用产业行业服务平台四个平台的建设，建立起一个服务于全行业的废物资源循环利用工艺技术支撑平台，同时建立起与废物资源循环利用制造和应用相关的成套技术体系和技术服务平台，能够面向行业和地区输出人才、培训、成果等服务，发挥制造业创新公共服务平台的作用。

（二）运行成果

1. 技术创新

根据近三年开展的大量调研、考察、评估及创新联盟的建设工作，基本确立了创新中心技术研发方向，重点围绕公路固废材料循环利用（废旧沥青混凝土的油石分离技术）、建筑垃圾循环利用（废旧水泥混凝土生产路基材料）、工业固废循环利用（磷石膏、钢渣等生产路基、路面材料）、城市生活固废循环利用（废旧轮胎、橡胶、塑料等生产路用添加剂）、水治理产生的污泥循环利用（污泥生产水泥混凝土添加剂）、化工厂搬迁后的土壤治理等领域开展资源循环利用技术创新和成果转化；围绕工业生产中的废液、废气、废渣无害化处理等领域开展节能环保装备技术创新和成果转化。

目前，创新中心已经初步制定了磷石膏固废资源循环利用、公路建筑固废循环利用、废液处理技术研究、废气处理技术研究、资源循环利用相关装备开发等五个方向的项目研发计划和资金使用计划。建设初期以重点推动磷石膏固废资源循环利用和公路建筑固废循环利用相关方向的研究与应用，作为创新中心项目运作的起点。

我国磷石膏堆存量已超过 5 亿吨，年磷石膏排放量约达 8000 万吨，湖北省更是磷石膏堆放存量大省，磷固废处理迫在眉睫。创新中心在湖北省多家磷化工企业进行了实地考察，与武汉工程大学成立“磷石膏制备绿色公路材料”开放基金，邀请行业内相关权威专家举行了专家论证会，签订了相关项目开发合同，制定了详细的技术路线，确定了磷石膏无害化处理运行方案及应用于路面基层材料的性能测试，进行了中试装置的设计。

在公路建筑固废循环利用方面，考察建筑固废再生循环利用、城市垃圾处理等技术的应用情况，在现有公路固废循环利用技术的基础上（包括已有的厂拌热再生、现场热再生、冷再生等技术），开展了新型废旧沥青混凝土的油石分离技术研究，签订了技术开发合同，目前已经开发了废旧沥青混合料的油石经济高效分离技术，设计了实验室油石分离装置及中试装备。

2. 成果转化和企业孵化

创新中心未来3～5年将成熟目前已有的5～10项资源循环利用相关技术，进行推广应用；研发5～10项目前行业亟待解决的废物资源循环利用节能环保道路材料，开发配套核心设备、制备工艺、施工技术，产品技术达国内领先。创新中心重点推动的磷石膏固废资源循环利用和公路建筑固废循环利用相关项目已取得实验室试验阶段性成果。

磷石膏生产公路与建筑材料技术开发的技术成果：完成磷石膏原材料重点污染物（可溶性P、F等）的分析与消除；开发了对磷石膏进行包裹处理的包裹剂；开发了原料磷石膏无害化处理中试装置，能达50吨/天处理量；2020年下半年顺利完成宜都市S225省道雅澧线“磷石膏在路面基层应用”2.5公里示范试验公路，实现磷石膏首次大规模应用，磷石膏用量>15%，每公里消耗4000～8000吨改性磷石膏，路用性能和环保指标均能完全满足国标要求，并在行车条件下每3个月跟踪监测得到的路用和环保指标均满足要求；已建成1套磷尾矿与磷石膏联合处理全元素综合利用移动式中试装置，在湖北鄂中生态科工程股份有限公司生产出磷石膏路基材料、轻质碳酸钙、硫酸铵、氮镁磷肥、碳酸镁、氯化铵的产品，使磷尾矿的磷、钙、镁、硅资源得到全部利用；已建成了1套磷石膏净化转晶处理利用移动式中试装置，为磷石膏生产高性能路用材料、建筑材料、陶瓷材料进行产业化研究，通过实验室测试，其强度可由4.5Mpa增加到7.5Mpa。按湖北省现有公路总里程29万公里测算，每年约有3万公路的道路需要新建和维修，理论上每年可消耗约3000万吨磷石膏，该技术的开发与应用具有很强的现实意义。

废旧沥青混合料油石分离技术的技术成果：开发了废旧沥青混合料的油石高效分离技术，在实验室规模研究油石分离工艺条件优化的基础上，对高效油石分离工艺进行技术经济评价，进行了吨级/天的中型工艺放大装置的设计，为装备基础建设提供了技术基础。该技术石料沥青回收率达95%以上，再利用率 100%，解决了每年数千万吨废旧沥青混合料堆放问题，减少了砂石开采。

3. 行业服务

创新中心在资源循环利用及装备创新平台建设过程中，不断培育培养固废资源循环利用领域各层次专业技术人员及企业管理人员，为行业培育人才、输出人才，提高了我国资源循环利用领域技术水平。在创新中心培育期间，每月通过技术培训和项目开发培养人才达 20 人次/月。

在创新中心技术项目开展过程中，创新中心与国内外院校、研发中心、行业内领军企业联合制定国家/行业标准，开展人才需求和项目对接、人员培训等组织活动，承接展会和举办论坛、开展国际交流与合作、提供专业咨询和服务等。利用创新中心先进的加工测试服务平台，创新中心对接交通材料领域的中小企业，提供产品加工测试及技术咨询等增值服务。

以创新中心为载体，创新中心孵化一批资源循环利用相关技术、设计、咨询、服务的高新技术企业，将行业做强做大，带动废物资源循环利用产业发展。根据创新中心目前建设成效，可达到的服务水准见表 31-2。

表 31-2　创新中心服务水准

行业服务	培养人才	承接会议	交流合作	提供专业咨询	企业孵化
服务水平	20～30 人/年	2～3 次/年	5～10 项/年	5～10 次/月	2～3 家/年

数据来源：赛迪智库整理　2021.5

4. 交流合作

在创新中心技术项目开展过程中，创新中心与国内外院校、研发中心、行业内领军企业、拥有核心技术的中小企业积极开展交流和合作。从创新中心初期筹划到现在初具规模，创新中心牵头单位联合股东单位，走访了约 100 余家企事业单位及研发机构，进行学习和交流、考量入股和联盟、合作技术开发。

创新中心积极拓展联盟单位，获取资源循环利用更多资源和信息，联盟单位将通过与创新中心联盟更好地发挥自身的优势，参与创新中心建设，和创新中心共同发展。目前，创新中心根据研发方向准备吸纳的联盟单位约 20 余家。

创新中心与宜昌、襄阳、荆门、黄冈等地 10 多家磷化工企业深入交流，进行磷石膏应用技术的全面推广，发展多种形式合作，包括计划收购磷石膏企业、直接处理应用于地方道路项目工程、提供相关技术消耗掉企业堆放的磷石膏等。

创新中心与湖南云中再生科技、武汉天意成再生资源、葛洲坝中材洁新等拥有大宗固体废弃物资源化综合利用核心技术的中小企业均确定了合作意向；与湖北永绍等进行光电行业、汽车加工行业、金属件行业、化工行业等废酸废碱类危险废物处理的公司交流，为武汉市光电子信息等高端制造业的废液处理提供技术支持；考察国内拥有气体除尘处理技术及相关设备开发核心技术的企业，准备将他们纳入联盟单位开展工业废气、城市空气净化等技术研究；与武重集团、长安大学机械学院等单位形成开展废物资源循环利用相关配套装备开发的相关意向。

第三十二章

山东省

第一节　总体进展与经验特色

截至 2020 年，山东省建有 1 家国家制造业创新中心（国家先进印染技术创新中心）；省级层面在虚拟现实、生物医药、碳纤维及复合材料、船舶与海洋工程装备、海洋药物等领域认定了 17 家省级制造业创新中心，部分制造业创新中心已实现自我造血，为全省新旧动能转换提供了有力的创新支撑。山东省制造业创新中心建设进展见表 32-1。

表 32-1　山东省制造业创新中心建设进展

序号	中心名称	运营公司	牵头单位	建设进展	成立时间
1	国家先进印染技术创新中心	山东中康国创先进印染技术研究院有限公司	山东康平纳集团有限公司	国家级	2019 年
2	山东省高性能医疗器械创新中心	山东高创医疗器械国家研究院有限公司	威高集团有限公司	省级	2017 年
3	山东省船舶与海洋工程装备创新中心	山东深海工程装备与船舶研究院有限公司	哈尔滨工程大学青岛船舶科技有限公司	省级	2018 年
4	山东省工业互联网创新中心	青岛蓝鲸科技有限公司	海尔集团	省级	2018 年
5	山东省轮胎制造业创新中心	山东浦林成山轮胎技术研究有限公司	成山集团有限公司	省级	2018 年
6	山东省智能农业装备技术创新中心	山东合创农装智能科技有限公司	雷沃重工股份有限公司	省级	2018 年

续表

序号	中心名称	运营公司	牵头单位	建设进展	成立时间
7	山东省软磁复合材料及应用创新中心	山东精创磁电产业技术研究院有限公司	山东中瑞电子股份有限公司	省级	2018年
8	山东省高端智能家电制造业创新中心	青岛国创智能家电研究院有限公司	海尔集团	省级	2019年
9	山东省海洋药物制造业创新中心	青岛海洋生物医药研究院股份有限公司	青岛海洋生物医药研究院股份有限公司	省级	2019年
10	山东省虚拟现实制造业创新中心	青岛虚拟现实研究院有限公司	歌尔科技有限公司	省级	2019年
11	山东省高端铝合金材料制造业创新中心	山东智铝高性能合金材料有限公司	山东南山铝业股份有限公司、山东魏桥铝电有限公司	省级	2019年
12	山东省生物医药制造业创新中心	烟台荣昌生物医药产业技术研究院有限公司	烟台荣昌制药股份有限公司	省级	2019年
13	山东省矿山固废资源循环利用制造业创新中心	山东国环固废创新科技中心有限公司	山东招金集团有限公司	省级	2020年
14	山东省高性能复合土工材料创新中心	山东中研国建先进合成材料创新中心有限公司	山东路德新材料股份有限公司	省级	2020年
15	山东省碳纤维及复合材料制造业创新中心	山东光威碳纤维产业技术研究院有限公司	威海光威复合材料股份有限公司	省级	2020年
16	山东省新型纱线及面料制造业创新中心	山东恒丰新型纱线及面料创新中心有限公司	德州恒丰纺织有限公司	省级	2021年
17	山东省体育产业制造业创新中心	山东泰山体育用品工程技术研究中心有限公司	泰山体育产业集团有限公司	省级	2021年
18	山东省绿色海洋化工制造业创新中心	山东绿色海洋化工研究院有限公司	山东默锐科技有限公司	省级	2021年

数据来源：赛迪智库整理　2021.5

第二节　典型省级创新中心建设进展

一、山东省高性能复合土工材料创新中心

（一）建设进展

1. 组建情况

山东省高性能复合土工材料创新中心（以下简称创新中心）于2018年2月由山东路德新材料股份有限公司牵头组建，2018年9月30日被列为山东省制造业创新中心（第二批），批复文件:《关于加快试点培育山东省制造业创新中心（第二批）的通知》（鲁经信技〔2018〕354 号）。创新中心试点建设期为2年，即自2018年10月至2020年9月。

创新中心建立起“公司+联盟”的基本运作模式，实行“独立经营、自负盈亏”的运行模式，采取开放经营机制，接受企业和基金融资，吸纳行业骨干企业、产业上下游企业、高校、科研机构，建立专家库，组建联合团队，建立信息交流、技术交流与合作研发平台，为行业提供技术开发、成果转化、人才培养及检验检测等有偿服务，形成可持续发展的模式。

2020年7月，原山东谱信工程试验检测有限公司名称变更为山东中研国建先进合成材料创新中心有限公司，完成注册资本及股权变更，正式承担创新中心的建设与运行。公司由山东路德新材料股份有限公司、泰安路德工程材料有限公司、山东顺通新材料科技有限公司、山东产研先进材料研究院有限公司、建筑材料工业信息中心、潍坊驼王实业有限公司、山东盈鑫土工材料有限公司等7家股权投资单位出资，注册资本2000万元。股东单位包括5家行业龙头骨干企业、2家科研院所，业务领域覆盖复合土工材料产业上下游。

创新中心依托山东省土工合成材料产业技术创新战略联盟（以下简称联盟），成员单位包括35家高校、研究院所、行业协会、上下游企业，联盟与股东单位拥有本领域省级及以上创新平台43个。联盟与创新中心紧密合作，以中心股东单位和联盟成员单位为基础，立足山东、辐射全国，统筹协调国内土工合成材料技术装备与工程应用领域内优势创新资源，促进相关领域科技成果和技术标准的推广与应用，推动知识产权共享和产业的可持续发展。

2. 队伍建设

（1）创新中心组建起以中国工程院俞建勇院士为首席科学家、聚集国家“百千万人才工程”人才、国家“万人计划”人才、泰山产业领军人才、泰山学者等高级研发人员参与的专家委员会，负责研判行业科技发展重大问题并筛选确定研究方向，审议创新中心科技发展战略与规划，以及重大科技及产业化项目的技术论证等。专家委员会名单见表32-2。

表32-2 专家委员会名单

序号	姓　名	工作单位	职　称	中心职务
1	俞建勇	东华大学	院士	主任
2	姜德生	武汉理工大学	院士	副主任
3	李术才	山东大学	院士	副主任
4	吴智深	东南大学	院士	副主任
5	杨广庆	石家庄铁道大学	教授	委员
6	董丽松	中国科学院长春应用化学研究所	研究员	委员
7	岳云龙	济南大学	教授	委员
8	吴连海	铁道第三勘察设计院集团有限公司	正高级工程师	委员
9	蔡德钩	中国铁道科学研究院	研究员	委员
10	刘英	交通运输部公路科学研究所	研究员	委员
11	付伟	中交第二公路勘察设计研究院有限公司	正高级工程师	委员
12	韩常玉	中国科学院长春应用化学研究所	研究员	委员
13	汪昕	东南大学	教授	委员
14	梁训美	山东中研国建先进合成材料创新中心有限公司	正高级工程师	委员
15	陆诗德	山东中研国建先进合成材料创新中心有限公司	高级工程师	委员

数据来源：赛迪智库整理　2021.5

（2）创新中心建立了现代企业制度，有责权明晰的董事会和经营管理团队，实现企业化运行。具体管理团队情况如下。

董事会召开了全体会议，选举梁训美为公司董事长，并担任法定代表人。

梁训美，山东中研国建先进合成材料创新中心有限公司董事长，正高级工程师，国家“万人计划”人才、国家创新人才推进计划科技创新创业人才、享受国务院政府特殊津贴专家、山东省泰山产业领军人才，获得第七届山东省非公有制经济人士优秀中国特色社会主义事业建设者、中国产业用纺织品行业领军人物、第五批山东省轻工系统有突出贡献的中青年专家、泰安市优秀人大代表等荣誉称号，是山东省土工合成材料标准化技术委员会副主任委员兼秘书长、山东省土工合成材料产业技术创新战略联盟理事长、中国产业用纺织品行业协会副会长、山东省新材料产业协会副会长。他牵头申请国家专利 100 余件；牵头起草或参与制定标准 38 项（其中国家标准 4 项，行业标准 7 项）；发表学术论文 7 篇；获得山东省科技进步二等奖等省部级及以上科技进步奖和成果奖 20 余项，并荣获泰安市市长质量奖提名奖；作为项目负责人承担了“十三五”国家重点研发计划等国家、省、市科研项目 30 余项，解决行业内“卡脖子”难题，促进行业技术进步。

董事会选聘陆诗德任山东中研国建先进合成材料创新中心有限公司总经理，创新中心主任，直接对董事会负责。

陆诗德，高级工程师，山东中研国建先进合成材料创新中心有限公司总经理，创新中心主任，致力于土工合成材料的生产、研发、标准化工作 30 年，拥有土工合成材料行业丰富的经验和独特的见解。他作为项目主要负责人，共承担国家、省级科研项目 20 余项，其中包括：科技部 2016 年“十三五”国家重点研发计划项目 1 项，科技创新基金项目 2 项，工信部 2015 年“工业强基”工程项目 1 项，2017 年智能制造新模式应用项目 1 项；发表学术论文 7 篇，共申请专利 100 余件，作为第一发明人申请专利 66 件，其中 2 件发明专利获得中国专利优秀奖，其个人被授予“泰山优秀专利发明人”荣誉称号；牵头、参与组织起草/修订标准 37 项，先后被授予泰山区第五批专业技术拔尖人才、泰山优秀专利发明人、泰安市企业管理工作先进个人、建材行业优秀首席信息官、山东省建材行业先进工作者等荣誉称号。

创新中心现有人员 78 人，其中固定人员 10 人，流动人员 68 人。创新中心人员构成主要来源于法人单位人员、股东单位派遣、外部聘请三个渠道。山东中研国建先进合成材料创新中心有限公司研发及管理人员加入创新中心，作为创新中心的固定组成人员；股东单位选派人员进驻创新中心，协助开展技术研发及运营管理工作；对外聘请行业知名专家担任创新中心学术带头人、学术骨干，充实创新中心人才队伍建设。

（3）科研团队

创新中心紧密围绕土工新材料产业“高性能、多功能、高附加值、智能绿色化”等发展趋势，以“全面实现复合土工材料智能绿色制造”为最终目标，聚焦土工合成材料行业共性关键技术研究开发，重点突破高性能纤维复合材料制造技术、高端产业用纺织品国产化、功能纺织新材料产业化三大方向，旨在建成国家高性能复合土工材料创新中心。

创新中心组建起以中国工程院俞建勇院士为首席科学家，聚集国家“百千万人才工程”人才、国家“万人计划”人才、泰山产业领军人才、泰山学者等高级研发人员参与的创新团队，现有人员 78 人，其中研究开发人员占比 85.9%。随着创新中心的建设，未来创新中心人员规模将达到 300 人左右，其中专业技术人员超过 220 人，科研人员占比超过 70% 。

3. 平台建设

在创新中心试点建设期间，办公地点设立于牵头单位山东路德新材料股份有限公司综合研发楼内，两年内累计到位资金 721 万元，新增设备 15 台（套），引进高层次人才 10 人，组织生产管理、技术人员培训 132 人次，与国内外知名高校、科研机构及企业建立了技术交流合作长效机制，实现了股东及联盟成员单位之间的资源共享和成果转移转化。

创新中心完成土工合成材料检验检测实验室建设，法人单位参与制定团体标准 2 项，股东单位主持及参与制定标准 14 项，其中：产品标准 4 项、检测标准 6 项、智能制造标准 4 项，完善了土工合成材料标准体系。

创新中心近期在泰安市“人才谷”建设创新中心独立办公室，建设实验室、中试试制平台、检测中心等配套设施，重点建设高性能纤维复合材料研发实验室、高端产业用纺织品开发实验室、功能纺织新材料研发实验室、先进装备技术研发实验室、土工合成材料蠕变性能检测实验室、智能制造系统开发与标准验证平台等 6 个创新平台。

未来 5～10 年，创新中心紧密围绕土工新材料产业“高性能、多功能、高附加值、智能绿色化”等发展趋势，以“全面实现复合土工材料智能绿色制造”为最终目标，重点突破碳纤维、对位芳纶、玄武岩纤维、聚酰亚胺纤维等高性能纤维复合材料产业化制备技术；重点突破聚丙烯长丝纺粘针刺无纺布等高端产业用纺织品产业化技术；重点突破多功能土工格栅、智能土工材料等功能纺织新材料制备技术；实现高性能纤维复合材料、高端产业用纺织品、功能纺织新材料领域的关键共性技术研究突破。

创新中心将继续进行完善提升，增资扩股，引进行业内骨干优势企业加入，壮大创新中心科研力量和技术成果的转化孵化能力，争创国家级制造业创新中心。

（二）运行成果

1. 技术创新和技术工程化

在创新中心运行期间，在土工合成材料智能制造技术、纤维格栅智能传感集成技术、多向拉伸塑料格栅产业化关键技术等方面取得了创新性突破，具体如下。

（1）土工合成材料智能制造技术

运用基于工业现场感知数据集成技术与现有信息系统集成，实现工业大数据融合，通过工业现场实时数据融合关键技术、生产过程分析模型构建与并行处理关键技术、智能制造服务平台搭建等关键技术，将产品设计、工艺、制造、检测、物流等全生命周期各环节的智能化装备及系统进行深度集成，现场数据与生产管理软件实现信息集成，车间制造执行系统（MES）与企业资源计划（ERP）系统实现协同与集成，实现生产管理全过程的状态可控。

在产品设计方面，采用计算机辅助设计及仿真软件，针对大规模个性化定制的各类产品进行相应的工艺设计。在物理空间层面，采用自动化生产设备实现整纤经编及涂覆烘干工艺，采用机器人设备、AGV 设备实现产品包装、码垛工序；采用自动化立体仓库实现成品的分区存储，通过 AGV 智能物流装备实现各个车间与立体仓库之间的物料交接；采用工业互联网将各工序的设备连接起来，建立互联互通的工业互联网平台。在信息空间层面，建立产品数据管理系统，满足大规模个性化定制的产品设计要求，实时采集生产过程现场数据，建立面向信息集成的大数据平台，最终建立一套协同 MES 系统、ERP 系统和 PLM 系统的智能工厂管控系统。

（2）纤维格栅智能传感集成技术

通过多年研究，突破了纤维格栅智能传感集成技术，开发出高强智能集成化纤维复合格栅。1）本技术突破了全幅衬纬平面搭接编织工艺，将光纤有效植入高强纤维复合土工材料，开发长期稳定的高强智能集成化纤维复合土工材料产品，形成自主创新的项目产品生产工艺与方法；2）通过研究全幅衬纬平面搭接编织工艺及外表面涂覆工艺参数对目标产品协同变形特性的影响，提高了光导纤维与树脂纤维、玻璃纤维的变形传递效率，形成复合土工材料协同变形新体系；3）研究了光衍射解调技术与光纤时分、空分通道扩展技术，突破光纤传感网络容量限制，开发基于光衍射原理的高精度大容量光纤光栅解调仪，并构建基于智能专家系统及云计算数据处理技术的软件平台；4）研究了项目产品在土木工程的受力应变分布式实时监测与安全预警技术，形成基于监测数据的集工程安全预警与加固于一体的新技术，确保应变监测精度达到3με，定位精度≤1m，确定工程安全预警阈值。

产品通过与光栅解调仪和无线数据传输系统相连，在工程内部应力应变超过预警阈值时，导出光学信号，通过监测系统分析数据，进行自动预警。产品既具有普通土工格栅增强加筋的作用，还具有对工程内部受力情况进行信号采集的功能，集加筋加固与信号采集功能于一体，可以替代传感器使用，并且还突破了后续传感器安装造成工程结构损伤、无法监测工程结构内部关键参数等难题，大幅降低了监测费用，保障了工程安全。

（3）多向拉伸塑料格栅产业化关键技术

针对传统单向、双向拉伸塑料格栅受力方向少、网型结构单一，以及三向格栅专利技术被国外垄断的行业现状，突破了多向拉伸塑料格栅产业化关键技术，实现了高性能塑料格栅国产化。

该技术开发出高分子复合材料微纳层叠取向调控方法及装备，实现高分子链及增强材料的可控取向；创新设计钻石型四向、多向拉伸塑料格栅产品结构，结构形状更加均匀稳定、受力分布更加合理，延长了产品服役年限；开发出多辊缠绕包覆式拉伸工艺技术，研制出结构适应广泛的组合式格栅成形装置、自动收卷卸卷机等装备，解决了传统拉伸工艺拉伸不充分、变化速率不稳定导致产品性能差的技术难题，使产品结构形状均匀相同，产品性能提升了30%。

2. 成果转化和企业孵化

联盟成员单位山东润德复合材料有限公司运用创新中心研发的多向拉伸塑料格栅产业化关键技术，实施2800万m^2/年复合材料技术改造项目，对原有塑料格栅生产线进行技术升级改造，优化了生产工艺及装备，提高了产品性能，新增了四向拉伸塑料格栅系列产品，弥补了传统产品的不足，提高了原材料利用率，降低了生产成本，实现了资源循环利用和绿色生产。项目2019年建成投产，运行情况良好，截至2020年9月，项目新增销售收入3477万元，经济效益显著。该技术实施效果较好，下一步可在更多的联盟成员单位及行业企业中转移孵化。

3. 行业服务

为切实有效地落实创新中心资源共享，提高中心资源使用效益，创新中心制定了《资源共享管理制度》。

（1）仪器设备共享机制

仪器设备共享机制具体包括：1）创新中心股东单位向创新中心提交共享的仪器设备清单，由创新中心统一公布共享的仪器设备资源；2）创新中心股东单位提供共享的仪器设备其所有权归各股东单位所有，股东单位享有使用权；3）创新中心股东单位的共享仪器设备实行收费使用，费用主要包括设备折旧、装备改进、设备使用费用三部分，费用比例根据不同仪器设备另定，试验材料费、人工费等由使用单位承担；4）收入的共享仪器设备使用费由相关的股东单位与创新中心按比例分享，仪器设备折旧费用与装备改进费用全部归相关的股东单位，仪器设备使用费创新中心占 20% ，用于仪器设备的管理。

（2）运行管理机制

1）创新中心行政和业务管理部门负责完善创新中心资源的共享机制，建立资源档案，随时记录各项资源的运行状态和实时动态，进行“规范化、高效化、动态化”管理。2）创新中心业务管理部门负责仪器设备共享管理，股东单位使用其他单位的共享仪器设备，应向创新中心提出申请，由创新中心与仪器设备所有权单位联系，安排使用时间；股东单位之间也可自行协商使用对方仪器设备，但需要向创新中心备案。3）仪器设备所有权单位应该保证共享仪器设备的正常运作、配置相关人员。4）创新中心股东单位之间共享资源权益的获得与使用。

4. 交流合作

创新中心建立了与国内外知名高校、科研机构和企业的合作交流机制，积极开展技术交流与合作，充分利用企业、科研单位、高校等多种不同教学环境和教学资源，以及在人才培养方面的优势，提高技术创新及人才培养能力，加快科学技术成果的转化速度。

（1）与武汉理工大学姜德生院士团队签订合作协议，共同研发高强智能集成化复合材料及其信号解调传输分析系统等关键技术，实现创新中心所研发的新产品智能型土工格栅的信号收集与分析，并达到理想的监测精度。项目的实施填补了国内空白，在行业内处于领先地位。

（2）与中国科学院长春应用化学研究所董丽松、韩常玉团队签订技术开发合同，共同进行轻轨/地铁专用聚酯双向土工格栅研发，成功对聚酯塑料颗粒进行改性，研发出双向拉伸聚酯土工格栅，填补了国内空白，有效保障了大轴重、多编组的重载铁路运输和高速铁路的高速、安全、平稳运行。

（3）与东华大学俞建勇院士团队签订合作协议，共同研发智能型纤维类土工建筑新材料制备工艺技术、耐酸碱与耐久性提升技术及服役性能检验检测，并制定相应各类标准规范，形成高性能土工材料生产与应用示范。

（4）与石家庄铁道大学杨广庆教授团队签订合作协议，进行高性能土工合成材料及其工程特性研究，主要包括复杂服役环境下土工材料性能衰减模式及演化机理研究、土工合成材料耐酸碱性能、抗老化性能、蠕变特性研究。

（5）与东南大学吴智深教授团队签订合作协议，共同进行碳纤维增强多功能格栅产业化技术开发。通过本项目的实施缩小了我国高性能、功能性土工格栅技术水平落后美国、日本的差距，打破了严重依赖进口的被动局面，填补了国内技术/产品空白，全面提升了山东省在土工合成材料领域的国际站位，为我国重大工程建设降低成本30%。

通过强化高性能土工合成材料产业化技术与装备的交流与人才培养，创新中心在股东单位原有国际科技合作平台和合作项目的基础上，参加国际合作交流会议，参与举办先进纺织技术及装备国际交流会议，推动高端技术、产品、装备引进来、走出去。

创新中心与卡尔迈耶纺织机械制造有限公司通过国际科技合作，改进经编工艺与经编设备，大幅提高了产品的性能与生产效率，使产品抗拉强度提高到1100kN/m以上，比国内同类产品高出30%以上，大幅提高了产品的生产效率，是国内同类设备生产效率的3倍；在此基础上，进一步合作开发出碳纤维专用经编机，实现了工程材料的高强度与轻量化。

二、山东省碳纤维及复合材料制造业创新中心

（一）建设进展

1. 组建情况

山东省碳纤维及复合材料制造业创新中心（以下简称创新中心）按照“公司+联盟”的模式，注册成立了山东光威碳纤维产业技术研究院有限公司，独立法人股东由威海光威复合材料股份有限公司、威海拓展纤维有限公司、山东产研先进材料研究院有限公司、威海光威能源新材料有限公司、威海光

威精密机械有限公司 5 家国内在碳纤维复合材料、碳纤维、碳纤维应用及制造装备领域具有较强竞争力的龙头骨干企业组成，注册资本 1000 万元，形成了较为完善的组织架构和运行机制，制定了创新中心发展规划和完善的管理规章制度。创新中心组建了由北京化工大学、山东大学、中国空间技术研究院等 34 家科研单位和上下游重点企业参与的山东省碳纤维及复合材料创新联盟（以下简称联盟），其中省级以上平台数量 40 个。

2. 队伍建设

创新中心设立专家委员会，对创新中心研发方向、重大技术问题提供咨询与建议，对项目进展情况进行评价，协助创新中心与国内外科研机构和科研院所进行学术交流与合作。委员会专家组组长由中国工程院院士杜善义担任，委员会由联盟单位高级工程师及外聘高校、科研机构、大型企业的资深专家组成。

专家委员会共 12 名委员，由碳纤维及其复合材料相关企业、高校、科研院所的专家及国内外行业相关院士、知名技术专家组成。杜善义院士为专家委员会主任，俞建勇等 3 位院士为专家委员会副主任，北京化工大学教授、国家碳纤维工程技术研究中心主任徐樑华为首席专家。

创新中心法人公司现有固定人员 30 人，其中技术研发人员 20 人，从事研发和相关技术创新活动的科技人员占比为 66.7%。研发人员中硕士学历 3 人，本科学历 16 人，毕业于中国科学院大学、哈尔滨工业大学、西安工业大学、天津工业大学等国内知名纤维及复合材料研究高校，专业涉及材料加工工程、纺织工程、高分子化学与物理、飞行器设计与工程等。

3. 平台建设

创新中心进一步提升碳纤维及复合材料检测能力，增加了凝胶渗透色谱仪、傅立叶红外光谱仪、激光粒度仪、表面张力仪、原子吸收光谱仪、差示扫描量热仪、万能试验机、微波消解仪等，增强了检测中心的实力，满足了产业健康持续发展的需求，构建了服务于碳纤维及其复合材料，以及制品领域的检测认证创新体制与服务体系，建立了碳纤维生产过程和制品的综合评价体系。

（二）运行成果

1. 技术创新和技术工程化

创新中心建设期内突破了 6 个产业关键共性技术，分别为：（1）突破了大釜聚合工艺技术等干喷湿纺制备碳纤维关键技术，实现了 500m/min 级纺丝速度的稳定运行，技术为国内首创，总体技术达到国际先进、国内领先水平；（2）突破了拉挤成型模具优化设计等碳纤维拉挤板的快速成型关键技术难题，实现了在风电叶片用拉挤碳梁的产业化应用，目前年产能达 850 万米，是世界风电巨头维斯塔斯的主要供应商；（3）开发了高黏度搅拌聚合釜、大幅宽炉体高温炉等碳纤维生产线关键设备，最终保障了碳纤维的高效低成本生产；（4）突破了复合材料层间增强、增韧技术，RTM 成型技术等新一代战机用碳纤维复合材料部件制备技术，通过了专业机构检测；（5）突破了均质预氧化、碳化控制技术和表面处理技术等国产 M55J 级碳纤维工程化制备技术，碳纤维性能指标满足航天五院北京卫星制造厂有限公司的应用验证指标，产品已成功应用于某遥感系列卫星的结构板进行飞行考核验证；（6）突破了胶膜均一稳定技术、展纱厚度一致性技术等复合材料快速成型技术，获得中国复合材料学会 2018 年度交通运输领域复合材料技术创新三等奖。

2. 成果转化和企业孵化

创新中心 5 件实用新型专利已成功实现技术转移，并实现了企业孵化，孵化出威海光威能源新材料有限公司，目前年产能达 850 万米，是世界风电巨头维斯塔斯的主要供应商，公司 2019 年年收入实现 6.52 亿元。

创新中心承担省级重点研发项目，通过联合研发，最终科研成果以山东光威碳纤维产业技术研究院有限公司所有，申请“纤维增强复合材料弹射推臂的生产方法”1 件发明专利，授权“一种制造复合材料无损检测台阶对比试块的模压模具”1 件实用新型专利，授权“弹射推臂”1 件外观设计专利。

3. 行业服务

创新中心实行仪器设备、设施及技术、图书资料、软件等有条件地开放，以实现优势互补、提高竞争，参加山东省、威海市大型测试仪器共享平台，平台面向社会开放合作，并与山东大学（威海）、哈尔滨工业大学（威海）建立联合实验室，提高大型仪器设备如 X 射线衍射仪、扫描电镜等使用频率，满足客户的使用需求。

创新中心在为公司内部服务的同时，积极地为同行业提供检测、培训及研发服务 100 余项，为多家中小企业提供了新产品研发服务及提供技术培训 80 余次，大型仪器设备均录入山东省大型科学仪器设备协作共享平台，使用率达到了 70%。

4. 交流合作

创新中心与哈尔滨工业大学杜善义院士签订合作协议，共同建设山东省光威复合材料院士工作站；与大连理工大学蹇锡高院士签订合作协议，共同建设山东省碳纤维增强耐高温热塑性树脂基复合材料院士工作站；与山东大学朱波教授签订合作协议，聘请他为国家级企业技术中心和先进树脂基复合材料重点实验室高性能纤维增强树脂基复合材料技术顾问。在碳纤维低成本制备关键技术研究中，创新中心与威海新元化工有限公司和荣成市科盛化工有限公司等中心成员以外单位成功合作，与山东大学、哈尔滨工业大学（威海）、北京化工大学、天津工业大学等国内知名科研机构建立了长期合作关系，形成了技术交流的长效机制。

创新中心与科隆大学合作开发塑料土工格栅增强助剂，成功将增强助剂的价格由 7 万元/吨降至 2 万元/吨，同时将双向塑料拉伸土工格栅产品的抗拉强度由原来的 50kN/m 提高到 60kN/m，比国标产品提高了 20%，并将产品生产成本降低了 10%左右。

创新中心与德国弗劳恩霍夫应用研究院 Walter Glaubitt 和 Matin Peters 两位技术专家在阻燃纤维领域、功能涂层领域、粒子技术等领域开展技术合作。

三、山东省高端智能家电制造业创新中心

2019 年 6 月，山东省工业和信息化厅正式认定海尔集团牵头的高端智能家电制造业创新中心（以下简称创新中心）为省级制造业创新中心。创新中心自省级批复以来，按照国家相关要求认真开展了建设工作，经过近两年的建设和运营，在关键共性技术研发、创新成果转化、组织运营等方面取得显著成效。具体情况如下。

（一）建设进展

1. 组建情况

创新中心采用“公司+联盟”的模式组建。运营公司是青岛国创智能家电研究院有限公司，拥有海尔、海信、美的、方太、澳柯玛、小鸭、中国家电院、中国电器院、山东产研院、科大讯飞、和而泰等 14 家股东单位，区域覆盖山东、广东、浙江、安徽 4 大家电制造业基地，业务覆盖家电行业全领域；同时组建了家电业智能制造创新战略联盟和高端智能家电产业联盟，

成员包括行业龙头企业、知名科研院所、高校等超百家单位。

2. 队伍建设

创新中心实行现代化企业管理与运行，建立健全企业管理制度和组织架构，设立各股东之间责权明晰的董事会和经营管理团队，由部分股东单位创始人、董事长、总经理等行业领袖担当公司董事，产业上下游相关行业专家担任监事，形成极具行业影响力的管理团队，拥有专业的管理团队 9 人。

创新中心组建了由中国工程院李培根院士担任主任，郑建华、倪光南等 10 余名行业院士、专家担任技术带头人的专家委员会。创新中心采用“1+1+N”的科研团队组织模式，即每个技术领域均由 1 位领军专家+1 位技术总监+N 个合作研发团队组成，组建了 9 支创新研究队伍，核心成员 120 余人，其中从事研发和相关技术创新活动的科技人员占比将近 80%，硕士以上学历占比超过 70%。

3. 平台建设

创新中心与股东、联盟等单位签订平台、人才和仪器设备共建共享协议，共享各单位部分工程技术设备资源。创新中心集聚了国家级创新平台 24 个，包含国家级质检和行业管理平台 5 个、国家重点实验室 6 个、国家工程技术研究中心 4 个、国家技术标准创新基地 2 个，以及国家级双创示范基地 2 个、国家级人才基地 2 个、国家专业化众创空间 2 个和国家新一代人工智能开放创新平台 1 个，覆盖了本领域 80%的国家级创新平台。

（二）运行成果

1. 技术创新和技术工程化

（1）组织专家研讨高端智能家电中长期发展路径，并通过绘制技术全景图，确定创新中心亟须突破的行业关键问题。2020 年 5 月 16 日，在山东省工信厅和青岛市工信局的支持下，创新中心在青岛组织召开专家研讨会，邀请李培根院士、倪光南院士、郑建华院士等 9 位专家现场研讨，深入讨论了高端智能家电关键共性技术问题和相应的技术解决方案，并提出了通过共建创新中心进行协同创新和突破。

（2）以变频控制技术为切入点，开展本体技术研发取得初步成果。变频控制技术是家电行业长期被国外“卡脖子”的关键共性技术。创新中心发挥团队技术优势，围绕变频控制，从最底层开发完整算法模块，包括转子位置估算、压缩机启动、低频转矩补偿、中频电流补偿、高速弱磁控制、功率因数矫正控制等；搭载国产华大半导体芯片，实现变频驱动方案的成功移植，通过了空调整机全套环境试验（电压波动、压机高负荷、低温低压、恶劣工况试验等 10 项）、可靠性试验、EMC 试验等验证，并进行小批试制，目前正在做终端市场用户验证阶段，有望实现真正的全自主替代。

（3）开展核心模组研发，推出多款智能物联网模组，初步具备基础软硬件服务能力。智能物联网模组作为智能家电的重要零部件，广泛应用于智能空调、智能冰箱、智能热水器、智能家居安防等设备。该模组通过 UART 接口与家电设备底板 MCU 进行通信，通过有线或者无线连接到互联网络，从而将家电设备接入到物联网云平台，实现家电设备的人机交互功能。相关模组产品通过 SRRC 认证、CE 认证、FCC 认证等权威认证。另外，创新中心与中国移动联合在 OneOS 内核基础上，研发了智能洗衣机核心控制模组，针对创新中心使用的 MCU 平台进行了 I2C、WiFi、UART 接口驱动的移植和二次开发，目前初步完成原型样机验证，并在进一步优化调试系统功能。

（4）开展智能家电安全可信技术研究，建设智能家电数字证书认证中心和智能家电网络众测靶场。创新中心联合网络安全企业及产业上下游企业，共同研究智能家居的网络安全解决方案，目前已建立了智能家电信任根服务平台，为智能门锁等设备发放了数字证书。针对智能家居产品的家用、低成本要求，研究了适用于智能家居产品的轻量级密码算法；规划建设运营级智能家电数字证书认证系统，为智能家电的身份认证和互联互通奠定信任基础；通过建设智能家电线下安全检测中心，为智能家居系统信息安全检测提供检测标准、方案、工具和能力；建设智能家电网络众测靶场，凝聚网络安全行业力量，对智能家电产品进行安全性测试，为智能家电产品提供安全加固方案，以确保智能家电产品的安全性。

2. 成果转化和企业孵化

创新中心运营一年多来，在构建自身研发和服务能力的同时，积极开展盈利模式的验证。截至 2021 年第一季度，创新中心已同百余家各类家电企业开展技术合作，成功赋能 68 家中小企业，提供核心模组服务、技术咨询服务、技术开发服务和战略咨询服务等，具备初步造血机能。另外，创新中心成立 2 亿规模的智能家电专利运营基金，运用资本手段加速创新技术成果转化和孵化，构建智慧家庭专利池，为高端智能家电发展保驾护航。

3. 行业服务

（1）创新中心先后组织行业相关活动 20 余次，得到了业界广泛好评。

创新中心联合中医科学研究院、高端智能家电产业联盟、科技部重大专项司，组织了智慧家庭健康管理战略研讨会，聚集国内健康管理、家电、ICT 三领域顶尖资源，构建合作平台；联合中国家电院，发布了《中国家电大健康场景技术发展白皮书》等研究成果，为家电行业转型升级指明方向。

（2）创新中心与国家知识产权运营中心、国家技术标准创新基地（家用电器）达成战略合作，共同构建了“技术、专利、标准三位一体”的知识产权保护运用和技术成果转化模式。以用户需求为中心，以技术创新为驱动，以专利为机制，以标准为纽带，汇聚全球创新资源、专利资源、标准资源，构建开放的生态圈；以孵化、许可、转让、入股等多种手段推动技术成果和知识产权转化。

4. 交流合作

创新中心秉持开放、合作、创新、分享的创新理念，创新性地将社会各方创新资源汇聚在一起，实施动态分享创新需求及创新成果。创新中心以协同创新为目标，利用跨行业、跨学科、跨领域的技术创新优势力量，发挥各自的优势与作用，建立技术、人才、项目的交流合作机制，推动企业创新资源开发共享，面向全球开展互动、融合、开发的创新创业，以国际科技合作带动产业合作，集中一切优势力量突破高端智能家电业的关键技术瓶颈；并借助国际合作交流推动优势产业和企业国际化，规划与德国、美国、日本等先进发达制造业国家的研究机构、知名大学、高端智能家电企业的联合研究。

创新中心依托单位均为国内高端智能家电产业技术领先的企业及高校，长期与国外高水平的企业及研究机构进行密切的合作与交流。截至目前，创新中心举办了 17 场线上全球创新技术资源对接会，来自全球 6 个国家的 26 家创新技术公司向全球的技术需方进行路演展示。活动中，参与方来自全球 6 个不同时区，同时和分时参加，真正实现了“无时差”对接。

第三十三章

福建省

第一节　总体进展与经验特色

福建省十分重视省级制造业创新中心创建工作，2017 年起在全省陆续开展 10 家省级制造业创新中心试点建设工作，探索建设制造业创新中心的有效途径，2019 年认定了全省首家增材制造创新中心。福建省制造业创新中心建设进展见表 33-1。

表 33-1　福建省制造业创新中心建设进展

序号	中心名称	运营公司	建设进展	成立时间
1	福建省增材制造创新中心	中国科学院海西研究院（中国科学院福建物质结构研究所）	已认定	2019 年 12 月 28 日
2	福建省智能化无线通信制造业创新中心	厦门大学	试点培育	2018 年 01 月 04 日
3	福建省工业云制造创新中心	福建中海创集团有限公司	试点培育	2018 年 01 月 04 日
4	福建省机器人基础部件与系统集成产业创新中心	福州大学	试点培育	2018 年 01 月 04 日
5	福建省环境友好高分子材料创新中心	福建师范大学泉港石化研究院	试点培育	2018 年 01 月 04 日
6	福建省数字化装备与柔性制造创新中心	中国科学院海西研究院泉州装备制造研究所	试点培育	2018 年 01 月 04 日
7	福建省钨深加工产业创新中心	厦门钨业股份有限公司	试点培育	2018 年 01 月 04 日

续表

序号	中心名称	运营公司	建设进展	成立时间
8	福建省物联网智能感知应用创新中心	福建新大陆科技集团有限公司	试点培育	2018年01月04日
9	福建省生态环保产业创新中心	福建龙净环保股份有限公司	试点培育	2019年01月16日
10	福建省不锈钢产业创新中心	福建青拓特钢技术研究有限公司	试点培育	2019年01月16日

数据来源：赛迪智库整理　2021.5

第二节　典型省级创新中心建设进展

一、福建省数字化装备与柔性制造创新中心

（一）建设进展

1. 组建情况

在“制造强国”这一国家战略指导下，以加快新一代信息技术与制造业深度融合为主线，促进传统制造业结构调整和优化升级，由中国科学院海西研究院泉州装备制造研究中心（以下简称泉州装备制造研究所）牵头，联合福州大学电气工程与自动化学院、福建工程学院机械与汽车工程学院、福建省特种设备检验研究院、福建亚南电机有限公司、福建中科兰剑智能装备科技有限公司、福建浔兴拉链科技股份有限公司、晋江市海纳机械股份有限公司、福建永信数控科技股份有限公司、七星电气股份有限公司等多家合作单位共同组建福建省数字化装备与柔性制造创新中心（以下简称创新中心），开展面向装备制造业的前沿技术、应用基础研究和关键共性技术的研发，以“多样化、小规模、周期可控”的柔性制造模式，引领福建省装备制造产业技术提升，实现“弯道超车”，提升福建省实体经济核心竞争力，进一步助推福厦泉国家自主创新示范区建设。

2. 队伍建设

创新中心按照“一个中心，五大创新研究平台”的整体架构建设。泉州装备制造研究所副所长、电机驱动与功率电子国家地方联合工程研究中心主任汪凤翔研究员担任创新中心主任，福州大学电气工程与自动化学院原院长、“电机与电器”福建省重点学科带头人陈为教授及福建工程学院机械与汽车工程学院副院长黄卫东教授担任创新中心副主任。

创新中心现有研发人员近 500 人，其中中高级以上职称核心研发人员 300 多人。泉州装备制造研究所作为牵头单位，围绕“智能制造”领域组建 18 个核心科研团队，聘请来自德国慕尼黑工业大学、智利工程院、英国诺桑比亚大学、加拿大阿尔伯特大学等多个国外院士、国际知名专家作为客座研究员，与他们长期保持良好的技术交流与项目合作关系；柔性引进来自中国工程院的顾国彪院士、哈尔滨工业大学的徐殿国副校长作为特聘研究员，进行学科合作。创新中心共有 180 多人次入选国家、中科院、福建省、泉州市等各类人才计划，其中，中科院人才计划 10 人，福建省“科技创新领军人才”1 人，等等。创新中心已经具有电气工程一级学科博士点、控制科学与工程博士及硕士学位点、电子信息硕士学位点。

3. 平台建设

创新中心瞄准地方产业需求和紧缺技术，积极发挥自身的创新示范引领作用，采用“小核心+大协作”模式，深化公共技术平台体系建设，在智能物流、电机驱动、高端工业设计、机器人技术等领域谋划布局了一批专业化重大科技创新与服务平台。目前创新中心拥有智能传感与自主系统实验室、现代电机控制与电力电子实验室、创新设计与仿真技术实验室、机器人与智能系统实验室、计算智能与工业大数据实验室、机器视觉与模式识别实验室等 18 个实验室，围绕数字化装备与柔性制造生产相关产业化技术难题，开展前沿技术、应用基础研究和关键共性技术的研发，突破重大产业科技难题。

（二）运行成果

1. 技术创新和技术工程化

创新中心以产业和地方需求为导向，围绕数控装备、纺织鞋服、石油化工等区域特色产业发展技术瓶颈，开展行业前瞻性技术研发、重大共性关键技术攻关，以及在典型行业的技术开发应用，组织实施数字化装备与柔性制造技术的技术研发，形成了一批有效支撑产业转型发展需求的创新产出。

创新中心突破了驱动装置的控制精度、快速响应等核心指标，实现了高精度永磁同步电机批量试制，并成功应用于绣花机、横机等机型，电机系统效率、控制精度、响应时间等关键指标达到国内领先水平。

为了提升福建省纺织鞋服柔性自动化生产水平，创新中心设计出高精度的产品数据传输和处理方法，研究出工业机器人自适应控制技术及多轴联动技术，开发高端纺织鞋服专用控制系统，大大克服了传统纺织鞋服生产线产品种类单一、控制系统适应性差、生产效率低等缺点。

创新中心联合开展"石化行业危化品库区关键技术装备远程运维标准研究及试验验证"项目，获得工信部 2018 年智能制造综合标准化项目立项支持；制定多项行业及国家标准，弥补了国内石化行业危化品库区关键技术装备远程运维标准的空白。

2. 成果转化和企业孵化

创新中心以智能装备技术产业化为主要目标，以企业重大需求为牵引，重点与地方上市企业、龙头企业和高新技术企业开展形式多样的合作开发，形成一大批具有国际领先水平的技术成果，面向制造型及应用型厂商形成技术辐射和推广转化。

创新中心联合宁德时代新能源科技股份有限公司、福建亚南电机有限公司等行业领军企业，开展针对模型预测控制、无传感器控制等行业共性关键技术、高性能电机伺服系统等"产学研"项目 70 余项，攻克多功能软件技术、高性能电机控制策略及故障保护与自恢复功能等关键技术；推出了具有完全自主知识产权，高精度控制和高效控制的成系列、大功率电机配套控制器，综合水平达到行业领先水平；培育高层次产业化技术人才，为新能源汽车产业、智能制造行业的发展提供支撑，实现了国内及福建省内相关需求自主研制和配套，有力促进了电机及相关产业（闽东电机产业集群、泉州纺织产业集群，相关年总产值超千亿元）快速发展，对地方产业转型升级的支撑服务效应显著。

创新中心推动华南重工、精准机械、晋工机械等多家合作企业成功申报国家级高新技术企业，推动七星电气股份、本益科技股份、海纳机械等一批企业在各类交易平台挂牌上市。尤其是海纳智能装备国际控股有限公司于 2020 年 6 月在中国香港联交所主板上市，标志着在创新中心技术支撑下的企业踏上了资本之路，正式走上国际资本市场的舞台，进入跨越式发展的新征程。

3. 行业服务

创新中心注重标准制定，积极占领行业技术高地，在智能制造领域先后制定出《移动机器人视觉感知性能检测方法》《石化园区巡检机器人通用技术条件》《地面移动机器人视觉系统成像性能检测方法》《石化行业危化品库区储油罐远程运维数据采集规范》《智能 EVA 发泡制鞋成型机》《油炸卷皮一体机》《离网特低电压智能太阳能照明设施》等国家、地方标准，在卫生用品行业制定出《纸尿裤智能生产系统》的团体标准。创新中心促进相关企业的先进技术创新、独特工艺路线、科学检测方法上升为标准规范，以关键制造环节智能化为核心，降低资源能源消耗、提高生产效率、提升了产品质量、扩大市场影响力，进一步提升了产品品牌价值。

4. 交流合作

创新中心积极和国内外智能制造领域的专家、企业建立良好的合作创新关系，与国际国内两种资源共同推进协同创新。创新中心保持并加强与德国慕尼黑工业大学、智利 Andrés Bello 大学等境外高校和中国科学院电工研究所、同济大学等国内科研院所和高校的合作，邀请智利 Andrés Bello 大学校长 Jose Rodriguez 教授和中国科学院电工研究所顾国彪院士、哈尔滨工业大学徐殿国副校长等 30 多位国内外知名学者来访举办学术讲座，开展团队与创新中心建设指导工作。创新中心充分发挥海峡西岸经济区的对台优势，加强同中国台湾高校及科研机构开展产业科技发展实践与合作研究，其中与中国台湾科技大学合作的“基于无线光传感网在智慧医疗应用关键技术的研发”获得中科院对外合作重点项目支持；与中国台湾工研院合作的“打磨抛光机械人关键技术研发及其产业化应用”等项目持续获得中科院—中国台湾工研院两院合作计划的支持，相关项目成果正在泉州地区落地转化。2019 年第五届电气和电子工程师协会（IEEE）电力电子与电机驱动预测控制专题国际会议在泉州装备所举办，汪凤翔副所长任大会主席，系该领域国际专题学术会议首次在亚洲举办，促成了一大批国内外项目与人才合作。

二、福建省不锈钢产业创新中心

（一）建设进展

1. 组建情况

2019 年 1 月，由福建青拓特钢技术研究有限公司牵头，联合福建青拓镍业有限公司、福建鼎信科技有限公司、福建鼎信实业有限公司、福建青拓实业股份有限公司、福建甬金金属科技有限公司、福建宏旺实业股份有限公司、中联先进钢铁材料技术有限责任公司（北京钢铁研究总院）、北京科技大学（冶金与生态工程学院）、上海复旦大学（材料学院）、福州大学（土木工程学院）、宁德师范学院（化学与材料学院）、上海大学、东南大学、浙江大学、冶金工业信息标准研究院、中国钢铁协会等法人单位，共同发起成立福建省不锈钢产业创新中心（以下简称创新中心），组建创新中心框架及章程，保证创新中心研发成果顺利转化，并孵化相关加工企业。

2. 队伍建设

技术专家委员会由行业内知名专家和专业技术带头人、骨干专业人员组成；管理团队由各公司的董事长、总经理组成；团队专职研发人员中，博士学历 1 人，硕士学历 9 人，本科以上学历 49 人；拥有初级职称 25 人，中级职称 17 人，高级职称 5 人。

创新中心还多次组织由北京科技大学、厦门大学教授授课的本单位与宝钢、福欣特钢等福建大型不锈钢企业管理人员参加的高级管理人员研修班。

3. 平台建设

（1）不锈钢原材料及成品的检测服务平台

创新中心承接不锈钢市场不锈钢原材料、不锈钢制品的分析检测有偿服务，在疫情防控期间实施管控措施，实现“零接触”收样，在保证安全的条件下，继续为周边企业服务。

（2）不锈钢腐蚀检测、评价及研究平台

创新中心与各高校开展不锈钢力学行为、腐蚀性能、焊接性能、夹杂物工程、抗疲劳性能、不锈钢钢渣再利用技术等研究工作，形成了 10 多项“产学研”合作研究课题。

（3）不锈钢焊接实验、评价及研究平台

该平台是为解决下游客户不锈钢焊接工艺问题而建立的研究平台，目前可进行不锈钢 TIG 焊、MIG 焊、MAG 焊、埋弧焊等焊接工艺方案的制定及焊接样品微观组织、力学性能、腐蚀性能的分析检测。

（4）不锈钢产业信息化共享平台

目前创新中心平台已开放不锈钢终端产品需求信息及客户服务功能。

（5）科研管理化平台

自 2019 年 1 月成立以来，创新中心参与制定/修订行业标准及国家级协会团体标准等 10 余项、实现科研成果转移转化 5 项以上，授权 2 件发明专利、20 件软件著作权、24 件实用新型专利，顺利通过福建省科技重大专项氮合金化高品质不锈钢产品开发及产业化项目（项目编号 2017HZ0001）和福建省中科院 STS 计划配套项目（项目编号 2018T3025）的验收。2021 年创新中心新增 10 多项科研攻关项目。

（二）运行成果

1. 技术创新和技术工程化

2018 年 10 月，创新中心全球首发高性能氮合金化奥氏体 QN 系列不锈钢，产品性能优于传统 300 系列不锈钢，镍含量下降了 60%，整体合金成本下降了 20%左右。自生产 QN 系产品以来，销量 20 余万吨，深受用户青睐。该产品应用于建筑结构、幕墙、电梯、家电、畜牧、装饰、厨房设备、海洋养殖设备等众多领域。

2020 年，创新中心聚焦“圆珠笔头”难题，以改变笔尖钢仍然由国外进口原料掌控市场的基本格局。创新中心经过研发设计，结合现场工艺流程，于 2020 年 1 月产品试制成功，客户综合评价良好。产品切削加工等性能接近日本进口材料，与国外进口料基本无差距，且产品采用添加 Sn 改善其切削性能，解决了进口笔尖钢原材料中含有 Pb、Bi 等有害元素的难题。该产品所生产的圆珠笔书写出墨量稳定，耐腐蚀和耐磨性能良好，总体质量处于国内领先水平。

2. 成果转化和企业孵化

创新中心加快成果产业化，成效显著。2019 年以来，创新中心共转化科技成果 5 项，新增产值 20 多亿元。创新中心通过氮合金化产品冷压延加工技术孵化出福安青拓冷轧科技有限公司；通过高性能易切削线材加工技术孵化出福建青拓特钢有限公司，利用创新中心研发成果的转化和推广应用直接支撑了社会经济发展。

3. 行业服务

设备共享：为促进科研设施仪器资源整合共享，创新中心将大型科研仪器整合到省级服务平台向社会开放有偿服务，实现资源共享，为实施创新驱动发展战略、全方位推动高质量发展、落实赶超提供了有效支撑。

验证测试：在生产过程中，创新中心以最高效、最准确、最优质去服务各企业，同时也将检测样品送第三方外检，进行数据比对。

标准制定：创新中心参与制定/修订行业标准及国家级协会团体标准等 10 余项，并于 2021 年参与及主导立项行业标准 3 项，其中 2021 年 3 月 29 日由中国城市科学研究会发布团体标准《不锈钢芯板建筑结构技术标准》，于 2021 年 5 月 1 日实施。

4. 交流合作

创新中心自组建以来，与上海复旦大学、北京科技大学、上海大学、东南大学、浙江大学、冶金工业信息标准研究院、宁德师范学院等高等院校紧密合作交流，其中2021年交流合作情况如下：2021年3月，与冶金工业信息标准研究院开展标准交流，双方在部分不锈钢领域国家标准和行业标准修制定方面达成共识；2021年5月，与东南大学在不锈钢的力学性能方面进行深度交流并达成相关合作项目；2021年6月，与重庆大学在聚焦铸坯表面质量改善方面的研究等达成合作关系。2019年12月、2020年8月，创新中心两次组织召开全国性的不锈钢产业高质量发展研讨会，会议取得良好效果。

三、福建省生态环保产业创新中心

（一）建设进展

1. 组建情况

福建省生态环保产业创新中心（以下简称创新中心）由福建龙净环保股份有限公司为牵头单位，清华大学盐城环境工程技术研发中心、清华大学煤燃烧工程研究中心、国电环境保护研究院有限公司、厦门大学化学化工学院、福建省环境科学研究院、福建新大陆环保科技有限公司、江苏龙净科杰环保技术有限公司、福建国环环境检测有限公司8家单位为参加单位共同建设，由龙净环保负责牵头组建创新中心并负责创新中心的具体运营，参加单位协助完成相关工作。各单位分别指定人员承担创新中心的技术研发、技术交流、技术推广、技术转移扩散和商业化应用等相关工作。

2. 队伍建设

创新中心实行主任负责制，全面负责创新中心的运行管理。由龙净环保郭俊高副总裁兼任创新中心主任，负责创新中心各项工作的组织实施，组织制定并实施创新中心规章管理制度，对创新中心人员有聘任和奖惩权。技术专家委员会由生态环保行业知名专家组成，成员由各成员单位推荐。技术专家委员会对理事会负责，为创新中心技术创新、产业应用发展方向提供技术支持和信息指导，对重大项目立项进行论证和评估提供支持。创新中心现有科研团队人才队伍89人，其中直接从事研发和相关技术创新活动的科技人员66人，占创新中心员工总数的74%。

3. 平台建设

技术创新方面，创新中心组建后，整合“产学研”等创新资源，依托龙净环保、龙净科杰、新大陆环保、国环检测的产业技术优势，协同清华大学、厦门大学、国电环境保护研究院、福建省环境科学研究院等国内一流的高校和科研院所的理论研究优势和支撑基础作用，在生态环境领域联合开展课题合作、承接企业课题研究开发。

基础建设方面，龙净环保 VOCs 治理车间已完成主体建设及装修，创新中心技术研发部等各部门已进驻，较好地保障了创新中心的科研办公场所。创新中心在原有的共享大气检测实验室的基础上，扩建了水质检测实验室、土壤及固废检测实验室、VOCs 检测实验室，购置并试制了一批先进的实验仪器设备；建设中试平台，基本建成水、气、固检测全覆盖的检测中心，具备为福建省乃至全国生态环保行业提供检验检测服务能力和科研试验验证中试能力。

运行管理方面，创新中心成立了理事会、技术专家委员会及各个运行管理部门，保障了创新中心正常运行的组织机构。为规范科研开发、成果转移转化、产业化应用和行业服务等各项工作的开展，创新中心建立健全各项运行管理制度，相继制定实施了创新中心章程、发展规划、科研项目管理办法、财产管理办法、检测试验服务管理办法、人才管理办法等制度，明确创新中心各个管理机构、人员及相应权利、职责，以及创新中心的发展目标、规划及主要任务，保障各项业务的稳步推进，逐步形成稳定的经营管理和独立运行的条件。

（二）运行成果

1. 技术创新和技术工程化

为落实创新中心创建实施方案各项主要科研任务，创新中心在大气污染治理、水处理、土壤修复及固废处置等领域组织开展了 18 项行业共性关键技术开发，经过两年的联合攻关，各项技术开发成果申请发明专利 22 件、实用新型专利 15 件，获实用新型专利授权 14 件、软件著作权 3 件，合计 54 件；依托龙净环保，制定企业标准 2 项，制定国家标准 1 项，制定机械行业标准 1 项，正处于制定过程中的国家标准 1 项，上报待批行业标准 3 项，待立项答辩标准 1 项；8 项新产品实现产业化应用，取得了较好的创新成果。

2. 成果转化和企业孵化

创新中心积极探索建立以市场化机制为核心的成果转移转化，推动生态环保产业的技术交流和产业技术的发展。依托牵头单位龙净环保强大的市场推广和工程转化能力，创新中心 18 项技术开发项目中，火电厂烟气治理环保岛智慧运行平台、湿法脱硫后有色烟羽治理装备、氧化铝焙烧炉高温超净电袋复合除尘器、VOCs 治理技术装备、脱硫废水零排放技术装备、MBR 水处理工艺研究及一体化装置、大功率高频高压电源配套臭氧发生器、新型圆盘式污泥干化机等 8 项新技术新产品实现成果转化，都已取得较好的工程应用业绩。

创新中心初步尝试依托牵头单位龙净环保通过投资方式，孵化企业 1 家，即福建龙净环保智能输送工程有限公司，在该公司投资建设耐高温氧化、耐磨损、高过滤精度、低阻长寿命合金滤料生产线。

3. 行业服务

创新中心各成员单位以关键共性技术研发项目为纽带，通过“产学研企”合作，充分发挥各成员单位的科研优势、人才优势、市场优势、工程优势，实现资源共享。牵头单位龙净环保拥有先进的实验检测中心、CFD 仿真模拟中心，以及大型中试试验装置。成员单位江苏科杰建立了拥有国际领先水平的、设备齐全的催化剂检测中心，能够提供催化剂理化性能的全面检测，并出具权威的检测报告。新大陆环保拥有经验丰富的水处理研发专业人才，具有丰富的环保领域技术的应用研究经验、产品设计创新能力和产业化经验。国环检测是专业从事环境检测、实验分析的第三方技术服务机构，拥有计量认证（CMA）资质。成员单位清华大学盐城环境工程技术研发中心、清华大学煤燃烧工程研究中心、国电环境保护研究院、厦门大学化学化工学院、福建省环境科学研究院等国内知名的高校、科研院所，长期从事大气污染治理、水处理治理技术、土壤修复及固废处置等技术，以及产业政策、行业信息的研究，分别拥有一批业内顶尖的行业专家、学者和研究团队，实验室设施和设备条件完备，学术水平整体处于国内领先，拥有丰富的科研经验。

创新中心依托各成员单位强大的试验分析、环境检测能力，试点期间开展了流场优化试验、出口浓度试验、CFD 模拟、固定污染源废气检测、设备性能试验、土壤及地下水监测等技术服务 139 项，共服务企业超过 60 家，获得经济效益 471.2 万元。

创新中心积极组织召开行业各类技术研讨、人才培训、专题报告等技术交流活动，通过对外合作与交流，提高并引导生态环保产业企业运用技术资源的能力，促进我国生态环保产业共性技术水平提升和行业发展。2020 年邀请了龙净环保公司助理总裁兼人力资源总监陈卓能、厦门大学姚俊峰、中国台湾中原大学环境工程学院张鲁均等专家，组织开展了“IPD 研发管理体系分享及其对龙净研发管理的启示”“5G 时代 AI 如何赋能制造型企业”“未来土壤及地下水污染修复市场之机会与挑战”等多项技术培训。

4. 交流合作

创新中心整合“产学研企”等创新资源，根据行业技术发展和企业委托技术开发需求，依托龙净环保、龙净科杰、新大陆环保产业技术优势，借助清华大学、厦门大学、国电环境保护研究院、福建省环境科学研究院等国内一流的高校和科研院所成员单位的理论、科研优势，联合开发 18 项行业关键技术及装置，其中在创新中心试点期间产出 8 项新技术新产品，并已实际应用。

同时，创新中心也积极与国内外知名高校、科研机构、非成员企业单位联合开展“产学研”项目合作。如委托非成员单位厦门邑通合作开发火电厂烟气治理环保岛智慧运行软件系统；委托非成员单位东南大学开展氧化铝焙烧炉高温超净电袋复合除尘器合金滤料腐蚀性能研究；委托非成员单位蒙纳士大学苏州研究院颗粒系统仿真模拟中心开展脱硫废水烟气蒸发数值模拟研究；委托非成员单位江苏射阳港电厂等合作研究 MPC 防结垢性能研究及产物品质测试；委托生态环境部环评中心进行技术路线评审；委托非成员单位福建农林大学合作纳米黏土矿物、生物炭类材料研发；委托非成员单位南开大学合作微生物源淋洗剂及复配研发。创新中心借助这些行业一流的高校、科研院所及企业的科研实力，有效地推动了科研项目的研发进展，在与成员单位以外的单位开展技术合作中取得较好的效果。

第三十四章

江西省

第一节　总体进展与经验特色

为积极响应工业和信息化部建设要求，江西省先后出台《江西制造强省推进工作领导小组关于开展江西省制造业创新中心建设试点工作的通知》等相关文件，启动省级制造业创新中心建设工作。2018 年 5 月，江西省工信厅印发《江西省制造业创新中心建设领域总体布局》，系统布局了江西省制造业创新中心范围，确定了硅衬底半导体照明、虚拟现实、稀土功能材料、有机硅、高端装备机器人、航空智能制造、数字化设计与制造等 20 个领域。目前，江西省已经建成 4 家省级制造业创新中心，覆盖南昌市、九江市、赣州市等地区和石化、电子信息、有色、信息化等领域。其中稀土功能材料创新中心于 2020 年年初升级成国家制造业创新中心，成为首家成功升级的省级制造业创新中心。

江西省抓建章立制，细化工作重点及目标任务，建立年度评估和调度通报机制，促进创新中心规范运行。一是签订三方协议。江西省工信厅与稀土功能材料、虚拟现实、硅衬底半导体照明、有机硅 4 家创新中心建设依托单位及其所属地市工信部门签订三方共建协议，明确创新中心建设重点和分年度推进目标任务。二是开展年度评估。每年对 4 家创新中心进行年度评估，对照目标任务评估其建设运行进度情况，以评促建，推动创新中心发挥作用。三是加强调度通报。每半年对创新中心建设运行情况进行调度，及时了解创新中心的建设推进情况，对全省制造业创新中心建设情况进行通报，指出存在的问题和下步工作要求，指导和推动创新中心围绕目标加快建设运行。四是江西省加强指导和扶持，积极推动省级制造业创新中心升级为国家制造业创新中心，落实资金扶持，对于每个新认定的创新中心给予 250 万元扶持资金，并持续三年对其新增研发设备设施实际投资额的 20%给予“后补助”，鼓励创新中心加快建设。江西省制造业创新中心建设进展见表 34-1。

表 34-1 江西省制造业创新中心建设进展

序号	中心名称	运营公司	建设进展	成立时间
1	江西省硅衬底半导体照明制造业创新中心	南昌光谷光电工业研究院有限公司	省级	2017 年 12 月
2	江西省虚拟现实创新中心	南昌虚拟现实研究院股份有限公司	省级	2017 年 12 月
3	江西省有机硅创新中心	江西赣江新区有机硅创新研究院有限公司	省级	2017 年 12 月

数据来源：赛迪智库整理 2021.5

第二节 典型省级创新中心建设进展

一、江西省虚拟现实创新中心

（一）建设进展

1. 组建情况

江西省虚拟现实创新中心（以下简称创新中心）依托南昌虚拟现实研究院股份有限公司建设。南昌虚拟现实研究院股份有限公司（以下简称虚拟现实研究院）由欧菲光集团股份有限公司、泰豪创意科技集团股份有限公司、联创电子科技股份有限公司、江西科骏实业有限公司、小派科技（上海）有限责任公司、南昌市红谷滩城市投资集团有限公司、绿地产城投资基金、航软基金、北京理工大学等单位共同出资成立。目前，陆续有新的企业入股虚拟现实研究院，晶能光电已完成入股手续，3Glasses、青岛格如灵已签订入股协议，0glasses、青岛影创、深圳瑞立视正在办理入股手续。虚拟现实研究院后续将进一步吸纳虚拟现实领域的龙头企业，进行增资扩股，不断优化公司股权结构。

虚拟现实制造业技术创新战略联盟（VRMT）成立于 2019 年 9 月 27 日，目前会员单位 43 家，集聚了国内 70%以上的虚拟现实领域创新平台，以及国内虚拟现实产业链各主要环节重点代表企业。联盟平台通过联合联盟成员单位，发挥“产学研”合作和整体资源优势。联盟理事长为北京理工大学王涌天教授，秘书处设在虚拟现实研究院。

2. 队伍建设

创新中心聘请赵沁平院士、金国藩院士、庄松林院士、王涌天教授、江风益院士等9位虚拟现实行业内多位资深专家共同组建创新中心技术专家委员会。

创新中心的依托单位虚拟现实研究院采取企业法人形式，按照权责明确、科学管理的模式运行，自主决策，实现自负盈亏、自我发展。公司董事长由谌伟强担任，总经理由曾吉勇担任，副总经理由项顺担任，研发部总监由孙其民担任。

创新中心组建了一支稳定的创新团队，曾吉勇为创新中心技术带头人。创新中心引进了一批全职技术创新领军人才和双聘技术人才，组建了一支覆盖光、机、电、材料、软件、算法、架构等专业领域、经验丰富的研发团队，在关键技术方向设立了首席科学家。截至目前，创新中心全职员工 60 人，全职科研人员 42 人，创新管理人员 5 人，其中博士 8 人、硕士 15 人，科研人员占总人数比例超过 70%，重点方向已到位 6 名首席科学家。

3. 平台建设

创新中心重点建设支撑虚拟现实领域五大技术方向（光学、图形运算、人体工学、交互、内容制作）关键共性技术研发的创新能力平台。截至目前，创新中心完成研发办公室、实验室、中试线场地建设 4000 平方米，购置研发中试仪器设备 80 余台（套），已初步建成几何光学实验室、近眼显示实验室、VR 显示模组中试平台、全景影像模组中试平台、几何光波导中试平台，三维传感与机器视觉实验室、感知交互实验室正在建设中。目前创新中心已购置研发中试仪器设备 80 余台（套），足以支撑研究院各个研发方向关键技术攻关工作。

（二）运行成果

1. 技术创新和技术工程化

创新中心按照总体布局和技术路线图，围绕光学、图形运算、感知交互和内容制作等重点方向开展关键共性技术研发工作，一期开展关键技术研发项目 6 项，主要包括基于液晶透镜的可变焦显示技术、面向虚拟现实产品的三维手势识别技术；适用于 VR 头戴设备的眼球追踪技术、基于单目散斑结构光三维重建算法的嵌入式平台技术；基于注视点的渲染优化技术、AR/MR可编辑投影交互媒体技术等，多项项目已进入研发中期，取得了显著的研发成果。

2. 成果转化和企业孵化

创新中心一期建设期内，创新中心自主申请发明专利 25 件，实用新型专利 27 件、软件著作权 5 件，外观专利 2 件；授权发明专利 4 件、实用新型专利 20 件、外观专利 2 件；软件著作权登记 7 件。截至目前，创新中心拥有有效专利 48 件，其中发明专利 31 件。通过技术研发，创新中心建立了具有行业影响力的自主知识产权，掌握了一批核心技术，提升了虚拟现实产业核心技术研发实力。

3. 交流合作

创新中心分别与四川大学、南昌航空大学围绕产业前沿和共性关键技术研发、VR 产业发展需求、创新人才队伍建设签订了“产学研”合作协议书；与四川深瑞视科技有限公司围绕可编辑三维投影增强显示技术开发签订了合作开发协议。借助创新中心平台，部分股东单位与北京理工大学、华为终端有限公司签订了视频处理技术合作项目协议；与中兴通讯股份有限公司签订了基于 5G 的云渲染 AR 交互系统技术研究合作开发协议；与昆明理工大学签订了轨道交通列车运行信号与控制实验室合作协议。

二、江西省硅衬底半导体照明制造业创新中心

（一）建设进展

1. 组建情况

江西省硅衬底半导体照明制造业创新中心（以下简称创新中心）于 2017 年 12 月 23 日由江西省工信厅批复，南昌光谷光电工业研究院有限公司为创新中心建设单位，定位硅衬底 LED 应用技术创新与产业协同创新的省级制造业创新中心。对照三方共建协议，创新中心设立了较为完备的组织架构，建立了财务、研发、人才激励、科技成果转化等基本完善的运行管理制度，同时形成了较为有效的运行机制。

2. 队伍建设

创新中心组建了由 6 位行业领军人物组成的技术专家委员会，作为决策咨询机构，负责技术战略方向、技术规划、技术甄别与论证等技术支持。

创新中心管理团队和科研团队已基本组成到位，引进了1位在科技成果创新与转化方面有丰富经验的人才担任创新中心执行董事兼总经理，同时培育了汽车照明和电子陶瓷基板两个创新团队，目前管理团队有5人，研发团队共16人。

3. 平台建设

目前，创新中心已建成1000平方米的汽车照明专业实验室和600平方米的电子陶瓷基板专业实验室，分别进行汽车照明和电子陶瓷基板技术和产品的开发，同时建设了模组共建实验室和户外照明共建实验室。

（二）运行成果

1. 技术创新和技术工程化

对照三方共建协议的发展目标，创新中心总体以发展目标为导向，围绕硅衬底 LED 技术应用优势（汽车照明、特种照明、手机闪光灯、智慧照明等 14 个方向），重点突破硅衬底 LED 的模组技术、路灯技术、工业照明技术、汽车照明技术等应用技术，解决共性与关键技术问题，技术指标基本达到预定目标。

2. 成果转化和企业孵化

创新中心在3年建设期共实现37件专利申请和授权，带动专利申请超过50件，发表论文4篇，同时孵化项目6个，技术转让成果收入2470万元。

3. 交流合作

创新中心与浙江大学进行了深入的交流与合作，共同开发光学设计共性技术。

三、江西省有机硅创新中心

（一）建设进展

1. 组建情况

江西省有机硅创新中心（以下简称创新中心）依托单位为江西赣江新区有机硅创新研究院有限公司（简称有机硅创新院）。有机硅创新院位于江西省九江市永修县城南工业园，占地面积1300平方米，注册资金5000万元，2017年由江西蓝星星火有机硅有限公司（以下简称星火有机硅）和永修县政府牵头，联合江西省有机硅产业联盟成员中的其他多家企业组建。创新中心自批复、创立以来，业务范围不断拓展，组织机构不断完善，目前有机硅创新院定员为 221 人，其中管理人员 4 人，研发技术人员 9 人，分析人员 21 人，柔性引进高校有机硅研发团队 2 个；成立技术委员会，多方式引进行业专家学者李伯耿、温绍颖等 10 余名；获批江西省市场监督管理局颁发的第三方检验检测机构资质认定证书并已面向社会开展检验检测业务，申请发明专利 12 件，联合高校、科研院所、园区企业等开展小试课题 20 余个，逐步实现产业化的项目 10 余项，实现销售收入 1517 万元。

公司设有董事会和监事会，董事由公司股东大会选举产生，对公司的发展目标和重大经营活动做出决策；监事会是公司的监督机构，对公司的财务和董事、经营者的行为发挥监督作用。总经理由董事会聘任，由江西蓝星星火有机硅有限公司廖立担任董事长。

2. 队伍建设

创新中心自成立以来，组织机构不断完善，并一直与浙江大学、杭州师范大学、南昌大学、省科学院等科研院校保持良好的合作关系，引进了浙江大学李伯耿、范宏老师，以及南昌大学杜国平教授等作为公司特聘专家，特聘有机硅行业专家 8 人，柔性引进高校有机硅研发团队 2 个。李伯耿入选省“双千计划”人才，范宏、邱玲入选“赣江创新”人才。

（1）技术委员会

为加大创新中心科技进步与创新力度，充分发挥专家、学者对创新中心未来发展的决策咨询作用，加强创新中心与科研院所的交流与合作，推进创新中心决策科学化、民主化，创新中心成立技术委员会。技术委员会组成人员名单如下：李伯耿、范宏、周远建、温绍颖。

李伯耿，1982 年 1 月毕业于浙江大学化工系，1984 和 1987 年先后在该校获工学硕士和博士学位；曾先后在英国拉夫堡大学化工系、美国麻省理工学院化工系作普通和高级访问学者，1994 年起任浙江大学教授，1995 年被批准为博士生导师；现受聘为教育部“长江学者奖励计划”浙江大学化学工程学科特聘教授，任浙江大学工学部主任、化学工程国家重点实验室（浙江大学）主任，兼任国务院学位委员会化学工程与技术学科评议组成员、教育部化学化工教学指导委员会化学工程与工艺分委员会委员、中国化工学会常务理事兼化学工程专业委员会副主任委员、浙江省化工学会理事长、浙江省高等学校化学化工教学指导委员会主任委员等职务。

周远建，长期从事有机硅材料的研究开发，为有机硅领域技术专家。作为项目负责人，他主持了国家、省部级项目 20 余项，为我国多个重点型号武器装备研制了 20 多种急需专用新材料，研制材料达到国外同类产品先进水平，已成功用于重点型号武器装备的研制生产，为我国国防现代化建设做出了重要贡献；目前在研的“可成型高导热绝缘胶”项目是为我国最新高性能武器配套的关键材料；2006 年获四川省有突出贡献的优秀专家，2007 年获第九届四川省青年科技奖，2008 年获得“全国化工优秀科技工作者”称号，2015 年获国务院政府特殊津贴；取得 10 多项科研成果，获省部级奖励 5 件，申请发明专利 5 件，已获得授权专利 3 件，在国内外发表论文 20 多篇，参加化学工业出版社《国内外涂料树脂品种手册》编写工作；在有机硅阻尼材料、高性能有机硅树脂、特种有机硅粘胶剂及导热导电有机硅材料等方面的研究居国内领先水平。

（2）管理团队

董事长廖立，2001 年毕业于南昌航空大学，现任江西蓝星星火有机硅有限公司技术中心主任等职务，有丰富的有机硅一线生产技术经验。总经理李爱民，毕业于南昌大学，长期从事有机硅产品检测业务，有丰富的管理经验和社会资源，负责主持有机硅创新院的全面日常工作及分管检测中心业务等。副总经理罗双云，毕业于南昌大学，教授级高级工程师，从事有机硅产品研发、技术规划等方面的工作 20 余年，负责有机硅创新院产品研发、技改及项目合作等工作。公司成立以来，为加强团队建设，开展了各式各样的活动，围绕留住人才、用好人才，特别是优秀人才出台了一系列的政策。

引进人才方面：创新中心与科研院校加强交流，引进有机硅方面的高层次人才，同时利用学校老师的资源，引入在校学生来创新中心实习工作。

团队交流方面：创新中心营造良好的沟通氛围和交流环境，加强团队成员间的交流，每周定期开展交流活动。

3. 平台建设

（1）城南实验室

为方便研发人员研发项目及开展有机硅产业链产品检测分析工作，创新中心投资 500 万元购置进口检测仪器，如安捷伦 GPC 凝胶液相色谱仪、布鲁克红外光谱仪、安捷伦气相色谱仪和行业顶端的国产仪器等 60 余台（套），筹建了有机硅硅橡胶、硅树脂、硅油及乳液、材料力学分析、化学分析等 8 个专业系统的有机硅实验室，可以完成有机硅中下游产品研发小试项目开展及有机硅副产物综合利用开发工作，可以完成有机硅产业链六大类产品树，

58 个产品共计 300 余项目的检测业务。2020 年 8 月，创新中心取得国家 CMA 资质认定证书及附表，成为首个专业化有机硅产品第三方检验检测机构，检测技术已经达到国内先进水平。

（2）中试基地

为加快有机硅下游产品的应用开发及小试成果的快速产业化，创新中心与星火有机硅在星火厂区内共建了一套中试装置，包括：聚合、水解、精馏装置，硅树脂中试装置及有机硅单体加成、醇解中试装置。该项目已完工并验收投入使用。

（3）有机硅产业孵化器

为促进成果转化，创新中心还着力培育扶持有机硅企业，现已孵化了江西华而润之、江西臣达等企业。

（二）运行成果

1. 技术创新和技术工程化

建设有机硅产品检验检测平台。为更好地服务有机硅整个行业，创新中心以有机硅创新院和星火有机硅检验中心为龙头，利用各自设备、技术、人才密集优势，建设江西省有机硅产品检验检测平台，提供有机硅产品检验综合合格评定服务及整体技术解决方案，为联盟企业服务。创新中心以产业转型升级需求为导向，在保障基本检验检测公共服务的基础上，逐步提升检验检测的个性化、智能化水平和综合服务能力，解决产品创新和质量提升的技术难题，服务供给侧结构性改革，同时实现检验检测行业自身服务质量、能力水平的提升。

创新中心的依托单位有机硅创新院投资 500 多万元建设了城南实验室，设立化学分析实验室、光谱分析实验室、硅橡胶实验室、硅油乳液实验室、硅树脂实验室等，购置了实验仪器设备，方便项目开展。创新中心的牵头企业星火有机硅投资 3000 万元建设了检验大楼，建起了微量元素及粒度分布检测的微量元素分析检测室、有机硅单体分析检测室、核心流体分析检测室、硅油及硅橡胶分析检测室、弹性体检测室及氯碱分析检测室；目前拥有分析检测设备 446 台（套），价值 5129 万元。

创新中心通过整合共享蓝星星火有机硅技术、设备、人员的优势资源，在充分熟悉有机硅产品检测标准的前提下，完成了场所规划、主副仪器设备设施购置、人员招聘及培训、质量体系建立与运行，于 2020 年 8 月获得江西省市场监督管理局审批通过并颁发检验检测机构资质认定证书，目前已面向永修县星火园区及全国有机硅企业开展有机硅产品检测服务。

2. 成果转化和企业孵化

创新中心为科研人员提供一流的实验条件、科研环境和科技成果转化平台，凭借雄厚的技术力量支持和先进的技术研发设备，促进高等院校、科研单位、有机硅生产企业强强联合，形成以企业为主体的“产学研”一体化共同开发机制，提高创新能力，加大人才培养力度，建设一支高素质的科研人才队伍。同时，创新中心调动各方面的积极性，以市场和企业需求为导向，不断研发新技术、新工艺、新产品和新设备，提高生产效率，降低生产成本，开发出更多具有良好市场前景的有机硅高附加值系列产品，解决有机硅行业共性关键技术，突破国外技术封锁，进入高层次市场竞争，有力提升产业技术优势和企业的核心竞争力，形成具有江西省特色的战略性新兴有机硅产业链，响应建设赣江新区、鄱阳湖生态经济区和实施科技创新“5511”工程的要求，实现关键技术研究和高端产品开发达到国内一流、世界领先水平，并促进当地支柱性产业稳定发展的目的。

在省工信厅、市县工信局的大力支持下，在各股东企业，特别是星火有机硅的帮助下，创新中心以产品研发为中心，倡导技术创新，在技术研发、技术攻关、技术创新上狠下功夫，2017—2020年在新产品、新技术开发方面取得较好的成绩，共开展27个研发课题项目，其中自研项目占比41%，专家咨询项目占比41%，委外合作项目占比18%。（1）利用特聘专家的优势，与星火有机硅积极开展有机硅产品的研发和现有生产工艺技术的提升，开展技术咨询服务项目11个，在特聘专家的指导下，产品研发取得较好的成果；（2）与南昌大学、九江学院开展项目合作，其中4个项目已开展工作，1个项目在做对接工作；（3）截至2020年底，已有13个项目投产，2个项目小批量生产，3个项目完成小试做进一步验证或转化。此外，创新中心积极推进技术成果专利化，目前已申报用于氯甲烷反应釜的除雾器、一种低分子量甲基硅油及其制备方法等12件专利。

3. 行业服务

创新中心依托有机硅创新院充分发挥行业影响力，联合省内外30多家高校院所和有机硅企业组建江西省有机硅产业技术创新战略联盟，加快“产学研”的发展，充分利用各方技术力量，通过“产学研”联合实施技术合作，突破和发展有机硅上游、中游、下游产品的关键共性技术和前沿技术及装备水平，实现联盟成员单位的创新资源有效分工、合理衔接，形成公共技术支撑平台，有利于形成持续和稳定的“产学研”合作关系，推动江西省有机硅上游产品的发展，形成江西省有机硅发展的产业链。

（1）错位寻求发展，专业体现特色

为加快创新中心全面发展，进一步壮大企业规模，提升综合竞争力，增加创新中心的创收能力，更好地发展与园区有机硅企业的业务关联，创新中心通过承接园区企业的有机硅产品检测、岗位操作等技术服务业务，突出“错位发展、形成特色”的定位，加快经济发展转型，努力将创新中心打造成江西省有机硅技术服务的发展高地，成为永修县经济发展的亮点。自 2019 年 10 月以来，创新中心服务园区企业 4 家，先后提供就业岗位 280 余个，实现收入 1300 万元以上，下一步争取成为永修县知名的技术服务示范企业。

（2）组织特聘专家，帮扶有机硅企业技术提升

创新中心特聘浙江大学两名教授作为技术委员会专家，通过调研永修县有机硅企业现有技术难题和技术合作意向，多次组织特聘专家到企业进行技术指导和联合开展研发课题、生产工艺改进项目的合作工作，为江西蓝星星火有机硅有限公司、江西海多化工有限公司、江西星火狮达科技有限公司解决了多项技术难题，优化提升了生产效率，合理降低了制造成本。

（3）检测中心的设备设施资源共享

2020 年 9 月 25 日，创新中心面向江西省有机硅行业企业、院所等召开公开推介会，与会介绍了创新中心的建设情况，详细说明了检验检测机构的功能和业务范围。现场 5 家参会企业签约委托检测协议，后续陆续通过走访宣传、企业合作等方式加强设备共享及检测服务，目前已完成企业样品检测 50 批次以上，近 20 台设备设施共享 100 余次，进一步服务和推进江西省有机硅产业的品质水准提升。

4. 交流合作

（1）联合实验室

创新中心与浙江大学化学工程联合国家重点实验室成立了有机硅联合实验室，共同开发有机硅下游产品。

（2）江西省化学化工学会永修服务分站

为发挥自身优势，服务好联盟企业，创新中心与江西省化学化工学会合作，加入了江西化学化工学会的服务网络，成为江西省化学化工学会在永修设立的服务分站。

（3）新产品、新技术的研发交流合作

创新中心围绕有机硅行业共性关键技术及有机硅产业链创新需求，从有机硅下游深加工产品开发及应用、有机硅上游技术提升和副产物综合利用等方面与高校院所、有机硅企业等合作开展研发工作。

1）合作方：江西蓝星星火有机硅有限公司

有机硅改性聚乙烯的关键技术研究项目拟制备一种与聚烯烃相容性好、结构易于调控、改性效果好的聚硅氧烷—聚烯烃嵌段共聚物。创新中心与星火有机硅联合申报江西省重点研发项目，2020年签订项目任务书。项目已开展小试试验，进行了原料筛选、工艺条件探索。

四乙烯基四甲基环四硅氧烷项目是2020年5月创新中心与星火有机硅签订的项目合作协议。项目目前已完成小试试验，正在进行原料筛选、工艺条件探索。

封端型巯基功能硅烷的合成小试项目于2020年10月完成前期调研，2020年12月与星火有机硅签订项目开发合作协议。本项目通过硅氢加成方法合成辛酰硫代丙基三乙氧基硅烷，实现封端型巯基功能硅烷的技术研发，该工艺路线未见国内外报道，为世界首创，工艺可行性强，有利于后期工业化生产，产品具有较为广阔的市场。

焚烧回收白炭黑综合利用项目是对焚烧回收白炭黑表面处理的技术研发，使回收白炭黑能够应用于密封胶产品，实现焚烧回收白炭黑的资源化利用。本项目2020年10月立项，开展前期的比对试验，2021年1月与星火有机硅签订项目合作协议。

2）合作方：浙江大学等

二甲选择性提升的关键技术研究项目由星火有机硅立项，创新中心组织浙江大学、九江学院及中科院过程所等专家学者，对20万吨单体合成装置的二甲单体选择性的现状进行调研和诊断，提出优化方案，协助和辅导项目的实施，跟踪和指导实施后的运行。该项目已于2019年10月完成，装置的二甲选择性由最初的83%提升到86.3%，公用工程成本大幅降低，浆渣排放量减少；同时水解物产品质量也有提升。

3）合作方：南昌大学

有机硅泡沫材料是一种新型的聚合物泡沫材料体系，既拥有有机硅的耐高低温、绝缘性强和耐候性等优异特性，又兼具泡沫材料的低密度、优良吸音性、抗震性等特性，通过添加功能特性填料可增加阻燃防火、疏水等性能，有望取代或部分代替碳基高分子发泡材料。2019 年创新中心与南昌大学材料学院签订合作协议，研究了 AC 发泡剂、碳酸氢铵于制备有机硅泡沫材料及不同基胶、白炭黑、硫化剂配比制备低密度有机硅泡沫硅橡胶，目前已制备出密度为 0.29g/cm3、力学强度达到 302 kPa 的有机硅泡沫材料，下一步将采取星火有机硅成熟高性能混炼胶、硫化剂来进一步开发密度更低、力学性能更强的低密度有机硅泡沫硅橡胶。

4）合作方：九江学院

创新中心与九江学院化工与环境学院博士团队共同对创新中心股东企业调研考察，拟出 11 项研发项目及 7 项生产工艺改进项目，结合创新中心实验室条件、学院优势资源等，首批计划开展聚醚改性硅油、DM2 制备工艺改进等课题，对标行业国际先进产品性能指标。其中：①油性硅蜡合成及固载催化剂的研究和开发项目九江学院已完成试验，创新中心正在验证并做推广试验；②聚醚改性硅油的研究和开发项目已完成小试工艺和性能测试；③固体有机酸催化剂及负载型氯铂酸催化剂研究项目 2020 年 5 月立项，7 月与九江学院签订合同协议，12 月完成项目的小试，合成出非均相聚苯丙烯酸微球催化剂和非均相磁性聚苯乙烯微球固载铂催化剂，下一步将做放大试验，以及降低制备成本。

5）合作方：江西星火狮达有限公司

有机硅高沸物中主要含有甲基乙基二氯硅烷、甲基丙基二氯硅烷、六甲基二硅烷及高沸点物质，目前分馏高沸物主要通过水解成浆渣当危险废物处理。创新中心与江西星火狮达科技有限公司合作开发的高沸硅油项目以分馏高沸物，通过低温水解缩聚、水洗、中和等工序得含有乙基、丙基、氢和羟基的 Q 型或带少量支链硅低黏度硅油，并解决了难分层、易交链、易返酸等难题，制成的低黏度硅油可替代密封胶中的白油使用，应用前景较好。本项目已在狮达公司投产。

第三十五章

湖南省

第一节　总体进展与经验特色

近年来，湖南省工业和信息化厅以党的十九届五中全会精神和习近平总书记关于科技创新及考察湖南重要讲话精神为指导，深入实施“三高四新”和制造强省战略，组织实施“湖南制造业创新能力建设工程专项行动”“湖南省制造业创新能力提升三年行动计划（2021—2023）”，加快建设以创新中心为核心载体的制造业创新体系，取得较大进展。目前，湖南省共认定了 7 家省级制造业创新中心，其中先进轨道交通装备省级制造业创新中心 2019 年获批升级为国家级制造业创新中心，另有 4 家省级制造业创新中心已经创建并在加速培育发展中。下一步，湖南省将继续按照“公司+联盟”的要求，推进工程机械、新材料、新一代信息技术、生物医药及高性能医疗器械等已经布局的重点产业领域和工业新兴领域的制造业创新中心创建，依托创新中心平台突破一批行业前沿技术和共性关键技术及产品，实现创新成果商业化应用和创新中心自我发展，推动湖南省打造国家重要先进制造业高地和科技创新高地。湖南省制造业创新中心建设进展见表 35-1。

表 35-1　湖南省制造业创新中心建设进展

序号	中心名称	运营公司	建设进展	成立时间
1	国家先进轨道交通装备创新中心	株洲国创轨道科技有限公司	国家级	2019 年 1 月 15 日
2	湖南省功率半导体制造业创新中心	湖南国芯半导体科技有限公司	省级	2018 年 11 月 6 日

续表

序号	中心名称	运营公司	建设进展	成立时间
3	湖南省智能网联车辆测试创新中心	湖南湘江智能科技创新中心有限公司	省级	2018年12月29日
4	湖南省智能电力装备创新中心	湖南能创科技有限责任公司	省级	2019年12月31日
5	湖南省智能运载系统创新中心	湖南省工业和信息化厅—湖南大学共建	省级	2020年6月30日
6	湖南省电磁装备创新中心	湖南和创磁电科技有限公司	省级	2020年12月7日
7	湖南省集成电路装备创新中心	湖南楚微半导体科技有限公司	省级	2020年12月30日
8	湖南省环境综合治理创新中心	长沙工研院环保有限公司	培育	2020年12月11日
9	湖南省工业技术软件化创新中心	中电工业互联网有限公司	培育	2020年12月24日
10	湖南省机械基础零部件创新中心	湖南申亿机械应用研究院有限公司	培育	2020年12月30日
11	湖南省先进陶瓷材料创新中心	湖南蓝思华联精瓷有限公司	培育	2021年3月5日

数据来源：赛迪智库整理　2021.5

一、持续加强政策支撑力度，政策体系不断完善

为认真贯彻实施工业和信息化部制造业创新中心建设工程，湖南省先后发布了一系列重要文件，指导全省制造业创新中心建设。2015年11月，湖南省政府印发《湖南省贯彻〈制造强国战略〉建设制造强省五年行动计划（2016—2020）》，提出在制造业领域建设省级制造业创新中心的目标。2016年2月，湖南省工信厅印发《关于开展省级制造业创新中心建设试点的意见》，就创新中心的定位和功能、建设试点原则、实施步骤和保障措施等提出了明确的指导意见。2016年3月，湖南省工信厅印发《湖南制造业创新中心能力建设工程专项行动方案》，明确提出了“加快建设制造业新型创新载体”“开展制造业重大关键共性技术研发攻关”等重点工作。2017年10月，湖南省工信厅印发《湖南省制造业创新中心认定管理办法》，对全省制造业创新中心创建、认定和管理等相关工作做了严格规范，并提出了支持政策措施。2019年4月，湖南省委组织部、省工信厅联合印发《关于加强湖南省工业新兴优

势产业链人才队伍建设的若干措施》，明确对制造业创新中心科研团队予以奖励。2019 年 12 月，湖南省工信厅印发《湖南省制造业创新中心建设领域总体布局》，将在包括先进轨道交通装备、工程机械、新材料、新一代信息技术、生物医药及高性能医疗器械等重点产业领域组织建设 25 个制造业创新中心，强化全省制造业创新中心建设顶层布局，引导开展制造业创新中心建设。2020 年 12 月，湖南省工信厅印发《湖南省制造业创新能力提升三年行动计划（2021—2023）》，提出将以工业新兴优势产业链和重点产业集群为主要领域，以前沿技术和关键共性技术的研发供给、转移扩散、首次商业化和引领产业创新发展为主要目标，加快建设以国家制造业创新中心为“领头羊”、省级制造业创新中心跟跑的多层次、网络化制造业创新体系。对在建的创新中心，湖南省工信厅每季度调度和发布创新中心建设和运行发展情况，鼓励创新中心承担湖南省工信厅“100 个产品创新强基项目”。长沙市政府及相关园区配套设立了专项，对获批的国家级和省级制造业创新中心予以奖励。

二、发挥联盟综合优势和独特作用，建立协同创新机制

湖南省推动创新中心发挥联盟平台资源集聚效应，在全球创新资源对接、关键共性技术研发、“产学研”协同创新、产业研究智库等方面发挥积极作用，为创新中心建设提供有力支撑；引导与牵头单位、股东及联盟各成员单位间建立资源共享机制，持续整合各成员单位现有的仪器、设备等资源，开展研发设计协同，共享检测试验资源，充分发挥创新资源合理配置的协同优势，提升持续创新能力；同时，鼓励有共性技术需求的企业共同出资，联合研发，分担研发风险。湖南省多家创新中心通过项目合作、高水平技术和团队引进、联合研发等方式，与非成员单位建立了协同创新机制。

三、充分运用市场化运营方式，形成循环发展的商业模式

湖南省严格按照国家工业和信息化部要求，要求创新中心以企业为主体，采取独立法人形式组建，按照自主决策、自我管理的方式，基本形成了“产学研用”协同的创新机制，拥有责权明晰的董事会和经营管理团队，实现了企业化正常运行。湖南省鼓励各创新中心通过技术成果转化、企业委托研发、检测检验和为行业提供公共服务等方式，自主开展各类经营活动，从

而达到收支平衡或微盈利状态，鼓励将运营盈利部分重新投入平台建设，实现创新中心的自我可持续发展。

第二节　典型省级创新中心建设进展

一、湖南省功率半导体制造业创新中心

（一）建设进展

1. 组建情况

湖南省功率半导体制造业创新中心（以下简称创新中心）由湖南国芯半导体科技有限公司及中国功率半导体技术创新与产业联盟组建而成。湖南国芯半导体科技有限公司（简称国芯科技）是由株洲中车时代电气股份有限公司、重庆长安汽车股份有限公司、珠海格力电器股份有限公司、南方电网科学研究院有限公司、天津中环半导体股份有限公司、湖南湘投控股集团、湖南中车时代电动汽车股份有限公司、株洲中车时代新材料科技股份有限公司8家单位合资5亿元注册成立，致力于承担国家级功率半导体创新中心建设与运行任务的一家高科技研发平台型企业。

2. 队伍建设

创新中心建有专家委员会，负责研判行业发展重大问题并筛选确定研究方向，目前顾问专家有中国工程院院士刘友梅、郑有炓、丁荣军、罗安，中国科学院院士郝悦，以及王俊、朱文辉、张玉明、汤晓燕、刘胜、张波、徐现刚、刘新宇、郭淑英、冯江华、刘国友等。创新中心目前已发展员工队伍80余人，其中中国工程院院士1人、“湖湘学者”1人、博士15人、硕士20人，具备教授级高工职称的8人，其他为技术服务团队人员和管理人员。创新中心构建了一支以中国工程院院士丁荣军带头，以人才为核心，以骨干人才为主体的专兼职结合、形式多样的高水平人才队伍，其中从事研发和相关技术创新活动的科技人员占企业职工总数的比例超过70%。

3. 机制建设

创新中心制定了科学的项目管理制度，优化项目管理体系，编制了《项目管理手册》，与高校、企业以项目委托、联合研发、定制开发等多种形式开展联合、协同技术创新活动，形成了机制灵活、形式多样的“产学研”协同创新机制；探索了具有吸引力的薪酬待遇体系、柔性的人才激励机制，初

步建立了市场化的知识产权与技术成果转化机制；为调动科研团队、科研人才的积极性和创造性，编制了《专利基本管理办法》《增效奖励管理办法》《职务发明奖酬管理办法》等制度，对技术研发、成果转化等工作成效以较大比例进行激励。

4. 平台建设

创新中心科技创新平台围绕设计、工艺及测试三个维度，建设设计中心、试制中心和检测中心。

设计中心瞄准前沿关键共性技术，开展新型功率半导体器件研发和新材料、新技术验证工作，目前已具备完整的设计和仿真能力，涵盖 Si IGBT/FRD、碳化硅 MOSFET/SBD 芯片和模块的结构设计、仿真分析和工艺设计。

试制中心涵盖先进封装技术实验室及应用实验室。先进封装技术实验室作为新材料与新工艺的验证平台及定制化样品试制平台，是国内首家配备银烧结专用设备的科研机构，具备芯片贴片、丝网印刷、有压银烧结、真空回流焊接、引线键合、真空灌胶、自动点胶、无损检测等设备及封装关键工艺技术能力，可实现全工艺流程封装定制化试制。应用实验室已建成，可进行如双脉冲斩波、二次短路、爆炸测试等功率模块典型测试。

检测中心以功率半导体为核心，建有 IGBT、MOSFET 和第三代宽禁带半导体碳化硅功率器件的电特性及可靠性测试实验室，已具备 IGBT、MOSFET、二极管等半导体器件的 67 个检测参数、70 项检测方法标准的技术能力。一期配备仪器设备 20 余台（套），其中大型精密检测仪器设备 8 台（套），可测试项目包括动态测试、静态测试、CV 测试、热阻测试、高温反偏、高温栅偏、稳态湿热、功率循环、温度冲击、电性能分析、短路测试、高低温存储、安全工作区测试、防静电测试等，实验室管理体系参照 ISO/IEC 17025 标准要求建立，目前已通过中国合格评定国家认可委员会（CNAS）初次现场评审认可。

（二）运行成果

1. 技术创新

创新中心积极开展关键共性技术研发，运行期间已完成发明专利授权 9 件、申请专利 27 件、从湖南大学转让发明专利 1 件。创新中心围绕五大技术发展方向，开展关键共性技术研究，启动了多项科研项目，目前已开展电动汽车 750V/400A 全 SiC 模块封装技术开发项目、插片式双面散热 SiC 功率模块项目、轨交辅变系统 SiC 器件应用技术研究项目、大电流 1200V SiC MOSFET 设计与分析、大容量 1200V JBS 研发、SiC 沟槽 MOSFET 研究开发等 6 个项目的研究。

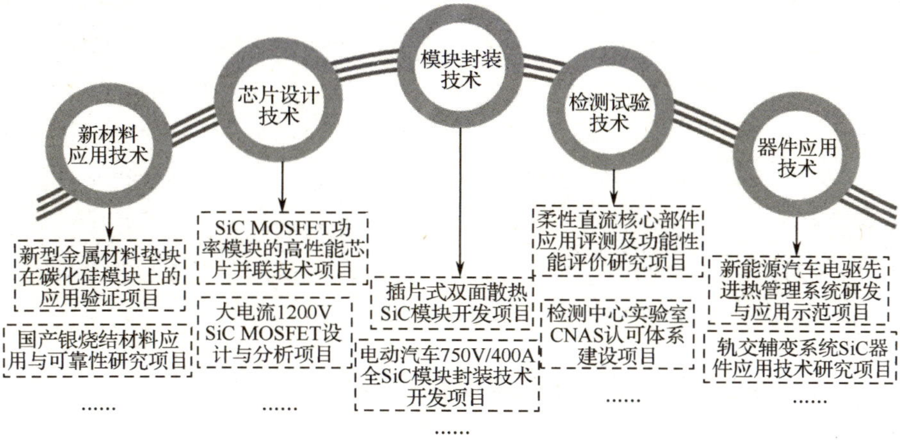

图 35-1 创新中心五大共性技术发展方向

数据来源：赛迪智库整理 2021.5

2. 成果转化和企业孵化

创新中心拥有科学合理的成果转化机制和专利许可转让制度，并已经成功向企业实现多项共性技术和知识产权的转移扩散，如 IGBT 低感封装技术研究项目、高压低漏电非线性渐变终端结构及配套工艺技术研究项目、超声焊接工艺技术等。

3. 行业服务

创新中心牵头及参与制定团体标准 10 余项；牵头联合多家单位编制《湖南省 IGBT 产业链技术创新路线图》，规划了湖南省 IGBT 产业链 2020—2025 年的技术创新路线；参与编制《湖南省制造业发展创新能力提升三年行动计划》，提出了创新平台提质、加快关键核心技术攻坚、重大创新产品开发和工业质量品牌提升四大工程；编制《株洲市大功率半导体器件产业链年度分析报告》，提出了株洲市功率半导体未来战略方向。检测中心为微电子所、中车半导体、智新半导体等公司汽车用模块、IGBT、MOSFET 等提供动、静态测试、功率循环测试、HTGB 等测试服务。创新中心与启迪之星共同策划云讲坛活动，已就新基建下 IGBT 产业机遇、IGBT 芯片技术、IGBT 封装技术等主题组织了三场专家讲座，与“半导体在线”组织开展线上讲座课程

“IGBT 封装技术解密”。

4. 合作交流

创新中心与湖南大学、中南大学、西安电子科技大学达成项目合作，围绕功率半导体器件双面焊接封装技术、SiC MOSFET 功率模块方面、SiC MOS 芯片中栅氧可靠性优化开展技术合作；与深圳先进连接公司、常州泰格尔公司、中车时代半导体公司在国产银烧结材料、高温灌封材料、碳化硅芯片等方向开展技术合作。创新中心与上海微技术工业研究院、中国工业经济联合会、无锡华进半导体、西安明科、启迪芜湖、南京大学、西安交通大学等开展技术交流、创新中心运营经验交流；参加南京 2020 世界半导体大会、重庆 2020 年全球半导体产业博览会、功率半导体联盟产业对接会、合肥第三代半导体会议、成都中半协会议等进行宣传。

二、湖南省集成电路装备创新中心

（一）建设进展

1. 组建情况

湖南省集成电路装备创新中心（以下简称创新中心）由湖南楚微半导体科技有限公司（简称楚微半导体）创建并运营，楚微半导体由湖南省、长沙市和中国电科共同于 2019 年 6 月投资成立，注册资本 7.2 亿元（3∶3∶4），占地 183 亩，主要产品包括半导体装备、半导体成套装备及功率芯片制造解决方案等。创新中心致力于解决集成电路装备“卡脖子”问题，通过 8 英寸集成电路成套装备国产化验证平台建设，打造国产集成电路成套装备验证“靶场”，实施成套装备验证替代目前的单台装备验证模式，推动国产装备与工艺的深度融合，带动我国集成电路装备的研制及产业化，实现“中国装备、中国标准、中国架构”，助力我国集成电路装备自主可控发展。

2. 队伍建设

创新中心运营公司董事长由中国电子科技集团公司第四十八研究所所长、党委副书记龚杰洪研究员担任，总经理由中国电子科技集团公司第四十八研究所（以下简称 48 所）副所长、党委副书记孙勇担任。创新中心从 2018 年筹建开始引进、培养、储备人才团队，主要由 48 所集成电路装备技术人员、引进的行业内成熟团队、招聘的国内主流 8 英寸线专业技术骨干共同组成，现共有团队 163 人，其中长沙市科技创新创业领军人才 1 人、长沙市高精尖B类人才2人、“湖湘青年”人才2人，博士6人，研究生58人，平均年龄32岁；工艺技术研发人员69人，集成电路装备研发人员54人，从事研发和相关技术创新活动的科技人员为123人，占企业职工总数的比例达到了75.5%。

3. 平台建设

创新中心已完成8英寸集成电路成套装备国产化验证平台的建设，洁净区域面积2850平方米、环氧地面30000平方米，各类管道总长度54公里。平台整线共有140台（套）设备，包括关键工艺设备45台（套）、量测设备25台（套）和辅助设备70台（套）。2020年度，平台已实现整线贯通，完成12台国产设备上线验证，整线关键工艺装备国产化率达到26.7%；完成功率芯片工艺导入，良率突破97.7%。

2021年度，创新中心将新增设备47台（套），其中工艺设备22台（套）、辅助工艺设备6台（套）和辅助设备19台（套），完成整线关键工艺装备国产化率至62%以上。

（二）运行成果

1. 技术创新和技术工程化

创新中心聚焦国家对集成电路装备自主可控重大需求，解决集成电路装备“卡脖子”问题，重点布局了立式氧化/扩散炉、Si外延设备和PVD等关键核心设备。

立式氧化/扩散炉方面，创新中心突破了多项关键技术，并实现技术工程化。一是突破了高洁净、高均匀性热场炉体系统设计与制造技术，加热腔体设计最高温度达1200℃，恒温区长度900mm，设计温度均匀性达±0.5℃，实际使用时可达到±0.5℃，满足氧化/扩散工艺的需求。二是突破了高精度、高稳定性晶圆智能传送技术，实现了晶片传送从Loadport装载、片检、转台定位、装片盒、装舟、进舟、卸舟、卸片盒、回到原装Loadport取出全流程全自动控制，传输定位精度≤0.2mm，重复定位精度≤±0.1mm，最大传输速度100mm/s。目前，创新中心已研制出可满足干氧、湿氧、退火及推阱等工艺的8英寸立式氧化设备，通过对颗粒污染、金属污染测试和膜厚均匀性等参数进行工艺验证，已满足8英寸芯片生产线要求，实现设备销售6台（套），预计全年可实现20台（套）设备销售。

Si外延设备方面，完成高洁净反应室系统设计、高温加热及高精度温度控制系统方案设计、气流密度均匀性控制方案设计，以及控制系统方案设计。一是高洁净反应室关键技术，经过大量实验研究，已经完成传片系统、反应室系统设计，确定传片系统大气机械手、真空机械手相关尺寸参数；完成石英腔结构设计，保证反应室内高洁净环境。二是高温加热及高精度温度控制技术，针对线圈尺寸、螺距、加热距离等参数完成线圈初步设计，确定加热电源功率、功率等参数，实现了温度的精密控制。三是气流密度均匀性技术，确定了各项气路元件型号参数，满足了外延工艺对气体流量、浓度、压力等需求，实现气体输运的精确控制，配合反应室系统中进气调节装置及遮流板，保证反应室内气流密度均匀性关键技术要求。目前，创新中心已完成全部的技术设计工作，投产结构图纸 330 张，电气图纸 114 张。

PVD 设备方面，创新中心基于对其技术特点和难点分析，突破了高效、高均匀性阴极磁控靶、多腔集成晶圆高效传送、高洁净超高真空溅射工艺腔设计等关键技术和设计研究，完成了工程设计。一是高效、高均匀性阴极磁控靶技术，采用仿真与试验验证优化的相结合方式获得最佳磁场结构，通过调整磁场旋转速度进一步优化溅射沉积均匀性，采用靶材与铜背板绑定的结构型式提高靶材冷却效果，提高溅射可加载功率，实现片内膜厚不均匀性≤3%（1sigma），片间膜厚不均匀性≤3%（1sigma）。二是多腔集成晶圆高效传送技术，通过对真空机械手进行定制化设计，实现了定位精度优于±0.15mm，最大行程达到 940mm。三是高洁净、超高真空溅射工艺腔设计技术，确保了高洁净磁控溅射工艺环境，针对真空分级和隔离、溅射腔室加工工艺、焊接与连接处理、洁净清洗和装调等方面进行优化设计，实现腔体压升率≤2000nTorr/min，颗粒污染≤35 颗（粒径≥0.3μm），工艺腔极限真空度≤2×10-8Torr。

2. 成果转化和企业孵化

创新中心已建立完备的知识产权创造、运用、管理和收益分配制度和科学合理的成果转化机制和专利许可转让制度，通过成果自我转化，实现了多项技术成果转移扩散，完成了 8 英寸立式氧化设备等集成电路装备研发及产业化，并积极与国防科技大学、中南大学等高校对接，发挥校企联合优势，共同助力集成电路装备行业发展。

3. 行业服务

创新中心现有关键工艺设备 45 台（套）、量测设备 25 台（套）和辅助设备 70 台（套），为国内集成电路装备企业提供设备验证服务，利用国产设备进行替代流片，将流片结果与基线平台上产品情况进行对比验证，主要比较 PCM 测试参数、成品率和可靠性的差异，分析相对应的设备，优化改进设备工艺菜单，对产品进行成品率提升。目前，创新中心正在进行验证的设备主要有金属刻蚀机、减薄机、氧化炉（N 推阱）设备、氧化炉（P 推阱）设备和中能大束流离子注入机等。

4. 交流合作

创新中心与华为海思、中芯宁波等建立了深度合作关系，为设备验证、工艺开发与产品销售奠定了基础；与湖南大学、国防科技大学计算机学院等高校签署了战略合作协议，为人才培育、“产学研”攻关提供了便利条件；与湖南省/长沙市集成电路产业联盟进行了深入合作，联合举办了中国(长沙)2020 年网络安全智能制造大会—半导体装备主题论坛、湖南省第三届集成电路产业发展高峰论坛和有源层优化生长技术创新中心年会，营造了良好的发展氛围。

三、湖南省智能网联车辆测试创新中心

（一）建设进展

1. 组建情况

湖南省智能网联车辆测试创新中心（以下简称创新中心）由湖南湘江智能科技创新中心有限公司(以下简称公司)负责建设和运营，公司成立于 2018 年 8 月，注册资本 10 亿元，其中湖南湘江新区发展集团有限公司占股 99.32%，湖南智谷投资发展集团有限公司占股 0.68%。创新中心主要承担国家智能网联汽车（长沙）测试区运营、智能交通、长沙市智能网联应用场景建设运营和华为云创新中心运营；创新中心也是长沙市政府指定的长沙市智能网联汽车开放道路测试第三方监管机构，主要承担长沙市及新区智能网联、智能交通项目应用场景建设、运营和研发工作，成为智能网联汽车产业智能化产品总成供应商、系统方案解决商。

2. 队伍建设

创新中心引进了多名业内资深技术专家，目前已扩充到 95 人，其中专职研发人员占比达到 30%左右，涵盖了汽车、交通、IT、通信等领域，均为较为成熟的专业研发人员；建立了技术专家委员会，设立了主任委员及副主任委员，内部专家库为 16 人；依托湘江新区建立了智能网联汽车外部专家

库，涵盖相关领域 30 余位专家，为创新中心技术决策提供支撑。创新中心作为理事长单位，牵头成立湖南省交通工程学会智能网联专委会，设立了 20 位技术专家；牵头成立了长沙市智能汽车产业促进会，助推产业发展。创新中心全力打造湘江人工智能学院，建立了 6 个实训基地，已完成中南大学、湖南大学、湖南师大三所高校的培训，并被授牌“中南大学智能汽车与智慧交通研究生联合培养创新基地”。

创新中心现有研发人员和专业测试工程师 34 人，平均年龄 33 岁，其中博士 1 人，硕士研究生占比 62%，本科以上学历占比 97%。

3. 平台建设

创新中心形成了网联场景优势，在原有 157 公里城市开放测试道路范围基础上，开放路网进一步扩充里程，合计约 18 公里，同时新增了橘子洲景区、洋湖湿地公园、金霞物流园等典型场景示范区域。创新中心以创建湖南（长沙）车联网先导区和筹建国家智能网联汽车质量监督检测中心（湖南）为契机，提高智能网联渗透率，加快智能网联与智慧交通、智慧城市的融合，公交、渣土车、两客一危、环卫车等专用车辆、车端、车联网改造。创新中心参与国家智能汽车监管平台湖南分中心建设，完善国家监管平台湖南数据中心属地阶段功能，于 2025 年 5 月 25 日成功中标智能网联汽车数据交互与综合应用公共服务平台建设项目，承担该平台湖南数据中心属地节点功能建设（全国仅三家），负责建设“智能网联汽车数据交互与综合应用公共服务平台（湖南数据中心）”。创新中心致力于建设中国自主可控的车载智能驾驶计算平台“数据开源+上层功能软件开发赋能+标准法规制定+垂直解决方案孵化”的平台生态体系，将创新中心打造成为长沙智能汽车产业高地的创新平台。

（二）运行成果

1. 技术创新和技术工程化

创新中心已开展“智能网联汽车监控设备研发”“智能网联云控管理平台”“自动驾驶乘用车场景测试数据处理软件”“智能驾驶汽车路测牌照试验数据分析处理软件”等科研项目；配合省工信厅编制并发布了《湖南省智能网联汽车产业链技术创新路线路》；共获得 11 件软件著作权，申请 1 件专利。创新中心加强科研合作，与中南大学、湖南大学、国防科技大学、长沙理工大学等高校签订了“产学研”合作协议，并开展了科技项目申报工作，其中与中南大学、长沙理工大学等单位联合申报了 2020 年湖南省科技进步奖，获得省工信厅的推荐。

2021 年 3 月 18 日创新中心联合长沙市交警支队等，具体实施的智慧定制公交上线运行。与普通公交相比，智慧定制公交具有“信号交叉优先通行”“预约出行”和“准点准时”三大优势。相对于其他城市的智慧公交，长沙定制公交更智慧，其中智能网联信号优先和公交专用导向车道加持，在全国属于首创。第一批智慧定制公交是高新区—梅溪湖定制公交东线、高新区—梅溪湖定制公交西线，分别设站 6 座和 7 座，线路长度约 7.7 公里和 9.2 公里，服务通勤人口 1 万人以上。

2. 成果转化和企业孵化

由创新中心承担的“开放道路智能化改造二期”“智能驾驶车路协同云控平台的大数据治理技术研究”项目分别被交通运输部、湖南省交通运输厅列入“2020 年度交通运输行业重点科技项目清单科技成果推广项目”“2020 年度湖南省交通运输厅科技进步与创新项目计划”；2021 年 3 月份创新中心牵头申报《湖南湘江新区基于车路协同的智慧高速示范项目》成功获得中国公路学会的 2021 中国高速公路信息化奖；创新中心获得由中国汽车工程研究院股份有限公司、中国汽车信息化推进产业联盟主办的中国智能网联汽车创新成果大会的“中国智能网联汽车优秀企业奖”“中国智能网联汽车杰出人物奖”双料大奖。

3. 行业服务

行业公共服务：一是联合智能驾驶研究院完成了智慧公交 315 线，运行效果良好，同时在长沙市 3 路、6 路、9 路公交车上进行推广，已智能化改造了近 1000 台公交车，为长沙市民提供了智慧化出行服务，实现了智慧公交优先，提高了公众出行效率；二是创新中心作为第三方管理机构，制作并发放测试车辆内部牌照、车贴、测试规程认证和测试证书 55 张，为长沙市政府发放的全国首批试运营示范通知书和无驾驶人测试通知书提供了丰富的理论、技术支撑，同时还将对后期 Robotaxi 试运营和无驾驶人测试进行全方位的监管；三是国家市场监督管理总局检测认证司就创新中心上报的国家智能网联汽车质量监督检验中心（湖南）筹建方案给予了初步认可；四是车联网先导区筹建方案于 2020 年 9 月 8 日通过工信部、省工信厅组织的专家答辩，获得了国家工信部科技司认可；五是封闭测试区测试服务已有来自 42 家测试单位的 180 辆智能网联汽车开展了 3000 多场测试 ，测试里程超 10

万公里；六是开放道路测试服务，目前共有7个企业在长沙市开放道路上进行测试，分别是百度阿波罗智行、中车、长沙智能驾驶研究院、戴姆勒福田、赢彻科技、中联酷哇、深兰科技，共计完成了超过60万公里的自动驾驶道路测试里程，测试里程在全国范围内仅次于北京，截至目前，所有测试和试运行的车辆均未发生主动安全事故。

标准制定：一是标准化组织建设方面，创新中心积极申报国家技术标准创新基地（长株潭）智能网联汽车技术标准创新中心，成为湖南省技术标准创新促进会副理事长单位，积极参与行业标准、团体标准、地方标准的研究工作，参与了汽车（汽标委）、交通（全国智能系统运输标委会）、通信（信通院标准所）等3个领域的行业标准组织，加入了5个国家级团体标准组织、10个标准工作组，建立了稳固、良好的工作关系；二是标准法规建设方面，创新中心参与了3项推荐国家标准、8项团体标准、1项行业标准、4份报告、2项政策、6项测试规程、1个解决方案的制定，共计23项标准项目，其中主导或牵头制定11项。

4. 交流合作

创新中心通过对外合作，“招大引强”，打牢了新区产业发展的基础。创新中心加强与华为合作，获得华为领先级经销商资质，建设运营了湖南省智能网联汽车产业云创新中心；完成智能网联汽车产业云全球首发落地，赋能10家本地生态企业开发上云；与中国汽研签订合作协议，双方将依托湘江新区政策资源优势及中国汽研生态链资源，致力于国家智能网联汽车质量监督检验中心在湖南落地。创新中心围绕产业链生态构建，共签约中国汽研、奇安信、大唐高鸿、高深智图、安旗物联、千寻位置、华砺智行、时空基准、北明软件、航天神软、中国联通、熵商科技等12家企业，引进了一批人工智能企业，对接重点项目50多个，累计签约腾讯、百度、京东、酷哇、地平线、猎豹移动、速腾、西电、中车、桑德、电咖、世冠、碧桂园等行业巨头企业，另有博世、大陆、舍弗勒等世界领军企业也在紧密洽谈，测试区已成为新区产业招商关键流量导入口，为新区智能网联汽车产业发展和生态搭建奠定了坚实基础。

第三十六章

宁夏回族自治区

第一节　总体进展与经验特色

作为推进制造业高质量发展的重要任务，宁夏回族自治区围绕重点行业转型升级和新一代信息技术、先进装备制造、新材料、现代煤化工、现代纺织、军民融合、特色食品、生物医药、节能环保等领域创新发展的共性需求，按照政府引导、协同创新、试点先行、择优升级的创建思路和原则，有序推进制造业创新中心建设，着重在现代煤化工、先进装备制造等领域培育制造业创新中心试点。目前，自治区内已建成 1 家省级制造业创新中心，3 家省级制造业创新中心正在试点培育中，涵盖煤化工资源循环利用、离散型智能工厂、智能化轨道交通供电设备、生物法材料工程三大领域。宁夏回族自治区制造业创新中心建设进展见表 36-1。

表 36-1　宁夏回族自治区制造业创新中心建设进展

序号	中 心 名 称	运营公司/牵头单位	建设进展	成立时间
1	煤化工资源循环利用创新中心	宁夏神耀科技有限责任公司	省级	2020 年
2	离散型智能工厂创新中心	共享智能铸造产业创新中心有限公司	试点培育	2017 年
3	智能化轨道交通供电设备创新中心	卧龙电气银川变压器有限公司	试点培育	2019 年
4	生物法材料工程制造业创新中心	宁夏新日恒力钢丝绳股份有限公司	试点培育	2020 年

数据来源：赛迪智库整理　2021.5

一、完善顶层设计，强化制度保障

宁夏回族自治区高度重视制造业创新中心建设工作，《自治区党委自治区政府关于推进创新驱动战略的实施意见》中，明确提出“支持创建国家和自治区级制造业创新中心，获批后分别给予1000万元、500万元奖励”；制定出台了《宁夏回族自治区制造业创新中心建设实施方案》，明确建设思路、建设要求、组织实施和支持措施；印发《宁夏回族自治区级制造业创新中心认定管理办法（暂行）》，从建设情况和运行情况等方面对列为试点和已建成的制造业创新中心，进行认定和动态管理。通过出台指导性文件和鼓励政策，宁夏回族自治区逐步完善了创新中心建设的顶层设计和政策体系。

二、落实工作安排，积极组织动员

宁夏回族自治区根据制定的实施方案和认定管理办法，采用“成熟一个、启动一家”的方式，先进行试点论证批复，再进行评价认定授牌；在全区范围内征集试点单位，进行定向培育，帮助牵头建设制造业创新中心的企业做好建设方案的编制工作，鼓励股权多元化，运行机制市场化，科研目标产业化。2020年底，在煤化工等自治区优势领域，由国家能源集团宁夏煤业有限责任公司牵头创建的煤化工资源循环利用创新中心已通过认定，成为宁夏回族自治区首个省级制造业创新中心，新增由宁夏新日恒力钢丝绳股份有限公司牵头创建的生物法材料工程制造业创新中心为自治区首批制造业创新中心试点单位。制造业创新中心建设期满后，宁夏回族自治区对申请认定的试点企业按照认定管理办法要求，进行评价认定、授牌拨款等工作。

三、开展分级培养，探索可持续模式

宁夏回族自治区围绕重点行业转型升级和新一代信息技术、先进装备制造、新材料、现代煤化工、现代纺织、军民融合、特色食品、生物医药、节能环保等领域，以加大优势产业重点领域关键共性技术的研发供给、转移扩散和首次商业化为目标，加快推进国家和省级制造业创新中心培育建设，引领带动重点行业和领域创新能力提升。对通过认定的省级制造业创新中心，对其运行情况进行动态管理，每三年定期进行一次评价。对技术创新作出重大贡献、发挥重大作用、形成重大影响的，并且符合国家制造业创新中心建设要求的，由工业和信息化厅推荐申报国家制造业创新中心。宁夏回族自治区下一步将争取对创新中心更大的支持，改革目前认定后一次性给予 500 万元奖励资金的财政政策，实现对运行良好的制造业创新中心，给予一定的资金和政策支持。

第二节　典型创新中心建设进展

一、煤化工资源循环利用创新中心

（一）建设进展

1. 组建情况

煤化工资源循环利用创新中心（以下简称创新中心）成立于 2020 年 12 月 24 日，以宁夏神耀科技有限责任公司（以下简称神耀科技）为运营主体，围绕先进高效煤气化技术、煤基高端功能材料开发及推广应用、工业三废处置等资源循环利用方面的关键共性技术问题，为行业提供技术交流、项目合作、供需对接、技术成果转化等合作共赢的服务，为我国煤气化产业高质量发展提供支撑。创新中心是由国家能源集团宁夏煤业有限责任公司、上海齐耀科技集团有限公司、中国五环工程有限公司、中科合成油技术有限公司、宁夏天健丰融股权投资合伙企业（有限合伙）共同出资组建，公司注册资金为 5000 万元。

2. 队伍建设

创新中心通过以下方式加强科研团队建设，一是通过联合培养、学术交流、项目合作、合作科研等多种方式，柔性引进煤气化研发专家；二是实施异地办公等规定，通过多种办法，解决外地员工的后顾之忧，让骨干员工安心工作；三是采取“工资+股权”的优厚待遇留住人才，设置总经理奖金、董事会奖励等多种方式激发全员创新创效。创新中心现有专职人员 34 人，包括管理人员、研发人员、财务人员等，其中专职研发人员为 19 人。创新中心固定研发队伍拥有本领域技术骨干和领军人才 2 名，外聘专家中技术行业技术领军人才 18 名，是本行业领域公认的权威专家。

3. 平台建设

创新中心自成立以来，在重大关键共性技术上取得一定突破，完成了创新平台建设，技术成果转移转化顺利进行，人才培养和科研队伍建设取得丰硕成果，任务完成符合预期。具体情况如下。

重大关键共性技术研发方面，创新中心通过相关技术的研发，对煤气化技术、煤化工三废的处理及资源化的重大关键技术问题进行攻关，不断创新成果，进行工程化研究，拟建成大型煤气化和装备的示范装置、带液废固脱水干化示范装置，将创新中心建设成为国内具有先进水平的科研与开发实体，成为国内煤气化技术、煤化工三废处理及资源化利用技术的研发、技术转化基地，以及技术合作与交流的信息平台。

人才培养方面，创新中心与高校联合培养高层次人才，提高创新中心的基础理论研究水平，为创新中心的示范应用和成果转化奠定坚实的理论基础。在项目研发及工程技术开发过程中，创新中心紧密依托浙江大学、宁夏大学教育培训资源，贴合项目研发工作实际，开展了形式多样的教育深造工作，累计培养博士生 5 名，硕士生 9 名（其中创新中心人员攻读博士学位 1 人，攻读硕士学位有 3 人）；目前已有 1 名博士生，2 名硕士生毕业。此外，通过学术交流、外出培训等形式，提升创新中心员工的专业技能、学术素养等。

技术成果转移转化方面，创新中心研究和解决制约煤气化领域先进技术与装备制造发展的共性技术和关键技术瓶颈，转化和推广先进的适用技术，目前已实现成果转化经济效益 3.53 亿元。同时，创新中心积累和储备该领域相关知识产权，在技术研究的基础上，搭建煤气化领域先进技术与装备制造的研发和应用基地，培养造就一批技术创新领军人才，加快形成新的发展力，为我国煤化工领域高端制造业的高质量发展提供技术支撑。

科研团队建设方面，创新中心打造出一支在煤化工领域内领先、国内一流的人才队伍，培养出在国内有重要影响的学术带头人，形成强有力的科技创新团队。目前创新中心已培养出煤气化工艺技术设计开发专业技术团队、气化炉设计团队、灰水处理药剂开发及应用团队各 1 个，培育专家型技术人员超 10 人。

（二）运行成果

1. 技术创新和技术工程化

创新中心按照建设方案中明确的技术目标取得关键共性技术突破，围绕行业关键共性技术需求，自主或合作开展技术创新活动，目前承担宁夏回族自治区级及以上国家科研项目 4 项；已开发完成煤化工带液废固深度脱水干化成套技术和煤气化灰水专用分散剂与絮凝剂的开发，其中煤化工带液废固深度脱水干化成套技术通过了中国石油和化学工业联合会组织专家科技成果鉴定，该成果总体处于国际先进水平。

2. 成果转化和企业孵化

煤气化灰水处理系统细渣脱水干化成套技术已经在国家能源集团宁夏煤业公司 400 万 t/a 煤炭间接液化项目中成功应用搭建了首套煤化工行业脱水干化一体化示范装置。2018 年至 2020 年，新型煤气化水处理药剂在国家能源集团宁夏煤业公司煤制油项目气化装置进行工业试用，试用性能处于国内领先水平。目前该项研究成果已经在国家能源集团宁夏煤业公司煤制油分公司煤化工装置上进行更大的工业应用，预计年销售额约 3000 万元。创新中心在 4000 吨级干煤粉下行废锅气化技术成套装备开发方面取得突破，目前已完成 500t/d 级、1000t/d 级、2200t/d 级和 4000t/d 级系列化下行辐射废锅气化炉的设计和工艺开发。创新中心开发了煤气化灰水处理系统细渣脱水干化成套技术，有效解决了煤化工装置固废运输过程中漏液的二次污染，现场环境友好。同时，创新中心针对煤气化黑水高含固量、高悬浮物、高碱度的水质特性，以及气化装置高温高压的运行工况，开展了系统的水质和药剂分析，开发出适用于煤气化高温、高压、高硬度、高碱度水质条件下的高效絮凝剂和阻垢分散剂。在工业化方面，实现了煤气化黑水处理药剂的工业化生产，取得了良好的经济效益和社会效益，该技术申请了国家发明专利 3 件，已授权 2 件。

3. 行业服务

创新中心与成员单位在技术研发和人才共享方面形成了良好的资源共享和协作关系。

技术研发方面，神耀科技与国家能源集团宁夏煤业有限责任公司煤炭化学工业研究院（神华宁夏煤业集团有限责任公司煤制油化工研发中心）联合组建“煤气化技术研发联合创新实验平台”，围绕煤气化技术开发开展相关研究工作。

人才共享方面，创新中心从国家能源集团宁夏煤业有限责任公司、中国船舶重工集团公司第七一一研究所、中国五环工程有限公司、中科合成油技术有限公司等股东单位、上下游企业等聘请专家顾问、共享研究人员，在创新中心研发中起到了重要的辅助支撑作用。

设备共享方面，创新中心自行搭建的计算机仿真模拟高性能计算平台，具有优秀的 CAE 仿真计算能力。设备投用以来，向有使用意愿的企业和院校开放，较好地帮助了企业和院校开展研究工作。

创新中心始终按市场化运行，累计提供公共技术服务 10 余项次，共取得经济收入 19129.93 万元；累计申报专利 99 件，授权专利 38 件；登记软件著作权 4 件；发表论文 10 余篇；在煤化工资源循环利用方面形成了一定的技术积累。创新中心目前已参与完成 1 项国家能源局行业标准编制工作，在企业产品标准公共服务平台备案并发布企业标准 4 项，为煤气化技术行业标准贡献自己最大的力量。

4. 交流合作

创新中心与浙江大学、宁夏大学、中国五环工程有限公司、国家能源集团神华包头煤化工有限责任公司、国家能源集团宁夏煤业有限责任公司、建德市环保科技创新中心有限公司等高校、科研院所和上下游企业合作研发协议，在大型煤气化示范装置、干煤粉下行辐射废锅气流床气化技术开发与建设、煤气化装置水处理药剂的研究开发与应用和废锅水冷壁防积灰结渣、管道结垢处置技术等方面进行了深入合作。

二、离散型智能工厂创新中心

（一）建设进展

1. 组建情况

离散型智能工厂创新中心依托共享智能铸造产业创新中心有限公司建立，由共享装备股份有限公司控股，与银川经济技术开发区、新兴铸管、汉得信息等 12 家股东于 2019 年 12 月出资组建，注册资本 23000 万元。创新中心目前已设立智能制造研究院、云服务中心、培训服务中心、金融服务平台等部门，组建了中国智能铸造产业联盟和宁夏工业互联网产业联盟。

2. 队伍建设

截至 2020 年 12 月 31 日，创新中心拥有职工 355 人，大专及以上学历人员 324 人，硕士及以上学历人员 31 人，从事研发的科技人员达到 210 人，其中具备中级以上职称人员 58 人，高级职称人员 20 人；专业背景主要有材料成型与控制工程、机械工程及自动化、计算机科学与技术、控制工程、软件工程等专业；拥有自治区院士后备人才 1 人，自治区领军人才 2 人，自治区青年拔尖人才 1 人，自治区青年科技托举人才 5 人，银川市“高精尖缺”人才 3 人，银川市学术技术带头人 21 人；获得宁夏创新争先奖 1 人，宁夏青年科技奖1人。创新中心建立了铸造3D打印及铸造智能工厂产业应用和铸造行业及区域制造业工业互联网两个创新团队，依托中国智能铸造产业联盟成立了技术专家委员会，委员会拥有干勇院士、卢秉恒院士、潘复生院士等22位行业相关专家。

3. 平台建设

创新中心目前搭建了铸造云平台、宁夏赋智强企云平台、压铸云平台。铸造云平台深入铸造领域，真正实现企业业务落地，实现以大数据为创新要素的新业态，推动铸造行业企业转型升级。宁夏赋智强企云平台致力于打造成宁夏推进数字化、网络化、智能化发展的大数据平台。压铸云平台帮助企业快速提高“两化融合”水平，为压铸细分行业提供绿色智能铸造解决方案。

（二）运行成果

1. 技术创新和技术工程化

目前创新中心已进行铸造3D打印设备研发、铸造行业工业机器人研发、热法再生砂循环利用设备、基于微波加热原理的微波烘干设备、全流程虚拟铸造系统、铸造智能工厂综合集成技术、铸造生产智能单元、工业互联网平台应用技术等8个方向的研发创新工作。目前创新中心已实现铸造用3D打印设备产业化应用，属于国内首创，实现了产品销售，并远销海外。创新中心开发的ILead 1800型工业级铸造砂型3D打印设备和IDream 2515型工业级铸造砂型3D打印设备均于2019年鉴定为自治区新产品；AJS 1800A工业级铸造砂型3D打印系统获得2020年中国好设计银奖和全国机械工业设计创新大赛金奖；铸造砂型3D打印机获得宁夏工信厅制造业行业领先示范产品。创新中心的移动机器人技术、热法再生循环利用技术结构设计、砂型微波烘干技术等多项技术已获得60余件专利和软件著作权保护，重载移动机器人已在共享装备两座铸造工厂中到了应用。工业互联网服务平台技术已经应用于共享工业云平台、铸造云平台、压铸云平台、银川经开区工业互联网平台、宁夏赋智强企云平台，用户数近10万，促成交易额超过160亿元，连接设备300余台，服务制造业产业链企业近5000家，提供企业数字化管理、智能制造类软件130余款。

2. 成果转化和企业孵化

创新中心突破了34项产业关键共性技术，转移转化了26项技术成果，重点突破了铸造3D打印产业化应用、铸造智能工厂/生产单元产业化示范应用等，达到国内领先水平。其中基于3DP技术的高效率砂型3D打印设备、精密铸造用3D打印设备、基于下砂量精准可调的3DP设备铺砂技术、3D打印跳白打印控制技术等已实现设备销售；基于3D打印的镂空及壳芯工艺技术、基于3D打印的水电整铸转轮/泵轮制造等已应用于砂型3D打印领域。创新中心孵化出31个创新创业团队，树立了5家示范，其中包括企业内部培养的铸造行业及区域制造业工业互联网创新团队、铸造3D打印及铸造智能工厂产业应用创新团队、移动机器人研发创新团队等21个创新团队；引入宁夏宏宇智创科技有限公司、宁夏乐道智能科技股份有限公司、朗坤（宁夏）区块链科技有限公司等10家公司入驻绿蜘蛛众创空间。

3. 行业服务

截至目前，公司在智能铸造、铸造3D打印标准体系下已主持或参与编制各类标准草案共52项，已发布团体标准21项，其中主导起草16项，参与起草5项；已获批行业标准立项计划3项，已获批国家标准立项计划2项。创新中心已为50余家企业提供了智能制造诊断服务，为中钢邢机、新兴铸管、徐工集团、烟台冰轮等30余家企业提供绿色智能制造（铸造）系统解决方案，已累计设计、建设10个绿色智能铸造数字化车间/智能单元。其中，宁夏银川建成世界首个万吨级铸造3D打印智能工厂，其综合集成技术领跑世界；烟台冰轮项目是基于3D打印的全流程智能工厂，该项目在行业中具有引领性和代表性。创新中心正在按照“标准+示范”的模式推进铸造行业绿色智能转型。

4. 交流合作

创新中心与深圳清沣溪科技有限公司、西北工业大学、广西大学、中国石油大学、西安增材制造研究院等单位建立了合作关系，针对整体复杂砂型后处理技术研发、3D打印技术在复杂铸件反重力铸造中的应用、铸造用砂热法再生循环利用成套技术装备研发、增材制造树脂砂砂型在铸件生产中的应用等研发项目开展了技术合作。

三、智能化轨道交通供电设备创新中心

（一）建设进展

1. 组建情况

智能化轨道交通供电设备创新中心（以下简称创新中心）以产业为导向，

以“产学研用介”创新主体为创新生态，以产业技术联盟为组织形式，推动产业共性技术攻关及重大科技成果产业化应用，构成产业转型升级的引擎，切实提升科技支撑经济发展的能力。

创新中心由卧龙电气银川变压器有限公司牵头，红相股份有限公司、沈阳变压器研究院有限公司、中国铁路第一勘测研究院有限公司、宁夏银利电气股份有限公司、宁夏力成电气集团公司、无锡巨龙硅钢股份有限公司、贵州长征电气有限公司、潍坊汇胜绝缘技术有限公司、宁夏大学、北方民族大学 11 家单位，以产业技术联盟形式共同组建，暂未申请成立独立法人机构。

2. 队伍建设

创新中心人员总数 64 人，其中专职科研人员 46 人，科研服务人员 10 人，科研管理人员 8 人；成立了由 7 位高级专家组成的技术专家委员会，其中包括中国工程院朱英浩院士，行业高级专家狄建华、李世成、陈奎、王茂松，以及来自高校的单得根、何道刚教授，负责对创新中心的研究开发、重大技术问题及项目的可行性进行咨询和评估等，对技术人员进行技术指导和培训。管理团队包含总经理 1 名，副总经理 2 名，业务部门经理 7 人，财务人员 3 名，行政专员 2 名，管理文员 2 名。

3. 平台建设

创新中心正在建设试验验证中心，主要从事高速铁路用牵引变压器、轨道交通主变压器、变电所配套设备系统集成、试验方法及标准等研究，进行设备测试及系统集成技术测试，同时开展变压器、高压开关、监测与保护系统、互感器等供电设备的系统试验，以提高创新中心自主创新能力和产业核心竞争力，满足轨道交通供电设备战略任务和重点工程对技术的迫切需求。截至 2020 年 12 月，创新中心联合中国铁路第一勘测设计院有限公司、沈阳变压器研究院有限公司、北方民族大学、宁夏大学、广东卓原新材料科技有限公司累计投入资金 2720 万元，完成创新中心试验验证中心建设，建成 500kV 超高压轨道交通供电设备试验检测中心，承接国内外高速铁路、城市轻轨新产品、新技术开发，以及技术方案设计验证。

（二）运行成果

1. 技术创新和技术工程化

创新中心已于 2020 年 5 月，立项开展“牵引变压器全寿命周期绿色制造技术开发”。该项目针对变压器及其组部件从材料选择、变压器设计生产、运行维护和回收过程中符合节能节材、低碳环保和可再利用要求，结合已有的研究基础，将重点开展牵引变压器节能技术开发、资源消耗控制技术开发、变压器运行噪声控制技术开发、天然酯绝缘油应用技术开发、报废产品固体废弃物无害化处理技术开发等主要研发内容。

2. 交流合作

2020年，创新中心先后参与多项国内行业技术交流，专家委员会委员分别参与了JB/T 10776—2007《220kV单相牵引变压器》、JB/T 12260—2015《AT供电方式单相牵引变压器》2项行业标准的技术研讨及修订工作。

第三十七章

云南省

第一节　总体进展与经验特色

为贯彻落实工业和信息化部《关于完善制造业创新体系，推进制造业创新中心建设的指导意见》、工信部等四部委《制造业创新中心建设工程实施指南（2016—2020）》文件精神，加快推进制造业创新中心建设，2019 年云南省工业和信息化厅出台了《云南省制造业创新中心培育创建工作方案》，以增强产业技术创新能力为目标，集聚整合省内外企业、科研院所、高校等各类创新主体的资源及优势，以优势龙头企业为主培育创建新型创新联合体，推动“产学研用”深度融合，促进科技创新能力转化为产业创新能力。按照“一产业一中心”的布局原则，围绕先进装备、新材料、生物医药等重点领域，云南省工业和信息化厅于 2020 年确定了云南省尾气环保后处理制造业创新中心等 4 家单位列入云南省制造业创新中心第一批创建名单，云南省稀贵金属功能材料制造业创新中心等 5 家单位列入云南省制造业创新中心第一批培育名单，推动建立协同创新机制，打造贯穿创新链、产业链的制造业创新生态系统。一年来，云南省按照既定工作方案和目标推进云南省级制造业创新中心建设，完善工作机制，围绕破解云南省关键共性技术难题加快创新成果产业化，组织攻克了一批行业关键共性技术，转化推广了一批先进适用技术和标准，积累储备了一批产业技术知识产权，培养造就了一批技术创新领军人才。云南省制造业创新中心建设进展见表 37-1。

表 37-1　云南省制造业创新中心建设进展

序号	中心名称	运营公司	建设进展	成立时间
1	云南省尾气环保后处理制造业创新中心	云南同润尾气环保科技有限公司	省级	2020 年
2	云南省心脑血管领域小分子药物制造业创新中心	云南创新药物研究有限公司	省级	2020 年
3	云南省智慧停车制造业创新中心	昆明市智慧停车建设运营有限公司	省级	2020 年
4	云南省液态金属制造业创新中心	云南科威液态金属谷研发有限公司	省级	2020 年
5	云南省稀贵金属功能材料制造业创新中心	昆明贵研新材料科技有限公司	培育中	2020 年
6	云南省新型人用疫苗制造业创新中心	云南沃森生物技术股份有限公司	培育中	2020 年
7	云南省磷产业制造业创新中心	云南磷化集团有限公司	培育中	2020 年
8	云南省增材制造创新中心	云南增材佳唯科技有限公司	培育中	2020 年
9	云南省铝材料应用制造业创新中心	云南富源今飞轮毂制造有限公司	培育中	2020 年

第二节　典型省级创新中心建设进展

一、云南省液态金属制造业创新中心

（一）建设进展

1. 组建情况

云南省液态金属制造业创新中心（以下简称创新中心）是由牵头单位联合依托建设单位，将政府投资公司、企业、产业联盟、科研院所和高校联盟纳为成员，创建以液态金属制造技术为基础，“产学研用”共同参与的创新生态系统，打造液态金属产业集群。

创新联盟由云南中宣牵头，以云南科威为依托建设单位，集聚昆明理工、云锡集团、贵金属集团、云南锗业等发起单位，围绕技术链、产业链上下游，组建协同创新的组织模式和运行机制，目前联盟单位 29 家，其中高校 5 家、科研机构 2 家、应用企业 16 家、关联企业 5 家、产业投资基金 1 家。云南省液态金属制造业创新中心成员构成见表 37-2。

表 37-2　云南省液态金属制造业创新中心成员构成

序号	云南省液态金属制造业创新中心	
1	云南中宣液态金属科技有限公司	牵头单位
2	云南科威液态金属谷研发有限公司	依托建设单位
3	昆明理工大学	主要发起单位
4	云南锡业集团（控股）有限责任公司	
5	云南省贵金属新材料控股集团有限公司	
6	云南临沧鑫圆锗业股份有限公司	
7	联盟单位 29 家，其中高校 5 家、科研机构 2 家、应用企业 16 家、关联企业 5 家、产业投资基金 1 家	成员单位

（1）牵头单位

云南中宣液态金属科技有限公司：成立于 2013 年 10 月，注册资金 2600 万元，是一家专注于液态金属热界面材料与印刷电子材料及液态金属应用技术研发、制造、销售为一体的高科技企业，公司先后被评为“国家高新技术企业”“国家科技型中小企业”“国家技术创新示范企业”“国家专精特新小巨人企业”“云南省民营小巨人企业”等，2020 年度实现销售收入 2.34 亿元、利税 6142 万元。

（2）依托建设单位

云南科威液态金属谷研发有限公司：成立于 2015 年 6 月，注册资本 1000 万元，主要依托中科院理化所世界首创的室温液态金属系列高新技术开展应用研发和产业转化，是液态金属谷产业集群技术输出、技术支持和服务平台，公司在液态金属研发领域已获得受理专利 180 余件，授权专利近 90 件。

（3）主要发起单位

昆明理工大学：昆明理工大学是一所以工科为主，理工结合，行业特色、区域特色鲜明，多学科协调发展的综合性大学，是云南省规模最大、办学层次和类别齐全的重点大学，在中国有色金属行业和区域经济社会发展中发挥着重要作用。

云南锡业集团（控股）有限责任公司（简称云锡）：云锡是世界著名的锡生产、加工基地，是世界锡生产企业中产业链最长、最完整的企业，在世界锡行业中排名第一，具有悠久的历史，成立至今已有 130 多年的历史，是中国锡工业的发源地，中国锡工业的"领头羊"。

云南省贵金属新材料控股集团有限公司（简称贵金属集团）：2016 年 4 月 15 日注册成立，注册资本为 6 亿元，是集贵金属及有色金属新材料的研发、生产和销售等于一体的高科技企业集团，是云南省贵金属战略性新材料产业培育及发展的运营主体，是云南省新材料产业的实施平台。

云南临沧鑫圆锗业股份有限公司（简称云南锗业）：是集锗矿开采、精深加工和研发为一体的、锗产业链较为完整的高新技术企业，具有 40 余年的锗生产历史，是 2008 年云南省第一批认定的"高新技术企业"和"国家火炬计划重点高新技术企业"，是 2010 年国家科学技术部认定的"临沧国家锗材料高新技术产业化基地骨干企业"。

（4）其他联盟高校、科研院所和企业

高校和科研院所：中国科学院理化技术研究所、云南大学、曲靖师范学院、昆明冶金研究院等。

联盟企业：中国电子科技集团公司第十二研究所、深圳市森瑞谱电子有限公司、烽火通讯科技股份有限公司、深圳市爱尔科技实业有限公司、凯麦特科技（深圳）有限公司、华为技术有限公司、杭州多弗新能源科技有限公司、珠海瑞能真空电子有限公司、成都特维斯科技有限公司、昆明品启科技有限公司、云南冰金科技有限公司、云南靖创液态金属热控技术研发有限公司、宣威能科光伏科技有限公司、深圳市赋斯饶科技有限公司等。

2. 队伍建设

（1）技术专家委员会

创新中心集聚中科院周远院士、液态金属首席科学家刘静教授等 20 余位国家级有突出贡献的中青年专家人才为液态金属研发技术路线总体把关；同时汇聚一大批下游应用企业技术工程师加入创新中心，以解决液态金属系列产品在产业化应用过程中的关键共性技术难题。创新中心集聚以干勇院士牵头的咨询委员会、工信部专家组咨询委员会、省政府政研室咨询委员会、辛向阳教授团队咨询委员会等政策战略规划团队。

（2）管理团队

云南中宣液态金属科技有限公司股东为杨应宝、刘静、杨泽俊，注册资金 2600 万元，其中杨应宝持股 61.75%、刘静持股 23.75%、杨泽俊持股 4.75%、普禾资本占股 4.75%、宣威市宝俊投资合伙企业（普通合伙）占股 5%；杨应宝为公司董事长，杨泽俊为公司总经理。公司实行董事会领导下的总经理负责制，在公司内设立技术部、科技部、综合办公室、营销部、财务部、生产部、质管部、人力资源部、企业文化部等职能管理部门，建立了职责明晰的现代企业管理制度。

（3）科研团队

创新中心集聚中科院理化所研发团队、昆明理工大学应用研发团队、曲靖师范学院应用研发团队、云南省液态金属应用与研发创新团队等科研团队。

中科院理化所团队（云南省液态金属应用与研发创新团）：以液态金属首席科学家刘静为技术带头人，以液态金属芯片冷却、增材制造、生物医学等为主要研究方向，致力于液态金属核心科学问题和产业转化过程中关键技术问题的解决，重点提升液态金属前沿新材料与装备研发能力和核心竞争力，实现规模化应用并不断延伸产业链和提升价值链，从而将技术优势转化为经济优势，在云南省传统产业转型升级发展中起到典型示范作用。

昆明理工大学应用研发团队：昆明理工大学材料科学与工程学院是昆明理工大学成立较早的传统优势学科之一，成立于 2009 年 9 月，现有材料物理与化学系、金属材料学系、无机非金属材料学系、材料加工工程系、宝石及材料工艺学系、材料实验与测试中心等教学机构；学院现有教职工 128 余人，其中专任教师 96 人，教授 34 人，副教授 37 人，具有博士学位教师 86 人；博士生导师 50 人、硕士生导师 103 人；国家“百千万人才工程”1 人、教育部“新世纪优秀人才”1 人，云南省教学名师 2 人，云南省中青年学术和技术带头人 8 人、后备人才 8 人，云南省技术创新人才 4 人。

曲靖师范学院研发团队：曲靖师范学院设有 17 个教学单位，5 个教辅机构，38 个研究机构（含 9 个校级独立研究机构），建成了一批有特色的专业，形成了多学科发展格局；有 8 个省级重点学科，主持国家社会科学基金资助项目 40 项、国家自然科学基金项目 34 项，国家艺术基金项目 6 项，共承担各类科研项目 1545 项，出版专著、编著、艺术作品集和主编教材 300 余部，公开发表论文 8690 余篇，被 SCI、EI、ISTP 收录 780 余篇；获得省、部级各类优秀成果奖 92 项，省部级以上各类教育教学奖 111 项，曲靖市社会科学优秀成果奖 162 项，曲靖市文学艺术创作政府奖 24 项，产生了一批高水平研究成果。

云南省液态金属应用研究高层次创新创业团队：以中国科学院院士周远为技术带头人，以液态金属芯片冷却、增材制造、生物医学等为主要研究方向，致力于液态金属核心科学问题和产业转化过程中关键技术问题的解决，重点提升液态金属前沿新材料与装备研发能力和核心竞争力，实现规模化应用，并不断延伸产业链和提升价值链，从而将技术优势转化为经济优势，在云南省传统产业转型升级发展中起到典型示范作用。

3. 平台建设

创新中心在云南省宣威市建立了省级科普教育基地液态金属科技馆，以及为液态金属产业发展的云南省认定企业技术中心、云南省液态金属制备与应用工程研究中心、云南省省级工业设计中心、云南省液态金属企业重点实验室、云南省科学技术院科威中宣液态金属研发中心、云南省液态金属产品质量检验中心、云南省液态金属制造业创新中心、液态金属材料基因组研究中心、云南省新材料液态金属标准化分技术委员会等“八中心一委员会”省级科研平台，相应积累和优势在国内外已呈现显著的领先地位。

（二）运行成果

1. 技术创新和技术工程化

我国液态金属技术通过“科技入滇”，率先在云南实施产业转化，云南是液态金属全新工业的策源地。云南中宣公司产业化水平处于国内引领、国际先进水平，与中科院理化所共同推出了一系列在世界上处于领先地位或填补空白性的液态金属高新科技产品生产线，系列产品已批量进入市场，目前已广泛应用在能源领域、热控领域、制造领域、电子领域、生物医疗领域、柔性智能领域、文化领域等。

创新中心拥有液态金属电子墨水直写技术、液态金属热界面材料技术、光伏叠瓦组件专用液态金属熔接材料关键技术、液态金属芯片冷却技术、液态金属生物医疗技术、液态金属磁性材料技术、液态金属屏蔽材料技术、液态金属电连接技术等技术创新成果。

（1）液态金属热界面材料系列产品进入国际知名企业供应链，并实现规模化应用

液态金属导热膏首次围绕液态金属导热膏 GP 认证组织开展一系列准备工作。2020 年 1 月，SONY 品质、技术、采购负责人到中宣公司审厂；5 月 1 日，获得 SONY 环境品质认定书（GP）；现已实现稳定供货，开创了液态金属产业发展的新篇章。同时，联想公司高端笔记本电脑用液态金属导热膏产品试制 110 台正在进行稳定性测试。

（2）液态金属骨科外固定支具项目进入临床试用

“液态金属外骨骼固定支具”获得第二十二届高交会优秀产品奖。2020年6月，该项目突破液态金属骨科外固材料关键技术瓶颈；7月20日，在曲靖市第一人民医院关节与运动医学科开展了首例临床试用，项目取得重大进展；在随后的一系列临床试用中，产品几乎涵盖了人体各个关节，相对于石膏，使用该类产品术后患者有很好的体验感，产品得到患者和大夫的一致好评。该项目目前已完成1.2万件/年中试线建设、产品备案等工作，正在进行生产备案工作和100万件/年支具生产线建设工作，已开发上肢、下肢、躯干等16个系列支具及专用加热设备开发、自发热设备，标志着系列产品即将进入市场，开辟了液态金属产业生物医学技术应用新领地。

（3）液态金属低温环保焊料找到新的应用方向

由于环保焊料成本比传统锡铅焊料高，创新中心研发的液态金属低温环保焊料暂时没有实现大规模的应用。2020年，根据市场需求，创新中心开展了手机摄像头精密器件焊接、LED灯带用低温焊料及多元合金熔炼方法探索等试验，均已达到客户焊接要求，正在进行相关性能的测试验证。根据客户需求，创新中心开展铜—铜连接用预成型焊片试验，经测试已满足客户提出的需求。2021年，液态金属低温环保焊料有望实现以上方向的规模化应用。

（4）液态金属熔接材料产业化开发实验验证

2020年8月创新中心完成助熔剂制备和性能检测工作；2020年10月完成液态金属合金粉末制备流程及工艺参数固化；2020年11月完成熔接材料制备、工艺参数确定及性能检测；目前正在通威（合肥）太阳能有限公司开展测试工作，并已在长三角、珠三角区域进行营销布局，有望在2021年实现规模化生产和市场销售。

（5）液态金属旋转电连接进入客户上机实验阶段

根据市场需求，创新中心完成液态金属大电流导电滑环三维样机结构改造设计、实物样机的加工制作、实际工况模拟旋转疲劳测试试验平台搭建，开发了一对5000A大电流液态金属导电滑环项目，提供客户上机测试。

2. *成果转化和企业孵化*

创新中心在发展模式上，遵循“四聚”原则，即：聚集、聚合、聚焦、聚变。聚集政、产、学、研、金、介、贸、媒；聚合优势企业，打造创新中心，延伸完善液态金属产业链，实行合作共赢；聚焦一批优质项目，成熟一个，孵化一个，通过引入外部资本，完成科技创新成果转化，实现产业化；

助力产业聚变，为创新中心合作伙伴提供技术、平台和配套服务，全力助推企业做大做强。

（1）成果转化

液态金属科技成果通过“科技入滇”在云南实施转化后，宣威液态金属产业经过近几年的发展，在云南省宣威市建成年产200吨液态金属原材料及系列产品生产线。包括：1）300吨/年液态金属粉体制备及150吨/年熔接材料产业化项目；2）20吨/年纳米液态金属导热片生产线；3）10吨/年液态金属导热膏生产线；4）10吨/年液态金属电子油墨生产线；5）20万套/年电子手写笔生产线；6）15万套/年LED灯生产线；7）1万套/年电子电路打印机生产线；8）50MW/年光伏组件生产线。

年产10万平方米LED智能玻璃建设项目、200万件/年液态金属骨科外固定材料及支具产业化项目已经开始建设，预计2023年实现产业化。

（2）企业孵化

创新中心共孵化7家企业，具体包括：云南科威液态金属谷研发有限公司、宣威梦之墨科技有限公司、云南冰金科技有限公司、云南迈特力医疗技术有限公司、云南靖创液态金属热控技术研发有限公司、宣威能科光伏科技有限公司、云南巨晶新材料有限公司。

3. 行业服务

（1）设备共享

创新中心依托建设单位与云南大学、昆明理工大学、曲靖师范学院分别签订液态金属制造业创新中心“产学研”合作协议，共享测试设备、试验场地，设计、实现试验场景等，目前创新中心拥有研发、小试、工程化验证等各类设备218台（套）。

（2）验证测试

创新中心现已建成国内首家省级液态金属产品质量检验中心，目前正在申请建设国家市场监管重点实验室，“十四五”期间谋划打造国家级液态金属产品质检中心。创新中心检测平台2020年共计完成导热片系列产品120余种合金配方的调整及DSC测试；解决了不同孔径的泡沫金属块中填充低熔点液态金属的问题，及时满足了客户需求；完成液态金属导热膏在小米半导体制冷器上的涂覆及散热数据的对比测试；完成液态金属和低熔点导热片在华存固态硬盘上的测试；完成客户所需15.7℃液态金属的凝固测试；完成华为所需熔点相变材料的探索和测试；完成巨晶公司智能玻璃幕墙导电膏样品的制备及工艺验证。检测中心全年完成检测项目 10060 项，共审核签发检验报告约 331 份，测试报告 223 份。

（3）标准制定

建立了云南省新材料液态金属标准化分技术委员会，创新中心团队已获得液态金属领域专利授权 360 余件。创新中心牵头单位中宣公司联合中科院理化所制定了全国首个液态金属国家标准《镓基液态金属》，标准编号 GB/T39859—2021，于 2021 年 3 月 11 日公布，2021 年 10 月 1 日实施，并于 2020 年 11 月荣获全国有色金属标准化技术委员会技术标准优秀奖一等奖；另有《液态金属热界面材料》《液态金属物理性能测定方法第 1 部分：密度的测定》《液态金属物理性能测定方法第 2 部分：电导率的测定》等 4 项国家标准正在起草制订中；制定了 1 项地方标准《液态金属》，制定了液态金属导热膏、液态金属导热片、液态金属电子油墨等企业标准 5 项。

4. 交流合作

2020 年 10 月，创新中心参加 2020 浦江创新论坛，并举行云南省液态金属产业科技创新成果和需求发布会；11 月参加液态金属机器人前沿技术高峰论坛暨第一届中国液态金属机器人技术大赛；2020 年 7 月，由云南省工信厅牵头，在创新中心平台基础上，创新中心联合昆明理工大学、云锡、云锗、贵金属集团、云南省分析检测中心发起组建云南液态金属产业创新研究院，于 2021 年 3 月 23 日在昆明理工大学正式启动建设。

2020 年 5 月 20 日云南中宣液态金属科技有限公司与北京聚睿众邦科技有限公司（米格实验室）签署了战略合作协议，充分发挥双方的资源优势，在技术创新、市场推广、测试评价（检测检验）、标准制定、人才资源等方面进行全方位合作，共同基于米格实验室线上平台建设“液态金属行业特色检测专区”。2020 年 7 月 31 日，创新中心与云南省科学技术院、中宣公司签订三方科技合作协议，整合资源，围绕液态金属新材料研究、工程化应用、生产工艺装备开发、标准制定、检验检测、服役评价、人才培养、市场推广、创新平台共建等方面开展合作。2020 年 10 月 23 日，昆明理工大学与宣威市、资产公司与中宣公司签订合作协议，并设立昆明理工大学国家国际技术转移中心液态金属分中心暨宣威市科技成果转移转化中心，将全面开启双方合作的新征程。

创新中心引进了中科院刘静创新团队、周远院士创新团队、江南大学辛向阳教授设计团队，邀请国家新材料专家咨询委员会主任、中国工程院干勇院士牵头对云南液态金属产业的发展进行咨询规划；与中科院理化所签订合作协议，与云南省科学技术研究院共建研发中心，由省工信厅牵头与昆明理工大学共建云南液态金属产业创新研究院，与昆明理工大学的6个学院开展项目技术合作，充分用好院所的人才资源和研发、检测设备支撑产业发展。创新中心导热系列产品已远销日本、美国，实现了在SONY、QT电子等国际企业和洛阳某军工企业的应用；与国内知名骨科专家团队以入股的形式开展骨科支具系列产品研发，已开展临床应用，并已建成产业化生产线；目前中兴、联想、小米、九州风神、通威集团等知名企业已开展工程化应用测试，预计2021年下半年逐步导入量产，为高功率芯片、5G技术散热提供支持。

二、云南省尾气环保后处理制造业创新中心

（一）建设进展

1. 组建情况

云南省尾气环保后处理制造业创新中心（以下简称创新中心）依托云南同润尾气环保科技有限公司（以下简称同润尾气）为运营主体。同润尾气于2020年1月8日由昆明云内动力股份有限公司（出资300万元，占股30%）、无锡市恒和环保科技有限公司（出资400万元，占股40%）、深圳市铭特科技有限公司（出资100万元，占股10%）、成都大运汽车集团有限公司（出资50万元，占股5%）、昆明贵研催化剂有限责任公司（出资50万元，占股5%）、云南菲尔特环保科技有限责任公司（出资100万元，占股10%）共同出资成立，同济大学担任技术顾问，注册资本1000万元，主营业务是汽车尾气环保技术的研发、技术咨询、技术服务；汽车零部件的研发、制造、加工及销售；工业废气处理技术研发、技术咨询、技术服务。

同润尾气具体运营地址在中国云南自由贸易试验区昆明片区经景路66号，科研及实验场地目前依托昆明云内动力股份有限公司的国家级技术中心研发基地和后处理器生产厂房，租用研发、生产和试验设备。

2. 队伍建设

（1）管理团队

同润尾气设董事长1名，由昆明云内动力股份有限公司副总经理宋国富担任。宋国富，男，中国国籍，1977年8月生，籍贯云南楚雄，昆明理工大学机械工程专业，工程硕士，云南大学EMBA、管理学硕士，高级工程师，

曾任云内动力装配车间副主任、生产技术部部长、生产部部长、产品研发院副院长及总经理助理等职务，现任云内动力副总经理、国家级企业中心副主任、昆明技术中心主任，主要负责公司技术和产品研发工作。

设总经理 1 名，由无锡恒和环保科技有限公司总经理杨延相担任。杨延相，天津大学教授、博士生导师；史绍熙任基金会秘书，日本九州大学工学研究科动力机械专业硕士、博士。

设财务总监 1 名，由昆明云内无锡分公司财务总监曾海燕担任。其余技术人员及项目管理人员分别由联盟单位按专业分工进行委派。

（2）技术专家委员会及科研团队

同润尾气技术专家委员会由公司董事长、总经理分别兼任委员会主任和副主任，委员会成员及科研团队实行“专职+兼职”“长期+动态”的多种管理模式，通过在行业内招聘及创新中心成员单位内部交流相结合的形式引进专业技术人员，构建了“专职化”研发队伍，打破了传统人员隶属关系的约束性，实现了优异人才资源集聚。

通过外聘专家模式，为创新中心建立了一支外部专家团队，为创新中心的研发和项目实施，提供了有力支持。

（3）创新中心技术研发团队现有人员架构

目前创新中心技术研发团队人员共有 52 人，由副总经理分管，创新中心下设 5 个科室，分别为设计科、工艺工装科、试验标定科、电子电气科及发动机试验室。

3. 平台建设

创新中心按照市场化管理和运行体制，依据公司法设立独立法人，建立现代企业法人治理机构，构建完善的企业管理制度，实现经营活动自主决策，自负盈亏、自我发展。

目前，创新中心现行一级制度 10 项涉及战略规划、财务管理、项目管理、人力资源、新产品开发等运行管理的各个层面，其中关于技术创新和新产品开发的制度中明确规定了创新中心技术开发的投入和项目管理原则。

（1）以市场为导向、有利于发展的原则。产品开发是提升创新中心核心竞争能力的基本保障，必须以市场需求为导向，符合国家法律法规、产业政策，符合创新中心发展战略，有利于拓展和巩固市场。

（2）突出主业、促进结构调整的原则。产品研发投资必须突出主业，研究方向必须有利于创新中心产品结构调整和市场布局，以实现主业的“大而强”为目标。

（3）符合技术发展趋势，充分考虑技术经济性原则。产品研发方向必须符合行业技术发展趋势；必须进行充分的科学论证，确保产品技术水平与工艺实现和商品化价格相适应；必须与公司实际能力相适应，统筹兼顾、综合平衡。

（4）全过程管控的原则。产品研发投入必须纳入公司发展规划，制定年度计划；建立健全各环节管理责任制，强化从策划立项到结题验收的全过程管理，防范投资风险，确保质量和目标。

（5）以管理改进保障创新条件的原则。加强研发项目立项和投入管理，为企业争取获得持续的财税优惠政策和创新环境提供保障。

（6）促进创新、推进合作和人才培养的原则。产品研发项目必须与技术创新、管理创新、机制创新相结合，以自主开发、国际合作、“产学研”合作等实现创新方式多元化，通过自身建设和充分利用社会科技资源形成开放合作的研发平台，吸引和培养创新人才，提高创新中心的自主创新能力。

（二）运行成果

1. 技术创新和技术工程化

（1）创新中心目前基本具备以下研发能力

后处理系统整体设计开发、标定与系统集成能力；发动机后处理催化器研发与集成能力；尿素计量喷射系统研发与集成能力；同时整合了国内外领先品牌催化剂与载体资源，为商用车辆、非道路车辆、船用柴机及固定原动力提供最高效的尾气后处理系统解决方案。

（2）创新中心开发的技术和产品

开发了燃油计量单元和尾气后处理 SCR 计量喷射系统，生产的计量泵在保证较高计量精度时实现了最小化的体积。

2. 成果转化和企业孵化

创新中心自主开发的国五尾气后处理系统已实现成果转化和批量销售；自主创新开发的国六尾气后处理系统已与多家品牌电喷系统实现技术融合，取得突破性进展，并已实现小批量搭载匹配。

3. 行业服务

创新中心目前正开发满足国家道路车辆第六阶段排放法规、非道路第四阶段排放法规的柴油机尾气后处理技术，同时也积极开发满足船用柴油机及固定原动力系统使用的尾气后处理技术。目前创新中心接触及争取的项目主要包括东风股份、长城汽车（哈弗技术中心、蜂巢易创）、长安汽车轻型车公司（长安凯程）、上柴股份、江西五十铃等的国六后处理系统项目，船机后处理项目以后处理改造项目为主，并且基本与中国船舶下属沪东重机集团、中船动力研究院等二级单位开展合作，最近正在积极参加“尿素溶液过滤装置”的标准制定项目。

4. 交流合作

（1）与德国 BOSCH 合作，研发国六阶段尾气后处理技术，按要求通过各项认证后，将作为德国 BOSCH 催化器代工定点工厂；

（2）与浙江福爱电子有限公司合作开发 N1 类尿素喷射系统、夹气喷射尿素喷射系统和固定源及船用大流量尿素喷射系统；

（3）与浙江福爱电子有限公司和苏州国方汽车电子有限公司合作开发双喷射系统及控制策略与软件；

（4）与深圳市森世泰科技有限公司合作开发光电尿素品质传感器及与尿素喷射系统的集成；

（5）与山东艾泰克环保科技股份有限公司合作开发碳化硅 DPF 载体和薄壁 DOC、SCR 用堇青石载体技术。

三、云南省智慧停车制造业创新中心

（一）建设进展

1. 组建情况

云南省智慧停车制造业创新中心（以下简称创新中心）是昆明船舶设备集团有限公司（下简称昆船公司）、昆明交通产业股份有限公司（下简称昆明交产）以独立法人形式建立的新型创新载体，以 2017 年 1 月注册成立的昆明市智慧停车建设运营有限公司为运行实体。创新中心围绕云南省重点优势布局的先进装备制造领域，针对目前城市车辆保有量的增长和停车资源严重不匹配、普遍存在“停车难”问题，聚焦智慧停车产业，面向停车场所、停车设备/装备、城市智慧停车信息系统和服务平台等建设重大需求，以关键共性技术研究、关键装备研制、技术转移扩散和首次商业化应用、创新公共服务为重点，充分利用现有资源和载体，开放合作，通过市场化运作和产业化示范，打造贯穿整个智慧停车产业链的跨界协同创新体系，辐射带动上下游产业，形成云南先进装备制造业发展新优势，引领智慧停车行业技术发展。

创新中心成立后，在云南省智慧停车产业的研发创新中，纵向上可涵盖装备式建筑、自动化车库设备/装备和停车信息平台技术（含云计算、大数据、电子支付、人工智能等），横向职能上具备技术研发、技术转化、投资、建设、运营于一体，一方面，有利于系统性地整合横向和纵向资源，综合治理云南省各城市停车问题；另一方面，有利于形成云南省停车的联网效应、规模效应，带动云南省智慧停车产业链、产业布局的形成与繁荣。

创新中心主要研发方向，一是适应复杂地形，满足多样化需求、不同形式智能停车装备关键技术的研究与设备的研制开发；二是智慧停车信息管理系统，基于物联网技术的设备、停车场、充电桩等资源的接入，公共服务信息平台等关键技术的研究与开发；三是停车场多系统协同设计、制造、施工等集成应用一体化，基于BIM与PDM的集成设计，装配式建筑部品、部件，装配式建筑停车场（库）建设等关键技术的研究与开发。创新中心联合昆船数码公司、昆船研究院、昆船智能等公司开展停车产业相关产品的开发、创新、转化和推广。

2. 队伍建设

创新中心正逐步完善创新团队建设，两家创新中心向创新中心注入规划、设计、建设、研发、运营等方面的专业人才，含研究生学历人员7人，本科学历人员27人，高级职称人员6人，中级职称人员11人，享受国务院特殊津贴专家1人，云南省技术创新人才1人，昆明市学术技术带头人1人，并且多人拥有高中级职称、注册会计师和建造师专业资格，形成了一支专业化的智慧停车产业创新团队。创新中心建立了专业技术专家委员会、科研团队和管理团队，其中专业技术专家委员会27人，研发团队33人，管理团队19人。各团队具体的建设情况如下。

（1）技术专家委员会

以高级技术专家、行业专家为主建立了技术专家委员会，负责公司科技管理、技术研发论证、评审、咨询建议、成果转化模式研究。技术专家委员会主要职责包括：负责对项目科技开发节点的实际完成质量进行评定，并提出意见；负责制定公司科技管理政策和相关制度，对公司重要决策所需的技术专题、项目立项进行评估、论证与咨询；针对公司研发项目、工程项目的科学性、可行性、经济性等方面组织评审并提出意见；组织公司科技成果奖励的评审及推广与实施工作。

（2）管理团队

创新中心建立了包含科技管理、项目管理、运营管理、投融资等在内的专业人才队伍，为创新、研发及成果的产业化转化、运营提供了保障。

（3）科研团队

以享受国务院政府特殊津贴专家、云南省技术创新人才、昆明市学术技术带头人等高级技术专家为科技创新带头人，组建涵盖总体规划、机械设计、电控设计、软件设计研发、大数据、人工智能、物联网、区块链等专业技术的创新团队。

3. 平台建设

创新中心已研发完成了城市智慧停车信息平台（昆明市智慧停车信息平台）和 AGV 智能机器人停车库，以及升降穿梭式、垂直循环式、垂直移动式等多种形式的智能化停车装备。

（1）城市智慧停车信息平台

创新中心研发完成了“昆明市智慧停车信息平台”，平台利用物联网、互联网、大数据、人工智能、区块链等先进技术初步建成以泊位资源共享为核心，实现多经营主体对路内、路外停车的规范化收费管理的路内和路外停车两个智能管理系统，可为停车场堵住收费漏洞、降低运营成本、提升服务质量；建成了昆明市停车数据中心，可采集的停车场、泊位、车辆信息汇集至大数据中心，通过智能分析和区块链技术为政府各部门提供停车行业监管服务、联动执法智慧化服务，提升城市停车服务和监管能力；完成了政府监管服务的建设，为政府提供行业规划、治安管理、税务监管等工作，杜绝非法经营行为；完成了公众服务的建设，为公众提供快速查找车位、预约泊位，通过电子化方式支付费用并获取电子发票，同时个人产权车位能在平台上发布共享，提高泊位利用率；完成了信息开放服务的建设，向智慧交通、智慧城市其他功能板块开放信息，提供数据化服务；完成了商户服务的建设，为商户提供注册、管理及停车券采购和发放；形成了集一张网、一个中心、两大管理系统、四大综合服务（公众停车服务、运营管理服务、政府监管服务、开放服务）为一体的智慧停车信息平台。平台目前作为昆明市统一智慧停车信息平台已面向昆明市全域推广使用，具备了 10 万个停车场联网接入的服务能力和为车主用户提供百万级访问服务能力。目前，平台累计联网停车场（路段）921 个，泊位数 373541 个。城市智慧停车信息平台已推广应用到昆明、楚雄、文山、西双版纳、红河、玉溪、大理等 16 个县区。

平台主要部分完成的功能描述如下。

1）基础设施层：包括新建或改建的多种形式的路外停车场、路内停车场，通过停车场/库的出入口设备、车牌识别、地磁传感器、车位识别系统、智能停车机器人、充电设备等实现停车的感知、数据采集、搬运和通行。

2）智能执行层：包括智能停车场管理系统、智能道路停车管理系统和智能充电管理系统，实现路内、路外一体化停车管理融合平台，整合路内、路外停车、充电资源，负责停车、充电现场的泊位、设备、人员的管理和线上运营业务的现场执行。

3）平台服务层：主要提供停车公共信息平台，实现停车数据的采集与交换，对所采集的数据进行存储、清洗、处理、计算、分析和挖掘，形成停车公共信息，为上层应用及第三方提供数据服务。

4）应用层：面向公众以移动 App 应用、Web 应用等多种形式提供方便快捷的停车服务；为运营者提供停车场运营管理服务，在“盘活存量”、提高运营效率、降低运营成本的同时，提供统一的会员、交易、计费、结算和清分服务，实现资金的可聚、可视、可控；为政府监管提供包括交通诱导、税务监管、规划管理、公安追逃、交警执法等在内的数据应用服务；与其他第三方应用结合，为运营者、公众提供相应的增值业务应用服务，方便公众出行，以城市停车为入口扩大运营者商业价值。

（2）智能化停车装备

进行传统九大类停车设备研发和创新，完成升降穿梭式停车设备系列化开发，通过分析多种应用场景，主要针对一排纵停式、二排纵停式、一排横停式、二排横停式、三排横停式、四排横停式进行了系列化方案设计，经过对可行性、经济性、实用性等方面的综合评判，最终开展一排纵停式及二排纵停式升降穿梭式停车系统的产品图纸设计。产品图纸采用了标准化、模块化、系列化、通用化设计，以便于应用于不同长度、高度、坡度的工程项目中。根据产品的组成，将智能化停车装备进行大的模块划分，目前已规划设计六个大的模块，包括横移升降车、提升机、停车台、横移车、纵移升降车及电控系统，各大模块下又根据各自的组成及结构特点包含若干个小模块；根据产品的结构特点以及机械式停车设备的编号原则，项目组编制了模块编号原则，统一规范图纸的编号，模块设计不仅考虑目前已经应用到的，同时兼顾产品的拓展与延伸，最终形成 6 个大模块，171 个小模块的设计，共计 1200 多张图纸的设计。产品“四化”设计的开展，提高了设计效率和设计质量；易于组织批量生产，缩短生产周期，降低工时费用；原材料、外购配套件便于实现批量采购，降低了采购成本；有效地降低了产品的制造成本。为了确保升降穿梭式停车设备的产品质量、验收标准、市场推广、方便用户选购及行业之间技术交流，促进科技进步，创新中心按中国重型机械工业协会停车设备工作委员会对工程质量、技术先进、经济合理、安全适用等要求制定了企业标准 1 项，并编制了系列化产品的安装调试规范。

（二）运行成果

1. 技术创新及技术工程化

（1）技术创新

目前，创新中心共获得知识产权 15 件，其中发明专利 1 件，实用新型专利 3 件，软件著作权 11 件。

1）城市智慧停车信息平台

创新中心研发的城市智慧停车信息平台柔性的停车场设备、物理通道适配技术研究，创新停车场信息化、智能化改造模式，快速实现停车等资源低成本联网；停车等资源数字化，创新性地形成电子发票、订单、交易、支付相结合的区块链平台，实现泊位共享、交易、税务等多方互信的平台，解决了因停车场信息孤岛、管理不规范、各方不信任引起的城市停车难问题；停车大数据抽取、人工智能分析、建模，创新性地以泊位共享为核心，实现泊位等城市服务资源的共享撮合、智能导引，提高资源利用率。

创新中心完成 AGV 智能机器人技术深度开发与融合，已完成 101、106 两个 AGV 智能机器人停车库应用并通过运行和使用进行了系统优化，设备可靠性和稳定性进一步得到了验证,并储备了梳齿型和夹持轮胎型停车 AGV 技术。

创新中心研究开发了可横向移动的垂直升降式停车系统，产品已在东风东路智慧停车示范项目中首次实现成果转化应用，并在苏州 SEW、丘北县政府、丘北师大附中、勐腊试验区医院、勐腊中傣医院等项目中实现 10 余台（套）的销售，目前已形成 10 层以下，三工位、五工位两种宽度的系列化产品。

创新中心研究开发了可垂直循环的垂直式停车系统，产品已在丘北县彩云街公共停车场项目中实现成果转化应用并投入运营使用；昆船工业区正在建设 2 个垂直循环式立体停车库，预计 2021 年底投入运营使用。

2）智能化停车装备

创新中心完成了AGV停车机器人、升降横移式、垂直循环式、升降穿梭式、升降码分一体机等技术深度开发与融合，进行了传统九大类停车设备研发和创新，在效率、灵活性、存储密度提升方面有较好的效果。下一步，创新中心将对智能化停车装备进行持续开发、改进和完善，在降本增效、安全性、可靠性、产品系列化、去工程化、运维服务等方面下功夫，缩短生产、安装调试的过程时间，降低隐性成本，提高产品市场竞争力和生命力。

（2）技术工程化

1）城市智慧停车信息平台

城市智慧停车信息平台已接入昆明市涵盖交通枢纽、商业中心、写字楼、场站园区、居民小区、医院等各种类型的停车场，如长水国际机场、世纪金源大酒店、市第一人民医院等停车场，以及盘龙区、寻甸县等地的路内停车泊位。目前，平台累计联网停车场（路段）921个，泊位数373541个。昆明市智慧停车信息平台已推广应用到昆明、楚雄、文山、西双版纳、红河、玉溪、大理等16个县区。

2）智能化停车装备

创新中心已完成了昆明市云客小区、羊仙坡2个AGV智能机器人停车库，穿金路、昆船南门、西苑3个升降穿梭式立体停车库，丘北县彩云街1个垂直循环式停车库，以及昆明市东风东路1个垂直移动式停车库的建设，并已正式投入运营；昆船工业区402、门球场2个垂直循环式停车库正在建设，预计2021年底投入运营使用。

2. 成果转化和企业孵化

昆明市智慧停车信息平台为超900个智慧停车场提供服务，成果转化实现经济效益1.1亿元；智能化停车库完成2个AGV智能机器人停车库、3个升降穿梭式立体停车库、1个垂直循环式停车库、1个垂直移动式停车库的建设并已正式投入运营，位于昆船工业区的2个垂直循环式立体车库正在建设，预计2021年底投入运营使用。智能停车装备及系统成果转化实现经济效益6356万元。

3. 行业服务

创新中心城市智慧停车信息平台目前已推广应用到昆明、楚雄、文山、西双版纳、红河、玉溪、大理等16个县区，已接入900余个停车场，停车泊位37万余个，并为停车场运营管理单位提供相应的智能化设计、建设/改造，为停车行业多个运营主体提供信息服务，实现停车管理的降本增效；为约600万车主提供便捷的停车服务，累计完成3200余万人次的停车收费服务，发放停车券15万余张，销售月卡28000余张，开具停车电子发票14万余张。

配合昆明市质量监督管理局完成昆明市两项地方标准（《机械式停车场（库）建设管理技术规范》DB5301/T58-2021和《智慧停车联网技术要求及管理规范》DB5301/T59-2021）的制定及发布。

4. 交流合作

创新中心充分利用现有资源，与昆明理工大学等高等院校、科研院所、昆明市停车行业协会、楚雄彝族自治州住建局、楚雄彝族自治州城投公司等深度融合，不断探索建立适合于不同层面的协同交流合作，搭建面向不同领域的合作方式，探索面向智能装备前沿、面向信息化发展前沿、面向行业和区域发展应用等领域的合作。

四、云南省心脑血管领域小分子药物制造业创新中心

（一）建设进展

1. 组建情况

云南省心脑血管领域小分子药物制造业创新中心（以下简称创新中心）以昆药集团股份有限公司为牵头单位，联合昆明中药厂有限公司、昆明贝克诺顿制药有限公司、西双版纳版纳药业有限责任公司、昆药集团医药商业有限公司、昆药集团生物科技（禄丰县）有限责任公司等产业链上下游相关企业，以股权合作形式组建法人实体云南创新药物研究有限公司。

2. 队伍建设

云南省心脑血管领域小分子药物制造业创新中心管理团队见表37-3。

表37-3　云南省心脑血管领域小分子药物制造业创新中心管理团队

姓名		年龄	单位	从事专业	职称/职务	项目分工
负责人	徐朝能	56岁	昆药集团股份有限公司	管理	副高/副总裁	项目负责人
主要成员	钟祥刚	44岁	昆药集团股份有限公司	管理	无/总裁	组织昆药集团有关工作
主要成员	刘军锋	44岁	昆药集团股份有限公司	管理	副高/副总裁	昆药集团研发
主要成员	杨承权	49岁	昆明中药厂有限公司	管理	无/总经理	组织昆明中药有关工作

续表

姓　名		年龄	单　　位	从事专业	职称/职务	项目分工
主要成员	李力	50 岁	昆明贝克诺顿有限公司	管理	无/总经理	组织贝克诺顿有关工作
	王剑	49 岁	西双版纳版纳药业公司	管理	正高/总经理	组织版纳药业有关工作
	刘鹏	60 岁	昆药集团医药商业公司	管理	无/董事长	组织昆商业有关工作
	汪磊	37 岁	昆药集团股份有限公司	财务	副高/财务总监	项目财务
	夏琴谱	49 岁	昆药集团股份有限公司	工程	副高/工程中心总经理	工程管理
	葛建华	43 岁	昆药集团股份有限公司	研发	副高/研究院副院长	研发管理

云南省心脑血管领域小分子药物制造业创新中心研发人员见表 37-4。

表 37-4　云南省心脑血管领域小分子药物制造业创新中心研发人员

序号	项 目 名 称	研发具体负责人员
1	治疗脑卒中的天然药物 I 类新药 KY11018&20	陈云建，龚云麒
2	盐酸法舒地尔注射液、盐酸法舒地尔原料药	陈云建，方芳，杨建玲
3	磷酸萘酚奎原料药	曾涛，郑双庆，高小惠、李志朋

3. *平台建设*

创新中心以打造贯穿云药创新链、产业链的制造业创新生态系统为核心，以云药产业关键共性技术的研发供给、转移扩散和首次商业化为重点，以股权合作形式成立法人实体云南创新药物研究有限公司，并以此为支撑，合作共建以曲札芪苷、三七、灯盏花、天麻为重点的云南省心脑血管领域小分子药物制造业创新中心。

项目内容：自主研发治疗脑卒中的天然药物 I 类新药 KY11018&20 处于 I 期临床试验阶段；获得盐酸法舒地尔注射液注册证书（蛛网膜下腔出血后脑血管痉挛等引起的缺血性脑血管疾病症状的改善）；盐酸法舒地尔注射液及磷酸萘酚奎原料药获批生产。

（二）运行成果

1. *治疗脑卒中的天然药物 I 类新药 KY11018&20*

在世界范围内，急性缺血性脑卒中都是造成严重残疾或死亡的首要原因。中国脑血管病的死亡率是心肌梗死的 4～6 倍，带来的经济负担却是心肌梗死的 10 倍，造成的经济负担高达 400 多亿元。脑卒中已成为中国居民疾病死亡的首要原因，根据 CFDA 南方医药经济研究所米内网资料显示，国内重点城市公立医院中成药中 2015 年脑血管疾病用药销售金额为 44.16 亿元。

昆药集团研发的 KPCXM18 及注射用 KPCXM18 拟用于改善急性脑梗死患者神经功能缺损的一线治疗，该产品为天然药物 1 类新药，2018 年 1 月，昆药集团正式获得国家食品药品监督管理总局的临床批件，并开展注射用曲札芪苷治疗脑卒中的临床研究。2020 年已开展 I 期临床试验，旨在健康受试者的人体试验，以验证人体对于曲札芪苷的耐受程度和药代动力学，为后期临床试验制定给药方案提供依据。

昆药集团现有年产 10 公斤曲札芪甘原料和年产 8 万支冻干注射剂的生产线，能满足整个临床阶段的用药需求，质量体系具备产品放行检测能力。该项目目前已申请国家发明专利 29 件，获中国专利授权"一种无定形态曲札芪苷及其制备方法""曲札芪苷在治疗肺损伤或急性华西窘迫综合征的药物的用途"等 15 件，PCT 授权 2 件。

2. 盐酸法舒地尔注射液、盐酸法舒地尔原料药

盐酸法舒地尔及其注射液由日本旭化成和名古屋大学联合开发，分别于 1995 年在日本上市和 2001 年在中国上市，主要用于蛛网膜下腔出血后脑血管痉挛等引起的缺血性脑血管疾病症状的改善。2004 年旭化成在日本国内将盐酸法舒地尔扩大到治疗脑血栓的适应症，用于脑血栓急性期（发病后 48 小时内）的治疗。

昆药集团自产的盐酸法舒地尔原料药，于 2020 年 1 月获得 CDE 登记备案批准生产；2020 年 12 月 15 日，盐酸法舒地尔注射液获得了国家局生产批文和药品批准文号：国药准字 H20203680；获得国家局批准的制剂新工艺、新质量标准；具备国家药监局 GMP 认证的年产 200 公斤盐酸法舒地尔原料药和年产 200 万支盐酸法舒地尔注射液生产线，该产品已经实现了产业化，移交生产。该项目目前已申请国家发明专利 12 件，获中国专利授权"一种盐酸法舒地尔中 5-异喹啉磺酸乙酯的检测方法""一种盐酸法舒地尔中 5-异喹啉磺酸甲酯的检测方法"等 2 件。

3. 磷酸萘酚奎原料药

磷酸萘酚喹是一种新型 4 氨基喹啉类药物，主要与青蒿素联用制成口服

剂治疗疟疾。2018年，全世界估计发生2.28亿例疟疾病例（95%置信区间：2.06亿～2.58亿），死亡人数为40.5万人。全球近85%的疟疾在撒哈拉以南非洲19个国家和印度发生。据国外研究机构Coherent Market Insights统计，2019年全球抗疟药（针剂及口服剂）的市场总额超过8亿美元，而以青蒿素为基础的联合疗法（Artemisinin-based Combination Therapy，ACT）的全球市场规模，Grand View Research发表市场研究，预计到2025年，有望达到近7亿美元（约合人民币48亿元）。

目前除原研企业上海新华联制药有限公司以外，仅有昆药集团通过CDE技术审评。制剂方面，昆药集团股份有限公司拥有唯一的磷酸萘酚喹与青蒿素联用的复方磷酸萘酚喹片，该制剂是全球唯一的一次性服用即能治疗疟疾的药物。昆药集团于2017年5月向国家药品监督管理局提交磷酸萘酚喹原料药注册申请并获得受理，近日，CDE原料药、药用辅料和药包材登记信息公示“与制剂共同审评审批结果”为A（已批准在上制剂使用的原料）。该产品已经实现了产业化，移交生产。该项目“一种萘酚喹盐类制备新工艺”获中国专利授权1件。

第三十八章

内蒙古自治区

第一节 总体进展与经验特色

2017 年 6 月，内蒙古自治区印发《内蒙古自治区经济和信息化委员会关于开展自治区级制造业创新中心建设意见》（内经信科电字〔2017〕230 号），按照“制造业创新中心建设意见”总体思路、基本原则、实施步骤等要求，结合自治区制造业发展的实际，由行业龙头企业先期启动省级制造业创新中心培育活动，按照“培育一个，创建一个”的原则，推动制造业创新中心建设，并依据“支持工业高质量若干政策”给予支持，目前共认定 4 家省级制造业创新中心（其中一家升级为国家级制造业创新中心）。

内蒙古蒙中药创新中心为内蒙古自治区认定的第二家制造业创新中心。该中心充分整合自治区蒙中药产业链上下游企业资源，针对蒙中药行业中存的技术难点、产业化制约瓶颈集中开展技术攻关活动，主要开展蒙中药生产技术研发、技术咨询、技术服务；知识产权服务；科技信息咨询服务；检验检疫服务等。该中心拥有涵盖丸剂、散剂等传统蒙中药生产剂型和片剂、颗粒剂、硬胶囊剂、软胶囊剂、口服液等现代蒙中药生产剂型的中试和产业化试验平台，以及第三方检测服务平台，实现了从产品小试—中试—产业化全产业链试验和检测能力，加快了蒙中药行业科研成果转化步伐。截至目前，该中心累计开展科研技术攻关 20 余项，解决制约蒙中药产业化生产过程中瓶颈问题 6 个，申请发明专利 6 件，后续该中心将继续加大引进高端研发人才力度，采取完善科研设施等举措，进一步提升中心创新能力，为自治区蒙中药产业提供优质科技服务。

内蒙古石墨（烯）新材料创新中心建立了 19 人的创新团队、组织架构和 26 项工作制度，确定和装修了 1200 平方米的办公场所。市政府专门成立工作领导小组，调研对接了全国 10 多家创新中心、高校和科研机构；确定了中心的功能定位、发展模式、发展领域和工作目标；委托内蒙古大学编制了内蒙古石墨（烯）创新规划和技术路线图；委托内蒙古综科技术开发研究院编制了石墨烯创新基地建设规划；成立了由康飞宇教授牵头的 12 人学术专家委员会；获得了工信厅能力建设项目经费 500 万元和市科技局 160 万元的科技项目经费支持；引进一家石墨烯涂料生产企业（中国航发集团）；全资子公司蒙京研究院在研项目 3 项，其中与清华大学合作开发的“天然石墨基石墨散热膜低成本批量化制备研究”参加了自治区科技兴蒙签约仪式；蒙京研究院共申请发明专利 6 件，授权实用新型专利 6 件。

内蒙古生物疫苗创新中心，由技术专家委员会编制完成创新中心技术路线图，开展项目需求调研，填报合作需求。目前创新中心正式启动运营，建立了健全的法人治理结构、组织结构和运行机制；创新中心成立运营公司，建立资源合作共享机制，通过签订合作协议充分利用成员单位现有的人才、技术、设备；充分利用互联网、云计算、大数据等新技术平台，实现跨地区、跨学科，在线诊断、在线检测、在线交流，充分发挥创新各要素资源的协同优势和共享的合作机制。内蒙古自治区制造业创新中心建设进展见表 38-1。

表 38-1　内蒙古自治区制造业创新中心建设进展

序号	中心名称	运营公司	建设进展	成立时间
1	内蒙古蒙中药创新中心	内蒙古蒙中药创新中心有限公司	省级	2019 年 2 月
2	内蒙古生物疫苗创新中心	内蒙古金宇生物疫苗股份有限公司	省级	2019 年 12 月
3	内蒙古石墨（烯）新材料创新中心	内蒙古石墨烯科技有限公司	省级	2019 年 12 月

第二节　典型省级创新中心建设进展

一、内蒙古蒙中药创新中心

（一）建设进展

1. 组建情况

内蒙古蒙中药创新中心（以下简称创新中心）是由内蒙古自治区政府引

导，内蒙古天奇中蒙制药股份有限公司牵头，内蒙古博奥蒙中药工程研究院有限公司、内蒙古博纳检测技术有限公司、内蒙古蒙缘堂药业科技有限公司等共同出资成立的新型创新载体，注册资金 3000 万元，法定代表人上官同强，2019 年 2 月 25 日经内蒙古自治区工信厅批复认定。江西中医药大学、内蒙古医科大学为创新中心技术依托单位。牵头单位内蒙古天奇中蒙制药股份有限公司为内蒙古自治区蒙中药产业技术创新战略联盟理事长单位，内蒙古蒙中药创新中心有限公司为联盟成员单位。

2. 队伍建设

创新中心拥有专职科研工作团队 58 人，其中博士 1 人、硕士 5 人，高级职称人员 2 人、中级职称人员 5 人。创新中心运营实行总经理负责制，成立了以中国中医科学院中药研究所所长、首席研究员陈士林教授，江西中医药大学民族药学院院长钟国跃教授为核心的 23 名专家组成的专家委员会，重点针对蒙中药材研究、蒙中成药研发、蒙中药药效成分分析等方面开展科研攻关工作。

3. 平台建设

创新中心现有研发检测中心 4200 余平方米，中试试验基地 5000 余平方米，蒙中药产业化验证生产车间 6000 余平方米，拥有研发、中试、检测仪器设备 510 余台（套），建成了蒙中药从小试—中试—产业化的全方位试验和检测数据复核平台。

（二）运行成果

1. 技术创新和技术工程化

针对制约蒙中药行业快速发展的技术难点、产业化生产过程中的制约瓶颈，创新中心开展了集中技术攻关，共开展技术攻关工作 20 余项，其中的主要成果如下。

传统大蜜丸剂型升级工作：通过增加相应的水蜜丸品种，克服了大蜜丸不易服用的缺点，水蜜丸部分生产工序实现智能化、连续化生产，生产效率提升至原来的 3 倍以上。

胶囊剂生产工艺改进工作：将先进的干法制粒工艺运用到胶囊剂生产过程中，改善了胶囊剂生产过程中存在的出成率低、生产成本高、胶囊充填过程中装量差异不稳定的行业问题，产品不合格率由原来的 8%降低至 1%。

中药粉碎工艺研究工作：通过研究选用先进的“风选+筛网”组合式粉

碎机，解决了中药行业一直存在的油性、黏性药材不易粉碎的难题，粉碎后药粉细度合格率提升至 100%。

中药水丸（水蜜丸）分装工艺研究：通过工艺改进，将颗粒剂分装生产设备运用到水丸（水蜜丸）分装工序，解决了水丸（水蜜丸）只能单列分装的生产制约瓶颈问题，分装生产效率提升至原来的 6 倍以上。

烘干生产工艺改进工作：通过研究将湿法制粒混合机和超真空带式干燥机引入稠膏干燥工序，解决了传统蒙中药拌膏干燥过程中存在的工人劳动强度大、生产环境差、生产效率低、产品容易被污染等行业问题。

2. 成果转化和企业孵化

通过针对蒙中药行业技术难题和制约瓶颈研究工作的开展，完成蒙中药的中试孵化，实现技术成果转化 6 项，形成独具特色的蒙中药中试研发和产业转化方案，诸多成功案例均有借鉴作用，起到了良好的辐射和带动作用，加快了内蒙古蒙中药产业转化的步伐。

3. 行业服务

创新中心建成的中试车间涵盖了多种生产剂型，为蒙中药研究工作提供了从小试到产业化的无缝对接平台；建有 CMA 检测公共服务平台，可承接食品药品检测服务和研究检验结果的复核工作，确保检测结果的及时性、准确性；积极开展对外服务工作，开展对外技术研究工作 6 项，制定技术标准 4 项。

4. 交流合作

创新中心借助蒙中药产业技术创新战略联盟会议开展成功案例的交流工作，搜集联盟成员单位及延伸企业存在的行业技术问题，借助创新中心已有的研发平台开展技术攻关工作，开展从小试、中试、产业化的全方位研究工作，实现研究成果的有效衔接和产业转化，加速了产业化进程。创新中心借助天奇蒙药集团的专家库资源，对于研究过程中的技术难题得到了国内知名专家的具体指导，促进了研究工作的顺利开展。

二、内蒙古石墨（烯）新材料创新中心

（一）建设进展

1. 组建情况公司、联盟等方面

2019 年 12 月 17 日，由乌兰察布市工信局牵头组织对乌兰察布市京蒙新

材料投资有限公司进行增资扩股改组，公司名称变更为内蒙古石墨烯科技有限公司，注册资金增资为3000万元，增加股东民营企业3家。2019年12月25日，公司被认定为内蒙古石墨（烯）新材料创新中心（以下简称创新中心）。

创新中心成立后，陆续从清华大学、内蒙古大学、内蒙古工业大学等高校招聘组建了19人运营团队；共建立人事、行政、财务等方面的管理制度26项，并筹建了工会组织；在兴和县政府和工业园区管委会的大力支持下，创新中心落实了1200平方米、位于工业园区管委会大楼3楼的办公场所，经装修，2020年8月初入驻办公；根据股东会决定，结合当前实际，确定了股东会、董事会、总经理、副总经理、各业务部门的架构形式。创新中心成立后，积极对接中国石墨产业发展联盟、石墨烯联盟、国际粉体协会等。内蒙古自治区石墨（烯）新材料创新中心组织架构图如图38-1所示。

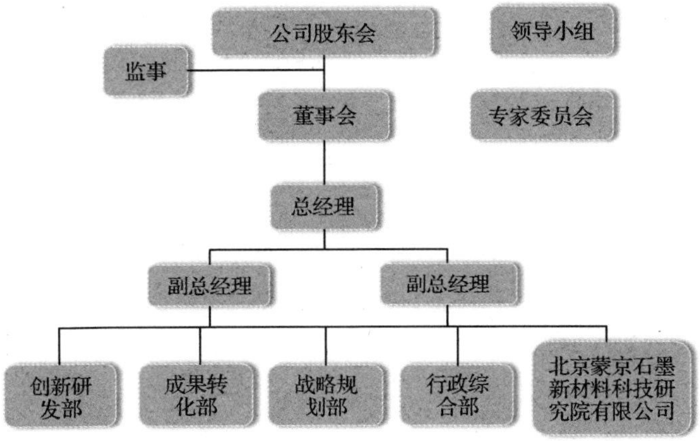

图38-1　内蒙古自治区石墨（烯）新材料创新中心组织架构图

2. 队伍建设

（1）技术专家委员会

目前，创新中心技术专家委员会由清华大学深圳国际研究生院康飞宇教授、清华大学黄正宏教授、清华大学吕瑞涛教授、湖南大学刘洪波教授、中科院山西煤化所郭全贵研究员、中科院山西煤化所刘占军研究员、内蒙古大学楠顶副教授、内蒙古农业大学郭泽宇副教授等12位专家共同组成。

（2）管理团队

创新中心成立后，陆续从清华大学、内蒙古大学、内蒙古工业大学等高校招聘组建了19人运营团队，其中清华大学博士展长振任创新中心总经理，创新中心董事长由创新中心最大股东单位国源公司李永青担任。

（3）领导小组

2020年8月12日乌兰察布市政府成立了由云鹏刚任组长，申治国、苏力德任副组长，工信局、科技局、兴和县、国源公司为成员单位的内蒙古石墨（烯）新材料创新中心工作推进领导小组，领导小组办公室设在工信局。

（4）科研团队

创新中心科研团队由两部分组成，一部分是创新中心19人的科研团队，负责建设和运营内蒙古石墨烯创新基地；另一部分是北京蒙京研究院的9人科研团队，主要进行石墨（烯）应用技术科研和转化工作。

蒙京研究院是根据“乌兰察布市人民政府2017年第11次常务会议纪要”精神，在清华大学深圳研究生院的支持下，于2018年2月1日成立。蒙京研究院是内蒙古石墨烯科技有限公司的全资子公司得到了清华大学在技术与人员方面的持续支持，购置了先进的材料基础实验设备和测试设备，可独立完成扣式电池、圆柱电池开发，多种锂离子电池电极材料的回收工艺开发，石墨热管理材料工艺开发，石墨烯的制备及应用开发。

（5）平台建设

创新中心着力破解内蒙古石墨烯产业“大而不强”问题，建设石墨（烯）中试孵化科技创新平台。创新中心对接引进北京乃至全国科研机构，承接石墨（烯）新材料中试和孵化项目，依托内蒙古石墨（烯）创新基地建设，通过提供场地、通用设备、检测认证和政策金融等服务，实现“政产学研用资”的协同创新，实现科技成果的转移转化，实现石墨高新技术产业的示范，为全区石墨（烯）产业做强提供了强有力的科技支撑和引领。

（二）运行成果

1. 技术创新和技术工程化

创新中心有储备项目10项，在研项目3项。其中锂离子电容器项目、废旧动力电池绿色高效回收项目实验室阶段基本完成，正在进行项目放大论证。另一个在研项目天然石墨基石墨散热膜的低成本批量化制备项目正在按照计划推进。

创新中心共申请专利12件，其中发明专利6件，实用新型专利6件，6件实用新型专利已授权。2019年创新中心蒙京研究院获得了国家高新技术企业和中关村高新技术企业认定，2020年获得了国家知识产权体系贯标认定。

2. 成果转化和企业孵化

创新中心 2 项项目成功申请乌兰察布市科技局科技成果项目，成功引进一家军用石墨烯涂料企业（中国航发集团供应商）。

3. 行业服务

创新中心为多家本地企业提供行业调研、项目申报等服务；同时利用下设蒙京研究院资源，与京津冀地区企业、研究机构合作，开展检测、调研、会议等服务，并且为多家乌兰察布石墨企业提供技术支持等服务。

4. 交流合作

创新中心调研、走访、对接自治区内外石墨（烯）领域企业 29 家、高校和科研机构 10 家，对接石墨烯协会、中国石墨产业发展联盟、国际粉体协会。

三、内蒙古生物疫苗创新中心

内蒙古生物疫苗创新中心（以下简称创新中心）目前已经正式启动运营，由技术专家委员会编制完成创新中心技术路线图，开展项目需求调研，填报合作需求。

（一）建设进展

1. 组建情况

创新中心现在已经完成成员吸纳，签订了战略合作协议，完成注资，并注册完成运营公司，到 2020 年 2 月底基本完成人员入驻及前期工作的开展。目前创新中心正式启动运营，建立了健全的法人治理结构、组织结构和运行机制；成立运营公司，建立资源合作共享机制，通过签订合作协议充分利用成员单位现有的人才、技术、设备；充分利用互联网、云计算、大数据等新技术平台，实现跨地区、跨学科，在线诊断、在线检测、在线交流，充分发挥创新各要素资源的协同优势和共享的合作机制。

2. 队伍建设

技术专家委员会编制完成创新中心技术路线图，开展项目需求调研，填报合作需求。目前创新中心已完成成员吸纳，以宋庆庆博士为创新中心技术带头人，建设了创新团队，现有科研人员 235 名，其中包括研究员 9 名，博士生 6 名；高级兽医师及其他高级技术人员 25 名，中级技术人员 89 名，技术人员数量达 405 人，占员工总人数的 58%；有超过 1/5 的员工从事研发工作，95%的上述科研人员已入驻园区并开展了前期工作。

3. 平台建设

创新中心主要以口蹄疫参考实验室等合作为基础，在种毒筛选优化、悬浮培养工业化工艺技术、纯化浓缩技术集成、高效高安全质量标准体系等方面开展技术研究及转化。随着P3实验室的建成，创新中心将继续在口蹄疫的新型疫苗新毒株、口蹄疫+、标记疫苗、基因工程新型疫苗（VLP）、鉴别诊断试剂等全方位寻求合作与突破，根据自治区畜牧业发展特点及打造绿色有机动物产品制造输出基地的战略需求，布局并形成了布氏菌病疫苗（REV1、A19、S19），BVD、IBR二联苗等国际标准疫苗，将继续孵化牛羊支原体、牛羊梭菌、牛呼吸系统联苗（BVD、IBR、PIV3、RSV）、牛消化系统联苗等新疫苗产品及相关诊断试剂；结合成员企业辽宁益康、扬州优邦禽类疾病疫苗市场发展需求，布局并形成了以禽流感H7+H5、H9+系列产品为核心的工艺技术提升（纯化、悬浮、佐剂、增加剂）及IBD、ND、AI、H7、H5、H9亚单位疫苗联苗研发与联合研发的格局。

（二）运行成果

猪伪狂犬基因缺失标记灭活疫苗已完成临床申报，正在进行新兽药注册阶段。猪瘟E2蛋白亚单位疫苗已完成实验室研究、中试生产、临床试验，进入注册申报阶段，目前项目进入初审。创新中心分子诊断平台共有专职研发人员10人，均为全日制硕士学历，主要负责诊断试剂盒的开发，仪器设备均为赛默飞、伯乐等行业内具有相当认可度的设备，保证实验数据的稳定、真实。随着动物健康诊断大数据的发展，创新中心分子诊断平台根据市场的诊断需求、疫病流行态势、新发病、外来病、人畜共患病的防控需求和配套的疫苗产品开发了涵盖猪、牛、羊疫病和犬猫疫病共计50余种PCR方法，其中申请发明专利18件，授权发明专利3件，受理12件，发表中文核心期刊5篇。

第三十九章

天津市

第一节　总体进展与经验特色

2017 年，天津市启动制造业创新中心工作，至 2020 年底已组织四批申报遴选工作，并批复培育建设 9 家市级制造业创新中心（见表 36-1），其中 1 家升级为国家地方共建制造业创新中心，主要涉及生物医药、车联网（智能网联汽车）、新能源、新材料、新一代信息技术等行业，集中分布在滨海新区、东丽区和西青区，并初步形成了培育、筹建、组建三级创新中心培育建设体系。天津市制造业创新中心建设进展见表 39-1。

表 39-1　天津市制造业创新中心建设进展

序号	中心名称	运营公司/牵头单位	建设进展	成立时间
1	天津市现代中药创新中心	天津现代创新中药科技有限公司	国家级	2017 年
2	天津市智能网联汽车创新中心	天津国联智能汽车创新中心有限公司	市级	2017 年
3	天津市生物基材料创新中心	创享（天津）生物科技发展有限公司	市级	2018 年
4	天津市车联网创新中心	中汽研智能网联技术（天津）有限公司	市级	2019 年
5	天津市锂离子电池创新中心	天津力神电池股份有限公司	市级	2019 年
6	天津市工业大数据应用创新中心	国家超级计算天津中心	市级	2019 年
7	天津市先进操作系统创新中心	先进操作系统创新中心（天津）有限公司	市级	2020 年
8	天津市细胞工程创新中心	天津和创生物技术有限公司	市级	2020 年
9	天津市专用无线通信创新中心	天津七一二通信广播股份有限公司	市级	2020 年

一、加强顶层设计，稳步推进制造业创新中心培育建设

为深入落实“制造强国”战略，按照工业和信息化部有关要求，2017 年天津市启动制造业创新中心建设，先后印发了《天津市制造业创新中心建设实施方案》，明确总体思路、主要目标、基本原则、功能定位、主要任务、组织形式、监督考核、实施步骤和保障措施；印发了《天津市制造业创新中心牵头单位及各建设阶段标准要求》，进一步明确了培育、筹建、组建三级建设模式和建设要求，指导现代医药、车联网、先进操作系统等一批有条件、有意愿的龙头企业、科研院所和高校，按照制造业创新中心创建要求，积极探索创新模式，加快培育建设，并推进优势创新中心争创国家制造业创新中心。

二、汇聚行业优势资源，积极发挥制造业创新中心行业作用

天津市制造业创新中心均采用“公司+联盟”的方式组建，在培育建设过程中，结合天津市产业优势，在新一代信息技术、生物医药、新能源、新材料等重点产业开展调研，组织召开制造业创新中心推动会，指导各区工信部门围绕本地区产业重点领域，对照制造业创新中心建设要求，精心组织，认真遴选，撮合对接行业龙头、科研机构、高校牵头组建市级制造业创新中心。比如，现代中药创新中心由天士力医药集团、天津市医药集团、天津红日药业、上海医药集团、扬子江药业集团等 5 家行业优势中医药企业和天津中医药大学共同出资组建，该创新中心联盟覆盖了本领域 60%的国家级创新平台，在张伯礼院士带领下，面向中药行业重大需求，开展了一批高水平关键共性技术研发，并取得阶段性成果，为抗击新冠肺炎疫情发挥了重要作用。

三、深入开展学习交流辅导，逐步提升创新中心建设水平

天津市对制造业创新中心工作持续开展政策宣传与业务培训，通过宣讲政策要求，一对一辅导解读创建制造业创新中心的功能定位和建设要点，使各创新中心牵头单位进一步明确创新中心的目标要求和重点任务，在编制建设方案和创建过程中少走弯路；同时，采取“走出去、请进来”的方式，组织创新中心主要负责同志赴增材制造、印刷及柔性显示、信息光电子、数字化设计与制造、先进功能纤维等国家级制造业创新中心调研，围绕资源整合、

运营模式、共性技术研发等方面学习借鉴各国家级制造业创新中心的建设经验，促进市级制造业创新中心加快建设。

四、不断强化政策支持，有效保障创新中心健康发展

为推动制造业创新中心健康有序发展，天津市先后编制出台《天津市关于加快推进智能科技产业发展若干政策》《天津市关于进一步支持发展智能制造的政策措施》等，支持市级制造业创新中心创新能力建设项目，重点支持企业购置研发仪器设备、软件，搭建和改造研发、试制和检测平台等，每个项目支持不超过 500 万元，连续支持 3 年，不断提升创新中心自身创新能力；支持市级制造业创新中心创建国家制造业创新中心，对升级成为国家制造业创新中心的，以获得国家制造业创新中心专项资金数额为依据，给予 1 : 1 地方资金配套支持。

第二节　典型创新中心建设进展

一、天津市先进操作系统创新中心

（一）建设进展

1. 组建情况

（1）公司

天津市先进操作系统创新中心（以下简称创新中心）由麒麟软件有限公司牵头，联合天津飞腾、北京金山、北京鸿腾、恒银金融、奇安信、曙光等优势企业共同出资成立，初始注册资本 5000 万元，依托载体为先进操作系统创新中心（天津）有限公司，公司法定代表人为韩乃平，公司股权结构见表 39-2 所示。

表 39-2　公司股权结构

股东名称	出资额（万元）	股权比例（%）
麒麟软件有限公司	2275	45.5%
天津飞腾信息技术有限公司	600	12.0%
北京金山办公软件股份有限公司	425	8.5%
北京鸿腾智能科技有限公司	425	8.5%

续表

股东名称	出资额（万元）	股权比例（%）
恒银金融科技股份有限公司	425	8.5%
奇安信（北京）网络科技有限公司	425	8.5%
曙光信息产业股份有限公司	425	8.5%
合计	5000	100%

鉴于创新中心的建设与进一步发展需要，公司将重点面向信创领域龙头骨干企业吸纳新的投资人，已经启动新一轮增资扩股工作，在为创新中心引入新的战略投资者，加强行业合作基础的同时增加建设资金，公司增资扩股后注册资金可达1亿元以上。

（2）联盟

为进一步聚集我国基础软硬件创新资源，为建成“产学研”协同创新的基础软硬件创新平台打下坚实基础，麒麟软件有限公司邀请飞腾信息技术有限公司、北京金山办公软件股份有限公司、三六零科技集团有限公司、恒银金融科技股份有限公司、奇安信科技集团股份有限公司、曙光信息产业股份有限公司、国防科技大学计算机学院等国内信创领域的最优势力量单位发起成立先进操作系统创新联盟（以下简称联盟），覆盖科研院所、高等学校、优势企业、行业用户等“产学研用”各领域单位。

联盟的宗旨与目标：“产业共生、资源共享、强强合作、优势互补、产融结合、联盟发展”，加强和政府的沟通，推动“产学研用”深度融合，促进以操作系统为核心的基础软硬件技术水平的提升，加快先进操作系统行业共性技术的研发和产业化，推动中国先进操作系统产业高质量发展。

2. 队伍建设

（1）技术专家委员会

技术专家委员会由行业院士、专家组成，负责研判行业发展重大问题、提出前瞻性技术研发战略布局，对创新中心研发方向、技术规划等进行咨询、指导和评估。首届技术专家委员会主任由廖湘科院士担任，倪光南、沈昌祥、吴朝晖、王恩东等8位院士及行业专家担任委员。

（2）管理团队

公司总经理由先进操作系统领域顶级权威专家或企业家担任，要求具有丰富的技术研发、成果转化和企业经营管理经验。公司总经理由韩乃平担任，高级副总经理由齐璇、程寨华、张弦担任，分别负责创新中心的技术研发、投资管理、战略发展等不同方向。

（3）科研团队

创新中心员工队伍主要有4类，分别为中心领导、技术研发人员、技术管理人员和职能管理人员，技术研发人员包括研究开发人员、测试适配人员和技术支持人员。员工队伍包含双聘、全职、临聘多种形式，专职研发人员达到专职员工人数的50%以上。目前，创新中心已有人员50余人。

3. 平台建设

创新中心通过汇聚操作系统领域创新资源、集聚高端人才，打造操作系统领域创新平台的“国家队”；建设共性技术研发平台、适配与方案工程验证平台、创新成果转化平台、公共服务与创新人才培训平台、合作交流平台，引领行业共性技术创新发展，为行业提供系统解决方案，争取成为行业服务的引领者。

（1）共性技术研发平台

面向当前信创产业发展急需，创新中心重点突破Linux开源系统内核技术，发展虚拟化、分布式处理、多核/众核CPU适配等技术，研究新兴应用国产计算平台构建技术，突破通用操作系统发展的共性技术供给瓶颈，支持大数据、云计算、人工智能等新兴应用，推动国产通用操作系统高质量发展；重点突破以操作系统为核心的信创自主生态构建技术，研究集成开发环境与工具链、自动化测试与集成适配技术等关键技术，建设国内一流的信创自主生态构建技术研发创新平台，支撑信创自主生态构建。

面向“云中心—边缘计算—终端设备”等信息技术发展框架，以及物联网、车联网等新兴场景，创新中心打造工业领域实时操作系统技术研发创新平台和面向自动驾驶智能车控操作系统技术研发创新平台，强化知识产权战略储备与布局，加快开发实时操作系统及高性能实时插件，支持工业控制需求，制定适合汽车硬件配置的车控操作系统行业标准，重点解决面向自动驾驶智能车控操作系统平台，突破工业互联网、车联网产业新型工控、车控操作系统关键技术屏障，支撑产业自主发展。

共性技术研发平台建设将充分利用股东方的企业技术中心、实验室等创新平台，联盟覆盖的国家重点实验室、国家工程实验室、国家工程技术中心、国家工程研究中心等国家级创新平台，开展实验室共建，实现资源共享，支撑新一代操作系统原生安全、移固融合、云端融合、智能计算、实时可靠等特性的研发，补齐信创产业发展的通用操作系统技术和生态短板，以及工业互联网、车联网产业发展的实时操作系统技术和标准短板，突破产业发展的共性技术供给瓶颈。

（2）适配与方案工程验证平台

为保证以操作系统为核心的国产计算平台的综合性能满足应用需要，创新中心建立先进操作系统适配与方案工程验证平台，建设国产软硬件适配优化验证能力、面向典型场景的应用支撑验证能力，具备共性关键技术和面向行业国产化解决方案综合效能验证手段，保障了产业转型升级。

针对国产软硬件适配优化验证需求，创新中心建设基础软硬件基准测试、适配验证手段，以操作系统为核心，主要完成与 CPU 和外设等底层硬件的适配验证，数据库、中间件和办公套件的适配验证，以及开发环境和软件库的适配验证，通过基础软硬件协同攻关，验证并优化国产计算平台的整体性能、可靠性和兼容性。

针对国产计算平台行业解决方案的工程验证与标准验证需求，创新中心面向不同行业典型应用场景，建设基于国产平台的基础软件产品应用验证环境，迁移、研制面向行业的配套应用支撑软件，建设满足跨行业不同场景下国产化解决方案的仿真验证试验床，开展基于国产计算平台的行业应用解决方案的试验验证和综合效能评估。

（3）创新成果转化平台

创新中心对产业前沿和共性关键技术研发形成的创新成果、对国产自主生态构建中形成的行业解决方案成果、对联盟成员单位形成的创新成果等实施成果转化，通过知识产权共享、知识产权受让等方式，将创新成果推向产业链优势企业；通过孵化企业、种子项目融资等方式，将创新成果快速引入生产系统和市场；打通技术研发、转移扩散和产业化链条，形成以市场化机制为核心的成果转移扩散机制。

（4）公共服务与创新人才培训平台

创新中心通过建设软件测评实验室，提供基础软件单品、组合测试服务，具备信创、行业入围检测能力；通过建设适配中心，提供国产软硬件产品兼容互认证服务，适配中心可以复用适配与方案工程验证平台的仪器设备资源及环境；通过建设咨询中心，提供面向行业的国产化应用可行性研究、行业发展趋势分析等咨询服务，开展以操作系统为核心的基础软件关键标准研制和推广。

创新中心建设创新人才培训平台，针对我国科技自强自立进程中以操作系统为核心的基础性人才匮乏现状，建设人才培训服务体系，通过企业培训、联合培养、继续教育、青少年综合素质教育等多种手段，面向信创产业链条上的基础软件开发者、应用软件开发者、应用系统使用者、信创产业管理者、高校学生等潜在应用人才、青少年等未来人才等不同角色，建立“产学研用”紧密结合的人才培养机制，深入推进产教合作，培养高质量的信创人才。

（5）合作交流平台

创新中心建立与国内外知名高校、科研机构、企业、开源社区的合作交流机制，强化先进操作系统产业交流与人才培养，推动我国操作系统产业的国际合作，助力创新中心国际化发展。以现有股东单位国际合作为基础，创新中心继续加强与英国、法国、德国、日本、俄罗斯等国外相关院校、企业交流，联合开展技术攻关，承担国际合作项目，形成可持续性联合创新模式，推进技术进步与交流；举办先进操作系统国际交流会议，推动企业技术、产品走出去；探索与境外科研机构建立联合实验室的可行性。

（二）运行成果

1. 技术创新和技术工程化

创新中心在以操作系统为核心的信创自主生态构建技术方向开展自动化测试与集成适配技术创新，形成 1 件软件著作权，正在申请 2 件发明专利。

（1）自动化生态测试框架

创新中心形成一种 Linux 平台上基于 shell 的自动化测试框架，面向无需用户交互的海量应用兼容适配自动化实施需求，提出并实现一种基于国产平台的可扩展自动化测试框架 Xframwork，支持 7×24 批量自动化测试。该成果正在申请发明专利，已经在麒麟软件开展试用，每天可完成 4800 款软件/驱动包的自动化兼容性验证，促进了麒麟生态的快速构建。对比人工验证，该成果可将效率提升大约 200 倍以上。

（2）跨 OS 平台应用兼容技术

创新中心形成跨平台应用生态兼容技术，通过实现跨操作系统平台函数级调用转换，并进行性能优化，以支持重要 Windows 应用向国产操作系统的二进制执行，让更加关键的 WinTel 应用运行在国产操作系统平台上。该成果已经在麒麟软件开展验证，可良好支持微信、腾讯会议的运行，未来可支持更多 Windows 应用在 Linux 平台上的运行，并可跨操作系统运行。

（3）人工智能支撑技术

创新中心形成智能异构平台支撑技术，通过智能硬件及异构平台技术、智能软件栈共性支撑优化技术、智能计算库优化技术等，实现在操作系统上扩展 AI 中间层以更好适配不同的 AI 软件栈，以提升与多种 AI 框架的适配效率、性能与稳定性。目前该技术在飞腾平台+银河麒麟操作系统上，已形成面向人工智能的国产关键软硬件计算平台解决方案，支持人体姿态的 AI 识别，具有较为广泛的应用空间。

2. 成果转化和企业孵化

创新中心开展面向金融机具的全国产化解决方案的验证，整合国产 CPU、操作系统、国产打印机及各种外设，面向金融行业需求，对接需求与产业供给能力，形成了具备安全防控、稳定可靠、多外设支持的全国产金融机具的解决方案原型，并得到了推广。

3. 行业服务

（1）国产双屏交互技术委托开发

麒麟软件委托创新中心开发双屏交互技术，针对政务中心柜台人员与群众之间信息不对称，政务办理效率低的问题，设计实现双屏交互，可一机双屏幕显示业务办理信息，充分满足申请人和申请材料的电子化转换、上传及窗口互动功能需求，可有效解决服务窗口办事信息不对称问题。

（2）与天津大学、南开大学共建实训基地

创新中心提供国产软硬件适配环境，向天津大学、南开大学软件学院师生开放，开展国产平台软件开发测试实践。

4. 交流合作

创新中心与飞腾、海光、龙芯、兆芯、鲲鹏等 CPU 厂商建立了常态化联系，并与产业伙伴有广泛交流；与半导体行业和计算创新领域的全球领先厂商美国英特尔公司中国区总部开展合作交流，双方重点讨论了 CPU 与操作系统技术合作、产业生态建设等方面合作事项。

二、天津市车联网创新中心

（一）建设进展

1. 组建情况

（1）股东构成及实体公司情况

天津市车联网创新中心（以下简称创新中心）是由中国汽车技术研究中心有限公司牵头成立，天津市永泰恒基投资有限公司、天津极客网联产业服务有限公司和天津市赛达恒信融资担保有限公司共同出资组建，建立“产学研”相结合的技术创新体系。创新中心实体公司名称为中汽研智能网联技术（天津）有限公司，于2019年5月14日注册成立，注册资金5000万元。

（2）联盟情况

2018年，由中国汽车技术研究中心有限公司牵头，联合天津市智能车辆领域的企业、大学、科研机构等共同成立了天津市智能车辆产业技术创新联盟（简称联盟）。联盟成员单位包括天津大学、军事交通学院、河北工业大学、天津理工大学等高校，天津智能网联汽车产业研究院、天津中科先进技术研究院有限公司、天津市北斗卫星导航定位技术有限公司、中国第一汽车股份有限公司天津技术开发分公司、国能新能源汽车有限责任公司、天津清智科技有限公司、天津易博达动力科技有限公司、天津森普捷电子有限公司、天津布尔科技有限公司、天津所托瑞安汽车科技有限公司等科研机构及企业。创新中心作为联盟秘书处，承担具体组织召集和联络工作。联盟新申请加入成员包括股东单位，以及大唐高鸿数据网络技术股份有限公司、华为技术有限公司、东软集团股份有限公司、深圳华大北斗科技有限公司、上海晶众信息科技有限公司、中国联合网络通信有限公司天津市分公司、中国移动通信集团天津有限公司等。

联盟致力于在科研机构与汽车企业、高等学校之间，上下游产业之间建立有效运行的“产学研”合作新机制，实现联盟成员的共同发展，围绕产业技术创新的关键问题，开展技术合作，突破产业发展的核心技术，形成产业技术标准；建立公共技术平台，实现创新资源的有效分工与合理衔接，实行知识产权共享；实施技术转移，加速科技成果的商业化运用，提升产业整体竞争力；联合培养人才，加强人员的交流互动；在车联网标准法规、关键技术研发、测试评价技术、技术示范验证平台及示范运营区建设等方面，展开合作研究，推动天津市车联网产业整体发展。

2. 队伍建设

管理和研发团队

创新中心依托公司中汽研智能网联技术（天津）有限公司董事长为冯屹，总经理为杜志彬，现有科研团队70余人，包含来自哥伦比亚大学、匹兹堡大学、曼彻斯特大学、达姆施塔特工业大学、伊利诺伊大学、清华大学、北京大学等国内外知名高校人才，硕士以上学历人员占比90%以上。创新中心立足车联网（智能网联汽车）产业服务、数据建设、技术集成、工程验证、示范测试等相关领域，已形成覆盖智能网联汽车整体共性技术集成研发、智能网联汽车应用示范及测试综合服务、智能网联汽车产业政策研究与规划咨询的全方位全流程业务体系架构。

3. 平台建设

创新中心已建设共性研发平台，包括智能网联虚拟仿真研发平台、数据交互与应用平台、车联网信息安全防护平台、车联网网络信任支撑平台、车联网互联互通验证测试平台、自动驾驶研发平台等。

（1）虚拟仿真研发平台

目前该平台已建立国内测试用例最齐全、场景最丰富、效果最权威的虚拟仿真测试环境，累积测试用例超过200万个，积累高精度真实道路数据近50万公里，构建了虚拟仿真场景库2000余类，并研发自主可控的AD Chauffeur仿真测试云平台，为车联网企业提供自动化仿真测试评价服务。

（2）车联网网络信任支撑平台

该网络信任支撑平台作为汽车行业首个CA服务中心，打造端到端的安全信任机制和网络信任体系，可实现天津（西青）车联网先导区内所有智能网联设备统一身份权限认证管理。

（3）车联网互联互通验证测试平台

创新中心基于130亩的智能网联研发场地，搭建了车路协同多终端互联互通测试验证环境，实现了6家以上国内主流C-V2X设备厂商、16个场景从接入层、网络层、安全层到消息层互联互通验证，为天津（西青）车联网先导区规模化部署提供了技术保障。

（4）自动驾驶研发平台

创新中心自主研发了自动驾驶系统，通过高清摄像头、激光雷达、毫米波雷达等感知设备，搭配集中式实时系统自动驾驶技术，以及深度学习算法，可以敏锐地识别交通标志和车道线，可实现自主规划路线、自主识别障碍物与行人并主动躲避、自动跟随或者超车、可行驶区域检测及局部路径优化等功能。

（二）运行成果

1. 技术创新和技术工程化

（1）重点突破仿真验证，推动研究应用水平跨越式发展

创新中心突破了自动驾驶系统、智能驾驶仿真软件等“卡脖子”技术难

题，填补了国内智能网联研发验证核心工具链自主化的空白，使中国特色驾驶场景基础数据体系在规模和标准上持续保持领先水平，自主仿真软件逐渐形成品牌并逐步达到国内领先水平，引领推动我国智能网联汽车仿真融合研究与应用水平跨越式发展。

（2）灵活运用漏洞数据，助力安全工具产品功能性升级

创新中心以通信协议漏洞扫描、车载终端安全测评、路侧单元信息安全测评及芯片信道测评等关键技术为基础，形成全方位的自动化检测工具链；以漏洞数据库为基础，拓展包括安全策略、安全功能在内的安全数据库，形成整车及系统级信息安全防护方案；以整车信息安全评价体系为切入点，以《网络安全法》《智能网联汽车准入管理办法》（草案）为抓手，深入开展零部件及企业生产体系信息安全评价规程制定工作，建成从零部件产品、整车产品到企业生产体系的信息安全评价规程体系。

（3）互联互通场景验证，推动 C-V2X 产业化应用落地

创新中心创新性提出“跨模组、跨终端、跨整车、跨安全平台、跨区域”的互联互通测试验证，联合大唐、华为、高新兴等多家 V2X 设备供应商，部署 V2V、V2I 车联网应用场景，推进车路协同环境建设和关键共性技术研发，以实现 LTE-V2X 的互联互通，为天津（西青）车联网先导区的大规模示范应用提供了技术保障，为 C-V2X 的产业化落地探索应用模式。

2. 成果转化和企业孵化

创新中心团队核心支撑天津（西青）车联网先导区建设，基于“4 条主干线+5 大功能区”的环境分布格局，完成先导区核心区域 400 余个路口的勘察工作，完成路侧系统架构设计和路口硬件配置标准化方案建立，将实施分阶段逐步建设，实现全域交通信息服务开放和交通设备精准管控，实现超过 100 种车路协同应用场景落地，并将促进车联网大数据流通共享，支撑先导区开放道路实现互联互通规模化部署。

3. 行业服务

（1）智能网联模拟仿真研究支撑

创新中心以海量场景数据为基石，以国际合作为前瞻技术引领，打造数据管理工具链平台，构建 AD Chauffeur 仿真验证体系。目前，创新中心已与多家主机厂及国内外高校、高科技企业进行合作交流。

（2）自动驾驶系统研发平台搭建

创新中心搭建了完整、安全的智能网联汽车自动驾驶研发平台，为车企、

高校及新兴企业提供统一有效的核心信息技术应用资源。

（3）车联网网络安全攻防服务

创新中心构建了汽车信息安全检测、信息安全防护、网络信任支撑、管理体系建设等四大核心服务能力，致力于为客户提供全方位的信息安全服务，提升产品信息安全水平。重点支撑的车联网网络信任支撑平台已接入10余家车企数万台车辆数据，实现了“跨车型、跨地域、跨场景”的互通互认，促进了车联网网络安全标准化、产品市场化、市场产业化发展。

（4）车联网互联互通验证环境搭建

创新中心搭建了车路协同多终端功能验证环境，可实现多家国内主流V2X设备厂商的互联互通一致性研发验证，目前已接待多家车联网V2X设备厂商进行互联互通测试，为规模化设备部署提供前期验证服务。

（5）行业资源支撑

创新中心积极为国家及地方各级政府部门提供智能化、网联化前沿发展形势判断、战略规划及技术服务支撑等相关咨询服务，以智能网联准入管理制度、车联网网络安全防护指南等制度文件为载体，以车联网网络安全检测评估等监管手段为突破口，提供智能网联汽车政策制定及产业研究服务。

4. 交流合作

创新中心承担国际标准工作组相关职责，继续加大联合国WP29、ISO、ASAM等国际标准法规的参与力度；充分发挥IAMTS、C-ASAM等联盟组织的先发优势，从场景标准制定、自动驾驶测试体系、数据格式与数据标准接口、法规认证政策等方面加快国际间合作；与上汽人工智能实验室、中国银保信等企业开展合作，共同建设人机交互测评数据、智能汽车保险分析数据等数据体系，与北汽新能源、金龙客车、天津大学等主机厂研发中心及高校对自动驾驶技术进行联合共研，聚焦智能核心算法与软硬件系统集成服务汽车行业，驱动新型产业生态。

第四十章

重庆市

第一节　总体进展与经验特色

重庆市作为我国老工业基地之一，工业门类较为齐全，规模工业研发投入强度和新产品销售收入比重居全国前列。依托制造业发展的良好基础，重庆市在全国较早启动了制造业创新中心建设工作，2016 年出台了《开展重庆市制造业创新中心（第一批）试点的通知》，明确了创新中心的组织形式、试点领域、基本要件；2017 年发布了《重庆市制造业创新中心建设工程实施方案》，明确了创新中心的具体任务；2019 年制定了《重庆市制造业创新中心建设工程实施细则》，明确了创新中心的支持政策。重庆市重视创新中心建设工作，按照“自主自愿、滚动培育、成熟一个，推进一个”的原则，围绕重庆市大数据智能化发展的重要产业领域，强化关键共性技术研发和产业化，布局建设了 7 家省级制造业创新中心。预计到 2025 年，重庆市将形成以国家制造业创新中心为核心、省级制造业创新中心为支撑的多层次、网络化制造业创新体系。重庆市制造业创新中心建设进展见表 40-1。

表 40-1　重庆市制造业创新中心建设进展

序号	中心名称	运营公司	建设进展	成立时间
1	重庆市集成电路特色工艺及封装测试制造业创新中心	联合微电子中心有限责任公司	省级	2019 年 8 月
2	重庆市工业大数据制造业创新中心	重庆工业大数据创新中心有限公司	省级	2019 年 8 月
3	重庆市先进清洁能源动力装备制造业创新中心	中船重工（重庆）西南装备研究院有限公司	省级	2020 年 5 月

续表

序号	中心名称	运营公司	建设进展	成立时间
4	重庆市干净空气新材料及装备制造业创新中心	重庆纤维研究设计院有限公司	省级	2020年5月
5	重庆市石墨烯制造业创新中心	重庆石墨烯研究院有限公司	省级	2020年12月
6	重庆市新能源汽车智能控制与检测制造业创新中心	重庆清研理工汽车智能技术研究院有限公司	省级	2020年12月
7	重庆市微发光二极管（Micro LED）新型显示制造业创新中心	重庆康佳光电技术研究院有限公司	省级	2021年2月

数据来源：赛迪智库整理　2021.5

第二节　典型省级创新中心建设进展

一、重庆市集成电路特色工艺及封装测试制造业创新中心

（一）建设进展

1. 组建情况

重庆市集成电路特色工艺及封装测试制造业创新中心（以下简称创新中心）以“公司+联盟”的形式运作，以联合微电子中心有限责任公司为运营主体，以集成电路特色工艺与封装测试联盟为依托。联合微电子中心有限责任公司于2018年10月成立，现有注册资本10亿元，以硅基光电子、异质异构三维集成、高端CIS等工艺技术和产品技术为核心，汇聚海内外一流集成电路人才，打造国际一流的集成电路研发中心。

集成电路特色工艺与封装测试联盟由联合微电子中心有限责任公司牵头，联合国内集成电路特色工艺产业链上下游共计50余家企业、高校和科研院所成立，2020年5月联盟承办了第二届中欧国际硅光论坛。

2. 队伍建设

专家委员会：以领军专家中国工程院院士吴汉明为核心，包括长江学者周治平、中国香港应科院CTO杨美基、阿里巴巴首席科学家谢崇进、伦敦大学学院（UCL）刘会赟、CETC首席科学家陈光辉等12位国内外顶尖领域专家。

管理团队：创新中心汇聚了一支由经验丰富的集成电路工艺人才、国际化高水平研发人才、精干高效管理人才等320余人的人才骨干队伍，平均年

龄 32 岁，其中行业领军人才 8 名，博士 80 余名，有海外学习和工作经历的技术骨干 100 余名。

3. 平台建设

创新中心已于 2019 年底建设完成 8 英寸高端特色工艺线，目前有微纳米加工测试设备仪器 117 台（套），具备光刻、刻蚀、注入、扩散、薄膜沉积、化学机械抛光（CMP）等完整的集成电路微纳米工艺制作能力，工艺线硬件条件处于国内同行业的最先进水平。同时，创新中心还建有硅基光电子封装测试平台，目前是国内唯一具备硅光芯片定制化全流程封装测试服务能力的开放式服务平台。

（二）运行成果

1. 技术创新和技术工程化

特色工艺方面，8 寸特色工艺平台达到国内领先水平，180nm 成套硅光工艺已经成熟，稳定提供对外流片服务；130nm 硅光工艺和铜工艺也获突破，达到国内领先、国际先进水平。三维集成工艺技术取得突破，10×100um TSV 技术达到国内最佳水平，深硅刻蚀侧壁粗糙度和侧壁介质覆盖率均超过国内先进水平，5um/5um 铜再布线达到国内行业领先水平。基于 IP 集成的产品协同设计与开发方面，技术引领硅基光电子、光电混合 AI、AI 计算芯片、集成薄膜传感、3D BSICIS 等芯片研究，能够提供自主可控 EPDA 软件及基于 IP 的设计服务，搭建了完整的硅基光电子设计环境，并在国内首家推出硅光器件紧凑模型 10 种以上。

2. 成果转化和企业孵化

创新中心在 2020 年完成了自主可控的 180nm 硅光成套工艺研发，于同年 5 月发布了 CSiP180Al PDK 1.0 版，年底又更新了 PDK 器件库。目前该器件库包括光栅、端面耦合器、条形硅波导、脊型硅波导、交叉、阵列波导光栅、金属热电阻、MZI 调制器、环形调制器、锗探测器等常用光学器件，多种器件性能达到了业界先进水平，部分指标世界领先。

3. 行业服务

目前创新中心已和 50 多家客户签订了流片合同，现已完成 5 套 MPW 流片和 1 套在工艺平台基础上的定制工艺流片，为 41 家行业客户提供流片服务，实现销售收入 762 万元；在业内率先发布《硅基光电子芯片封装规则》，并已对超过 30 家客户提供封装测试服务，为 14 家行业用户提供全流程硅基光电子封测服务。

4. 交流合作

在联盟单位之间，创新中心与北京华大九天软件有限公司在光电EPDA软件领域开展合作，共同开发光电子EPDA软件；与成都微泰科技有限公司在高速硅光模块领域开展合作，联合开发出100G PSM4硅光模块样机；与电子科技大学开展在光子人工智能领域的合作研究，联合申请成功ZF光AI芯片项目及2020年川渝合作项目。在产业链上下游企业之间，创新中心与声光电公司、中国电科38所、海图微电子、思比科开展了高端CCD、微波光子、高端CIS等芯片和特色工艺联合开发；与西安光机所、光子算术、迅特科技、亨通洛克利、臻硅量子等企业进行硅光产品技术和高端工艺的合作；与清华大学、北京大学、中科院半导体所、上海交通大学、电子科技大学等高校和研究所对光电融合方向的前沿技术进行攻关。

二、重庆市工业大数据制造业创新中心

（一）建设进展

1. 组建情况

重庆市工业大数据制造业创新中心（以下简称创新中心）以“公司+联盟”的形式运作，以重庆工业大数据创新中心有限公司为运营主体，以工业大数据创新联盟为依托。重庆工业大数据创新中心有限公司于2019年4月成立，注册资本5000万元，以工业大数据关键共性技术、前沿技术和行业应用解决方案技术为核心，增强技术研发实力，提升我国工业大数据产业国际地位，形成具有国际竞争优势的工业大数据创新基地。

创新中心与中国工业互联网研究院共同牵头组建了中国工业大数据创新发展联盟，目前联盟已有110余家单位，涵盖了十大国家级跨行业跨领域工业互联网平台、三大运营商、业界骨干技术创新及产业化的企业、高校、科研院所。

2. 队伍建设

专家委员会：由清华大学副校长、国家智能制造专家组组长尤政院士任主任，中国工程院院士李伯虎、梅宏，中国科学院院士徐宗本，国家信息化专家咨询委员会周宏仁、杜链等15人担任委员。

管理团队：目前创新中心拥有固定研发人员 100 余人，以 12 位特聘专家领衔，由 30 余位研究员、教授级高级工程师等专家学者组成，其中研发创新人员占职工总数的比例为 90%，同时联合国内高校、科研院所组建了 500 人以上、代表本领域国家级水平的联合研发团队。

3. 平台建设

目前创新中心已建立了工业大数据平台技术研究中心、工业大数据开源软件研究中心、数字孪生技术研究中心、工业大数据行业应用研究中心和产业政策研究中心五大研究中心，围绕领域内关键共性技术开展研究。

（二）运行成果

1. 技术创新和技术工程化

目前创新中心已经在工业大数据工程应用技术、制造全生命周期管理、数字孪生体技术、工业互联网+区块链工程应用技术和行业性工程应用研究等 8 项关键技术领域取得突破，参与国家级科研项目 3 项、重庆市科技项目 7 项，形成行业解决方案 6 项，发表核心论文 45 篇，申请专利 18 件，软件著作权 19 件，发表著作 1 本、白皮书 2 份，并在第二届中国工业互联网大赛中包揽领军组和新锐组两个一等奖。

创新中心在国家部委重大项目方面，总投资 3 亿元以上。其中，与长安汽车联合获得 2019 年科技部重大专项（汽车产业网络协同制造），与中国海油集团承担了“工业互联网标识解析二级节点（石化行业）”并接入重庆顶级节点，与中国石油、中国海油、西南石油大学开展油气、管道、炼化工业大数据领域的科技项目研究与首次商业化实践，与国家电网、南方电网、国家电投开展能源电力工业大数据科技项目研究与首次商业化实践，与中国船舶集团海装风电、中冶赛迪集团共同承担工信部 2020 年工业互联网创新发展工程重点工业设备上云公共服务平台，开展重点工业设备（新能源、高耗能）的工业大数据研究与首次商业化实践。

2. 成果转化和企业孵化

创新中心建立以市场化机制为核心的成果转移扩散机制，通过孵化企业、种子项目融资等方式，推动科技成果首次商业化应用和产业化，目前已完成数据治理首次商业化实践，牵头编写的《数据治理》一书，记录了数据治理标准体系制定，以及与石油石化、能源电力、钢铁、汽车等 11 个行业、20 家大型企业数据治理实践案例。同时，创新中心与中石油、中海油、中石化、国家电网等 30 余家央企合作开展了 100 余个工业互联网及大数据项目建设，同时还在六大区域、九大城市实施中小企业工业互联网和工业大数据实践，仅在重庆就已实施了 7000 余家中小企业上云。

3. 行业服务

创新中心牵头单位航天云网公司作为工业互联网产业联盟技术与标准组组长单位，已牵头发布 1 项国际标准、2 项国家标准及 7 项联盟标准，已立项 7 项国家标准，其中《智能制造服务平台制造资源/能力接入集成要求》成为全球首个工业互联网国际标准。航天云网牵头完成了《工业互联网产业人才岗位能力要求》国家标准，其中由创新中心负责完成了工业互联网产业 8 大技术方向中岗位设置最多的“工业大数据”技术方向人才岗位能力要求标准编写工作。

4. 交流合作

国内合作方面，创新中心已与包括重庆大学、四川大学在内的多所知名院校的大数据、人工智能、现代机械制造院（系）建立了博士、硕士研究生联合培养基地，用实际工程项目作为硕士、博士学位论文课题，通过校企双导师制在创新中心边工作边研究的模式，进行硕士生、博士生的教学培养。国际合作方面，创新中心与全球研究方法和数据科学协会（RMDS）、数据科学协会（RMDS）、工业大数据应用技术国家工程实验室，签署三方合作协议，就科学技术研究、高端人才培养、科技资源互补、联合研究机构建设及共同承担科技项目等方面开展合作；创新中心与总部在美国洛杉矶的 Global Association for Research Methods and Data Science（全球研究方法与数据科学协会）共同建立工业互联网学院（Institute of Industrial Internet）及数据科学与应用联合实验室（Union Labo ratory of Data Science and Applications），已按照工信部《工业互联网产业人才岗位能力要求》标准，完成国内第一期“工业大数据工程师”岗位培训，有 150 余人完成课程学习。

三、重庆市新能源汽车智能控制与检测制造业创新中心

（一）建设进展

1. 组建情况

重庆市新能源汽车智能控制与检测制造业创新中心（以下简称创新中心）以“公司+联盟”的形式运作，以重庆清研理工汽车智能技术研究

院有限公司为运营主体，以重庆新能源汽车智能控制及智能检测产业技术创新联盟为依托。重庆清研理工汽车智能技术研究院有限公司于2016年9月成立，注册资本1600万，以新能源汽车动力传动系统NVH性能开发技术、耐久可靠性测试技术、智能在线检测技术等关键共性技术为核心，打造新能源汽车智能控制及检测技术与装备领域顶尖的创新创业研究平台、新能源汽车智能控制及检测技术服务与人才培养基地、企业孵化平台。

重庆新能源汽车智能控制及智能检测产业技术创新联盟由重庆清研理工汽车智能技术研究院有限公司牵头，联合清华大学苏州汽车研究院、陕汽集团、小鹏汽车、蔚来汽车、吉利汽车、重庆大学、重庆车辆检测研究院有限公司、重庆长安汽车股份有限公司、重庆金康新能源汽车有限公司、中国汽车工程研究院股份有限公司等60余家单位组成，涵盖了新能源汽车领域的多数骨干企业、科研院所和高校。

2. 队伍建设

专家委员会：专家委员会由郭孔辉院士领衔，以及2位长江学者、2位特聘专家及多位行业资深专家组成。

管理团队：创新中心构建了以高校创新团队为技术核心，以股权为纽带的“血缘型”校院、院企合作共赢的全新合作模式。创新中心以石晓辉教授带领的智能测试技术研究所为核心，组建了具有强大科研能力的专兼职技术团队。代表团队有：瑞典斯堪尼亚大学贾科林教授团队、德国电驱动领域专家吴凯博士团队、德国工学博士贾晋博士团队、重庆大学李旭博士/博士后团队等多个国外汽车行业高端专家技术团队，同时聘请吉林大学郭孔辉院士、清华大学李克强教授（长江学者），以及资深自动变速器行业工程师王建忠博士、钱永平教授等国内外汽车领域知名学者、专家教授70人，搭建了300余人规模的工程技术团队，实现了汽车产业高端技术人才的聚集。

3. 平台建设

创新中心平台承担省市级重点科研项目30余项，其中“节能与新能源汽车动力传动系统关键试验技术及装备”“面向汽车制造产业集群的综合科技服务平台研发与应用示范”“电动汽车电机控制器系统电磁干扰机理及其带载测试方法研究”“工业设备智能检测云服务平台研发及应用”等项目取得重大科研成果。目前，创新中心已经搭建了在国内领先、具有国际竞争力的新能源汽车智能控制、试验检测技术及智能装备的创新平台。

（二）运行成果

1. 技术创新和技术工程化

创新中心在新能源汽车动力传动系统测试与控制技术、新能源汽车关键零部件研发与制造关键技术、新能源汽车 NVH 测试分析与优化技术、新能源汽车动力传动系统电磁兼容 EMC 技术等方面，建立了完整的测试分析流程、体系和技术规范，特别是动力传动系统 NVH 性能开发技术、耐久可靠性测试技术、智能在线检测技术等方面处于国内领先水平，获得发明专利 64 件，软件著作权 5 件。

2. 成果转化和企业孵化

近三年来，创新中心相关筹建单位在新能源汽车智能控制及检测技术与智能装备领域开展了大量基础研究、技术创新、产品研发和成果转化工作，在新能源汽车动力传动系统智能控制、关键部件试验检测技术及设备开发领域具有深厚的研究基础，拥有包括车辆、机械、电子、软件等多学科领域的高水平研究队伍。

创新中心以技术为核心、以股权为纽带，孵化出国内新能源汽车试验检测装备领域领军企业——重庆理工清研凌创测控科技有限公司（CTL），具备国际先进水平的新能源汽车试验检测平台——重庆清研理工汽车检测服务有限公司（CTM），国内一流的汽车零部件电磁兼容检测及技术服务平台——重庆清研理工电子技术有限公司（CTE），以及汽车智能制造和工业互联网创新平台——重庆清研理工智慧工厂设计院有限公司（CTM）等高科技企业。

3. 行业服务

创新中心建立了完整的测试分析流程、体系和技术规范，形成了汽车智能控制、智能检测方面等产业急需关键技术的核心竞争力，与长安汽车、北汽银翔、广汽、奇瑞、吉利等国内知名汽车、生产厂家建立了稳定的合作关系，特别是动力传动系统 NVH 性能开发技术、耐久可靠性测试技术、智能在线检测技术等方面处于国内领先水平。

4. 交流合作

创新中心与美国普渡大学建立联合研究中心，开展汽车主动安全（自动驾驶）技术研究；与韩国科学技术院（KAIST）建立研究中心，开展汽车智能控制和激光雷达技术研究；与美国威斯康星大学和东南大学建立智能交通研究分院，开展车路协同智能交通技术研究。德国 FEV—亚琛工业大学新能源汽车联合创新中心，将在重庆建设联合研发与试验中心，主要开展电驱动系统、电控系统、燃料电池、高效柴油机和整车排放等技术研发及试验检测服务。

后　记

制造业是实体经济的主体，是立国之本、强国之基。实施国家制造业创新中心建设工程既是深化科技体制改革的有益探索，也是推进和落实制造强国战略的关键举措。建设国家制造业创新中心，构建形成新型产业技术创新联合体，对突破制约行业发展的关键共性技术、加速科研成果转移扩散和商业化应用、促进制造业高质量发展具有重要意义。

本书得以诞生，要特别感谢工业和信息化部科技司范书建副司长、赵策处长、王锐一级调研员的关心和支持，没有他们的指导和帮助，就无法完成本书。

本书在研究和编写过程中，得到了国家动力电池创新中心、国家增材制造创新中心、国家印刷及柔性显示创新中心、国家信息光电子创新中心、国家机器人创新中心、国家智能传感器创新中心、国家集成电路创新中心、国家数字化设计与制造创新中心、国家轻量化材料成形技术及装备创新中心、国家先进轨道交通装备创新中心、国家农机装备创新中心、国家智能网联汽车创新中心、国家先进功能纤维创新中心、国家稀土功能材料创新中心、国家集成电路特色工艺及封装测试创新中心、国家高性能医疗器械创新中心、国家先进印染技术创新中心、国家玻璃新材料创新中心、国家智能语音创新中心、国家 5G 中高频器件创新中心等 20 家国家制造业创新中心，国家地方共建现代中药创新中心、国家地方共建硅基混合集成创新中心等 2 家国家地方共建制造业创新中心，以及上海市、江苏省、河南省、四川省、安徽省、北京市、山东省、福建省、江西省、湖南省、宁夏回族自治区、云南省、内蒙古自治区、天津市、重庆市等 16 个地区的工业和信息化主管部门的支持和帮助，在此一并表示感谢。

本书由乔标担任主编，何颖、宋亮担任副主编，郭英、梁鲲、杨磊等研究人员参与编写。全书共 4 篇，即综述篇、进展篇、共建篇、区域篇。

综述篇：郭英负责统稿。其中第一章第一节由杨磊撰写；第一章第二节由梁鲲撰写；第一章第三节由郭英撰写；第二章由宋亮撰写。

进展篇：杨磊负责统稿。其中第七章、第八章、第十一章、第十七章、第二十章、第二十一章、第二十二章由宋亮撰写；第三章、第五章、第十二章、第十六章由郭英撰写；第四章、第六章、第十章、第十三章由杨磊撰写；第十四章、第十五章、第十六章、第十九章由梁鲲撰写。

共建篇：宋亮负责统稿。第二十三章由郭英撰写；第二十四章由宋亮撰写。

区域篇：梁鲲负责统稿。其中第二十五章、第三十四章、第三十七章、第三十八章由宋亮撰写；第二十七章、第三十九章由郭英撰写；第二十六章、第二十九章、第三十五章、第三十六章、第四十章由梁鲲撰写；第二十八章、第三十章、第三十一章、第三十二章、第三十三章由杨磊撰写。

由于时间仓促，难免有疏漏和不妥之处，欢迎并期盼各界专家、学者提出宝贵意见和建议。希望本书对完善我国制造业创新体系、推进制造业高质量发展具有参考意义。